普通高等院校信息素养教育系列教材

现代文献检索与利用

第3版

主　编　饶宗政
参　编　王　刚

机械工业出版社

本书以现代文献检索与利用为主线，介绍了数字图书馆、云图书馆、移动图书馆的原理，讲述了文献检索方法和技巧。在章节安排上，本书由浅入深，从传统纸质文献到云图书馆，使读者的文献检索范围不断扩大。本书讲述了如何通过图书馆的远程访问系统，使读者足不出户就能利用全国上千家图书馆的数字文献资源，并将文献检索与论文写作相结合，使读者学会并掌握终身受益的技能。

本书可以作为高等学校信息素养教育教材，也可作为相关人员的参考书。

为方便教学，本书配备了电子课件等教学资源。凡选用本书作为教材的教师均可登录机械工业出版社教育服务网 www.cmpedu.com 免费下载。如有问题请致电 010-88379375 咨询。

图书在版编目（CIP）数据

现代文献检索与利用／饶宗政主编．—3 版．—北京：机械工业出版社，2020.6（2023.8 重印）
普通高等院校信息素养教育系列教材
ISBN 978-7-111-65128-4

Ⅰ．①现…　Ⅱ．①饶…　Ⅲ．①文献检索与利用—高等学校—教材
Ⅳ．①G254.97

中国版本图书馆 CIP 数据核字（2020）第 047381 号

机械工业出版社（北京市百万庄大街 22 号　邮政编码 100037）
策划编辑：杨晓昱　　责任编辑：杨晓昱　刘益汛
责任校对：张玉静　　封面设计：马精明
责任印制：任维东
北京中兴印刷有限公司印刷

2023 年 8 月第 3 版第 12 次印刷
184mm×260mm · 21.25 印张 · 554 千字
标准书号：ISBN 978-7-111-65128-4
定价：56.00 元

电话服务
客服电话：010-88361066
010-88379833
010-68326294

网络服务
机　工　官　网：www.cmpbook.com
机　工　官　博：weibo.com/cmp1952
金　　书　　网：www.golden-book.com
机工教育服务网：www.cmpedu.com

第 3 版前言

《现代文献检索与利用第 2 版》自 2016 年 5 月出版以来，被全国很多高校选为信息素养课程的教材，这使编者备受鼓舞。随着现代科技日新月异的发展，数字资源的载体形式和检索技术也在不断发展与更新。一方面，由于文献检索平台的普遍更新（如中国知网、维普科技期刊、万方期刊检索平台等），为使本书内容继续保持前沿性，本书相关章节的内容也需及时更新；另一方面，在智能手机高速发展、中国手机网民规模庞大以及无线移动检索的优越性等背景下，移动图书馆手机 APP 应运而生。在移动图书馆手机 APP 中，读者通过手机可以移动检索全国上千家图书馆的数字学术资源（包括图书、期刊、特种文献）并获取服务。为使广大读者共享先进科技成果，紧跟时代步伐，学习和利用新知识，及时更新相关章节内容成为这次修订的重点。

与第 2 版相比，第 3 版的前 3 章（第 1 章图书馆的纸质文献、第 2 章数字图书馆、第 3 章文献检索技术）由于知识点相对比较稳定，修改和更新部分相对较少；但第 4 章数字图书及检索，删除了"APABI 数字资源平台""书生数字图书馆"的内容，增加了"中华数字书苑"和"CALIS 易得文献"的内容，并将检索平台和数据信息进行了更新；第 5 章数字期刊及检索，在更新中国知网期刊、维普科技期刊、万方期刊检索平台的基础上，新增了"超星期刊"和"百度学术期刊"的内容；第 6 章数字特种文献及检索，将检索平台和数据信息进行了更新；第 7 章云图书馆，更新了 CALIS 云服务的内容，将检索平台和数据信息进行了更新；第 8 章移动图书馆，新增了"百度学术 APP"的内容，并将检索平台和数据信息进行了更新；第 9 章论文写作指南，新增了"学位论文格式与参考文献著录规则"，并更新了"论文抄袭与论文检测"的内容。可以说，本次修订的内容包含了业界前沿的科技应用成果。

本书可作为普通高等学校本科、专科学生信息素养教材，根据教学对象不同而侧重不同的知识点进行教学，也可作为学位论文写作的参考书，还可作为读者学习文献检索技巧的参考用书。

本书在编写方法上力图将概念、原理和实践相结合，通过各章知识由浅入深的学习积累，使读者掌握获取文献的手段、方法和途径，提升读者文献检索能力。本书内容除了文献检索方法的介绍外，还通过"复杂工具简单化使用"的尝试，使烦琐的文献检索过程尽可能简化；在检索实践环节，通过图文并茂方式，使读者一目了然。

本书由饶宗政编写第 1 ~6 章，王刚编写第 7 ~9 章。最后由饶宗政统稿。

为使本教材与时俱进，把本行业前沿的科技成果奉献给亲爱的读者，编者及时更新了教材内容，这是编者应尽的职责。但由于编者能力和水平有限，如有疏漏之处，敬请读者批评指正。

谢谢选用和阅读本书的读者！

编　者

第 2 版前言

随着现代科技日新月异的发展，数字资源载体形式、检索技术也在不断革新。本书第 1 版的有些内容已落后了，如中国知网（CNKI）的检索平台更新了，检索方法就不能还停留在原来较烦琐的跨库检索上，应更新为现在的一站式检索平台的新方法。又如智能手机的高速发展，现在 5in（1in = 0.0254m）屏的分辨率达到 1920 × 1080 像素，CPU 频率 1.6GHz，双 4 核，RAM 容量2GB，ROM 容量 16GB，这些基本参数并不比某些笔记本计算机差，特别是分辨率指标还超过很多 PC 和笔记本计算机，也比主流网页分辨率 1366 × 768 像素或 1024 × 768 像素还高，因此，现在用智能手机直接打开 Web 网页全屏浏览已没有一点问题，手机完全可以替代计算机的部分功能。手机的应用前景十分广阔，移动图书馆只是其中之一，在移动图书馆中，最关键的是学术资源的检索和获取实现了移动服务，任何时间、任何地点都可以检索到全国上千家图书馆的数字资源，包括：图书、期刊、报纸、视频、学位论文等，基本上“读秀学术搜索”和“百链”的全部内容都可以在这里找到，这是科技信息进步给读者带来的方便，是中国最大的资源共享案例。在一部小小的手机上实现这么多功能和服务，促使本书必须及时更新相关章节内容，让读者吸收最新的知识和共享最先进的科技成果。

与第 1 版相比，第 2 版的第 1 章 图书馆的纸质文献、第 2 章 数字图书馆、第 3 章 文献检索技术、第 4 章 数字图书及检索、第 6 章 数字特种文献及检索修改的内容较少，但相关数据库的资源数据已更新。第 2 版重点更新了 5.2 中国知网（CNKI）期刊检索、8.4 移动图书馆文献检索两节的全部内容；新增了 7.4 超星发现——云资源搜索引擎、9.4 论文抄袭与检测两节的内容。这些更新和新增的内容引用了现在高校图书馆前沿的科技应用成果。另外，受篇幅限制，也删除了部分章节的内容。

为使本教材与时俱进，把本行业前沿的科技成果及时奉献给亲爱的读者是编者应尽的职责。

由于编者能力和水平有限，如有不足之处，敬请读者批评指正。

谢谢选用和阅读本书的读者！

编　者

第 1 版前言

信息技术进步速度非常快，5 年前没有数字图书馆、云图书馆、移动图书馆和远程访问等实用技术和数据库，现在这些技术和数据库已经比较成熟并被广泛应用，但目前还没有与之配套的教材和参考书，本书是为填补这一空白而编写的。紧跟时代发展的步伐，把时代前沿的文献资源和检索工具介绍给读者是我们的愿望和初衷。

本书的特点是由浅入深地引领读者，从图书馆的纸质文献资源的基础知识，到数字图书馆的原理、建设过程、数字资源的类型；从文献检索技术，到数字图书及检索方法，再到先进的读秀学术搜索平台；在数字期刊及检索、数字特种文献及检索章节中，重点介绍常用数据库CNKI、维普、万方数据等学术文献检索平台的用法和技巧；从云计算概念，到云计算在图书馆中的应用，再到最先进的百链云图书馆，使读者查询文献资源的范围，从本馆扩大到区域图书馆，再扩大到全国上千家图书馆。图书馆中有数百万种数字图书、数万种数字期刊、数百个中外文数据库等，这些海量的文献资源都可以利用百链一站式搜索平台来找到并获取；甚至读者足不出户，在家里通过远程访问就可以利用这些海量的数字资源。书中还介绍了目前最先进的超星移动图书馆原理及其检索实例，基本实现任何人、任何时间、任何地点，获取任何图书馆的任何文献资源的美好愿望，使现代文献检索技术和范围达到一个新的高度。文献检索的目的是为了写论文、查资料，把二者结合起来，通过写论文、查资料去实践文献检索，并使参考文献著录规范化，这些都是科研工作者终身受益的基本技能。

要掌握利用图书馆的知识去解决学习和工作中问题的能力，而这种能力就是一种生存技能。拥有获取知识的能力有时会比掌握知识更为重要。

本书可作为高等学校本科、专科学生信息素养教材，也可作为查找文献资料的相关人员的参考书。

本书在编写方法上力图从概念、原理和实践三方面相结合，除了介绍简单的、先进的文献检索方法外，还通过“把复杂的工具简单用”的尝试，使深奥的文献检索简单化；在检索实践环节，通过图文并茂的方式，使读者一目了然，一看自明。

本书由饶宗政编写第 1 ~7 章，王刚编写第 8 ~9 章。最后由饶宗政统稿。

本书在编写过程中，得到了廖昌明馆长的关心和支持，使用了超星公司丁宇红提供的相关资料，获得了现任田飒馆长的热心支持，在此一并表示感谢。

为了使概念准确，我们在编写过程中查阅了《中国大百科全书：图书馆学　情报学　档案学》部分数据库，参考和借鉴了大量的相关中文书刊和网站，在此，我们谨向这些参考文献作者和数据库商表示由衷的谢意。

限于编者的学识、水平、能力和时间，本书难免有疏漏和问题，恳请各位专家、学者和广大读者批评指正，以便在本书修订时加以补充、更正和完善。

编　者

目　录

Chapter One

第 1 章 图书馆的纸质文献

本章概要

本章是本书的基础知识，内容包括图书馆的定义；信息、知识、情报和文献的概念；图书馆纸质文献的种类：图书、期刊和特种文献（学位论文、会议文献、科技报告、专利文献、标准文献、科学档案、政府出版物、产品样本）；常用图书分类法，特别是广泛应用的《中图法》，以及图书的分类、排架，图书目录和机读目录等基础知识。

学习目的

- ◆ 了解图书馆的职能和服务内容。
- ◆ 熟悉文献的类型。
- ◆ 了解常用的分类法，熟悉《中图法》。
- ◆ 了解图书分类排架方法。
- ◆ 了解图书馆的目录体系，熟悉中国机读目录。

内容框架

图书馆的纸质文献
- 图书馆概述
- 信息、知识、情报、文献的概念
- 文献的种类
- 国内常用图书分类法简介
- 文献排架
- 图书馆的目录体系

1.1 图书馆概述

1.1.1 图书馆的定义

德国数学家和哲学家戈特弗里德·威廉·凡·莱布尼茨（Gottfriend Wilhelm Von Leibniz）认

为:“图书馆应当是用文字表述的人类全部思想的宝库。”㊀美国图书馆学家、芝加哥大学图书馆学院教授巴特勒(P. Butler)对图书和图书馆则给出如下定义:“图书是保存人类记忆的社会机制,而图书馆则是将人类记忆移植于现代人们的意识中去的社会装置”。㊁我国《辞海》中对图书馆的定义为:“图书馆是搜集、整理、收藏和流通图书资料,以供读者进行学习和参考研究的文化机构。图书馆依其服务对象和工作范围,分为公共图书馆、学校图书馆、工厂图书馆、农村图书馆、科学图书馆等,是重要的宣传教育阵地。”㊂中华人民共和国教育部2015年12月31日印发的《普通高等学校图书馆规程》对图书馆的定义为:“高等学校图书馆(以下简称“图书馆”)是学校的文献信息资源中心,是为人才培养和科学研究服务的学术性机构,是学校信息化建设的重要组成部分,是校园文化和社会文化建设的重要基地。图书馆的建设和发展应与学校的建设和发展相适应,其水平是学校总体水平的重要标志。”㊃

维基百科对大学图书馆下的定义为:“大学图书馆的英译名为University Library,与学院图书馆(College Library)同属于学术图书馆(Academic Library)的类型。大学图书馆不同于研究图书馆(Research Library),研究图书馆专为某些研究特定领域的专家、学者而设,大学图书馆为大学所附属的图书馆,其主要功能在于支援大学的教学与研究两项活动。在某些国家,大学图书馆也为该国的国家图书馆。”㊄

在传统意义上,图书馆是收藏图书和各种出版物的地方。然而,现在信息保存载体已经不仅限于图书,许多图书馆把地图,或者其他档案和艺术作品保存在各种载体上,如微缩胶片、磁带、CD、LP、盒式磁带、录像带和DVD。图书馆通过CD-ROM、数据库和互联网提供服务。因此,人们渐渐把现代图书馆重新定义为:图书馆是指能够无限制地获取多种格式信息的文化机构。除了提供资源,图书馆还有专家和图书馆员来提供服务,他们善于寻找和组织信息,并解释信息需求。近年来,人们对图书馆的理解已经超越了建筑的围墙,读者可以用电子工具获得资源,图书馆员用各种数字工具来引导读者分享海量信息。

1.1.2 图书馆的简史

图书馆的历史可追溯到公元前3000年以前,当时的美索不达米亚已有保存泥板文献的图书馆。此外,古埃及、中国和希腊等人类文明的发源地也都出现了图书馆。古希腊、罗马时期的一些图书馆,如亚历山大图书馆等,藏书已有相当规模。印刷术的推广和文艺复兴推动了西方图书馆事业的发展。18~19世纪,西方国家的图书馆开始出现并获得了较大发展,19世纪中叶出现了由政府举办的向社会开放的公共图书馆。

中国古代藏书楼主要为官府所设。宋代以后私家藏书楼迅速发展。此外,寺观和书院藏书也很普遍。这些藏书楼的服务范围相当狭窄,但对保存文化典籍起了一定的作用。直到20世纪初,在中国才出现近代意义的公共图书馆。

㊀ 杨威理. 西方图书馆史[M]. 北京:商务印书馆,1988:140.

㊁ 徐引篪,霍国庆. 现代图书馆学理论[M]. 北京:北京图书馆出版社,1999:5.

㊂ 夏征农. 辞海[M]. 上海:上海辞书出版社,1999.

㊃ 中华人民共和国教育部. 普通高等学校图书馆规程. 2015.

㊄ 维基百科. 大学图书馆[EB/OL]. (2017-5-27)[2018-12-1]. https://wikipedia.hk.wjbk.site/w/index.php?title=%E5%A4%A7%E5%AD%B8%E5%9C%96%E6%9B%B8%E9%A4%A8&oldid=44518708.

1. 图书馆事业向现代化过渡

古代图书馆发端于奴隶社会，发展并成熟于封建社会；文献流通量小，比较封闭，是农业文明的产物。近代图书馆则是工业文明的产物，其宗旨是对文献藏用并重，而以用为主；管理上，近代图书馆逐渐形成了从采集、分类、编目典藏到阅览、宣传、外借流通、参考咨询、情报服务等一整套科学方法。

第二次世界大战后，在世界政治、经济和技术力量的推动下，出版物数量激增，促使图书馆加强了采购工作的分工协作和实行图书馆储存制度。日益增长的读者需求，使图书馆推广了馆际互借、参考咨询工作和开架制度，缩微复制技术、静电复印技术、声像技术以及电子计算机技术等在工作中的应用与普及，促使图书馆事业发生了巨大的变化。各国政府为了有效地推动图书馆事业的建设，充分发挥图书馆的社会功能，纷纷采取措施，修订图书馆法，推行文献工作标准化；加强图书馆员的培训和教育，扩大图书馆资源共享的范围。

现代图书馆是信息时代的产物，它由单纯的收集整理文献和利用文献的相对比较封闭的信息系统，发展到以传递文献信息为主的、全面开放的信息系统。电子计算机技术、高密度存储技术和数据通信技术在图书馆工作中的广泛应用，以及这三者的相互结合，正有力地改变着图书馆的工作面貌，甚至影响着它的历史进程。

2. 图书馆对人类文明的贡献

图书馆依赖社会赋予它的条件，为人类文明、为社会进步做出重大的贡献[㊀]。

（1）收集、整理和保存文献　没有一定载体的文字记录和保存这些文字记录的方式，文化便不能得到持续发展。

（2）交流思想、知识、情报、信息　文献是交流的工具，图书馆是知识的宝库和信息的中心。图书馆通过有组织地收集和传递文献，进而实现思想、知识、情报和信息的交流。可以说，没有这些交流，便没有社会的进步。

（3）提高社会成员的文化教育水平　图书馆事业的发展程度是国家文化水平的标志之一。图书馆是以精神食粮哺育读者，并为读者不断更新知识提供条件，它伴随着人生的各个阶段。

（4）提高社会的科学能力　图书馆是全社会科学能力的一个重要因素，科研劳动的全过程都离不开图书馆工作。从深层次意义上说，图书馆积累和整理已有的知识，不仅是创造新知识的前提，而且其本身也属于科学工作的一个重要组成部分。

（5）对发展社会生产力的直接推动作用　科学技术是社会的第一生产力，图书馆在这方面的作用表现为：为解决科技攻关、产品创新、实验设计乃至企业规划等提供文献和情报，将精神产品转化为生产力。随着发展高科技、实现产业化的需要日益迫切，图书馆在推动生产力的发展，服务经济建设方面的直接贡献日益增大。

图书馆作为一种社会机构，对人类社会文明的贡献是巨大的。早在 17 世纪德国的 G. W. 莱布尼茨就将它归结为人类的“百科全书”，甚至将其誉为“人类灵魂的宝库”。图书馆无论在历史上，还是现实社会和未来社会中，都对人类文明的进步和发展起着不可替代的作用。

3. 世界十大图书馆[㊁]

1）美国国会图书馆，华盛顿。

㊀ 周文骏，金恩晖. 中国大百科全书：图书馆学 情报学 档案学 [M]. 北京：中国大百科全书出版社，1993：3.

㊁ 百度百科. 图书馆 [EB/OL].（2018－09－26）[2018－12－2]. https://baike.baidu.com/history/%E5%9B%BE%E4%B9%A6%E9%A6%86/345742/133281229.

2）俄罗斯国立图书馆，莫斯科。
3）中国国家图书馆，北京。
4）俄罗斯国家图书馆，圣彼得堡。
5）大英图书馆，伦敦。
6）哈佛大学图书馆，马萨诸塞。
7）法国国家图书馆，巴黎。
8）莱比锡图书馆（属于德意志国家图书馆），莱比锡。
9）日本国会图书馆，东京。
10）法兰克福图书馆（属于德意志国家图书馆），法兰克福。

4. 中国十大图书馆

1）中国国家图书馆，北京。
2）上海图书馆，上海。
3）南京图书馆，南京。
4）中国科学院图书馆，北京。
5）北京大学图书馆，北京。
6）重庆图书馆，重庆。
7）山东省图书馆，济南。
8）四川省图书馆，成都。
9）天津市人民图书馆，天津。
10）广东省中山图书馆，广州。

1.1.3　图书馆的职能

1. 保存人类文化遗产

自从有了人类社会以来，便产生了文字，用来记录这些文字的载体——图书也就应运而生。它记载了从古至今人类历史的发展和演变。图书馆的功能之一，就是要收集、加工、整理、管理这些珍贵的文献资源，以便广大读者借阅和使用。图书馆是作为保存各民族文化财富的机构而存在的，它担负着保存人类文化典籍的任务。它是以文献为物质基础而开展业务活动的。但随着计算机网络化的实现以及科学技术的突飞猛进，图书馆不但保存手写和印刷的文献，还保存其他载体形式的资源，而保存文献的目的是为了更好地使用这些资源。

2. 开发信息资源

图书馆收藏着大量的文献信息资源，积极地开发、广泛地利用这些文献信息资源是图书馆的重要职能之一，也是图书馆承担各种职能的基础。由于当今社会文献的类型复杂、形式多样，文献的时效性强，文献的传播速度快，文献的内容交叉重复，文献所用语种在扩大等特点，使人们普遍感到文献利用起来十分不容易。图书馆通过对文献信息资源进行加工整理、科学分析、综合指引，形成有秩序、有规律、源源不断的信息流，进行更加广泛的交流与传递，从而使读者更好地利用它们。图书馆的文献信息资源开发包括下面几项内容：第一，对到馆的文献进行验收、登记、分类、编目、加工，最后调配到各借阅室，以便科学排架，合理流通；第二，对馆外文献信息资源进行搜索、过滤，成为虚拟馆藏，形成更加宽广、快捷的信息通道；第三，通过现代化的手段——计算机网络操作技术，使馆藏文献走向数字化。

3. 参与社会教育的职能

（1）思想教育的职能　图书馆是文献信息资源的集散地，是传播文献信息资源的枢纽。在馆藏建设上，不同的国家、不同的阶级都有一定的原则和倾向。

我国建立图书馆的目的是要引导和帮助读者树立正确的世界观、人生观、价值观，打下科学理论的基础，确立为建设有中国特色社会主义而奋斗的政治方向。从事图书馆工作的管理人员，时刻不要忘记图书馆的思想政治教育宣传阵地的职能和自己服务育人的神圣职责。

（2）两个文明建设的教育职能　图书馆是人类文明成果的集散地。在社会主义两个文明建设中，肩负着重要的教育职能。图书馆可以向读者提供文献信息服务；可以通过对馆藏的遴选、加工、集萃，向读者提供健康有益的精神食粮。图书馆可以通过画廊、墙报、学习园地等各种活动大力宣传两个文明建设。

（3）信息素质教育的职能　2015 年 12 月 31 日，教育部颁布的《普通高等学校图书馆规程》“第三十一条　图书馆应全面参与学校人才培养工作，充分发挥第二课堂的作用，采取多种形式提高学生综合素质。图书馆应重视开展信息素质教育，采用现代教育技术，加强信息素质课程体系建设，完善和创新新生培训、专题讲座的形式和内容。”

开展信息素质教育，培养读者的信息意识和获取、利用文献信息的能力。文献检索是教育学生从信息资源中获取知识和信息的一门科学方法课，也是一门提高学生自学能力和创新能力的工具课，还是增强学生信息意识和信息文化素养的素质培养课。图书馆应对读者进行信息素质方面的教育，使他们掌握获取文献资源的过程和方法，掌握进行终身学习所必需的技能。

1.1.4　我国图书馆的类型

为了便于从全国或一个地区的范围内统筹规划图书馆事业的发展，便于掌握各种图书馆的特点和它们的工作规律，就需要把我国图书馆按主管部门或领导系统划分成不同的类型。我国图书馆的类型主要包括以下几种㊀。

1. 文化系统的公共图书馆

文化系统的公共图书馆包括国家图书馆，省、市、自治区图书馆，区（市）、县图书馆及文化馆图书室，儿童图书馆，乡镇街道图书室等。这类图书馆的服务对象是全体公民。

2. 教育系统的学校图书馆

教育系统的学校图书馆包括高等学校图书馆、专科学校图书馆、中小学校图书馆（室）等。这类图书馆的服务对象是本单位的全体读者。

3. 科学院及科研机构图书馆

科学院及科研机构图书馆包括科学院及其分院图书馆；政府部门、各研究机构的专业图书馆；机关团体图书馆（室）等。这类图书馆的服务对象是本单位的全体读者。

㊀ 合肥市图书馆. 我国图书馆的类型 [EB/OL]. (2018-09-26) [2018-10-10]. http://www.hflib.org.cn/zhinan/tsglx.php.

1.1.5　图书馆的业务工作

图书馆的业务工作是由很多相互联系的工作环节组成的。图书馆的业务工作一般包括文献的收集、整理、典藏和服务4个部分。

1. 文献收集

文献收集是图书馆的基础工作。首先要明确本馆的收藏原则、收藏范围、收藏重点和采选标准，了解本馆的馆藏情况、文献的种类与复本数、各类藏书的利用率和使用寿命、哪些书刊可剔除、哪些书刊要补缺等，此外，还需要掌握出版发行动态，然后以采购、交换和复制等各种方式补充馆藏。

2. 文献整理

文献整理包括文献分类、主题标引、著录和目录组织等内容。文献分类不仅为编制分类目录和文献排架提供依据，也便于图书馆统计、新书宣传、参考咨询和文献检索等。文献主题标引是根据文献内容所讨论的主题范围，以主题词来揭示和组织文献。文献分类和主题标引是揭示文献内容的重要手段，文献著录则是全面、详尽地揭示文献形式特征和内容特征的主要手段，它便于读者依据该文献的各种特征确认某种文献，获得所需文献的线索。图书馆员把各种书目有序地组织成图书馆目录，以揭示图书馆馆藏。图书馆目录是检索文献的工具，也是打开图书馆这个知识宝库的钥匙。

3. 文献典藏

文献典藏主要包括书库划分、图书排架、馆藏清点和文献保护等。其中，文献保护是一项专门技术，包括图书装订、修补、防火、防潮、防光、防霉、防虫以及防止机械性损伤等。

4. 图书馆服务工作

图书馆服务工作是一项开发利用图书馆资源的工作。它包括发展读者、读者研究、文献流通和推广服务（包括文献外借服务、阅览服务、文献复制服务、馆际互借服务等）、馆藏报道、阅读辅导、参考咨询和文献检索知识传授、读者教育等。

1.2　信息、知识、情报、文献的概念

1.2.1　信息

1. 信息的含义

信息一词的拉丁词源是 informatio，意思是通知、报道或消息。在中国历史资料中，信息一词最早出自唐诗，是音信、消息的意思。直到20世纪中叶，其科学含义才被逐渐揭示出来。事实上，任何一种通知、报道或消息，都不外乎是关于某种事物的运动状态和运动方式以某种形式的反映，因而可以用来消除人们在认识上的某种不定性。信息的日常含义和它的科学含义是相通的。信息是在当代社会使用范围最广、频率最高的词汇之一。但是对于什么是信息，人们的理解却是不同的，迄今为止，还没有一个权威的、公认的定义。不同领域的研究者站在各自的角度提出对信息内涵的不同界定。

《信息与文献　术语》GB/T 4894—2009："信息是物质存在的一种方式、形态或运动状态，也是事物的一种普遍属性，一般是指数据、消息中所包含的意义，可以使消息中所描述事件的不定性减少。"

《中国大百科全书：图书馆学　情报学　档案学》是这样定义信息的："一般说来，信息是关于事物运动的状态和规律的表征，也是关于事物运动的知识。它用符号、信号或消息所包含的内容，来消除对客观事物认识的不确定性。"

信息（Information）是与物质、能量并立的现代社会三大支柱之一。信息是客观世界各种事物特征和变化的反映，以及经过人们大脑加工后的再现。消息、信号、数据、资料、情报、指令均是信息的具体表现形式。

2. 信息的属性

信息的属性是指信息本身所固有的性质。维纳在《控制论》一书中提出："信息就是信息，不是物质也不是能量。"作为特殊形态的客观事物，信息主要有以下性质：

（1）可识别性　信息是可以识别的，对信息的识别又可分为直接识别和间接识别。直接识别是指通过人的感官的识别，如听觉、嗅觉、视觉等；间接识别是指通过各种测试手段的识别，如使用温度计来识别温度、使用试纸来识别酸碱度等。不同的信息源有不同的识别方法。

（2）传载性　信息本身只是一些抽象符号，如果不借助于媒介载体，信息是看不见、摸不着的。一方面，信息的传递必须借助于语言、文字、图像、胶片、磁盘、声波、电波、光波等物质形式的承载媒介才能表现出来，才能被人所接受，并按照既定目标进行处理和存储；另一方面，信息借助媒介的传递不受时间和空间限制，这意味着人们能够突破时间和空间的界限，对不同地域、不同时间的信息加以选择，增加利用信息的可能性。

（3）不灭性　不灭性是信息最特殊的一点，即信息并不会因为被使用而消失。信息是可以被广泛使用、多重使用的，这也导致其传播的广泛性。当然信息的载体可能在使用中被磨损而逐渐失效，但信息本身并不因此而消失，它可以被大量复制、长期保存、重复使用。

（4）共享性　信息作为一种资源，不同个体或群体在同一时间或不同时间可以共同享用，这是信息与物质的显著区别。信息交流与实物交流有本质的区别。实物交流，一方有所得，必使另一方有所失。而信息交流不会因一方拥有而使另一方失去，也不会因使用次数的累加而损耗信息的内容。信息可共享的特点，使信息资源能够发挥较大的效用。

（5）时效性　信息是对事物存在方式和运动状态的反映，如果不能反映事物的最新变化状态，它的效用就会降低。即信息一经生成，其反映的内容越新，它的价值越大；时间延长，价值随之减小，一旦信息的内容被人们了解，价值就消失了。信息使用价值还取决于使用者的需求及其对信息的理解、认识和利用的能力。

（6）能动性　信息的产生、存储和流通，依赖于物质和能量，没有物质和能量就没有信息。但信息在与物质、能量的关系中并非是消极、被动的，它具有巨大的能动作用，可以控制或支配物质和能量的流动，并对其价值产生影响。

3. 信息的功能

信息提供知识、智慧和情报，其主要功能是用来消除人们在认识上的某种不确定性，消除不确定性的程度与信息接受者的思想意识、知识结构有关，人类认识就是不断地从外界获取信息和加工信息的过程。在人类步入信息社会的时候，信息、物质与能量构成了人类社会的三大资源，物质提供材料，能量提供动力，信息提供知识和智慧。因而，信息已成为促进科技、经济和社会发展的新型资源，它不仅有助于人们不断地揭示客观世界，深化人们对客观世界的科学认识，消除人们在认识上的某种不确定性，而且还源源不断地向人类提供生产知识的原料。

1.2.2　知识

1. 知识的含义

知识（Knowledge）是人类认识的成果。它是在实践的基础上产生，又经过实践检验的对客观世界的反映。人们在日常生活、社会活动和科学研究中所获得的对事物的了解，其中可靠的成分就是知识。依照反映对象的深刻性和系统性程度，知识可以分为生活常识和科学知识。生活常识是对某些事实的判断和描述。科学知识是通过一定的科学概念体系来理解和说明事物的知识。科学知识也有经验的和理论的两种不同类别。科学知识是全人类认识的结晶，又是人类实践和社会发展的必要的精神条件。知识由少到多、由浅入深、由片面到全面的不断运动，是人类思维发展的基本过程。知识的发展表现为在实践基础上不断地由量的积累到质的飞跃的深化和扩展。这种处在辩证运动中的知识具有历史继承性、不可逆性和加速增长等特点。

知识是人类认识的成果和结晶，是人类在认识和改造世界的社会实践中获得的对事物本质的认识。在生产、生活、科学研究等活动中，人脑通过对客观事物发出的信息进行接收、选择和处理，得到对事物一般特征的认识，形成了概念。在反复实践和认识的过程中，人脑通过对相关概念的判断、推理和综合，加深了对事物本质的认识，构成了人们头脑中的知识。

人们认识客观事物的过程就是人脑对外界事物传来的信息进行加工的过程，而认识飞跃的结果即为知识。即信息是大脑思维的原料，而知识则是大脑对大量信息进行加工后形成的产品。

2. 知识的属性

知识的属性是指知识本身所固有的性质。知识主要有以下几种属性：

（1）意识性　知识是一种观念形态的东西，只有人的大脑才能产生它、识别它、利用它。知识通常以概念、判断、推理、假说、预见等思维形式和范畴体系表现自身的存在。

（2）信息性　信息是产生知识的原料，知识是被人们理解和认识并经大脑重新组织和系列化了的信息，信息提炼为知识的过程是思维。

（3）实践性　社会实践是一切知识产生的基础和检验知识的标准，科学知识对实践有重大指导作用。

（4）规律性　人们对事物的认识是一个无限的过程，人们获得的知识在一定层面上揭示了事物及其运动过程的规律性。

（5）继承性　每一次新知识的产生，既是原有知识的深化与发展，又是新知识产生的基础和前提，知识被记录或被物化为劳动产品，具有可继承性。

（6）渗透性　随着知识门类的增多，各种知识可以相互渗透，形成许多新的知识门类，形成科学知识的网状结构体系。

3. 知识的类型

知识有个人知识和社会知识之分。个人知识是个人具有的专业知识，与社会知识相对应。个人知识存在于个人大脑、笔记或书信中，只有个人才能加以利用。个人知识主要来自两方面：一是根据愿望学习吸收社会已有的知识；二是通过总结经验、分析研究，创造发现的新知识。

个人知识不断为社会知识补充新的内容，个人创造的新知识一旦进入社会交流，就成为社会知识。社会知识是社会系统集体拥有的知识。社会知识存在于文献中，也存在于人类社会的口头传说中。社会知识是人类知识的基本部分，一个团体或社会的所有成员能够通过文献等不同媒介自由地获得社会知识。个人知识的不断创新、发展丰富了社会知识，社会知识又是个人知识的丰富源泉。

根据经济合作与发展组织（OECD）的定义，人类现有的知识可分为四大类[㊀]：

1）关于事实方面的知识——Know what（知道是什么）。

2）关于自然原理和规律方面的知识——Know why（知道为什么）。

3）关于技能或能力方面的知识——Know how（知道怎么做）。

4）关于产权归属的知识——Know who（知道归属谁）。

4. 知识的作用

知识在人类社会的发展中起着巨大的作用。知识是文明程度的标志：衡量一个国家、一个民族、一个人文明程度的高低主要看其创造、吸收、掌握和应用知识的能力；知识可以转化为巨大的生产力：劳动者素质的提高、生产工具的进步、劳动对象的扩大、经济的发展，都是知识推动的结果。知识是建设精神文明的动力，是科学教育的内容，能促进人类智慧的提高。

1.2.3 情报

1. 情报的含义

情报与信息在英文中为同一个词“Information”，但信息的外延比情报广，信息包括情报。情报是被传递的知识或事实。

在古代，情报首先产生于军事领域，《辞源》指出：“定敌情如何，而报于上官者”是为情报；《辞海》（1989 年 9 月修订版）对“情报”的解释：“①以侦察手段或其他方式获得的有关敌人军事、政治、经济等方面的情况，以及对这些情况进行分析研究的成果，是军事行动的重要依据之一；②泛指一切最新情况报道，如科学技术情报。”这是中国早期关于情报的定义，反映了情报作为消息传递的功能及构成情报的两个基本要素——“情”与“报”，强调情况、消息的传递、报道作用。

随着科学技术的迅速发展，创造与传播知识的工作有了新的发展。专职情报机构的主要工作是使知识有序化，以解决情报检索问题。于是，情报概念也有了新发展，认为情报是“存储、传递和转换的对象的知识”。为了满足用户的多种需要，有人从特定概念出发提出：“情报是在特定时间、特定状态下，对特定的人提供的有用知识。”为了解决情报资料激增给决策人员带来的问题，情报工作由一般文献工作阶段进入了侧重与经济、社会发展相结合的情报分析研究阶段，情报的定义增添了新的内容：“情报是判断、意志、决心、行动所需要的能指引方向的知识和智慧”，是“解决问题所需要的知识”，“情报是被激活了的知识”。情报来源于人类的社会实践，是物质世界与精神世界共同作用的产物。人类正是在不断认识、改造自然与社会的过程中，在物质生产与科学实验的实践中，源源不断地创造、交流与利用各种各样的情报。

在日常生活中，人们经常在不同的领域里，自觉或不自觉地在传递情报、接受情报与利用情报。因此，情报又是一种普遍存在的社会现象。

㊀ 李宝安，李燕，孟庆昌．中文信息处理技术——原理与应用［M］．北京：清华大学出版社，2005.

2. 情报的属性

情报的属性是指情报本身固有的性质。主要表现在以下几方面：

(1) 知识性　知识是人的主观世界对客观世界的概括和反映。随着人类社会的发展，每日每时都有新的知识产生，人们通过读书、看报、听广播、看电视、参加会议、参观访问等活动，都可以吸收到有用知识。这些经过传递的有用知识，按广义的说法，就是人们所需要的情报。因此，情报的本质是知识。没有一定的知识内容，就不能成为情报。知识性是情报最主要的属性。情报必须具有实质内容，凡人们需要的各种知识或信息，如事实、数据、图像、信息、消息等，都可以是情报的内容。没有内容的情报是不可能存在的。

(2) 传递性　知识成为情报，必须经过传递，知识若不进行传递交流、供人们利用，就不能构成情报，传递性是情报的第二个基本属性。

(3) 效用性　情报的效用性是指人们创造情报、交流传递情报的目的在于充分利用，不断提高效用性。情报的效用性表现为启迪思想、开阔眼界、增进知识，改变人们的知识结构，提高人们的认识能力，帮助人们去认识和改造世界。情报为用户服务，用户需要情报，效用性是衡量情报服务工作好坏的重要标志。此外，情报还具有社会性、积累性、与载体的不可分割性以及老化性等特性。情报属性是情报理论研究的重要课题之一，其研究成果正丰富着情报学的内容。

3. 情报的类型

按情报的应用范围划分，情报可分为科学情报、经济情报、技术经济情报、军事情报和政治情报等。按情报的内容及其所起的作用划分，情报又可分为战略性情报和战术性情报两大类。战略性情报一般是指对解决全局或某一特定领域中一些带有方向性、政策性问题所需要的、活化了的知识，其中包括科学依据、论证和方案等内容。战略性情报的形成需要经过高度的逻辑思维过程并具有较明显的预测性质。战术性情报则是指对解决局部或某一学科领域中的一些具体问题所提供的情报。战略性情报与战术性情报是相互作用、密切关联的，战术性情报是构成战略性情报的基础，战略性情报则可以为战术性情报指明方向。

1.2.4　文献

1. 文献的含义

文献（Document，Literature），GB/T 4894—2009 对文献给出的定义：记录有知识的一切载体。广义的文献定义，即凡用文字、图形、符号、声频、视频等技术手段记录人类知识的一切载体，或理解为，固化在一定物质载体上的知识；也可以理解为，古今一切社会史料的总称。而狭义的文献定义，通常理解为图书、期刊等各种出版物的总和。文献由 4 个要素组成：

(1) 记录的知识和信息　即文献的内容。

(2) 记录知识和信息的符号　文献中的知识和信息是借助于文字、图表、声音、图像等记录下来并为人们所感知的。

(3) 记录方式　记录方式是指将文献符号系统所代表的信息内容通过特定的人工记录手段和方法使其附着于一定的文献载体材料上。文献记录方式具体包括刻画、书写、印刷、拍摄、录制、复印和计算机录入等。

(4) 载体材料　载体材料是指可供记录信息符号的物质材料，是全部信息载体中一个重要的子系统。文献载体反映了文献物质产品的性能，具有保存和流通价值。文献载体大体经历了泥板、纸草、羊皮、蜡版、甲骨、金文、石头、简牍、缣帛等早期载体，到纸的出现，再到现代各种新兴电子型文献的发展过程。

文献是物化的精神产品，或者说，文献是知识信息的物化形态。其中，信息内容是文献的知识内核，载体材料是文献的存在形式和外壳，而符号系统和记录方式则是二者联系的桥梁和纽带。这 4 个要素相互联系就构成了文献的四维框架结构。

2. 文献的类型

文献的类型按编写或出版形式可分为图书、连续出版物、会议文献、科技报告、标准文献、产品样本、专利文献、学位论文、文书、档案等。

按载体划分，文献可分为纸草文献、泥板文献、甲骨文献、金文文献、石刻文献、简牍文献、纸质文献、音像文献、机读文献等。

按照内容、性质的加工深度划分，文献可分为零次文献、一次文献、二次文献和三次文献。

(1) 零次文献　零次文献是指未经出版发行或未进入社会交流的最原始的文献，如私人笔记、底稿、手稿、个人通信、新闻稿、工程图样、考察记录、实验记录、调查稿、原始统计数字、技术档案等。此类文献与一次文献的主要区别在于其记载的方式、内容的价值以及加工深度有所不同，其主要特点是内容新颖，但不成熟，不公开交流，难以获得。零次文献由于没有进入出版、发行和流通这些渠道，收集、利用十分困难，一般不作为利用的文献类型。

(2) 一次文献　一次文献是指以作者本人取得的成果为依据而创作的论文、报告等经公开发表或出版的各种文献，习惯上称为原始文献，如期刊论文、学术论文、学位论文、科技报告、会议论文、专利说明书、技术标准等。一次文献是人们学习参考的最基本的文献类型，也是最主要的文献情报源，是产生二、三次文献的基础，也是文献检索和利用的主要对象。确定一篇文献是否为一次文献，主要是根据其内容性质，而不是根据其物质形式（如载体、语种、出版形式等），只要是作者根据自己的科研成果而发表的原始创作，都属于一次文献。其特点为：在形态上具有多样性，在内容上具有原创性，在出处上具有分散性。内容新颖丰富，叙述具体详尽，参考价值大，但数量庞大、分散。

(3) 二次文献　二次文献是指按一定的方法对一次文献进行整理加工，以使之有序化而形成的文献，是报道和查找一次文献的检索工具书刊，主要包括目录、索引、文摘等。二次文献是按照特定目的对一定范围或学科领域的大量分散的、无组织的一次文献进行鉴别、筛选、分析、归纳和加工整理重组而成的系统的、有序化的、方便查找使用的浓缩简化产物，即所谓的检索工具。它以不同的深度揭示一次文献，其主要功能是检索、通报、控制一次文献，帮助人们在较短时间内获得较多的文献信息。其特点为：二次文献中的信息是对一次文献信息进行加工和重组而成，并不是新的信息，具有汇集性、工具性、综合性、系统性、交流性和检索性的特点。提供的文献线索集中、系统、有序。

(4) 三次文献　三次文献是指根据二次文献提供的线索，选用大量一次文献的内容，经过筛选、分析、综合和浓缩而再度出版的文献。其特点为：在内容上具有综合性，在功效上具有参考性。三次文献主要包括三种类型：

1) 综述研究类。如专题述评、总结报告、动态综述、进展通信、信息预测、未来展望等。

2) 参考工具类。如年鉴、手册、百科全书、词典、大全等。

3) 文献指南类。如专科文献指南、索引与文献服务目录、书目之书目、工具书目录等。

按照载体类型划分，文献可分为纸介型文献、缩微型文献、声像型文献和电子型文献。

(1) 纸介型文献　是指以纸张为载体的文献，又可分为手抄型和印刷型两种。这是一种传统文献形式，是文献信息传递的主要载体。其优点是传递知识方便灵活、广泛，保存时间相对较长；其缺点是存储密度小、体积庞大。

（2）缩微型文献　是指以感光材料为载体的文献，如缩微胶卷、缩微平片等。这类文献的优点是体积小、信息密度高、轻便、易于传递、容易保存。其缺点是使用时必须借助专门的放大设备。

（3）声像型文献　是指通过特定设备，使用声、光、磁、电等技术将信息转换为声音、图像、影视和动画等形式，给人以直观、形象感受的知识载体，如唱片、录音带、录像带、CD、VCD、DVD等。声像型文献提供的影像、声音逼真，易于记载难以用文字表达和描绘的影像资料和音频资料。

（4）电子型文献　是指采用高科技手段，将信息存储在磁盘、磁带或光盘等一些媒体中，形成的多种类型的电子出版物。其特点是信息存储密度大，存取速度快，具有电子加工、出版和传递功能。电子出版物包括电子图书、电子期刊、网络数据库、光盘数据库等。

根据不同出版形式及内容划分，文献可以分为图书、连续性出版物和特种文献。

（1）图书　凡篇幅达到49页以上并构成一个书目单元的文献称为图书。

（2）连续性出版物　包含期刊（其中含有核心期刊）、报纸、年度出版物。

（3）特种文献　是指学位论文、标准文献、专刊文献、科技报告、会议文献、科技档案、政府出版物、产品资料等。

按语种划分，文献可分为汉语文献、英语文献等，或单语种文献、多语种文献等。

按形成的历史时期划分，文献可分为古代文献、现代文献等。

按文献内容的学科范围划分，文献可分为社科文献、科技文献以及各学科文献。

按文献的传播和使用范围划分，文献可分为公开发行文献、非公开发行文献，后者又称内部文献、限制流通文献。

3. 文献的特征

随着科学技术的进步，经济、文化的发展和社会需求的增加，现代文献有了较大的发展，呈现如下特征：

（1）发展迅速，数量剧增　据统计，全世界每年出版的图书、期刊、科技报告、专利文献等各种文献的总量几乎每10年增加1倍。

（2）类型复杂，品种多样　除传统的图书、期刊外，出现了各种报告、会议录、学位论文、专利文献等；文献载体除传统的印刷型文献外，出现了音像型、缩微型、机读型的文献，且有与印刷型文献相抗衡的趋势。

（3）分布不均，内容重复　由于现代科学的交叉和互相渗透，致使某一学科领域的文献既大量集中在一小部分专业核心书刊上，又有相当数量的文献分散在众多的相关学科领域的书刊中；在各学科及各相关学科之间，大量文献交叉重复，造成文献“冗余”。

（4）出版周期长，老化加速　由于人们认识事物的能力不断增强，使文献增长速度高于发表、刊载它们的刊物的增长速度，致使大量文献从成文到正式出版的“时差”增大。由于现代科技的迅猛发展，知识更新速度加快，文献老化速度也相应加快，尤其在自然科学领域，很多文献几年后就陈旧过时。

4. 文献的作用

文献在科学和社会发展中所起的重要作用，表现在如下几个方面：

1）文献是科学研究和技术研究成果的最终表现形式。

2）文献是在空间、时间上传播情报的最佳手段。

3）文献是确认研究人员对某一发现或发明的优先权的基本手段。

4）文献是衡量研究人员创造性劳动效率的重要指标。

5）文献是研究人员自我表现和确认自己在科学中的地位的手段，因而是促进研究人员进行研究活动的重要激励因素。

6）文献是人类知识宝库的组成部分，是人类的共同财富。

文献是重要的信息资源，它能帮助人们克服时间与空间上的障碍，记录、储存和传递人类已有的知识与经验，从而推动人类知识的增加和科技的进步。文献中所记载的知识和信息内容可以供无数人同时使用，反复使用，还可以通过复制（复印、转录、缩微）等手段保持其原来的内容。合理、有效地开发文献资源，能给人类社会带来巨大的社会效益和经济效益。

1.2.5　信息、知识、情报、文献的关系

综上所述，信息、知识、情报、文献的关系归纳为：信息是事物运动的状态和方式及其反应；知识是人类通过信息对自然界、人类社会及其思维方式与运动规律的认识，是人的大脑通过思维重新组合的系统化的信息；情报是对用户有用的知识信息；文献是记录、存储、传播知识信息的载体，也是信息和情报的载体。简单地说，知识是系统化的信息；文献是静态的、记录的知识；情报是动态的、传递的知识。它们在一定条件下是可以相互转化的。

信息的含义非常广泛，它包含了知识、情报，也包含了文献。所以信息与文献是属种关系。文献上记载的知识隶属于信息，即文献是信息的一个组成部分。另外，情报是知识的一部分，是在信息的有效传递、利用过程中，进入人类社会交流系统的运动着的知识。

1.3　文献的种类

纸质文献资源是高等院校图书馆最传统的文献保障体系。高校图书馆收藏的文献类型通常概括为 10 大类：图书、期刊、学位论文、会议文献、科技报告、专利文献、标准文献、科技档案、政府出版物、产品资料等。有人把“学位论文、会议文献、科技报告、专利文献、标准文献、科技档案、政府出版物、产品资料”归纳为特种文献。这样一来文献类型就是三大类：图书、期刊和特种文献，本书沿用这种分类。

1.3.1　图书

1. 图书的定义

联合国教科文组织对图书的定义是：凡由出版社（商）出版的不包括封面和封底在内 49 页以上的印刷品，具有特定的书名和著者名，编有国际标准书号 ISBN（International Standard Book Number），有定价并取得版权保护的出版物称为图书[㊀]。也有人将一切书籍、期刊、小册子、图片等泛称为图书。前者可视为狭义的图书，后者可视为广义的图书。

㊀ 百度百科. 图书［EB/OL］.（2018－01－13）［2018－10－15］. https://baike.baidu.com/item/图书/172039.

图书是以传播知识为目的，用文字或其他信息符号记录于一定形式的材料之上的著作物；图书是人类社会实践的产物，是一种特定的不断发展着的知识传播工具。

图书曾经历过几个不同的历史阶段。文字的发明并用于记录知识，使人类进入文明时代。这一阶段图书以载体材料的多样性为特点，例如古埃及用纸草，巴比伦用泥板，欧洲中世纪用羊皮、蜡版，印度用棕榈树叶等。在中国，曾用甲骨、青铜器、石头等作为记录知识的载体，从春秋到两汉多用竹简、木牍、缣帛，称为简策、帛书。造纸术发明后，纸逐渐成为世界各民族书写文字的最理想的载体。印刷术的发明标志着图书进入了一个新的阶段，它不仅使图书在质的方面得到改善，在量的方面也有惊人的发展，使知识的积累和传播规模更大，范围更广。19世纪中叶以后，印刷技术不断革新，图书从手工生产过渡到机械化生产。20世纪以后，科学技术的飞速发展为人类传播知识手段的进步展现了更为广阔的前景，出现了照相影印图书、计算机排印图书、立体印刷图书等。虽然20世纪发展起来的音像文献、缩微文献、机读文献等"非书资料"大量涌现，但图书由于具有既可保存又便于携带，可不受空间、时间和设备的限制等优点，仍是当时人类社会最主要的知识交流媒介之一。

图书的类型多种多样。按知识内容划分，图书可分为社科图书、科技图书等；按文种划分，图书可分为中文图书、日文图书、英文图书等；按作用范围划分，图书可分为一般图书、工具书、教科书、科普图书等；按知识内容的深浅程度划分，图书可分为学术专著、普及读物、儿童读物等；按制作形式划分，图书可分为写本书、抄本书、印本书等；按著作方式划分，图书可分为专著、编著、译书、文集、类书等；按装帧形式划分，图书可分为精装书、平装书、线装书等；按出版卷帙可分为单卷书、多卷书等；按刊行情况划分，图书可分为单行本图书、丛书、抽印本图书等；按制版印刷情况划分，图书可分为刻印本、排印本、照排本、影印本等；按版次和修订情况划分，图书可分为初版书、重版书、修订本图书等。

图书是人类积累、存储和传播知识的重要手段，它具有保存人类精神产品、交流传递知识信息、进行社会教育和丰富人们文化生活等多种社会功能。图书既是社会生活的产物，又是促进社会进一步发展的有利因素。

2. 中国标准图书号

（1）国际标准书号　国际标准书号（International Standard Book Number，简称ISBN），是专门为识别图书等文献而设计的国际编号。ISO于1972年颁布了ISBN国际标准，并在西柏林普鲁士图书馆设立了实施该标准的管理机构——国际ISBN中心。现在，采用ISBN编码系统的出版物有：图书、小册子、缩微出版物、盲文印刷品等。2007年1月1日前，ISBN由10位数字组成，分四个部分：组号（国家和地区的代号）、出版者号、书序号和检验码。2007年1月1日起，实行新版ISBN，新版ISBN由13位数字组成，分为5段，即在原来的10位数字前加上3位EAN（欧洲商品编号）图书产品代码"978"。在联机书目中ISBN可以作为一个检索字段，从而为用户增加了一种检索途径。

（2）中国标准书号　《中国标准书号》GB/T 5795—2006[㊀]，采用国际标准ISO 2108—2005《信息与文献——国际标准书号》相关规定，结合我国实际情况规定了中国标准书号的结构、显示方式及印刷位置、分配及使用规则，与中国标准书号有关的元数据以及中国标准书号的管理系统。该标准为在中国依法设立的出版者所出版或制作的每一专题及其每一版本出版物提供唯

㊀ 中华人民共和国国家质量监督检查检疫总局，中国国家标准化管理委员会. 中国标准书号：GB/T 5795—2006 [S]. 北京：中国标准出版社，2006：1－13.

一确定的和国际通用的标识编码方法。

中国标准书号是一种国际通用的出版物编号系统，是中国 ISBN 中心在国际标准书号的基础上制定的一项标准。中国标准书号的发展有下面几个重要的时期：

1956 年 2 月，文化部颁发并实施《全国图书统一编号方案》（简称“全国统一书号”），我国开始使用“全国统一书号”作为图书出版物的标识。该方案实施 30 余年，在图书出版发行管理中发挥了十分重要的作用。

1982 年，我国正式加入国际 ISBN 组织，并成为国际 ISBN 中心顾问组成员，在 ISBN 系统中争取到一位数字组号“7”。

1986 年 1 月，《中国标准书号》国家标准 GB/T 5795—1986 正式颁布，该标准于 1987 年 1 月1 日实施。中国标准书号由国际标准书号（ISBN）和图书分类/种次号两部分组成，其中国际标准书号（ISBN）是中国标准书号的主体，可以独立使用。

2002 年 1 月，我国对《中国标准书号》GB/T 5795—1986 进行了修订，删除了图书分类/种次号部分，中国标准书号等同采用国际标准书号结构。ISBN 号是 10 位（ISBN－10）。

2006 年 10 月 18 日，中国国家标准化管理委员会正式批准颁布了《中国标准书号》GB/T 5795—2006 国家标准，并于 2007 年 1 月 1 日起实施。此后图书封底（又叫封四）印刷条码，条码上方是 13 位的 ISBN 号，条码下方是 13 位条码号数字（QQ 上“扫一扫”印刷条码可以获得条码号数字；微信上“扫一扫”印刷条码可以获得更多信息，如条码代表的图书书名、著者姓名、一组 13 位的条码数字、出版社、内容简介等内容）。

由此可知：中国标准书号在 1956～1986 年使用全国统一书号；在 1987～2001 年使用ISBN＋图书分类/种次号；在 2002～2006 年使用 ISBN－10；从 2007 年起使用 ISBN－13。读者可根据中国标准书号的这些特征来鉴别图书的出版日期。

（3）中国标准书号的构成　中国标准书号由标识符“ISBN”和 13 位数字，分 5 部分构成：

ISBN EAN · UCC 前缀-组区号-出版者号-出版序号-校验码。

示例：ISBN 978－7－111－53320－7。

第 1 部分：EAN · UCC 前缀，由国际物品编码协会分配的产品标识编码为“978”。

第 2 部分：组区号，由国际 ISBN 管理机构分配给中国的组区号为“7”。

第 3 部分：出版者号，是标识具体的出版者，其长度为 2～7 位，由中国 ISBN 管理机构设置和分配。示例为“111”。

第 4 部分：出版序号，由出版者按出版物的出版次序管理和编制。示例为“53320”。

第 5 部分：校验码，由校验码前面的 12 位数字通过特定的数学算法计算得出，用以检证中国标准书号编号的正确性。示例为“7”。

书写或印刷中国标准书号时，标识符“ISBN”使用大写英文字母，其后留半个汉字空，数字的各部分应以半字线隔开，如示例所示。

（4）中国标准书号（13 位）**校验码计算示例**　中国标准书号的校验码用以检证中国标准书号编号的正确性。即验证 ISBN 号前 12 位数字的“加权乘积之和加校验码，能被模数 10 整除，即正确”。

以 ISBN 978－7－111－53320－7 为例，具体算法是：

序位由右到左 13 位，校验位在第 1 位；填入条码的前 12 位数字；从序位 2 开始所有偶数位填入加权值 3；从序位 3 开始所有奇数位填入加权值 1；将 ISBN 各位数字与同序位的加权值相乘得到乘积。由 13 位数字组成的中国标准书号校验码计算示例见表 1－1。

表1-1　由13位数字组成的中国标准书号校验码计算示例

序位	13	12	11	10	9	8	7	6	5	4	3	2	1
ISBN	9	7	8	7	1	1	1	5	3	3	2	0	?
加权值	1	3	1	3	1	3	1	3	1	3	1	3	—
加权乘积	9	21	8	21	1	3	1	15	3	9	2	0	—

加权乘积之和 =9 +21 +8 +21 +1 +3 +1 +15 +3 +9 +2 +0 =93

用乘积之和除以模数10，得出余数：93 ÷10 =9 余3

（注意：这个公式有一个例外，当余数为0时，校验码即为0）

模数10减余数3，所得差即为校验码：10 -3 =7

将所得校验码放在构成中国标准书号的基本数字末端：978 -7 -111 -53320 -7

加权乘积之和 + 校验码 =93 +7 =100，能被10整除。所以，中国标准书号编号ISBN 978 -7 -111 -53320 -7是正确的。

3. 图书种类

图书按使用性质进一步细分，可分为专著、教科书、工具书、百科全书、词典、字典、年鉴、手册、名录、表谱、丛书、总集、别集、政书、地方志、笔记等。

（1）专著　专著（Monograph）是对某一学科或某一专门课题进行全面、系统论述的著作。一般是对特定问题进行详细、系统考察或研究的结果。专著通常是作者阐述其“一家之言”，提出自己的观点和认识，而较少单纯陈述众家之说；专著的篇幅一般比较长，因此能围绕较大的复杂性问题做深入细致地探讨和全面论述，具有内容广博、论述系统、观点成熟等特点，一般是重要科学研究成果的体现，具有较高的学术参考价值。专著出版前，作者的研究成果往往先以论文的形式出现，在此基础上深入探讨，并展开阐述，从而形成专著。专著通常都附有参考文献和引文注释，包含丰富的书目信息。

（2）教科书　教科书（Textbook）是按照教学大纲的要求编写的教学用书。教科书又称课本、教材。按使用对象教科书可分为小学教科书、中学教科书和高等学校教科书三大类。高等学校教科书内容较为专深，有较高的学术参考价值，常受到各类图书馆的重视。

教科书一般不是原始研究成果，而是对某学科现有知识和成果进行综合归纳和系统阐述，较少作新的探索和提出一家之言。教科书在材料的筛选、概念的解释、不同观点或学派的介绍，以及学科知识的综合归纳、分析论证和结论等方面，都应具有全面、系统、准确的特征。教科书一般都要经过教育部门审定，经过试用、修订，然后推广使用。中小学教科书一般强调规范、标准和统一。高等学校教科书则允许有多种形式，除统编教材外，还可有自编教材。教科书在编排结构上应层次分明，按知识体系循序渐进地安排内容，便于学生逐步、系统地接受和掌握知识。高等学校教科书一般还列举和推荐相应领域的重要文献，提供丰富的书目信息。

（3）工具书　工具书（Reference Books）是供查找和检索知识及信息用的图书。由于一般不以提供系统阅读为目的，而是作为在需要时查考和寻检知识使用的辅助工具，因此称为工具书。工具书内容概括、信息密集，在体例结构及编排上更多地考虑到寻检查阅的方便，是人们求知治学中不可缺少的工具。在中国和日本，人们习惯上把采用词典体例编纂的工具书称为辞书。

五四新文化运动以后，以实用为目的的工具书大量出版，如《中华大字典》《辞海》《辞源》《申报年鉴》《图书年鉴》《中国经济年鉴》《全国文化机关一览》《期刊索引》《日报索引》《（生活）全国总书目》等。中华人民共和国成立以后，又编纂了《现代汉语词典》《汉语大词典》《汉语大字典》《英华大词典》《中国大百科全书》《中国百科年鉴》《世界知识年鉴》《中国工商企业名录》《中国历史地图集》《全国总书目》《全国新书目》《全国报刊索引》《中国近代期刊篇目汇录》《中国丛书综录》《中国地方志联合目录》等。20 世纪 80 年代，随着国家科学文化事业的发展，中国的工具书事业有了较大发展，品种和数量都大为增加。

1）类型。工具书种类繁多，一般常见的形式有词典、百科全书、年鉴、手册、名录、表谱、地图、书目、索引等，在中国还有字典、类书、政书等类型。工具书按其内容性质可区分为综合性工具书和专门工具书。美国工具书专家 W. A. 卡茨在其《参考工作导论》（1987 年第 5 版）一书中将工具书按基本性质和使用功能划分为控制—检索—指示线索型工具书和资料型工具书两大类。前者是指各类型的书目、索引，后者是指各类型的百科全书、年鉴、手册、名录、图谱、传记资料、词典、地理资料及政府出版物等。

2）体例结构。控制—检索—指示线索型工具书（如书目、索引、文摘等）以款目为基本单元；资料型工具书（如词典、百科全书、年鉴等）则以条目或词目为基本单元。工具书的主体部分即是将这些基本单元按分类、主题、字顺、时序、地序或其他可检顺序排列。工具书通常还要设置参见系统，附有各种索引，以便从多角度查检使用。每部工具书前都应有编纂说明、体例介绍等。

3）功能。工具书是应社会广泛的知识与信息需要而产生的。工具书旨在概括各领域的基本知识、基本数据或基本资料，向使用者提供较成熟的知识或相关信息。工具书都具有提供检索或查寻的功能。一些工具书（如百科全书）除检索功能外，还兼有教育功能，有些工具书（如书目、索引）还可作为系统求知、深入研究的指南或入门工具。工具书编纂出版的数量、质量以及规模等可以反映一个国家、一个时代的科学、文化、教育的发展水平。

4）鉴别与评价。鉴别与评价工具书对于读者以及编纂者、出版者都具有重要意义。一般可从以下 6 个方面对一部工具书进行鉴别与评价：①权威性，如编纂部门的学术地位、声誉，主编的经历和学术造诣，撰稿人的专长和学术素养，编辑的资历和编辑水平等；②内容与收录范围；③编辑风格，包括客观性、学术性、概括性和可读性、参考文献的质量等；④及时性，包括内容的新颖程度、修订方式、资料更新的速度等；⑤体例，如编排特点和易检程度，参照和索引系统的使用实效；⑥外观，包括纸张、印刷、版面、插图、装帧的质量。

5）工具书指南。工具书指南是从使用和鉴别的角度对工具书进行研究的成果。这类图书旨在选择、鉴别、评价和报道工具书，内容比一般书目广泛，编辑方式较为灵活，每类往往先讲述该类工具书的共同特点和沿革，然后逐一介绍和评价。

（4）百科全书　百科全书（Encyclopedia）是概要记述人类一切门类知识或某一门类全部知识的完备的工具书。英文“Encyclopedia”一词来源于希腊文，词义为“一切知识尽在其中”；中文“百科全书”一词是 20 世纪初才出现的。百科全书的主要作用是供人们查检必要的知识和事实资料，其完备性在于，它几乎囊括了各方面的知识。此外，百科全书还具有扩大读者知识视野和帮助人们系统求知的教育作用，常被誉为“没有围墙的大学”。

18～20 世纪，英国、德国、法国、意大利、日本等国相继编纂出版了一批权威性的百科全书。中国也从 1980 年开始出版《中国大百科全书》。现代百科全书已形成完整的系列，以适应不同文化层次和不同专业的读者需要。百科全书可分为以下几大类：

1）综合性百科全书。它概述人类一切门类知识，供广大的读者查检基本知识和基本资料。按照读者的文化程度可再区分为高级成年人百科全书、普及的学生百科全书和少年儿童百科全书。前一类常为多卷本的大部头书，人们习惯称之为“大百科全书”，如《不列颠百科全书》和《中国大百科全书》。

2）专业性百科全书。它选收某一学科或某一门类知识，如美国的《科学技术百科全书》《社会科学百科全书》和《图书馆学和情报学百科全书》。

3）地域性百科全书。就选收内容而言也是综合性百科全书，但仅限于一个地区、一个国家或一个城市的知识，如《亚洲百科全书》《南斯拉夫百科全书》《伦敦百科全书》等。

4）百科词典。它是兼具百科全书与词典性质的工具书，但仅收各科专业词汇并作简要解释，不收一般词语。各种系列的百科全书按规模均可区分为大型、中小型和单卷本。20卷以上的称为大型百科全书，20卷以下的为中小型百科全书，单卷本又称案头百科全书。

百科全书在结构上的主要特点，是以条目为主体，全面系统地介绍知识。

1）条目是百科全书的基本寻检单元。编纂者根据工具书检索性要求，对已有的知识进行整理和分解，即进行百科全书的框架设计，从而得到大小不同的知识主题。把这些主题按一定体例规范撰写成文，便是百科全书的条目。现代综合性大型百科全书有几万至十几万个条目。条目之间用参见系统互相联系，交叉而不重复，衔接而无疏漏。条目一般由条头、释文（包括必要的图表）和参考书目组成。

2）百科全书条目的编排方式。它一般有3种方式：全部按条头字顺编排、分类编排、分类与字顺相结合（即大类分卷）编排。字顺编排法已是现代百科全书的主流；分类编排已较少采用；大类分卷编排法属于一种折中和过渡形式，但其优点是适于读者分卷购置，单卷也可使用，如《中国大百科全书》即采用此方式编排。

3）百科全书附属成分。除主体部分（条目）外，为扩大全书的功能，百科全书还编有各种附属成分，其中最主要的是索引（往往单编为一卷）和各种知识性与资料性附录，如大事记和地图集等。

百科全书是大型工具书，被称为“工具书之王”。它种类繁多，适用范围各异，编纂质量也有高低之分，读者和图书馆员必须善于对其进行鉴别和选择。鉴别主要有种类鉴别、功用鉴别、适用程度鉴别、编纂水平鉴别等。评价百科全书编纂水平和质量的标准主要有以下6个方面㊀：

1）权威性。这是指全书条目编撰人、编审组织（编委会）、总编辑和出版单位的权威性。

2）内容的全面、精确、新颖程度。这是指选收条目广泛全面、没有重大遗漏和过多重复、知识门类比例均衡；提供的知识和事实资料精确；内容在稳定性的基础上能反映新情况、新进展，不陈旧过时，收有5年以内的重要事实和材料。

3）客观性。这是指在政治、宗教和社会偏见等方面的倾向性较小。

4）简明性。这是指语言精练，文字流畅易懂。

5）检索性。这是百科全书功能的主要标志，它与条目设置是否合理，条头标引是否规范，检索系统（包括条目编排、参见设置、索引编制）是否精当有关。

6）装帧质量。这是指百科全书的开本、版式、印刷、纸张、装订的质量。

（5）词典 词典（Dictionary）是收录词语并附释义，以提供有关信息检索的工具书。广义的词典包括语文词典和其他各种以词语为收录单位的工具书；狭义的词典仅指语文词典。

㊀ 金常政. 中国大百科全书：图书馆学 情报学 档案学［M］. 北京：中国大百科全书出版社，1993.

在汉语中，词典有时也称辞典。词典一般有如下特点：①汇集词语或词语的某些成分；②以条目（词条）形式提供各个词语的有关信息，并构成词典的主体；③所收词语多按字顺方式编排。

词典一般可划分为语文词典和专科词典两大类。语文词典主要收录普通词语，兼收少量专科词语。按用途它又可分为学习用、参考用和研究用 3 种类型；按所采用的语种又可分为单语词典和双语词典；按收录范围和释义项目的多寡又可区分为详解语文词典和特种语文词典。

1）详解语文词典。它是全面收录普通词语并在词形（拼写）、读音、语义、用法等方面做详细解释。大型详解语文词典可代表一个国家的科学文化发展水平。20 世纪已完成或正在编纂的大型详解语文词典有：《牛津英语词典》《韦氏第三版国际英语词典》《法语宝库：18 世纪至 20 世纪（1789—1960）法语词典》《格林兄弟德语词典》《日本国语大辞典》《汉语大词典》《汉语大字典》等。

2）特种语文词典。它又称为专门语文词典，是按特定用途而只收录某一类别的普通词语，或只就词语的形、声、义三方面的某一方面进行解释或提供信息，如成语词典、名句词典、典故词典、正音词典、同义词词典等均属特种语文词典类。

专科词典是指专门收录某一或若干学科的专业词汇、术语等的词典，它又可再分为百科词典（包括所有学科）、多科词典和单科词典。

除上述语文词典和专科词典两大类的划分以外，词典还可按规模分为大型词典、中型词典、小型词典等；按排检方法可分为形序词典、音序词典、义序词典等。词典按所收词语的性质还有各种专名词典，包括人名词典、地名词典、书名词典、机构名词典等。

（6）字典　字典（Dictionary）是汇集单字，按某种查字方法编排，并一一注明其读音、意义和用法的工具书。它是汉语和类似的语言文字所特有的一种语文词典。它以单个字为收录对象，也兼收少量复词。

字典可分为详解字典和特种字典。详解字典是就字的形、音、义进行全面解释，如《新华字典》《汉语大字典》等。特种字典也称专门字典，它仅就字的某一方面进行解释，如正字字典、正音字典、虚字字典、难字字典等。

（7）年鉴　年鉴（Yearbook）汇辑一年内事物进展新情况和统计资料，按年度连续出版的资料性工具书。年鉴属信息密集型工具书，具有资料翔实、反映及时、连续出版等特点。其主要作用是向人们提供一年内全面、真实、系统的事实资料，便于了解事物现状和研究发展趋势。

年鉴一般可分综合性年鉴和专业性年鉴两大类。综合性年鉴内容广泛，反映政治、经济、文化、教育等各方面的进展情况，如全国性的《中国年鉴》《中国百科年鉴》，地域性的《广州年鉴》《湖南年鉴》等。专业性年鉴主要反映某一学科或某一行业，介绍与该学科或行业有关的各种情况，为专业工作者提供方便，如《中国出版年鉴》《中国轻工业年鉴》等。中国的年鉴出版事业正按学科、部门和地区形成系列，向着多层次方向发展。

年鉴主要是由编纂单位根据选题计划，组织众多作者撰写的，少量内容来源于当年的政府公报、其他重要文献和统计部门提供的数据。在选材上，它要求系统全面、客观正确以及浓缩精炼。在编纂结构上，要求布局合理，基本框架稳定，其常设的栏目有：文献（包括文件和法规）、概况、文选和文摘、大事记、论争集要、统计资料、人物志、机构简介、附录等。

（8）手册　手册（Handbook，Manual）是汇集某一或若干学科或专业领域的基本知识，参考资料或数据，供随时查检的便捷性工具书。一般主题明确，信息密集，资料可靠，携带方便，实用性强。在英语中，“Handbook”意为可拿在手里随时参考的小书；“Manual”意为指导人们如何做某件事（如修配汽车、烹调等）的操作型工具书。

手册通常可以按其内容分为综合性手册与专业性手册两大类。综合性手册如《读报手册》；专业性手册如《编辑工作手册》《CRC 化学物理手册》等。就知识储存方式而言，有的以文字叙述为主，如《工厂管理手册》；有的近似词典，如《外国地名译名手册》；有的以表格数据为主，如《世界自然地理手册》；有的则图文并茂，如《家庭日用大全》等。

（9）名录　名录（Directory）是介绍各种机构概况的便捷性工具书。名录又称为机构名录或便览。商业、企业性的名录又称行名录。名录通常按字顺或分类排列，提供机构的地址、负责人、职能及其他有关信息。名录是重要的情报源。

名录有多种划分方法。按地域，有国际、国家和地区的名录之分，如《国际组织年鉴》《国际科学组织简介》《中国出版发行机构和报刊名录》《北京工商企业名录》等；按内容和性质有政府机构、事业单位和企业单位名录之分，如《美国国会便览》《世界跨国公司名录》。工具书专家通常将名录划分为名录指南（或书目）、政府机构名录、学术性机构名录、职业和商业机构名录4种，但互有重叠交叉。世界上出版的许多年鉴、手册、百科全书等均提供关于机构的资料。

（10）表谱　表谱（Table）是指按事物类别或系统编制的、反映时间和历史概念的表册工具书，是年表、历表和其他历史表谱的总称。表谱简明扼要，提纲挈领，以简驭繁，将纷繁复杂的历史人物、事件、年代用简明的表格、谱系等形式表现出来，具有精要、便览、易查等特点。

表谱的形式和内容丰富多彩，一般按年代顺序编排，便于系统地了解历史人物、事件发展演变情况，并有助于对中外历史进行横向比较研究。

另外，还有丛书、总集、别集、政书、地方志等。

1.3.2　期刊

1. 期刊的定义

期刊（Periodical）是指具有同一标题的定期或不定期的连续出版物。它是人们记录、传播、保存知识和信息的主要载体之一，是供大众阅读的综合性杂志（Magazine）与供专业人员阅读的刊物（Journal）的总称。

对“期刊”这一概念，国内外历来有两种不同的观点。联合国教科文组织 1957 年曾向当时 146 个成员发出调查表统计各国的期刊，分析了收回的资料后发现，各国对期刊的概念理解不一致，统计无法进行。广义的概念认为，期刊包括所有无限期出版下去的连续出版物。狭义的概念认为年度出版一期（次）以上的定期连续出版物才能被视为期刊。为此，联合国教科文组织于 1964 年 11 月 19 日在巴黎举行的大会上通过一项折中的关于期刊的定义：“凡用同一标题连续不断（无限期）定期或不定期出版，每年至少出一期（次）以上，每期均有期次编号或注明日期的称为期刊。”中国对期刊概念的阐述，见中华人民共和国新闻出版总署 2005 年 9 月 30 日发布的《期刊出版管理规定》第二条，该规定所称期刊又称杂志，是指有固定名称，用卷、期或者年、季、月顺序编号，按照一定周期出版的成册连续出版物。

2. 科技期刊重要性及特点

《普通高等学校图书馆评估指标（修改稿）》对期刊数量的要求是：“中外文现刊订购量

（种数与读者数之比为 40% 及以上）。” 这个指标应该是很高的。例如，在校生达一万名的高校图书馆，每年中外文现刊订购量应在 4000 种以上，这是因为期刊是学术传播的重要工具，科技期刊重要性及特点在于：

1）出版周期短，信息量大。

2）期刊能及时反映科学技术中新成果、新水平、新动向。

3）期刊是交流学术思想最基本的文献形式。

4）期刊是利用率最高的文献类型。

5）期刊文献约占整个信息源的 60% ~70%，科技工作者高度重视本学科的期刊。

6）多数检索工具以科技期刊为主要报道对象。

7）想了解某一问题时，最普遍方法是查询期刊论文。

3. 中国标准刊号

（1）中国标准刊号简介　中国标准刊号是由国际标准刊号（ISSN）和中国国别代码 “CN” 为标识的国内统一刊号两部分组成。一般格式如下：ISSN ××××-××××　CN ××-××××/YY。如《时尚旅游》的国际标准刊号为 ISSN 1671 -9700，国内统一刊号为 CN 11 -4898/K。

1）国际标准期刊号　国际标准期刊号（International Standard Serials Number，ISSN），是国际赋予期刊的统一编号，由一组冠有 “ISSN” 代号的 8 位数字组成，分前后两段，每段 4 位数，段间以 “ - ” 相连接。如 “ISSN 1671 -9700”，其中前 7 位为单纯的数字序号，无任何特殊含义，最后一位为计算机校验位。在前缀 ISSN 与数字之间空一个字距。在我国，经国家新闻出版署正式批准的连续出版物，应按照该标准进行编码。

2）国内统一刊号　国内统一刊号以中国国别代码 “CN” 为识别标志，由报刊登记号和分类号两部分组成。其结构为：

CN 地区号（2 位数字）- 序号（4 位数字）/分类号

如 “CN 11 -4898/K”。

其中，①地区号，按《中华人民共和国行政区划代码》GB/T 2260—2007 所规定的省、自治区、直辖市地区代号给出；②序号，由报刊登记所在的省、自治区、直辖市新闻出版行政管理部门分配。1000 -4999 统一作为期刊的序号；③分类号，按《中国图书馆分类法》的基本大类给出，其中文化教育（G 类）、自然科学（O 类）和工业技术（T 类）的期刊按该分类法的二级类目给出。

为了推动中国标准刊号条码标识在我国的普及应用，加快国际的接轨，中国国家标准管理委员会采用国际物品编码协会（EAN International）制定的《EAN 杂志和学术期刊规范》中的第二种方案，即 EAN 专用前缀码 977 与国际标准刊号相结合的编码方法和条码标识方案，制定了《中国标准刊号（ISSN 部分）条码》GB/T 16827—1997[㊀]。该标准规定了中国标准刊号（ISSN 部分）条码的代码结构、条码符号技术要求和印刷位置，适用于经国家新闻出版主管部门正式批准的并有中国标准刊号（ISSN 部分）的连续出版物。

（2）中国标准刊号（ISSN 部分）条码的代码结构　示例：期刊《时尚旅游》的中国标准刊号（ISSN 部分）ISSN 1671 -9700，条码号 9771671970183，条码附加码 08。《时尚旅游》的中国标准刊号（ISSN 部分）条码结构，如图1 -1所示。

㊀ 中国国家标准管理委员会. GB/T 16827—1997 中国标准刊号（ISSN 部分）条码［S］. 北京：中国标准出版社，1997：1 -8.

ISSN 1671-9700

08>

9 771671 970183

图1－1　《时尚旅游》的中国标准刊号（ISSN部分）条码结构

中国标准刊号（ISSN部分）条码由15位数字，分5部分组成，其具体结构如下：

前缀码＋数据码（ISSN号）＋年份码＋校验码＋附加码

第1部分：前缀码，3位977，是国际物品编码协会（EAN International）指定给国际标准刊号（ISSN）专用的前缀码。

第2部分：数据码（ISSN号），取ISSN号前7位数字（1671970），是不含校验码的中国标准刊号的ISSN部分。

第3部分：年份码，2位，标识年份。取公历年份最后2位，如2018年取18表示。

第4部分：校验码，1位，中国标准刊号（ISSN部分）条码的第13位是校验码，示例中，3表示附加码。

第5部分：附加码，2位，示例中08表示连续出版物的系列号（即周或月份的序号）。

附加码编号方法：周刊（01～53），旬刊（01～36），半月刊（01～24），月刊（01～12），双月刊（01～12），季刊（01～12），半年刊（01～12），年刊（01～12），特刊（01～99）。

（3）ISSN号（8位）**校验码计算示例**　以ISSN 1671－9700为例，后段的末尾数为校检号。验证ISSN号前7位数字的“加权乘积之和加校验码，能被11整除，则校验码正确”。

具体算法是：①序位从右到左8位，校验位在第1位；②填入ISSN前7位（1671－970）；③从序位2开始向左加权值分别是2～8；④将ISSN号的各位数字与同序位的加权值相乘得到加权乘积。ISSN号（8位）校验计算示例见表1－2所示。

表1－2　ISSN号（8位）校验码计算示例

序位	8	7	6	5	4	3	2	1
ISSN	1	6	7	1	9	7	0	?
加权值	8	7	6	5	4	3	2	—
加权乘积	8	42	42	5	36	21	0	—

加权乘积之和＝8＋42＋42＋5＋36＋21＋0＝154。

用加权乘积之和除以模数11，得出余数：即154÷11＝14余0。

用模数11减余数，得到的差数值即为校验码。

（如果差数为10，校验则以大写的“X”表示。如果余数是“0”，则校验码为“0”）

本例余数是“0”，则校验码为“0”。

校验结果：国际标准刊号ISSN 1671－9700是正确的。

（4）中国标准刊号条码号（13位）**校验码计算示例**　从图1－1中可知，期刊《时尚旅游》的13位条码号9771671970183，用手机QQ的“扫一扫”对准该期刊封面下端条码扫描得到的数字；改用微信“扫一扫”对准该期刊封面下端条码扫描得到“时尚旅游杂志2018年2月土楼里的年夜饭喜马拉雅笑忘书旅游生活人文期刊，时尚旅游（2018年12月）”等信息。

验证中国标准刊号条码号时，其前 12 位数的“加权乘积之和加校验码，能被 10 整除，则条码正确”。中国标准刊号条码号（13 位）校验码计算的具体算法，可参照本书 1.3.1 章节“中国标准书号（13 位）的校验码计算示例”进行校验计算：

乘积之和 =9 +21 +7 +3 +6 +21 +1 +27 +7 +0 +1 +24 =127

用乘积之和除以模数 10，得出余数：**127 ÷10 =12** 余 7

模数 10 减余数 7，所得差即为校验码：10 －7 =3

将所得校验码放末端构成完整的条码：9771671970183

该条码的加权乘积之和 + 校验码 =127 +3 =130，能被 10 整除。所以条码号 9771671970183 是正确的。

4. 期刊的类型

从总体上看，世界各国历来出版的社会科学类期刊的品种和数量，均大大超过科学技术类期刊。据行家分析，20 世纪 80 年代两者的比例大约为 7:3。

（1）按内容分

1）普及性期刊。这类期刊为吸引读者，强调知识性与趣味性，一般均图文并茂，印刷和装帧较好，发行量较大，定价较低。其中畅销的期刊有中国的《百科知识》《人民画报》和《大众电影》，美国的《时代》和《读者文摘》等。

2）学术性或技术性专业刊物。它主要刊载学术论文、研究报告、评论等文章。这类期刊均有特定的内容，以特定的读者为对象。印刷和装帧较严肃，一般不刊登广告。因专业性很强，所以一般发行量较小，定价较高（包括学报、会刊等，如《电信技术》《电视技术》）。

3）情报资料性期刊。以刊载简短、及时的商情、数据（包括各种“消息”“快报”“通信”等，如《国外科技动态》）。

4）检索性期刊。检索性期刊以文献题录和索引为主。因编者对大量资料进行再加工，读者对它的重复使用率很高。这类期刊订户主要是团体单位和图书馆，发行量很少，定价很高，如中国的《新华文摘》《全国报刊索引》，美国的《化学文摘》《工程索引年刊》等。

5）时事政治性期刊。这类期刊包括《瞭望》《半月谈》等。

（2）按载体形态分　有印刷型期刊、缩微型期刊、机读型期刊等。

（3）按出版周期分　有周刊、半月刊、月刊、双月刊、季刊、半年刊等。

5. 报纸

报纸（Newspaper）是出版周期较短的定期连续出版物。它是以刊载新闻和新闻评论为主的，面向公众，定期、连续发行的出版物。报纸通常散页印刷，不装订，没有封面，有固定的名称。多数每日出版，也有隔日或每周出版的。随着现代社会生活的发展和读者对信息需求的多样化，除了以传播新闻和评论为主的报纸外，还有以传播知识、提供娱乐或生活服务为内容的报纸。报纸按出版发行的周期可分为日报、双日报、周报、月报等；按内容可分为时事政治类、科学与技术类、商业类、文化教育类等。报纸传递信息速度快，信息量大，现实感强，是重要的情报源和社会舆论工具，对社会经济和政治生活有着深远的影响。

报纸在长期发展过程中形成的基本职能是：①传播新闻，沟通情况；②宣传思想，影响群众；③反映舆论，引导舆论；④传授知识；⑤提供娱乐。

报纸索引是检索报纸所刊载文献的主要工具。我国重要的报纸索引有《全国报刊索引》《人民日报索引》等。

1.3.3 特种文献

图书、连续出版物（期刊、报纸）、学位论文、会议文献、科技报告、专利文献、标准文献、科技档案、政府出版物、产品资料，这10种文献被人们称为十大文献信息源。其中除图书、期刊外的其他类型文献统称为特种文献。

1. 学位论文

学位论文（Thesis，Dissertation）是高等学校或研究机构的学生为取得学位，在导师指导下完成的科学研究、科学试验成果的书面报告。

根据《中华人民共和国学位条例》的规定，我国学位论文分为学士论文、硕士论文、博士论文三种。学位论文的格式有严格要求，学位论文是学术论文的一种形式。

按照研究方法不同，学位论文可分为理论型、实验型和描述型三类。理论型论文运用的研究方法是理论证明、理论分析、数学推理，用这些研究方法获得科研成果；实验型论文运用实验方法，进行实验研究获得科研成果；描述型论文运用描述、比较、说明，对新发现的事物或现象进行研究而获得科研成果。

2. 会议文献

会议文献（Conference Literature）是在学术会议上宣读和交流的论文、报告及其他有关资料。会议文献多数以会议录的形式出现。随着科学技术迅速发展，世界各国的学会、协会、研究机构及国际性学术组织举办的各种学术会议日益增多。

会议文献的特点是传递情报比较及时，内容新颖，专业性和针对性强，种类繁多，出版形式多样。它是科技文献的重要组成部分，一般是经过挑选的，质量较高，能及时反映科学技术中的新发现、新成果、新成就以及学科发展趋向，是一种重要的情报源。

会议文献可分为会前、会中和会后3种：①会前文献包括征文启事、会议通知书、会议日程表、预印本和会前论文摘要等。其中预印本是在会前几个月内发至与会者或公开出售的会议资料，比会后正式出版的会议录要早1~2年，但内容完备性和准确性不及会议录。有些会议因不再出版会议录，故预印本就显得更加重要。②会议期间的会议文献有开幕词、讲话或报告、讨论记录、会议决议和闭幕词等。③会后文献有会议录、汇编、论文集、报告、学术讨论会报告、会议专刊等。其中会议录是会后将论文、报告及讨论记录整理汇编而公开出版或发表的文献。

会议文献没有固定的出版形式，有的刊载在学会、协会的期刊上，作为专号、特辑或增刊；有些则发表在专门刊载会议录或会议论文摘要的期刊上。据统计，以期刊形式出版的会议录约占会议文献总数的50%。一些会议文献还常常汇编成专题论文集或会议丛刊、丛书。还有些会议文献以科技报告的形式出版。此外，有的会议文献以录音带、录像带或缩微品等形式出版。

为更好地利用会议文献，一些国家出版各种会议文献检索工具或建立数据库，如美国出版的预告、报道和检索世界重要学术会议文献的《世界会议》（1963年创刊）、《会议论文索引》（1973年创刊）、《在版会议录》《科技会议录索引》（1978年创刊），英国的《近期国际会议》（1966年创刊），中国的《国内学术会议文献通报》（1982年创刊）及其数据库等。

3. 科技报告

科技报告（Scientific and Technical Report）是对科学、技术研究结果或研究进展的记录和系统总结。科技报告又称研究报告、报告文献。科技报告的出现早于科技期刊，在科学交流制度化之前，科学家们就已经在交换科技报告。

世界上较著名的科技报告有美国政府的四大报告（商业部的 PB 报告、国防部的 AD 报告、国家航空及宇航局的 NASA 报告和能源部的 AEC/ERDA/DOE 报告），英国航空委员会（ARC）报告，英国原子能局（UKAEA）报告，法国原子能委员会（CEA）报告，日本的原子能研究所报告、东京大学原子核研究所报告、三菱技术通报，苏联的科学技术总结和中国的“科学技术研究成果报告”等。

（1）科技报告的特点　科技报告的特点有：连续出版，内容专深、具体，数据完整；往往是最新成果，比期刊论文发表早。具体来说：①迅速反映新的科研成果，以科技报告形式反映的科研成果比这些成果在期刊上发表，一般要早一年左右，有的则不在期刊上发表；②内容多样化，几乎涉及整个科学、技术领域和社会科学、行为科学以及部分人文科学领域；③保密性，大量科技报告都与政府的研究活动、高新技术有关，使用范围控制较严；④报告质量参差不齐，大部分科技报告是合同研究计划的产物，由工程技术人员编写，由于撰写受时间限制、因保密需要以工作文件形式出现等因素影响，使报告的质量相差很大；⑤每份报告自成一册，装订简单，一般都有连续编号。

（2）科技报告的类型　按科技报告反映的研究阶段，大致可分为两大类：一类是研究过程中的报告，如现状报告、预备报告、中间报告、进展报告、非正式报告；另一类是研究工作结束时的报告，如总结报告、终结报告、试验结果报告、竣工报告、正式报告、公开报告等。

按科技报告的文献形式可分为：①报告书，是一种比较正式的文件；②札记，研究中的临时记录或小结；③论文，准备在学术会议上或期刊上发表的报告；④备忘录，供同一专业或同一机构中的少数人沟通信息用的资料；⑤通报，对外公布的、内容较为成熟的摘要性文件；⑥技术译文。按科技报告的使用范围可划分为：绝密报告、机密报告、秘密报告、非密限制发行报告、非密报告、解密报告等。

4. 专利文献

专利文献（Patent Literature）是记录有关发明创造信息的文献。从广义而言，它包括专利申请书、专利说明书、专利公报、专利检索工具以及与专利有关的一切资料；从狭义而言，它仅指各国（地区）专利局出版的专利说明书或发明说明书。

由于专利可区分为发明专利、实用新型专利、外观设计专利、植物专利、再公告专利、防卫性公告、商标、技术诀窍等，专利文献也可相应地按内容作如上类型划分。广义的专利文献有专利申请书、专利说明书、专利公报、专利法律文件、专利检索工具等类型。

（1）专利的组成　专利说明书是专利文献的主体，它是个人或企业为了获得某项发明的专利权，在申请专利时必须向专利局呈交的有关该发明的详细技术说明，一般由 3 部分组成：

1）著录项目。它包括专利号、专利申请号、申请日期、公布日期、专利分类号、发明题目、专利摘要或专利权范围、法律上有关联的文件、专利申请人、专利发明人、专利权所有者等。专利说明书的著录项目较多并且整齐划一，每个著录项目前还须标有国际通用的数据识别代号（INID）。

2）发明说明书。它是申请人对发明技术背景、发明内容以及发明实施方式的说明，通常还附有插图。旨在让同一技术领域的技术人员能依据说明重现该发明。

3）专利权项（简称权项，又称权利要求书）。是专利申请人要求专利局对其发明给予法律保护的项目。当专利批准后，权项具有直接的法律作用。

专利公报是专利局定期（每周、每月或每季）公布新收到或批准的专利的刊物，一般有发明内容摘要。专利法律文件包括专利法、专利局公布的公告及有关文件。专利检索工具包括专利公报、专利索引和文摘、专利分类法等。

（2）专利文献的特征　如下：

1）寓技术、法律和经济情报于一体。从专利文献中可了解发明技术的实质、专利权的范围和时限，还能根据专利申请活动的情况，觉察正在开拓的新技术市场以及它对经济发展的影响。

2）内容新颖，出版迅速。各国专利法均规定申请专利的发明必须具有新颖性，特别是由于大多数国家采用了先申请原则，即分别就同样发明内容申请专利的，专利权将授予最先申请者。这就促使发明者在完成发明构思后立即申请专利。事实上，一些重大的发明常在专利文献公开10 余年后才见诸其他文献。近年来，一些国家相继采用了早期公开制，发明说明书自申请专利之日起满 18 个月即公布于众，这又加快了发明内容公开化的进程。

3）内容可靠。发明说明书等有关文件的撰写大多是由受过专门训练的代理人会同发明人共同完成的，而且还经过专利局的严格审查。

4）内容详细，格式规范化。各国专利说明书基本上都是按照国际统一的格式印刷出版的，著录项目都有统一的识别代码，国家名称也有统一的代号。这使得即便不懂原文也能识别该说明书的一些特征，给查找专利文献提供了方便。

5）重复性。造成专利文献大量重复的原因有两个：一是同一项发明用各种语言向多个国家申请专利的现象屡见不鲜；二是不少国家专利局在受理和审批专利申请的过程中，对发明说明书要先后公布几次。这一特性虽有助于评价发明的重要性、弥补馆藏的不足，但也给收藏和管理增加了负担。

5. 标准文献

标准文献（Standards Literature），从狭义上而言，它是指按规定程序制定，经公认权威机构（主管机关）批准的一整套在特定范围（领域）内必须执行的规格、规则、技术要求等规范性文献，简称标准。从广义上而言，它是指与标准化工作有关的一切文献，包括标准形成过程中的各种档案、宣传推广标准的手册及其他出版物、揭示报道标准文献信息的目录及索引等。

我国于 1957 年成立国家标准局，次年颁布第一批国家标准（GB）。20 世纪 80 年代，已有100 多个国家和地区成立了本国全国性标准化组织，其中 90 多个国家和地区制定有国家标准，国家标准中影响较大的有美国（ANSI）、英国（BS）、日本（JIS）、法国（NF）、德国（DIN）等。国际标准化机构中最重要、影响最大的是 1947 年成立的国际标准化组织（ISO）和 1906 年成立的国际电工委员会（IEC），它们制定或批准的标准具有广泛的国际影响。

标准按性质可划分为技术标准和管理标准。技术标准按内容又可分为基础标准、产品标准、方法标准、安全和环境保护标准等。管理标准按内容分为技术管理标准、生产组织标准、经济管理标准、行政管理标准、管理业务标准、工作标准等。标准按适用范围可划分为国际标准、区域性标准、国家标准、行业标准和企业标准；按成熟程度可划分为法定标准、推荐标准、试行标准和标准草案等。

（1）标准的特点　①每个国家对于标准的制定和审批程序都有专门的规定，并有固定的代号，标准格式整齐划一；②它是从事生产、设计、管理、产品检验、商品流通、科学研究的共同依据，在一定条件下具有某种法律效力，有一定的约束力；③时效性强，它只以某时间段的科技发展水平为基础，具有一定的陈旧性，因此随着经济发展和科学技术水平的提高，标准不断地进行修订、补充、替代或废止，以增强标准的时效性；④一个标准一般只解决一个问题，文字准确简练；⑤不同种类和级别的标准在不同范围内贯彻执行；⑥标准文献具有其自身的检索系统。

（2）一件完整的标准包括的内容　①标准级别；②分类号，通常是《国际十进分类法》（UDC）类号和各国自编的标准文献分类法的类号；③标准号，一般由标准代号、序号、年代号组成。例如，DIN—11911—1979，其中 DIN 为联邦德国标准代号，11911 为序号，1979 为年代号；GB1—1973，其中 GB 是中国国家标准代号，1 为序码，1973 为年代号；④标准名称；⑤标准提出单位；⑥审批单位；⑦批准年月；⑧实施日期；⑨具体内容项目。

（3）我国标准的分级和种类　根据《中华人民共和国标准化法》的规定，我国的标准分为国家标准、行业标准和企业标准三级。各级标准的对象、适用范围、内容特性要求和审批权限，由有关法律、法规和规章作出规定。

1）按约束力分，有国家标准、行业标准；又分为强制性标准、推荐性标准（/T）和指导性技术文件（/Z）三种。

2）按标准化的对象分，标准可分为技术标准、管理标准和工作标准三大类。

3）标准有效期，自标准实施之日起，至标准复审重新确认、修订或废止的时间，称为标准的有效期，又称标龄。由于各国情况不同，标准有效期也不同。ISO 标准每 5 年复审一次，平均标龄为 4.92 年。我国在国家标准管理办法中规定国家标准实施 5 年内要进行复审，即我国国家标准有效期一般为 5 年。

（4）标准号的组成　标准号由颁布机构代号（或标准代号）、顺序号和颁布年组成，如 GB/T 50362—2005《住宅性能评定技术标准》。国家标准（GB），行业标准（HB），代号“GB”或“HB”为强制性标准；有“T”的为推荐性标准；有“Z”的为指导性技术文件。

需要说明的是：标准修订后，标准的前两项不变（颁布机构代号如 GB/T，顺序号如 50362），只是颁布年作相应改变。标准是否更新，用标准号的前两项去百度一下便可知道。

6. 科学技术档案

科学技术档案（Scientific and Technical Archives）简称为“科技档案”，是指在自然科学研究、生产技术、基本建设等活动中形成的具有参考利用价值，并已归档保存的科学技术文件材料。包括图样、图表、文件材料、计算材料、照片、影片以及各种录音、录像、机读磁带、光盘等，是档案的一大门类。

科学技术档案反映和记载一定单位的科学技术活动，反映和记载人类认识自然、改造自然的各项成果，是科技档案最本质的属性。科技档案主要产生于从事自然科学研究、生产技术和基本建设等活动的单位。一些专业主管单位也颁发有关科技工作的指示、决定、规程、规范和审批文件等，基层科技单位也将这些文件归入科技档案中。

科技档案不同于科技资料。反映一定单位科技活动的并具有历史查考凭证作用的科技文件材料才能转化为科技档案，而收集交流来的只起参考作用的材料是科技资料。只有被本单位采用的外来科技资料才会转化为本单位的科技档案；科技档案通过复制提供给外单位参考使用则转化为科技资料。科技档案属于一次文献。

科技档案作为科学技术信息的载体，可以起到促进生产力发展的作用。国家进行经济建设，采用一定的新技术要和本国的资源情况、工业水平、原材料、社会的传统和文化水平相适应，这就需要多种门类的科技档案共同发挥作用。

7. 政府出版物

政府出版物（Government Publication）是由政府机构制作出版或由政府编辑、由政府指定出版商出版的文献，又称官方出版物。目前各国对政府出版物尚无一致定义。政府出版物大致可分为两大类：一类是行政性文献（包括立法、司法文献），主要有国会或议会记录、议案、决议、司法资料、法律、法令、规章制度、各项政策、调查统计资料等，这类政府出版物主要涉及政治、法律、经济等方面；另一类是科学技术文献，主要是由政府出版的科技报告、标准、专利文献、科技政策文件、公开后的科技档案等。政府出版物数量巨大，内容广泛，出版迅速，资料可靠，是重要的情报源。世界上很多工具书指南将政府出版物作为工具书（或参考资料）的一大类型加以介绍。

政府出版物的出版形式多种多样，常见的有报告、公报、通报和通信、文件汇编、会议录、统计资料、图表、地名词典、官员名录、国家机关指南、政府工作手册、地图与地图集等。它们除以传统的印刷型的图书、期刊、小册子形式出现外，还以各种非纸质载体的资料形式出现。

8. 产品样本

产品样本（Product Sample Book）是厂商为向用户宣传和推销其产品而印发的介绍产品情况的文献。产品样本通常包括产品说明书、产品数据手册、产品目录等。产品样本的内容主要是对产品的规格、性能、特点、构造、用途、使用方法等的介绍和说明，所介绍的产品多是已投产和正在行销的产品，反映的技术比较成熟，数据也较为可靠，内容具体并通俗易懂，常附有较多的外观照片和结构简图，直观性较强。但产品样本的时间性强，使用寿命较短，且多不提供详细数据和理论依据。大多数产品样本以散页形式印发，有的则汇编成产品样本集，还有些散见于企业刊物、外贸刊物中。产品样本是技术人员设计、制造新产品的一种有价值的参考资料，也是计划、开发、采购、销售、外贸等专业人员了解各厂商出厂产品现状、掌握产品市场情况及发展动向的重要情报源。

1.4　国内常用图书分类法简介

图书馆是搜集、整理、收藏图书资料以供人阅览、参考的机构。任何一个图书馆，不论其藏书有多少，都必须对藏书进行科学的分类和排架，以便读者有效、充分地利用图书馆的文献资源。读者要迅速地借阅、找到自己所需的图书和文献，必须了解和熟悉图书馆的图书分类和排架规则。

图书分类就是根据图书的学科内容或读者对象、文种、编辑形式、体裁等特征来分门别类地组织图书。类是代表着一组在性质上彼此相同或相近的事物，一类图书就是一组在某种性质上彼此相同或相近的图书。类在图书分类的习惯上又称为类目。每一个类目必须要给予相应的名称来表示该类的性质，这些名称就叫类名。例如，“数学”“历史”“文学”“艺术”等。各个类目用特定的符号（如数字、字母）来标记，这些标记符号就叫分类号，如G442等。

用来划分某一类图书资料时所依据的某种属性特征，称为分类的标准。根据图书内容方面的属性和形式方面的属性，图书分类的标准有两种：主要标准和辅助标准。图书内容的学科属性是图书分类的主要标准，这是图书馆本身所特有的、最主要的、有决定性的、为其他属性所依附的属性。而图书的其他属性，如使用对象、体裁、体例、文种、开本等，只能作为图书分类的辅助标准。例如，《物理词典》一书，物理是它的学科内容，应作为分类的主要标准，而词典则是它的体例，属于图书形式方面的属性，应作为分类的辅助标准。

图书经过分类后，同一门类的图书聚在一起，组成一个系统，不同门类的被区分开来，性质相近的互相联系在一起。这样，就集中反映了各类图书的大致内容，读者要借阅哪方面的图书，便可按类寻找，并从分类体系中了解到内容相近的其他图书，从而扩大了查找范围。可以想象，如果没有图书的分类工作，图书馆就无法进行科学的管理，成千上万册图书也就无从发挥作用。

图书分类不是凭空进行的，而必须有一个依据，这个依据就是图书分类法。它的表现形式是图书分类表。因此，人们习惯上把图书分类表也叫作图书分类法。我国的图书分类法历史悠久，源远流长。世界公认的我国最早反映图书分类体系的著作，是公元前 28 年的《七略》。"略"就是"类"的意思。这是西汉成帝时由刘向、刘歆父子编成的一部图书分类目录，也可以说是我国最早的一部图书分类法。此后的历代政府都编有反映历代藏书或一代藏书的分类目录，此外还有一些私人编制的分类目录。

新中国成立以后，有关人士对图书分类的方法进行了许多探索，创立了很多种分类方法。现在全国推行较广、影响较大的图书分类法有：《中国图书馆分类法》《中国科学院图书馆分类法》《中国人民大学图书馆图书分类法》等。为使读者有初步的了解，现介绍如下。

1.4.1　中国图书馆分类法

1. 产生背景

《中国图书馆分类法》（Chinese Library Classification，CLC）（原称《中国图书馆图书分类法》）是新中国成立后编制出版的一部具有代表性的大型综合性分类法，简称《中图法》。它由中国国家图书馆（简称国图）、中国科学技术信息研究所等单位共同编制完成。《中图法》初版于 1975 年，到 2010 年出版了第 5 版。目前，《中图法》是当今国内图书馆使用最广泛的分类法体系，国内主要大型书目、检索刊物、机读数据库，以及《中国国家标准书号》等都按《中图法》进行分类。

基本部类是图书分类法最概括、最本质的部分，是分类表的骨架，也是类目表的纲目。但它并不用于类分图书，而是通过其有序排列，给整个分类表构造一个框架。同时，它也是编制分类表的基本指导思想的体现。

《中图法》将知识门类分为"哲学""社会科学"和"自然科学"三大部类。马列主义、毛泽东思想是指导我们思想的理论基础，作为一个部类，列于首位。此外，根据图书本身的特点，将一些内容庞杂、类无专属，无法按某一学科内容性质分类的图书，概括为"综合性图书"，也作为一个基本部类，置于最后。由此形成了五大部类：马克思主义、列宁主义、毛泽东思想，哲学，社会科学，自然科学，综合性图书。

2. 体系结构

《中图法》在 5 个基本部类的基础上展开为 22 个基本大类。基本大类揭示分类法的基本学科范畴和排列次序，是分类法中的第一级类目，用 22 个大写汉语拼音字母来标记。由这些基本大类再作一二度区分，就展开为简要概括分类表全貌的基本类目，在构成简表的基础上，根据各门学科的分支和发展，继续展开下去，就构成了有层次的中小类目的系统排列详表。《中图法》第 5 版的结构体系如图 1－2 所示。

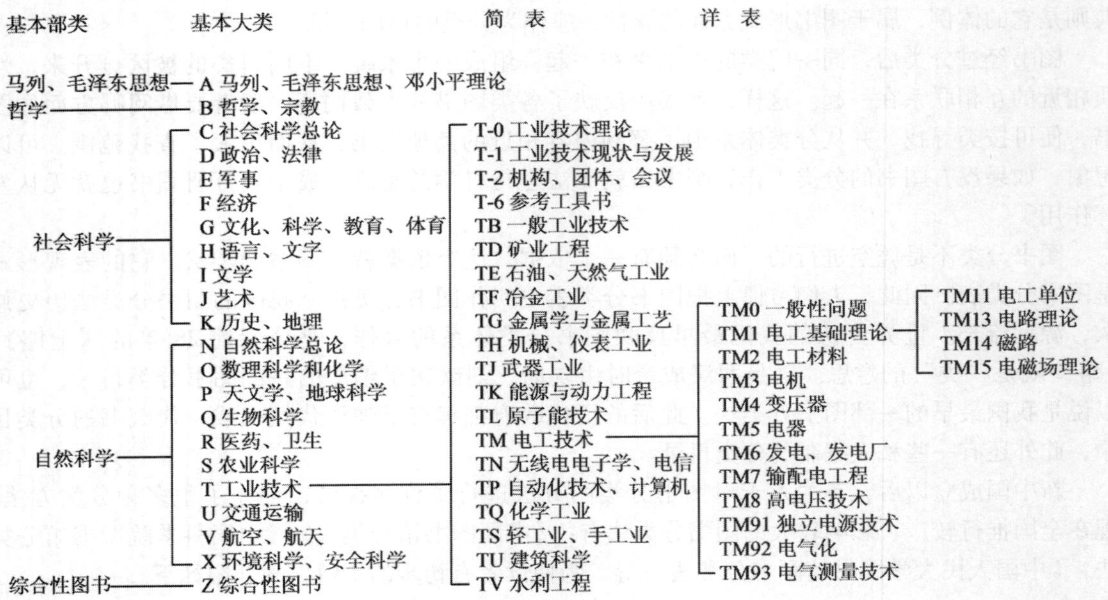

图 1－2　《中图法》第 5 版的结构体系

《中图法》第 5 版主要供大型图书馆图书分类使用。另外，为适应不同图书信息机构及不同类型文献分类的需要，它还有几个配套版本：《中国图书资料分类法》《中国图书馆图书分类法（简本）》和《中国图书馆图书分类法期刊分类表》等。

3.《中图法》第 5 版的主要特点

1）以知识、科学技术发展水平和文献出版的实际为基础，将分类法科学性、实用性有机统一，强调《中图法》的实用性和工具性。

2）在兼顾文献分类排架需要的前提下，也能满足分类检索工具和分类检索系统的需求；在贯彻《中图法》连续性和稳定性的前提下，又充分反映学科专业的发展带来的类目以及类目体系的变化。

3）在保证综合性分类法的基本前提下，照顾到专业图书馆文献分类和网络信息组织的需要，处理好集中与分散的关系以及各学科专业类目深度。

4）标记系统在满足分类法类目体系编制和发展需要的基础上，保持较好的结构性，并力求简明、易懂、易记、易用、易于扩充。

5）保持《中图法》作为列举式分类法基本属性不变，保持《中图法》的基本部类和基本大类设置以及序列基本不变，保持《中图法》字母+数字混合制的标记符号与层累小数制的标记制度基本不变。在此前提下，有选择地对《中图法》个别大类的体系作较大幅度的调整完善，其他大类重点补充新学科、新事物、新主题；并在保持《中图法》类目细分程度的同时，视文献保障程度，适当调整类目划分详略程度。

6）《中图法》第 4 版修订时，考虑尽量减少对文献改编的影响，保障用户从旧版平稳过渡到新版。

总之，《中图法》是一部既可以组织藏书排架，又可以分类检索的列举式、等级式体系组配分类法。该分类法主要供大型综合性图书馆及情报机构类分文献、编制分类检索工具、组织文献分类排架使用，同时也可供其他不同规模和类型的图书情报单位根据自己的需要调整使用。

4.《中图法》成国家标准及发展历程

1975 年 10 月科学技术出版社出版《中图法》第 1 版。

1980 年书目文献出版署出版《中图法》第 2 版。

1981 年国家标准局发文（国标发字 304 号文件）通知有关单位，推荐《中图法》为国家标准试用本㊀。

1984 年书目文献出版社出版了《中图法》第 2 版和《资料法》第 2 版的联合类目索引。《中图法》已为中国多数图书馆和信息部门所采用。

1985 年获国家科技进步一等奖。

1988 年起，中国出版图书的标准书号中采用《中图法》的大类号。

1990 年 2 月，由书目文献出版社正式出版《中图法》第 3 版。《中图法》除中文版外，还有维吾尔文版及日文版。

1999 年 3 月，出版《中图法》第 4 版，对 F（经济），TN（无线电电子学、电信技术），TP（自动化技术、计算机技术）三大类作了重点修订。

2001 年 6 月，出版了《中图法》第 4 版电子版 1.0 版。

2010 年 8 月，由中国国家图书馆出版社正式出版《中图法》第 5 版。

1.4.2　中国科学院图书馆分类法

1. 简介

《中国科学院图书馆图书分类法》（Classification for Library of the Chinese Academy of Sciences），简称《科图法》。1954 年开始编写，1957 年 4 月完成自然科学部分初稿，1958 年 3 月完成社会科学部分初稿，1958 年 11 月由科学出版社出版。1959 年 10 月出版《科图法》索引。1970 年 10 月开始修订，1974 年 2 月出版《科图法》第 2 版的自然科学、综合性图书和附表部分；1979 年 11 月出版《科图法》第 2 版的马克思列宁主义、毛泽东思想，哲学和社会科学部分；1982 年 12 月出版《科图法》第 2 版的索引，1994 年出版《科图法》第 3 版。

2.《科图法》的体系结构

《科图法》设有马克思列宁主义、毛泽东思想，哲学，社会科学，自科科学，综合性图书等 5 大部类，共 25 大类。其部类、大类及其标记符号如下：

00　马克思列宁主义、毛泽东思想
10　哲学
20　社会科学
21　历史、历史学
27　经济、经济学
31　政治、社会生活
34　法律、法学
36　军事、军事学
37　文化、科学、教育、体育
41　语言、文字学

㊀ 1980 年 12 月在南宁召开了“全国分类法、主题法检索体系标准化会议”，会上，全国文献标准化技术委员会第五分会建议“以《中图法》第 2 版为基础，通过修订完善、充实提高，以作为国家标准分类法”，国家标准总局采纳这一建议。

42　文学
48　艺术
49　无神论、宗教学
50　自然科学
51　数学
52　力学
53　物理学
54　化学
55　天文学
56　地球科学
58　生物科学
61　医药、卫生
65　农业科学
71　工程技术
90　综合性图书

《科图法》包括主表和附表两部分。主表设有大纲、简表和详细表。附表又分为通用附表和专类附表两种。第 1 版共设有 8 个通用附表：总类复分表、中国时代排列表、中国地域区分表、中国各民族排列表、国际时代表、世界地域区分表、苏联地域区分表、机关出版品排列表。第 2 版删去了使用较少的后两种附表。第 1 版和第 2 版均编有索引。

3. 标记符号

《科图法》采用以阿拉伯数字为类目的标记符号，号码分为两部分：第一部分为顺序数字，即用 00～99 标记 5 大部类 25 大类及主要类目；第二部分为“小数制”，即在 00～99 两位数字后加一小数点“.”，小数点后基本上按小数体系编号，以容纳细分的类目。类号排列时，先排顺序数字，后排小数点后的层累制数字。例如，11.1，11.11，11.12，11.13，…；11.2，11.21，11.22，11.23，…；11.3，…；12.1…。

4. 特点

《科图法》的特点有：①自然科学的类目比较详细；②采用交替、参见等方法，较好地解决了相关类别的图书在目录和藏书组织中既可集中又能分散的问题；③标记符号单纯、简洁，易于排检；④编有相关索引。

5. 应用

《科图法》主要被中国科学院系统图书馆、国内其他一些科学研究机构和高等学校的图书馆采用。其分类号被印在中国国家图书馆和上海图书馆编制的统一编目卡片上。

1.4.3　中国人民大学图书馆分类法

《中国人民大学图书馆图书分类法》(Classification for Library of the People's University of China) 是中国人民大学图书馆集体编著的等级列举式分类法，简称《人大法》。1952 年编成草案，1953 年出版。1954 年出版初稿第 2 版，1955 年出版增订第 2 版，1957 年出版增订第 3 版，1962 年出版增订第 4 版，1982 年出版第 5 版，1996 年 6 月出版第 6 版。

1. 体系结构

《人大法》设立了总结科学、社会科学、自然科学、综合图书等 4 大部类，总共 17 个大类。该分类法的基本大类见表 1－3。

表 1-3 《中国人民大学图书馆图书分类法》第 6 版基本大类

部类名称	标记符号	大类名称
总结科学	1	马克思主义、列宁主义、毛泽东思想
	2	哲学
社会科学	3	社会科学、政治
	4	经济
	5	军事
	6	法律
	7	文化、科学、教育、体育
	8	艺术
	9	语言、文字
	10	文学
	11	历史
	12	地理
自然科学	13	自然科学
	14	医药、卫生
	15	工程、技术
	16	农业科学技术
综合图书	17	综合性科学、综合性图书

2. 结构

《人大法》包括主表和复分表两部分，主表设有大纲、简表、基本类目表和详表。复分表有 9 个。另有“书次号使用方法说明”和“文别号使用方法说明”两个附录。第 1 ~4 版编有类目索引。

3. 特点

《人大法》的特点有：①《人大法》是中国第一部试图以马克思列宁主义、毛泽东思想为指导而编制的分类法，首次将“马克思列宁主义、毛泽东著作”列为第一大类（第 5 版改为“马克思主义、列宁主义、毛泽东思想”）；②在中国的图书馆分类法中首次使用展开层累制的标记方法，用双位数字加下圆点的办法，使类目的展开不受十进号码的限制；③类目注释较多，特别是增订第 4 版，几乎所有重要的类目都加了注释。

《人大法》除了中国人民大学图书馆及该校各系资料室采用外，1949 ~ 1956 年间曾被我国新建立的一些图书馆采用。1956 年 4 月 ~ 1987 年 12 月期间，我国的“统一书号”曾采用该分类法的大类名称标注新出版图书的学科类别。

1.5 文献排架

1.5.1 文献排架概述

文献排架（Shelving）是图书馆按一定的次序将馆藏文献排列存放在书架上的活动，又称藏书排架，用于文献排架的编码称为排架号。排架的方法主要有两大类：一类是内容排架法，即按出版物的内容特征排列文献，包括分类排架法和专题排架法，其中分类排架法使用范围较广；

另一类是形式排架法，即按出版物的形式特征排列文献，包括字顺排架法、固定排架法、文献登录号排架法、文献序号排架法、文种排架法、年代排架法和文献装帧形式排架法等，其中字顺排架法、固定排架法和文献登录号排架法较常见。上述各种排架法中，除固定排架法、文献登录号或文献序号排架法可单独用于排列某些藏书外，其他任何一种排架法都不能单独使用。图书馆通常是用由两种以上的排架法组配而成的复合排架法排列馆藏文献，对于不同类型、不同用途的文献采用不同的排架法。例如，对于图书多采用分类排架法，对于期刊则综合采用多种排架法。

图书馆排序形式主要有分类排序法、字顺排序法（包括著者、题名和主题字顺）、年代排序法、地域排序法和文献序号排序法等。一般图书馆往往采用一种以上的排序方法，即以一种排序法为主，辅以其他排序方法。

1.5.2　文献排架法

1. 分类排架法

(1) 先按图书分类体系排架　以文献分类体系为主体的排架方法，多用于排列图书。它由分类号和辅助号两组号码组成分类排架号，分类号代表图书内容所属的学科类目，辅助号为同类图书的区分号。一般先按分类号顺序排列，分类号相同，再按辅助号顺序排列，一直区分到各类图书的不同品种。

(2) 同类图书排列方法　先按图书的分类体系顺序排架，同类图书排列在一起。同类图书排列方法通常有4种：

1）按著者名字字顺排列，即相同类号的图书再依据著者姓名的字顺次序排列。用这种排列法可集中同类中同一著者的不同著作，附加区分号后，还可集中同一著作的不同版本、不同译本、不同注释本、同一著者的各种传记等。按著者名字字顺排列是各国图书馆普遍采用的排列方法。

2）按书名字顺排列，即相同类号的图书再依据一定的检字法按书名的字顺排列。由于它只能集中题名相同的图书，而不能集中同一著者的各种著作，故采用此种排架方法的图书馆不多。

3）按出版时间排列，即相同类号的图书再依其出版年月顺序排列。这种排列方法能在分类目录的学科系统性基础上显示出学科发展的阶段性，如要集中同一著者的不同著作和同一著作的不同版本，还需附加相应的区分号。

4）按图书编目种次排列，即相同类号的图书再依同类号图书编目的种次数序排列。其号码简短，便于使用，但仅按图书编目的偶然顺序编号，缺乏科学性。

(3) 分类排架法的优点

1）以文献分类表为依据，主要按文献内容所属学科体系排列，成为既有内在联系又有层次级别和逻辑序列的体系。在书架上，内容相同的文献被集中在一起，内容相近的文献被联系在一起，内容不同的文献被区别开来。

2）便于文献工作人员系统地熟悉和研究馆藏，按类别宣传、推荐文献，可以有效地指导阅读和解答咨询问题。

3）在开架借阅情况下便于读者直接在书架上按类获取文献，便于读者检索利用。

(4) 分类排架法的缺点

1）必须预留一定空位以便排列未上架的同类文献或复本，不能充分利用书库空间。

2）需要经常倒架，造成人力、物力的浪费。

3）分类排架号码较长，排架、提取和归架的速度较慢，易出差错。

2. 专题排架法

专题排架法是指按文献的内容特征将一定专题范围内的文献集中排架的方法。通常带有专题陈列、专题展览的性质。专题排架法有利于向读者宣传推荐文献；机动灵活，适应性强，通常在外借处、阅览室及开架书库用来宣传某一专题的新文献。但该方法只是一种辅助性的内容排架法，只能用来排列部分藏书。

3. 文献序号或登录号排架法

这是指按每一件文献特有的文献序号，如国际标准书号、国际标准连续出版物号、标准号、专利号、报告号等，或按入藏登录号顺序排架的方法。由于排架号简单清楚，一件文献一个号码，提取、归架、清点都很方便，但不能反映文献的内容范围，不便于直接在架上按类查找文献，一般只适用于排列备用书刊和专利、标准等特种文献资料。

4. 固定排架法

这是指将每件文献按入藏先后编制一个固定的排架号，以此排列馆藏的方法。其排架号一般由库室号、书架号、格层号和书位号组成。固定排架的优点是号码单一，位置固定，易记易排，节省空间，无须倒架。其缺点是同类文献及同种文献的复本不能集中在一起，不便直接在书架上检索藏书。一般只适用于保存性藏书及储存书库的密集排架。

5. 字顺排架法

这是指依据一定的检字方法，按照文献题名或编著者名字字顺排架。例如，中文书刊通常可采用某种汉字排检法。字顺排架法可以单独用来排列期刊。

6. 年代排架法

这是指按出版物的出版年代顺序排架的方法。一般按年代顺序倒排，即近年的排在前面，远年的排在后面，同年代的再按出版物字顺号或登记号顺序排列；也有按年代先后顺序排列的。常用于报纸、期刊合订本的排架。

7. 文种排架法

这是指按文献本身的语言文字排架的方法。文种排架号通常由两组或两组以上的号码组成，即文别号、分类号、著者号，或者文别号、年代号、字顺号等。排架时，先区分文别，再区分类别、著者或其他号码。图书馆一般按文种划分书库，因此文种排架法是一种辅助排架法。

8. 文献装帧形式排架法

这是指按文献外形特征，分别排列特种规格或特殊装帧的文献的排架法。这是一种辅助性组配排架法。这种排架法常用不同的符号将不同类型、不同规格的文献区别开来。

1.6 图书馆的目录体系

1.6.1 图书馆目录概述

1. 目录的定义

图书馆目录（Library Catalogue）是揭示、识别、检索图书馆入藏文献的有效工具。它揭示文献特征，提供识别文献的依据；从文献的题名、责任者（著者）、主题、分类等方面指引检索文献的途径，并标志文献在书架上的排列位置。图书馆目录除供读者使用外，也是图书馆工作人员从事文献采购、参考咨询、保管典藏等工作必不可少的工具。

“目录”是目和录的总称。“目”是指篇名或书名，“录”是对“目”的说明和编次。

2. 目录的作用

图书馆目录是揭示藏书、宣传图书、辅导阅读的检索工具。其具体作用表现在：

1）提供读书范围，开阔读书视野。例如，列宁为了写《俄国资本主义的发展》，曾利用图书馆的图书目录选择了583本书做参考。他的夫人娜·康·克鲁普斯卡娅就此说：“如果没有图书馆的图书目录，其中有许多书他甚至不会知道”。㊀

2）揭示图书特征，以利于检索和选择图书。某一领域或某一方面的图书往往有成千上万种，因此，读书必须有所选择。目录的功能之一，就是通过各个著录项目的内容，为选择图书提供了基本的依据。

3）图书馆目录不仅是读者检索图书的工具，也是图书馆工作人员工作的重要工具。

4）目录本身就是一种情报产品，是人们获取情报信息的一种“情报源”，因为目录能提供知识信息和其他信息。

3. 目录的著录格式

图书馆目录是著录一批相关图书资料的索书号、书名、著者、出版者、收藏处所、内容提要等项目，并按照一定的方法和次序编排组织，是向读者宣传和介绍藏书、指导阅读，提供藏书的检索途径，报道藏书的有关信息的一种工具。常见的是中文卡片目录，其基本著录格式如图1-3所示。

索书号
正书名=并列书名：副书名/著者—版次—出版地：出版者，出版日期
页数或卷册数：尺寸或开本—（丛书名/著者）
附注
国际标准书号（ISBN）（装订方式）：定价
内容提要
○

图1-3　中文卡片目录及基本著录格式

把许多类似这样的卡片，按照一定的需要和规则排列起来，就可以供读者检索图书时使用了。

1.6.2　目录的功能和分类

1. 目录的功能

（1）检索功能　目录的检索功能是最基本的社会功能。人们在生产活动和科研实践中需要继承和利用前人积累的知识，必须通过一定形式的文献目录查阅所需文献，利用手工检索或现代化手段进行自动化检索，从一定的文献库中查明所需文献的情况、线索或出处。目录自产生便具备检索功能，使浩如烟海的群书部类有序，为人们掌握图书状况和检索所需图书提供了

㊀ 娜·康·克鲁普斯卡娅. 论列宁［M］. 编译局，译. 北京：人民出版社，1960：376.

便利。

（2）报道功能　目录向需求者报道所需要的有关文献的形式和内容的信息特征，不限于某一特定文献库收藏处所，而是包括过去的、现行的和未来的（准备出版或即将出版的）所有文献的信息。目录的情报价值，首先在于它经常迅速地为需求者报道有关某学科或某一科研课题最新出版文献的信息和最新科研动态，提供有关最新科研成果的情报。目录能够揭示报道一定历史时期文献出版状况，反映该时期科学文化发展概貌。目录还担负着向读者通报准备或即将出版的有关文献信息的任务，使读者能够提前获取自己感兴趣的未来文献的信息，如《社科新书目》和《科技新书目》等。

（3）导读功能　推荐书目根据读者群和个人需求特点，认真地选择、评价和推荐文献，充分发挥目录指导读者读书治学的教育作用。目录的导读功能是目录工作者通过推荐文献给予读者积极的、有目的的教育影响，使目录真正成为读者在文献海洋中的向导和读者治学的顾问。

2. 目录的类型

由于文献的类型、数量、内容和形式多种多样，文献利用者的需要千差万别，文献目录的类型呈现多样性。每一种目录都以其特定的编制方法，实现其揭示与报道文献信息的功能。各种不同类型的目录，反映着人们利用文献的不同目的和需要。目录类型划分如下。

（1）按照目录编制目的和社会功能划分　通常可分为：

1）登记性目录。全面登记和反映一定历史时期、一定范围或某一类型文献的出版或收藏情况的目录。国家书目是登记性目录的主要类型之一，它是全面、系统地揭示与报道一个国家出版的所有文献的总目录，是一个国家全部出版物现状与历史的记录，是了解和控制一个国家全部出版物的重要工具，也是实现世界书目共享的基础。

2）科学通报目录。为及时、准确地向读者和文献情报机构提供新出版和新入藏的文献而编制的目录。

3）推荐书目。针对特定读者群或围绕特定目的，对文献进行选择性推荐，为指导读者治学或普及文化科学知识而编的书目。

4）专题和专科目录。为特定的读者对象全面、系统地揭示与报道关于某学科或某一研究课题的文献目录。所收录文献专业性强，揭示文献一般较深入，如《中国农学书录》《中国文言小说书目》等。

5）书目之书目。也称为书目指南，是将各种目录、索引、文摘等二次文献汇辑起来而编成的书目总录，是了解和掌握目录索引的钥匙，如《全国图书馆书目汇编》（中华书局版）。

6）出版发行书目。也称为书业目录，是出版发行部门编制的揭示与报道已经或将要出版发行的文献目录，它是连接出版者、发行者与读者之间的纽带。

（2）按照目录反映文献收藏范围划分　可分为：

1）馆藏目录。反映某一文献收藏单位所藏的全部或部分文献的目录，它又可细分为反映收藏单位的全部文献或某一种文献的总目录、分馆目录、借书处目录、阅览室目录等，以及特藏目录（有特殊价值，并需单独保管的文献的目录）。

2）联合目录。揭示与报道若干个文献收藏单位收藏的文献的一种统一目录。联合目录可以是综合性的，也可以是专科、专题性的。

（3）按照目录反映文献的类型划分　可分为：图书目录、期刊目录、报纸目录、地图目录、技术标准目录、专利目录、丛书目录、地方志目录、档案目录、缩微资料目录、视听资料目录、古籍目录、书目之书目等。

(4) 按照文献的出版时间和目录编制时间划分 可分为：

1) 现行书目，及时报道新出版或新入藏的文献的目录，便于读者迅速、及时掌握最新的文献信息。

2) 回溯书目，反映一定历史时期所积累的文献，供回溯性检索而编的书目。

3) 预告书目，报道在版或计划出版的文献的目录。

(5) 按照目录收录文献的编排方法划分 可分为：

1) 分类目录，按照文献所反映的知识内容和特点，分门别类地编排而成的有逻辑联系的目录。

2) 字顺目录，按文献的题名、著者或主题词的字顺编排的目录。

(6) 按照目录揭示文献的程度划分 可分为：

1) 题录，揭示文献题名、著者、出版情况的目录，是一种简明的文献报道形式，常用于报道单篇文献。

2) 提要目录，又称解题目录，是对每一文献撰写内容提要的目录。

3) 文摘，以简明扼要的文字表述文献的主要内容和原始数据，向读者报道最新研究成果，传递文献信息，为读者提供决定文献取舍依据的一种检索工具。

3. 目录的载体形式

(1) 书本式目录 它是指将文献的形式和内容特征，根据目录著录标准，记录在单行本上而成的目录。书本目录便于保存和流传，方便检索，但不便于及时增删和更新内容。

(2) 卡片式目录 它是指将文献的外形和内容特征记录在国际标准规格的卡片上（7.5cm×12.5cm），再将目录款目按一定方法加以编排、区分而成的目录，其特点是便于随时增删，重新编排组织，更新内容，但体积大，占用空间多，不便携带。卡片式目录在文献收藏单位使用较普遍。

(3) 期刊式目录 它是指用定期或不定期连续刊物形式出版的目录、索引和文摘。

(4) 附录式目录 它是指通常以附录形式附于论文、专著、教科书、百科全书条目之后或出现于书刊之中，多为引用文献、参考文献、推荐文献的书目等。

(5) 缩微型目录 它是指将文献目录的内容拍摄在缩微胶卷或缩微平片上。计算机输出缩微品目录是用计算机输出的书目数据，通过缩微复制记录仪转换成文字形式，直接摄录在缩微胶片上而形成的目录。缩微目录和计算机输出缩微品目录都具有体积小、容量大、编制速度快等特点，但需借助阅读器才能查阅。

(6) 机读型目录 机读型目录即机读目录，是将文献的书目著录转换成代码形式，记录在计算机存储载体上，并能为计算机识别和输出的目录。

1.6.3 机读目录格式（MARC）

MARC 的全称为 Machine Readable Catalogue，从英文意义上可知，就是“机器可读的目录”。它是计算机能够识别和阅读的目录，其信息存储在计算机存储器上。

1. MARC 的起源

MARC 是由美国国会图书馆（LC）开发的。MARC 的开发者是亨丽埃特·艾弗拉姆[㊀]。（Henriette Avram，1919—2006）。

㊀ MARC 之母：亨丽埃特·艾弗拉姆［EB/OL］.（2009-10-9）［2018-10-12］. https://catwizard.net/posts/20091009211326.html.

2. MARC 的格式

（1）字段设置　在 MARC 记录中字段的设置包含了书目数据的实际内容。它主要表现在三个方面：一是字段数量多，并留出很多空白字段供用户扩充使用，共有 001 ~ 999 个字段，其中 999 字段为用户自己规定字段含义；二是字段内容著录详尽，字段下设子字段以及重复字段；三是字段作用强化，可检索的字段多。所以，MARC 格式记录数据部分伸缩性强，适应面广。

（2）标记符号　MARC 格式的标记符号多，标记的内容详细。常用的标记符号有：

1）字段标志。用三位数字表示，从 001 ~ 999。三位数字的含义分别是：第一位表示功能；第二位表示种类；第三位表示种类的细分。

2）子字段代码。用两个字符表示，第一个是定义符，表示子字段，通常用 IS0646 中的分隔符 IS1（字符集中 1/15 位）；第二字符用小写字母 a、b、c 等表示子字段的顺序。

3）指示符号。用以描述或指示可变长字段代码。指示符号用两个数字表示。在每个字段说明中都有指示符号的使用和表示的含义。如果某个字段指示符号不用，则用空白符号表示。

4）字段和记录分隔符。用 IS0646 中的分隔符 IS2（字符集中 1/14 位）作为字段分隔符。用 IS0646 的分隔符 IS3（字符集中 1/13 位）作为记录分隔符。

3. MARC 的结构特点

（1）可变格式、可变长字段的记录格式　这种格式兼容性强，伸缩性大，字段的设置可多可少。每个字段采用可变长的记录格式，更适合处理书目信息的特点。此外，有些字段本身是固定长的，则可采用固定长字段。

（2）采用目次方式　这是可变长字段存取的标志符——值编组的格式。这种格式可节省大量时间，提高处理速度。另外，它可方便字段顺序的改变和字段内容的修改。

（3）每条 MARC 记录分为 3 个区　即头标区、目次区和数据区。数据区又由控制区和可变区组成，所以有时也分为 4 个区。

（4）物理记录和逻辑记录的关系　物理记录又称字块。MARC 格式采用固定长字块不定形式的记录数据的方式。每个物理记录的长度是 4096B。因此，经常在一个字块中存放多个 MARC 记录，或一个 MARC 记录分别存放于两个或两个以上的字块中。但是，不管一个 MARC 记录有多长，仅有一个头标区和目次区。

4. 几种 MARC 格式

（1）UNIMARC 格式　UNIMARC 是“国际机读目录通信格式”的简称。它是由国际图书馆协会联合会（IFLA）制定的一种供国际交换用的机读目录数据交换格式。

美国国会图书馆推出 MARCII 格式后，希望该格式能得到世界的承认，成为国际标准。由于 MARCII 毕竟是从手工目录发展起来的，故带有许多手工目录的痕迹，不可避免地带有一些过渡性的特征。这主要表现在内容组织安排以及各种标志符号的设计。后来加拿大、英国、德国、日本、意大利、法国等许多国家为了更有效地使用机读目录，根据自己书目信息交换的需要研究、试验和建立了本国的机读目录系统，由此产生各 MARC 间的内容和内容标志符的不同。为了使各国的机读书目信息能进行国际交换，国际图书馆协会联合会制定了 UNIMARC 格式。在这个格式中，将内容标志符标准化，克服了各国使用本国 MARC 系统的标志符的专指性，且减少了手工目录的痕迹。各个国家的书目机构将本国 MARC 格式的书目记录转换为 UNIMARC 格式，供其他国家使用，实现国际的数据交换，而各国国内的书目记录格式仍可保留自己的 MARC 格式。所以，许多国家都使用 UNIMARC 格式作为国际机读书目记录交换的格式。

(2) USMARC 格式　USMARC 是美国国会图书馆的机读目录通信格式，也有的称 LC-MARC，MARCII 格式就是它的前身。目前国内图书馆界在英文图书编目中使用 BIBLIOFILE 光盘和 OCLC 光盘，光盘的书目数据格式就是采用 USMARC 格式。USMARC 格式与国际标准化组织制定的“文献目录信息交换用磁带格式” ISO2709 的规定一致，只不过在其字段标志和内容项目上略有不同。

(3) CNMARC 格式　《中国机读目录格式（WH/T 0503—1996）》，通常称为 CNMARC。它是由国家书目机构编制的，由中华人民共和国文化部于 1996 年发布的文化行业标准。它主要用于中国国内图书情报部门和其他国家书目机构间的书目信息交换。CNMARC 格式是以 UNIMARC 为依据的，凡是 UNIMARC 中定义的字段适合于中国出版物的有关规定都予以保留，并补充了中国出版物特有、而 UNIMARC 中没有的字段定义。

图书馆一条实际的 CNMARC 格式，如图 1-4 所示。

由上面这条 CNMARC 格式转换成的卡片格式，如图 1-5 所示。

图 1-4　一条实际的 CNMARC 格式

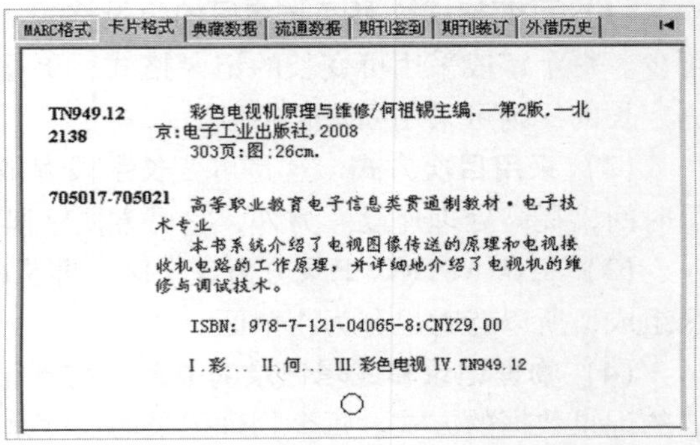

图 1-5　CNMARC 格式转换成的卡片格式

5. 机读目录的应用

由于 MARC 记录以计算机技术为检索手段，记录中的任何信息都有可能作为检索点，为了最大限度地开发馆藏信息，就要求 MARC 记录所包容的信息量比传统目录更全面、更丰富、更准确；MARC 记录必须被计算机识别、阅读和处理，才能提供基于 MARC 的各种优质服务，只有遵循格式规定编制的 MARC 记录，才能达到预期的效果；MARC 记录的最高层次服务是资源共享，为了使不同语种、不同类型的信息资源能在国际互相传递和交流，必须使用统一的标准。

6. 联合目录

联合目录是揭示与报道多个文献收藏单位所藏文献的目录。按地域范围可分为地区性联合目录、国家联合目录、国际联合目录；按文献类型可分为图书联合目录、期刊联合目录等；按收录文献的内容范围可分为综合性的联合目录、专科性的联合目录。

联合目录的作用是便于图书馆藏书协调、馆际互借和实现图书馆资源共享。

联合目录能扩大读者检索和利用文献的范围。高校图书馆的文献资源要实现共享，首先，就要把目录联合起来供各馆检索，通过检索，才可能进行馆际互借。中国高等教育文献保障系统（China Academic Library & Information System，简称 CALIS）多年来做的其中一项工作就是建立了“CALIS 联合目录”。

习　题　1

1. 试述图书馆的定义和职能。
2. 试述信息、知识、情报、文献的概念和它们之间的关系。
3. 试述文献的种类。
4. 试述十大类文献类型，常用的是哪几种？
5. 试述国内常用的图书分类法。
6. 试写出《中图法》22 大类的分类号和类名。
7. 试述分类排架的方法。
8. 试述图书馆目录的功能。
9. 试写出一条中国机读目录的卡片格式。

Chapter Two

第 2 章 数字图书馆

本章概要

本章主要介绍数字图书馆的概念，数字图书馆的建设方案，文献数字化技术，数字文献资源的种类等内容。读者在了解这些知识和内容的基础上，可以有效地利用数字图书馆的文献资源。

学习目的

- 了解数字图书馆的概念，图书数字化过程。
- 了解数字资源的类型及特点。
- 知道数字图书资源、数字期刊资源、数字特种文献资源在哪里查找。

内容框架

数字图书馆
- 数字图书馆概述
- 数字图书馆的建设
- 数字文献资源

2.1 数字图书馆概述

2.1.1 数字图书馆的概念

数字图书馆（Digital Library）是用数字技术处理和存储各种文献资源的图书馆，实质上是一种多媒体制作的分布式信息系统。它把各种不同载体、不同地理位置的信息资源用数字技术存储，以便于跨越区域、面向对象的网络查询和传播。数字图书馆涉及信息资源加工、存储、检索、传输和利用的全过程。通俗地说，数字图书馆就是虚拟的、没有围墙的图书馆，是基于网络环境下共建、共享的可扩展的知识网络系统，是超大规模的、分布式的、便于使用的、没有时空限制的、可以实现跨库无缝链接与智能检索的知识中心。

美国研究图书馆协会（ARL）对于数字图书馆给出了一个引用得较多的定义：“数字图书馆不是一个单独的实体，需要有关技术提供其他资源的链接，该链接对用户应该是透明的，目标是做到任意检索，数字馆藏应超越传统馆藏而不能仅成为其替代品。"

刘炜等认为："应该说凡是应用计算机和网络技术，解决数字资源的采集、存储、管理、发布和服务的图书馆，都可以称为数字图书馆。"㊀

关于数字图书馆的概念，至今没有一个完整的定义，但基本上达成一致的理解。数字图书馆是全球信息高速公路上信息资源的基本组织形式，这一形式满足了分布式面向对象的信息查询需要。分布式是指跨图书馆（跨地域）和跨物理形态的查询；面向对象是指不仅要查到线索（在哪个图书馆），还要直接获得要查的东西（对象）。数字图书馆是超大规模、分布的、可以跨库检索的海量数字化信息资源库㊁。其包含的基本内容如下。

1. 数字图书馆是海量的知识中心

数字图书馆是以资源建设为核心，采用人工智能检索、信息海量存取、多媒体制作与传输、自动标引、数字版权保护、电子商务等现代信息技术成果，形成超大规模、分布式体系；便于使用、没有时空限制、可以实现跨库无缝链接与智能检索的知识中心。以实现对丰富多彩的多媒体信息进行超时空、无障碍传播。

2. 数字图书馆是优质资源门户网站

数字图书馆是优质知识资源的集散中心。数字图书馆网站是数字资源的门户网站。由于数据的集中管理和对象数据的集中调度，便捷的互联网络和跨库无缝链接的资源提供，使得数字图书馆能够打破时空局限。因此中国数字图书馆服务体系，就是要汇集全社会的资源建设成果，在互联网上形成超大规模的、高质量的中文数字资源库群，建立集中与分布的资源共建、共享机制，并通过国家公众网络，向全国及全球提供高效、便捷的服务。

3. 数字图书馆是一门新学科

数字图书馆是一门全新的科学技术，也是一项全新的社会事业。简而言之，数字图书馆是一种拥有多种媒体且内容丰富的数字化信息资源，能为用户方便、快捷地提供信息的高水平服务机制。虽然称之为"馆"，但并不是图书馆实体，它可以对应于一切存在海量公共信息管理与传播的现实社会活动，表现为一种新型的技术、新型的服务。获取信息并不存在空间限制，很大程度上也不受时间限制，其存在方式是将文字、图像、声音等信息数字化，并通过互联网传输，从而做到信息资源共享。在网络环境下，以各类文献为载体的知识信息都可以方便地转化为数字形式在全球范围内传输。用户只要通过与互联网连接，登录相关的数字图书馆的网站，都可以在任何时间、任何地点，十分方便、快捷地使用图书馆的数字化信息资源。这种图书馆已成为一个"信息空间"，把传统的纸介图书馆变为开放的网上图书馆，用户对馆藏的利用将不再受时间和地域限制，可以随时享用信息资源。

4. 数字图书馆拓展检索服务

通过数字图书馆的检索服务系统，用户在查找到所需图书之后可以直接阅读电子版图书；查找电影、音乐等多媒体资料之后可以即时播放；如果用户觉得这些服务不能完全满足个性化需求，数字图书馆区域应用服务系统可以为用户量身定制资源库，为用户收集整理所需的各种

㊀ 刘炜、楼向英、张春景. 数字图书馆评估研究 [J]. 图书情报工作，2007 (5)：21－24.

㊁ 合肥市图书馆网络信息管理中心. 数字图书馆 [EB/OL]. (2018－09－26) [2018－10－10]. http://www.hflib.org.cn/zhinan/sztsg.php.

类型的资源。

数字图书馆区域服务系统建构在局域网上，广泛向宽带网络接入商和备有局域网的住宅小区、机关、企事业单位用户提供图书、音频、视频、资源库等信息资源，通过与互联网连接，区域服务应用系统可直通数字图书馆服务系统门户，区域用户可获取数字图书馆网站、国家图书馆网站，以及各省市级数字图书馆提供的各种电子资料服务。

5. 数字图书馆圆终身教育梦

现代图书馆创立以来，一直履行着教育的职能。数字图书馆，作为现代图书馆的拓展，在人类教育体系中占据着越来越重要的地位。

终身教育意味着人们各个阶段的学习需求，这种需求是为了生活、物质财富、个人满足以及融入社会。在终身教育中，学习者是主体。数字图书馆利用自身的丰富资源优势，给学习者提供一个完善的学习中心。终身教育反映了对高质量学习机会的需求，数字图书馆提供最新的技术和支持。知识经济时代的数字图书馆将不再是传统意义上的图书馆，人们可以使用任何与互联网连接的数字设备，在任何时间、任何地点，搜寻到所有人类知识。而且数字图书馆拥有经验丰富、高素质的情报检索和咨询专家，能够辅导和帮助读者如何在知识信息的汪洋大海中迅速获得自己所需的知识信息，学会获取知识信息的方法。

2.1.2　数字图书馆的特征

1. 数字化资源

数字图书馆资源包括：经过数字化转换的资料或本来就是以电子形式出版的资料，新出版的或经过回溯性加工的资料；各类资源，如期刊、参考工具书、专著、视频音频资料等；各种文件格式，从位图形式的页面到经 SGML 编码的特殊文本文件。

2. 网络化存取

高速的数字通信网络是数字图书馆的基础，数字图书馆依附于网络而存在，其对内的业务组织和对外的服务都是以网络为载体的，得益于网络，也受制于网络。其内部本身由局域网构成，以高速主干线路连接数台服务器及工作站，外部通过数台广域网服务器连接国际互联网。

3. 分布式管理

这是数字图书馆发展的高级阶段，它意味着全球数字图书馆遵循统一的访问协议之后，数字图书馆可以实现“联邦检索”，全球数字图书馆将像互联网一样，把全球的数字化资源链接成为一个巨大的图书馆。

2.1.3　产生背景

随着信息技术的发展，需要存储和传播的信息量越来越大，信息的种类和形式越来越丰富，传统图书馆的机制显然不能满足这些需要。因此，人们提出了数字图书馆的设想。数字图书馆是一个电子化信息的仓储，能够存储大量的、各种形式的信息，用户可以通过网络方便地访问它，以获得这些信息，并且其信息存储和用户访问不受地域限制。

数字图书馆不但包含了传统图书馆的功能，向社会公众提供相应的服务，还融合了其他信息资源（如博物馆、文献馆等）的一些功能，提供综合的公共信息访问服务。可以这样说，数字图书馆将成为未来社会公共信息中心和枢纽。信息化、网络化、数字化，这一连串的名词符号的根本点在于信息数字化；电子图书馆、虚拟图书馆、数字图书馆，不管用什么样的名词，数字化将是图书馆的发展方向。

2.1.4　技术与人才

数字图书馆是高技术的产物，信息技术的集成在数字图书馆的建设中扮演了非常重要的角色。具体来说，其涉及数字化技术、超大规模数据库技术、网络技术、多媒体信息处理技术、信息压缩与传送技术、分布式处理技术、安全保密技术、可靠性技术、数据仓库与联机分析处理技术、信息抽取技术、数据挖掘技术、基于内容的检索技术、自然语言理解技术等。

关于建设数字图书馆的人才，亨丽埃特·艾弗拉姆说过“我们需要两个天才，即计算机专家和图书馆专家，没有一个天才可以独自成功，图书馆员必须成为计算机学者，这样才能理解应用的技术及其与专业的关系。”有了建立数字图书馆的技术人才，才能建立符合读者需要的方便实用的数字图书馆。

2.1.5　数字图书馆的主要优点

1. 信息储存空间小且不易损坏

数字图书馆是把信息以数字化形式加以储存，一般储存在计算机光盘或硬盘里，与过去的纸质资料相比占用空间很小。而且，以往图书馆管理中的一大难题是资料多次查阅后就会磨损，一些原始的、比较珍贵的资料，一般读者很难看到。数字图书馆就避免了这一问题。

2. 信息查阅、检索方便

数字图书馆都配备有计算机查阅系统，读者通过检索一些关键词，就可以获取大量的相关信息。而以往图书资料的查阅，都需要经过检索、找书库、按检索号寻找图书等多道工序，烦琐而不便。

3. 远程、迅速传递信息

传统型图书馆的建设是有限的，位置是固定的，读者往往要花费大量的时间在去图书馆的路上。数字图书馆则可以利用互联网迅速传递信息，读者只要登录网站，轻点鼠标，即使和图书馆所在地相隔千山万水，也可以在几秒钟内看到自己想要查阅的信息，这种便捷是以往的图书馆所不能比拟的。

4. 同一信息可多人同时使用

众所周知，一本书一次只可以借给一个人使用。在数字图书馆则可以突破这一限制，一本“书”通过服务器可以同时提供给多个人查阅，大大提高了信息的使用效率。

2.1.6　中国数字图书馆的发展概况

20 世纪 90 年代以来，计算机科学技术和互联网飞速发展，互联网已成为人们获取信息和知识的一个越来越重要的渠道。如何有效地组织和发布信息资源，以适应互联网这种新的信息传播途径的要求，成为人们普遍关注的课题。美国最早提出数字图书馆构想，随后中国也掀起了数字图书馆研究、实践的热潮。国家图书馆具有经济实力和技术优势，在中国数字图书馆建设过程中，特别是在国家数字图书馆标准规范研制工作中起了重要的作用。

1. 起步阶段

在中国，正式提出数字图书馆概念是1996年在北京召开的第62届国际图书馆协会联合会（IFLA）大会上，数字图书馆成为该会议的一个讨论专题。IBM公司和清华大学图书馆联手展示“IBM数字图书馆方案”。

2. 试验阶段

1997年1月～1999年12月：由国家图书馆、中山图书馆、上海图书馆、深圳图书馆、辽宁图书馆、南京图书馆、文化部文化科技开发中心共同承担实施了“中国试验型数字图书馆项目”，标志我国数字图书馆事业进入到了试验阶段。

由国家图书馆与中国科学院计算所合作完成的“国家科技部863/306项目——数字图书馆系统工程”，该项目于1998年立项，2001年3月验收。其主要成果为：数字图书馆体系结构的设计与开发，初步建立了一个中国试验型数字图书馆系统；系统功能达到具有网络管理、多媒体信息查询与检索、海量信息的存储与检索、知识产权的权限管理等；开发的主体工作围绕基于SGML/XML的以中文资源为主的系统的建立、维护和发布；对知识挖掘、知识聚集等方面将通过智能代理方式予以集成。“国家科技部863/306项目——数字图书馆系统工程”，在技术上达到了与国际数字图书馆主流技术接轨的要求，为中国数字图书馆建设及运营奠定了良好的基础。

与此同时，1999年1月～2000年4月，国家图书馆筹备成立“中国数字图书馆有限责任公司”，并上报国务院及各大部委。2000年4月18日，中国数字图书馆有限责任公司正式成立。

中国数字图书馆有限责任公司隶属于中国国家图书馆，服务于中国国家图书馆二期工程暨国家数字图书馆工程的高新技术企业，注册资本为8860万元。公司率先在全国建立起完整的数字图书馆建设与服务体系，专注于数字资源核心技术研发与应用推广、数字版权管理、数字化加工、提供专业信息、电子政务及电子商务服务、提供数字内容整体解决方案及数字图书馆整体解决方案，数字图书馆综合服务平台建设。

2000年年底，文化部在海南召开“中国数字图书馆工程资源建设”工作会议，讨论制定《中国数字图书馆工程一期规划（2000—2005）》，推荐使用资源加工的标准规范。

3. 操作阶段

1999年9月～2001年11月，文化部与国家图书馆启动了中国国家数字图书馆工程（国家图书馆二期工程暨国家数字图书馆工程），由“中国数字图书馆有限责任公司”作为业主单位全面负责工程的建设、运营及服务，数字化图书扫描年产量3000万页以上。标志着中国数字图书馆进入实质性操作阶段。

2001年年初，国家计委批准立项“全国党校系统数字图书馆建设计划”，总投资达1.9亿元。北京大学、东北师范大学等院校相继成立数字图书馆研究所，在全国范围内掀起了数字图书馆建设和研究的高潮。

4. 实用阶段

2001年5月23日，国家重点科技项目“中国试验型数字式图书馆”通过专家技术鉴定。中国数字图书馆已经进入初步实用阶段，中国的数字图书馆研究、建设已经初具规模。

数字图书馆为国家信息基础设施提供关键性信息管理技术，同时提供其主要的信息库和资源库。换句话说，数字图书馆是国家信息基础设施的核心。中国国家数字图书馆标准是一个很重要的标准，它参照国际标准制定，即可以与国际上标准兼容又具有中国特色。国家图书馆等受国家标准化委员会委托专门成立了中国国家数字图书馆标准协会。

2.2 数字图书馆的建设

2.2.1 中国数字图书馆方案

本节以中国数字图书馆有限责任公司推出的数字图书馆整体解决方案为例来介绍。该方案是“国家科技部 863/306 项目——数字图书馆系统工程”的研究成果，代表了中国数字图书馆的最高水平，它是以图书馆及互联网上的各类数字资源或非数字资源为中心，以为读者提供方便、快捷的知识服务机制为目的，围绕数字资源的加工建设、数字资源的存储和管理、数字资源的访问和服务提供的一整套先进、实用、高效的解决方案。

1. 数字图书馆解决方案

中国数字图书馆有限责任公司提出的数字图书馆解决方案[㊀]的技术架构如图 2－1 所示。

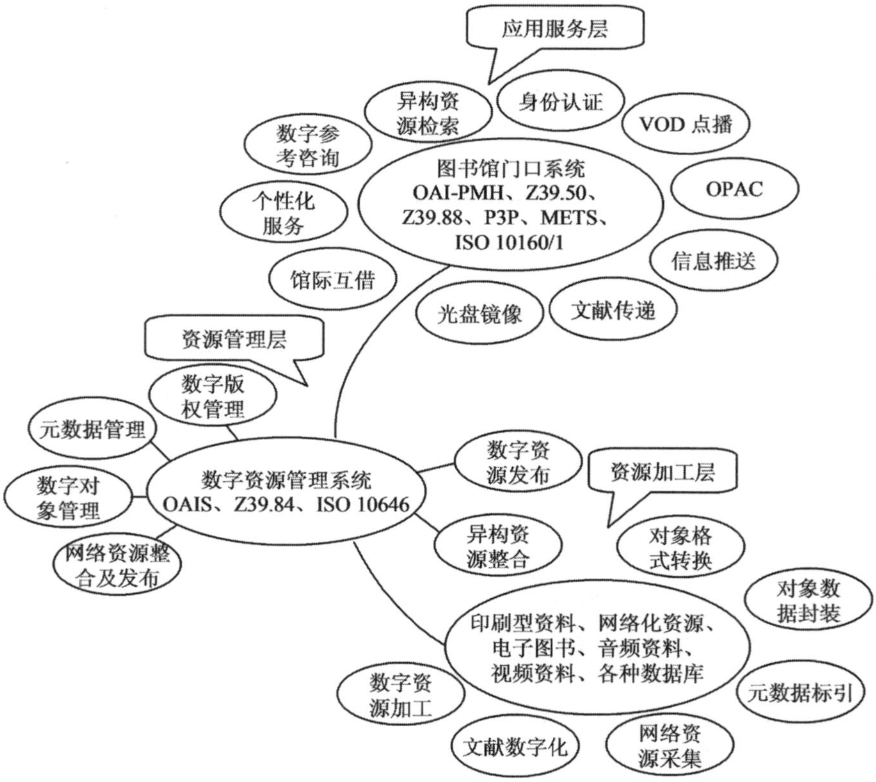

图 2－1　中国数字图书馆解决方案的技术架构

㊀ 中国数字图书馆有限责任公司. 数字图书馆解决方案［EB/OL］.（2017－01－13）［2018－10－15］. http://www.cdlc.cn/about/sztsg.aspx.

（1）数字图书馆解决方案技术架构说明　整体解决方案为三层技术架构，分别为资源加工层、资源管理层和应用服务层。

1）资源加工层。资源加工层将各种类型的资料转化为有序的数字资源。将各种印刷型资料、音频资料、视频资料进行数字化加工，转化为数字格式的资源；有目的、有方向地采集原本无序分散的网络资源，将之进行初步有序化处理；将各种数据库、电子图书、电子期刊等进行有必要的格式转换、元数据标引等处理。使各种资料具备数字图书馆的基本管理和服务需求。

2）资源管理层。经过加工的数字资源进入资源管理层，数字资源管理系统依据 OAIS、Z39.84（DOI）、ISO10646 等国际标准构造。资源管理要完成的工作是：网络资源的分类、整合及发布；对各种异构的数字资源进行整合，使之形成统一的检索和使用界面；将经过加工和标引的数字资源进行多种表现形式的发布；进行元数据管理、数字版权管理及数字对象管理。

3）应用服务层。最后，直接面向用户和读者的是应用服务层。作为图书馆的门户，该系统基于 OAI-PMH、Z39.50、Z39.88（OpenURL）、P3P、METS、ISO10160/1 等国际标准构造，为用户提供方便快捷的、主动的、个性化的、安全可靠的服务，并实现传统图书馆与数字图书馆之间“相互补充、相得益彰”的理念。通过 my library 等系统对用户进行个性化服务，用户能订制自己所关注的资源信息，同时获取由图书馆系统根据用户关注点所自动推送的即时信息。通过 E-mail、BBS、留言板、即时交流等方式进行数字参考咨询，提高图书馆服务的即时性和交互性。提供异构资源检索平台，使用户真正享受到跨库无缝检索。同时，基于本系统的文献传递、馆际互借、OPAC 等能实现与国家图书馆等其他图书馆情报机构的互联互通，形成一个广泛的知识园地。

该解决方案完整地诠释了数字资源的生命周期，完成了数字资源从内容策划到创建、组织描述、保存管理、获取和整合，再到维护和提供服务的全过程。

（2）技术特点

1）开放性。容纳和整合与应用有关的其他部件，实现功能增强。

2）系统性。从图书馆应用服务的角度，系统、全面地解决使用中所面临的问题。

3）模块化。解决方案的各个组成部分均采用模块化的理念设计，便于灵活运用。

4）标准化。通过采用通用的国际、国内和行业标准，实现开放接口，便于扩展。

（3）数字图书馆整体解决方案优势

1）先进的资源管理和知识管理技术，引领数字图书馆向知识服务方向发展。

2）开放的体系结构，支持数字图书馆领域所有国际国内标准，支持跨平台操作。

3）资源整合打破不同信息源之间的屏障，实现广泛协作、共建和共享。

4）强大的软件平台支撑，以领先的资源加工、管理和服务平台为核心。

（4）应用领域　图书情报界、专业机构、电子政务、企业信息化、涉及内容管理与服务的其他领域。

（5）数字图书馆建设的战略意义　数字图书馆的核心是以各种中文信息为主的资源库群，它的建设将迅速扭转互联网上中文信息匮乏的状况，形成中华文化在互联网上的整体优势。同时，数字图书馆是一个集各种高新技术为一体的项目，它的建设将极大地促进我国信息技术的发展，同时带动与之相关的计算机技术、网络技术、通信技术和多媒体技术等各项技术的发展，形成的高新技术产业链，对于提高我国整体的信息产业水平将起到不可估量的作用。它还是知识经济的重要载体，为知识传播提供了一种崭新的手段，可以最大限度地突破时空限制，营造出进行全民终身教育的良好环境，为所有人提供了便捷的获取信息手段和丰富的信息，对于我国国民素质教育将起到巨大的促进作用。因此，站在民族文化发展的高度，站在国家安全高度，站在开发利用信息资源、节约材耗和能耗，保持我国经济持续、快速、健康发展的高度，数字图书馆的建设无疑具有重要的战略意义。

2. 数字图书馆的相关标准规范

国家数字图书馆标准规范研制工作以开放性为原则，采取竞争性谈判方式，向社会各界尤其是文献信息机构发出广泛参与研制的邀请。目前，汉字属性字典、古籍用字规范、生僻字与避讳字处理规范、古籍全文版式 XML 规范、数字资源唯一标志符等 6 个标准规范项目正在研制中。元数据规范、对象数据规范、资源统计规范等正进行采集准备工作。数字资源长期保存、管理元数据、专门元数据规范等正在进行需求调研与准备工作。

数字图书馆标准规范体系主要由数字资源建设标准规范、数字图书馆应用服务标准规范、版权保护与权利描述标准规范、面向数字图书馆的电子商务标准规范等组成。其中，数字资源建设标准规范涉及数字对象的加工、描述、组织、存储、检索和服务，要建立相应的技术标准规范；建立元数据统一结构框架和相应的元数据描述、加工处理、转换和检索的技术标准规范；建立对网上资源进行搜集、筛选、编目、加工、使用的方法和相应的技术标准规范等。在数字图书馆应用服务系统的建设中，要建立统一描述机制，支持统一的资源命名规则和唯一标志；建立开放的、可互操作的数字资源组织与管理标准规范；建立可互操作的数字对象调度机制等。此外，还应充分利用现有的其他相关标准规范。

2.2.2　文献数字化技术

文献数字化是将各种印刷型资料、音频资料、视频资料进行数字化加工，转化为数字格式文献资源的过程。将各种类型的资料转化为有序的数字资源，是数字图书馆建设的基础工作。另外，数字图书馆有目的、有方向地采集原本无序分散的网络资源，将之进行初步有序化处理，将各种数据库、电子图书、电子期刊等进行必要的格式转换、元数据标引等处理，使各种资料具备数字图书馆的基本管理需求和服务需求。

1. 文献数字化概述

数字图书馆从概念上讲可以理解为两个范畴：数字化图书馆和数字图书馆系统，涉及两个内容：一是将纸质图书转化为电子版的数字图书；二是电子版图书的存储、交换、流通。

传统图书馆中图书的流通率是很低的。以清华大学图书馆为例，至 2010 年底，实体馆藏总量约有 400 万册（件），据清华大学图书馆 2010 年年鉴统计：纸质图书外借 82.8 万册次，流通率为 20.7%。而二次文献检索 353 万次，下载 325 万次；电子图书浏览 53 万册次，下载 88 万册次；电子期刊浏览 453 万篇次，下载 764 万篇次；学位论文浏览 3.5 万篇次，下载 129 万篇次。可见，电子资源在网络环境下的规模化使用是印刷文献远无法比拟的。[㊀]

这说明社会的进步和时代发展改变了读者的阅读习惯，也改变了读者获取文献的方式。图书馆要主动适应读者的这种需要，要将图书馆重要而有价值的文献数字化，以提高利用率。

传统图书馆收藏的大量经过加工、标引、整序的文献资源，不仅是图书馆服务的基础，也是数字图书馆重要的信息来源。图书馆目前的一项任务，就是馆藏纸质文献的数字化工作。

㊀ 姜爱蓉．移动互联网的发展与机遇．2011 年 7 月 19 日在西安交通大学移动图书馆开通仪式上的发言。

2. 纸质文献数字化技术

中国的纸质文献数字化工作，早在20世纪80年代就起步了，但计算机网络技术和扫描仪的出现，特别是扫描仪的OCR（字符识别）技术出现，才提高了纸质文献数字化的效率，推动了纸质文献数字化的迅速发展。

（1）纸质文献数字化　纸质文献数字化是指图书馆利用多媒体技术、数据库技术、数据压缩技术、光盘存储技术、网络技术等技术手段，将没有版权争议的馆藏印刷型文献数字化，建成数字化资源库。馆藏文献的数字化，可以充分发挥图书馆的文献优势，加强信息资源的建设，丰富网上信息资源的品种与数量，促进数字图书馆的发展，同时也将为图书馆开展特色信息服务创造条件。

纸质文献数字化是把原始纸质文献通过扫描、OCR（字符识别）转换成可进行计算机编辑处理的数字化电子文档。这种数字化的电子文档，可方便地实现计算机网络环境下快速传递、检索和资源共享等功能。

（2）纸质文献数字化的原则　纸质文献数字化有“保真原则”“整理原则”和二者兼顾原则。

1）保真原则，是指数字化文献应该具有原貌的特征。具体操作应该是以数字图形版存储。今天，实现数字图形版已不存在技术上的障碍，只要将纸质信息进行数码照相或扫描处理并有足够的存储空间即可。

2）整理原则，是指数字化文献应该具有资料的应用性，具有浏览器阅读、文字摘录等功能，满足读者的实际需要。

3）二者兼顾原则，是指在实际中采用哪种方式，或“保真”，或“整理”，或者二者兼顾，要根据文献级别和要求来决定。

（3）纸质文献数字化的方法及设备　纸质文献数字化的方法，按其发展过程分为人工键盘录入法、语音识别法和扫描法。目前使用最多、效率最高的是扫描法。

扫描法是将原始纸质文献放在扫描仪平板上，通过扫描仪把纸质文献转换为数字图形输入计算机，后经OCR识别、校对后，转换为可进行编辑的数字化文献。

扫描法是目前各种书刊文档数字化普遍采用的一种方法。OCR识别并非百分之百正确，有个别字出现识别错误，对识别错误的字，以不同颜色加以区分，以便人工修改和校对。

扫描法的关键设备是扫描仪。它是一种高精度的光电一体化产品，属于一种静态图像的计算机输入设备。纸质文献在扫描过程中，扫描仪通过光电器件将检测到的图文光信号转换为电信号，再将电信号通过模拟/数字转换器，转换成数字信号输入到计算机中处理。扫描仪能够捕捉各种印刷品、照片以及较薄物件的图像信息。扫描仪的质量主要体现在其分辨率、颜色和幅面上。

目前，大多数扫描仪能实现扫描、复制、OCR，以及上传至网络等功能。能满足大多数文献数字化的需要。扫描仪作为一种光电一体化的计算机外部设备，在数字化信息处理过程中扮演着重要的角色。

（4）纸质文献数字化的过程要点　文献数字化所涉及的一般步骤如下：

1）准备扫描仪。

2）定位扫描仪中的原始文档。

3）检查扫描仪的优先设置值。

4）选择正确的原始文档类型。

5）选择扫描方式。
6）预扫描原文档。
7）剪辑或调整预览文档。
8）设置分辨率和尺寸。
9）调整高亮度和阴影点、灰度系数、有关的色调设置值等。
10）校准颜色或色平衡。
11）扫描文档、保存文档。
12）OCR 识别与校对。

各个步骤的次序将随着扫描类型的不同而不同，这主要取决于扫描仪所用软件的技术完善程度。所以，此部分内容并不适用于所有用户，可以跳过某些不适用的步骤。

3. 影响识别正确率的几个重要参数

文献在数字化过程中，文字识别（OCR）正确率的高低，将直接关系到纸质文献数字化的工作效率。虽然扫描仪的文字识别不能达到百分之百正确，但是我们总可以通过设定扫描仪的分辨率、亮度等参数，使扫描仪的文字识别正确率保持在一个较高的水平，从而减少校正工作量，提高纸质文献数字化的工作效率。下面讨论影响文献识别正确率的几个重要参数：

（1）分辨率参数　分辨率参数决定扫描图像的清晰度，即决定扫描图像的图像细节。分辨率一般以 dpi 作为单位。dpi 是 dot per inch（点/每英寸）的缩写。扫描仪能支持的分辨率越大，其图像清晰度就越高。

分辨率参数是扫描仪文字识别（OCR）系统的一个很重要的参数。文字识别正确率的高低，与扫描分辨率的设定有很大关系。当文字越小时，分辨率设定越高；反之，当文字越大时，分辨率设定应越小。分辨率的设定由用户根据字体大小和所使用的扫描仪性能决定。一般常用文献的最小号字是小 5 号字或 5 号字。分辨率选择对照表见表 2－1。

表 2－1　分辨率选择对照表

文字大小	准确分辨率/dpi	推荐使用的分辨率/dpi
1 号　（26 磅）	150	200
2 号　（22 磅）	180	
3 号　（16 磅）	200	
4 号　（14 磅）	240	300
小 4 号（12 磅）	280	
5 号　（10.5 磅）	300	
小 5 号（9 磅）	350	400
6 号　（7.5 磅）	400	
7 号　（5.5 磅）	500	600
8 号　（5 磅）	600	

1）分辨率和图像质量的关系。扫描分辨率是图文文献质量的主要标准，它代表了从模拟到数字量的精细程度。从理论上讲，分辨率越高，扫描图像的质量越好。但对文字要求的是识别准确率要高。

2）分辨率与数据大小的关系。分辨率对扫描数据的影响：先看一个例子，一幅3in×5in[1]的照片，如果采用600dpi×600dpi×24位真彩色进行扫描，那么生成的DIB图像数据是3×600×5×600×24/8=16200000B，大约是15.44MB。对于一个32GB的U盘空间来讲，大约可存储2110幅；如果使用1200dpi×1200dpi×24位真彩色进行扫描，那么每幅照片将需要约61.79MB的存储空间，32GB的U盘空间就只能存储530幅左右的照片了。由此可见，数据量会随着分辨率的提高而急剧增加；扫描速度也会大大降低。对扫描分辨率的选择应该遵循适当的原则。

（2）亮度参数　亮度参数是扫描仪的重要参数之一，也是影响OCR系统文字识别效果的极为重要的因素。有的扫描仪亮度参数设有三个选项：固定（F）、自动（A）和手动调节，供用户根据操作习惯选用。亮度参数确定了扫描图像的明暗程度，调节合适的亮度，能保证识别系统理想的识别率。亮度太亮，文字笔画断裂残缺不全；亮度太暗，文字笔画相互粘连而黑成一团。在这两种情况下，都无法得到理想的识别输入效果。因此，细致地调节好亮度参数是获得较高识别率的前提条件。通常有下面几种情况要注意：

1）扫描纸色较浅的文字时，包括文件底色白、纸张发亮以及文字笔画细的文字时，应将亮度参数调低些，即降低亮度。

2）扫描较小的文字时，亮度参数应适当调高些，但要以不出现太多的断笔画为限。

3）扫描纸色较深的文字时，包括文件底色黑、文字笔画粗等，应将亮度参数调高些，即增加亮度。

在实际中，由于报纸的底色较深，黑体字、楷体字的笔画较粗，因此，在识别这类文件时，亮度参数可以适当调高，即增加亮度；而由于图书、杂志的底色较浅，宋体字、仿宋体字的笔画粗细适中，因此，在识别这类文件时，可将亮度参数调到中等亮度。

（3）扫描速度　扫描速度是扫描仪的又一个重要指标，它决定扫描仪的工作效率，在文字识别应用中尤其如此，单位是in/s。影响扫描速度的因素很多，也很复杂。一般说来，它与分辨率以及灰度等级有关，驱动程序也会影响扫描速度。如需要处理的纸质文献数量多，在选购扫描仪时，可以选择扫描速度快的扫描仪。

综上所述，在纸质文献数字化过程中，只要合理设定扫描分辨率、亮度等参数，使扫描仪的文字识别（OCR）正确率保持在一个较高的水平，就可以减少校正工作量，提高纸质文献数字化工作的效率。

4. 数字文献著录标准（DC）

纸质文献有一套目录体系供读者查询文献。数字文献也有一套相应的都柏林核心（Dublin Core）元数据来描述网上电子文献，以方便检索。

1995年3月，都柏林核心集（Dublin Core Elements Set，DC）在美国俄亥俄州的都柏林召开的第一届元数据研讨会上产生，是52位来自图书馆、计算机、网络等方面的专家和学者共同研讨的产物，是以图书馆界为主建立起来的元数据系统，主要目的是代替MARC用来描述网络环境中的数字化信息的基本特征，发展一个富有弹性且非图书馆专业人员也可以轻易了解和使用的资料描述格式，来描述网上电子文献以方便检索。在第一次会议上提出的DC元数据核心集为13个元素，后来经过不断修改和补充，现在基本定为15个元素。DC元数据最初是为描述网络

[1] 1in＝0.0254m。

信息资源而设计的，然而由于其简单明了、可扩展性强等特点，引起了博物馆、图书馆、档案馆界和商业组织的广泛关注，1998 年 9 月被因特网工程特别任务小组（IETF）作为一个正式标准 RFC2413（Request For Comments，2413）（该标准目前已经被 RFC2396 替代）予以发布。1997 年和 2000 年都柏林核心项目组（Dublin Core Metadata Initiative，DCMI）先后发布了《都柏林核心元素集：参考描述》1.0 版和 1.1 版。2003 年 4 月 8 日，都柏林核心元数据元素集（The Dublin Core Metadata Element Set，DCMI）已经被批准为国际标准 ISO 15836，这将使 DC 更加容易促进基于互联网的资源发现与共享的实现。

2.2.3　工业化的图书数字化进程

在文献数字化中，主要解决的是将传统的纸质文献转换成数字化文献，这样有利于节省馆藏空间，为信息网络化奠定基础。用什么样的格式保留数字化馆藏，是数字化文献进程中需要解决的问题。

国内进行图书数字化加工的有中国数字图书馆有限责任公司、北京世纪超星信息技术发展有限公司（以下简称超星公司）、北京书生公司等。就目前而言，超星公司在与中国数字图书馆合作加工数字化图书的过程中，吸纳了国家“863”数字图书馆的研究成果，所以超星公司的技术最成熟、最先进，规模也最大。从超星图书数字化加工技术的足迹可见中国文献数字化的发展历程，现作重点介绍如下。

1. 图书数字化加工技术的发展历程

超星公司于 1993 年成立，是一家高科技民营企业，注册资金 3000 万元，目前拥有员工 6500 余人[㊀]，拥有全国最大的图书数字化加工中心，到 2019 年在信息技术领域耕耘已有 26 年的历史。这期间超星经历了信息技术产业的兴起、发展和繁荣。凭借自身的实力，在激烈的竞争中得以生存和发展。

（1）从档案资料数字化起家　超星公司从 1993 年起从事档案资料数字化软件的开发，在国内最早提出档案资料数字化的概念，以光盘存储代替缩微胶片进行档案保存，发展了国内第一家以光盘形式存储档案的档案馆用户。时至今日，超星公司已经发展成为中国档案界最具实力的软件公司，用户数量达 2000 多家，中央档案馆、中国人民银行总行、招商银行总行、北京市公安局和全国印钞造币系统等都是超星的用户。在军队系统，超星档案数字化软件在总参通信部、总参防化部、总参气象局、总后营房部、总后油料部、空军档案馆、沈阳军区、南京军区、广州军区等多家档案馆得到广泛应用，并在 1995 年协助总参办公厅起草制定了军队光盘档案管理技术标准。

1996 年，中央档案馆、中国第一历史档案馆、中国第二历史档案馆应用超星数字化技术，将影响中国历史进程的 150 多万页重要文献制成《国家档案文献光盘库》，作为国家档案保存，并在第 13 届国际档案大会上向全世界作了展示。

1997 年，超星公司在国内首次提出数字化图书馆概念，建立瑞得超星网上图书馆。1998 ~ 1999 年为国家图书馆数字化加工 15 万种文献，开办网上读书栏目。

2000 年超星公司重组为股份制公司，改用现名。2000 年 6 月 8 日超星数字图书馆以技术优势列入国家“863 计划中国数字图书馆示范工程”，参与中国数字图书馆的建设工作。

㊀ 百度百科：超星（北京超星公司）[EB/OL].（2018 - 11 - 23）[2019 - 8 - 3]. https://baike.baidu.com/item/%E8%B6%85%E6%98%9F/33315? fr = aladdin.

2001 年 10 月 23 日，超星数字图书馆网站荣获“中国优秀文化网站”称号，是唯一一家获得此项殊荣的图书类网站。同时超星数字图书馆是中国电子图书制定标准委员会的成员。

（2）把资料数字化技术应用于电子出版物　从 1996 年起，超星公司把资料数字化技术应用于电子出版物。几年来共出版了 200 多种电子出版物。在这个过程中，超星公司与电子工业出版社、中国标准出版社、科学出版社、中医药出版社等多家出版单位建立了密切的合作关系，完成了《中国中医药光盘资料库》《古今图书集成》《国家标准全文光盘》《二十五史》《多媒体英语小说》等光盘的制作，积累了图书数字化的技术和经验。

（3）把资料数字化技术应用于网络　1997 年，超星公司把目光转向新兴的互联网，把从档案和电子出版物发展的资料数字化技术应用于网络。1997 年 12 月，超星公司将自己研制的远程图书浏览器安装到瑞得在线网站上，创立了国内首例以影像方式为主体的数字图书馆。

（4）与国家图书馆合作创建“网上读书”取得实用经验　1998 年 7 月，超星公司和国家图书馆合作，通过一年的努力完成了国家图书馆 15 万册馆藏图书的数字化工作，并合作建立了国家图书馆的网上读书栏目。超星公司不断积累经验，并不断发展，以先进、实用为指导思想，在数字图书馆相关技术的研发方面取得了显著的成果。超星阅览器 SSReader 已经成为国内使用人数最多、技术最成熟、创新点最多的图书阅览器。由于超星公司的数字图书馆技术得到广泛应用，超星公司具有自主知识产权的专用图书阅览器用户已超过 800 万人。

2. 图书数字化加工厂

（1）图书数字化加工生产线（Doc Scan）　1998 年，超星公司组建了国内第一条大规模数字化扫描生产线，在北京成立了数字化加工中心，加工能力达到每天 20 万页。超星公司在全国各地建立了 5 个数字化加工中心，在北京、成都、福州、长沙、郑州等地都有超星的数字化加工基地。超星拥有国内最大的图书资料数字化生产线，年加工图书超过 20 万种。

目前超星公司与国内多家专业图书馆、出版社建立了长期的合作伙伴关系，进行图书文献数字化加工工作，如社会科学院图书馆、国防大学图书馆、深圳大学图书馆、中山图书馆、北京大学出版社、电子工业出版社等。

（2）从数字图书到数字图书馆　加工数字图书的目的是为了建设数字图书馆，可以想象，当数字图书的数量达到 315 万种时（目前国内藏书达到 315 万种图书的图书馆非常少），它自然成为一个超大的数字图书馆，什么样的中文图书都可以在这里找到，满足率可达到 95%，这个数字图书馆对读者有多么大的诱惑力。

数字图书馆解决了善本浏览、多人借阅、全天候服务等问题。不少具有极高价值的文献资料，像《黄埔军校史稿》《北洋政府公报》《新青年》等，过去都被图书馆藏在深闺，读者根本无法借阅。而现在，在数字图书馆中，读者动一动鼠标，就可以轻松翻阅。

据有关统计，目前全国公共、高校、科研院（所）及各类图书馆约 1.3 万座。以大学图书馆为例，教育部官方网站发布《2016 年全国高等学校名单》显示：截至 2016 年 5 月 30 日，全国高等学校共计 2879 所（其中普通高等学校 2595 所，成人高等学校 284 所），高校扩招、合并、迁建，使作为校园基础设施的图书馆面临的经费严重短缺、藏书量不足、副本量小、新书少等问题更加突出。建设数字图书馆是一个非常好的解决思路。

（3）数字图书馆的社会效益　图书馆是人类文明的重要传播地，在文化建设、教育发展中有着举足轻重的地位。但长期以来，由于经济条件的限制，我国图书馆事业与国外相比一直有较大的差距。随着互联网时代的到来，数字图书馆的出现为中国的图书馆事业提供了一次难得的跨越式发展的机遇。

3. 图书数字化的关键技术——超星的 PDG 格式

目前文本型数字图书的技术标准通常有两种：PDF 格式和 XML 格式。文本型数字图书已经有多年的发展历史，技术已经相当成熟，并形成了事实上的标准。国家已经制定了与 OEB（Open e-Book）兼容的文本型数字图书的标准[一]。建立数字图书馆的难点在于存量而不是增量。在出版业告别铅与火，实现光与电之后，新出版的图书大都有现成的电子文档，经过简单加工后就能制作成便于阅读和检索的电子化图书。Adobe 公司推出的 PDF 格式，就是一种目前国际上通用的支持图文混排和多种版样的电子图书格式，其优点在于可以更好地修饰纯文本内容，生成的电子图书文件界面美观，而且文件也非常小。但是 PDF 格式对于 20 世纪 90 年代以前出版的没有电子文档的图书，就显得无能为力，更不要说那些珍藏上百年的善本、孤本图书了。

目前，加工存量图书的数字化工艺，有文本格式和图像格式两种。文本格式的优点在于生成的文件小，目前生成图书的字符格式主要是通过 OCR（Optical Character Recognition，光学字符识别技术）录入方式，效率高，每人每天可以录入 10 万字。

但是，文本格式的缺点在于不能保持图书原有的版样和完整性，在处理浩如烟海的档案文献资料、图文混排图书，以及表格、乐谱、小语种字符等特殊图书时，文本格式就显得无能为力。怎样解决这个技术问题？分层压缩图像文档格式——超星的 PDG 格式就是解决这个问题的关键技术。

2000 年 11 月，超星公司与清华大学图书馆技术部联合开发了三层图像全文检索技术——PDG 图像全文检索技术。超星 PDG 在参考了 DJVU 技术的基础上，开发出有自己特色的文本格式。超星的 PDG 格式[二]，也因分层压缩，体积是其他格式的几分之一，浏览很快。

这项技术的新颖之处在于：使 PDG 图像也能够像文本一样，随心所欲地全文检索。在保留了扫描型图书原文原貌、没有错误的前提下，实现了扫描图书的全文检索。该技术使得超星数字图书馆为用户提供了一个功能强大的数字图书资源检索系统，可以对数字图书馆中的书目、目次、文献和全文等信息进行立体的全方位检索。

（1）PDG 图像全文检索技术原理　PDG 的原理和 DJVU 技术基本相同，也是将图像文档分为不同的层来进行处理：用较低分辨率的图像保留扫描型图书原文原貌；而用高分辨率来还原文字，使锐利边缘得以保留，并最大限度地提高可辨性。

该技术的构思非常巧妙：当原稿通过扫描仪输入到终端，并存储为图像格式后，负责集中运算的服务器，自动对该图像进行 OCR 识别并完成相关运算，实时生成如下三层信息：

第一层信息是图像，用来保留扫描型图书原文原貌，即反映连续色彩图像和纸张的背景，仅用较低的分辨率即可，通常为 100dpi。

第二层信息是 OCR 文字识别后的文本。要确保文字和线条的清晰度，需要有较高的分辨率。因此，提高清晰度是 OCR 文字识别率所要求的，通常为 300dpi。

第三层是确定文本在原稿图像中所处的位置。

这三层信息组成一个页文件。当读者以某个关键词对整本电子图书进行全文检索时，搜索引擎会首先到每一页文件的第二层，以文本检索的方式查找关键词，并在第三层中获取关键词所处的坐标位置，最后在图像文件上将该区域标志出来，读者就可以得到检索结果。对命中的关键字可以在原文中实现突出反显。

㊀ OEB 是 Open eBook 的缩写，用于格式化和包装电子书的一种行业标准。

㊁ 庞瑞江. 超星扛出 PDG [J]. IT 经理世界，2001（22）：117-119.

全文检索系统底层使用TRS（Text Retrieval System）全文检索引擎，采用了基于词以及词频的“词索引+bi-gram”算法，中文文本字词混合的索引方式及一系列的优化措施，极大地提高了检索的速度和命中率，并使查询结果相关性大大提高和优化。

超星公司数据格式为有自主产权的PDG格式，因其在图像压缩和网上阅览（边下载边显示）及下载（多线程下载）方面的独特功效，为广大用户所青睐。目前超星数字图书馆在全国拥有大小用户1500多家。除此之外，PDG格式与PDF格式、中国学术期刊格式等其他数据格式良好的兼容性也是备受用户欢迎的原因之一。

图像采用PDCT2技术进行压缩，其文件大小远小于其他格式的电子图书。此外，还有一个特点是可以支持在线阅读和打印，而不像很多其他格式的图书，需要把书先下载才能使用。

（2）元数据仓储检索技术　为了加快搜索速度、减轻网络传送压力，超星公司推出读秀学术搜索和指针图书搜索网（超星发现），以元数据仓储书目搜索，可搜索图书书目370万种，是目前我国最大、最全的书目元数据仓储。超星公司目前拥有国内约2000家机构用户，包括北京大学、清华大学、复旦大学、浙江大学、厦门大学等几乎所有的大学。海外用户为：美国国会图书馆、柏林图书馆、加州大学、斯坦福大学、哥伦比亚大学等。

（3）数字图书资源定位技术　超星公司还拥有独特的数字图书资源定位技术。数字图书资源可以通过SS号（SSID）来进行定位，用户根本不用关心数字图书资源存放的物理地址。SS号是超星数字图书馆为数字图书资源统一分配的一个唯一号码。有了它，在超星阅览器或IE的地址栏中输入book：//SS号，就可以直接打开这个资源。这样，在任何地方引用这个资源，都不用担心它的物理地址被改变的问题。在超星数字图书馆系统中，有一个SS号服务器，类似于DNS服务器，主要负责对SS号与物理地址的转换，并且实现了部分权限认证与计费的功能。

（4）资源整合技术　资源整合技术实现与其他图书管理系统的无缝连接。超星数字图书馆书目数据库可转化为多种国际标准的元数据格式，如Dublin Core、MARC、RDF等，这样就可以很方便地将书目信息导入其他图书管理系统中。对于有的书目信息已经在原系统数据库中存在的，也可以根据一定的字段对应关系，将原系统的数据库与超星数字图书馆书目数据库进行书目记录的匹配，找到相同的书目信息，使用BOOK协议串将这本书的链接加入到原系统的数据库对应书目记录中。这样就可以在原系统中直接访问超星数字图书馆中的数字图书资源。

（5）OCR文本摘录技术　超星公司积极引进和利用“863”高科技成果。例如，已经将“863”成果中的汉王OCR技术集成到超星的图书阅览器中，读者可以直接摘取图书的文字到自己的文章中去，为读者提供了极大的方便。读者在使用超星图书阅览器阅读图书时，可以对摘录区域实现文本识别，将图像信息转换为文本字符，为读者摘录句段、批注、笔记提供了方便。

（6）国内领先的PDCT 2.0图像压缩技术　PDCT 2.0技术是超星公司研制成功的新一代图像压缩技术，采用了目前国际上最先进的图像压缩理论，具有压缩比非常高、压缩后的图像清晰度高等特点，其压缩比是较常用的通用图像压缩算法（如TIFF、JPEG）的几倍甚至几十倍，是国内迄今为止压缩比最高、性能最为先进的图像压缩技术。在同样清晰度的情况下，这种扫描压缩算法应该是当今世界上最前沿的一种。应用该压缩算法生成的PDG数字图书格式，比网络上通用的JPEG图像压缩格式更加优化。一张A4幅面原稿以300dpi分辨率生成的PDG图像文件（3500×2500像素）只有20KB左右，而同样尺寸和质量的JPG图像大约要1MB。利用此技术每10万册数字图书占用空间为500GB（每年各高校图书馆在向教育部报当年事实数据时就是沿用这一标准核算的），是目前国际上中文图像格式占用空间最小的一种压缩技术。

国家专利局、中央档案馆、中国人民银行总行、国防大学等单位均是通过反复的技术比较，最终采用超星图像压缩技术。美国国会图书馆、美国加州大学也委托超星公司进行了部分图书的数字化。在国外，超星的数字图书馆系统同样获得了成功。美国加州大学圣地亚哥分校与超星公司合作，在北美建立了清朝历史资料库和中国年鉴图书馆，美国超级计算中心为超星公司免费提供了一套 Dell 服务器。加州大学伯克利分校、斯坦福大学、哥伦比亚大学都对此技术表示了浓厚的兴趣。超星公司作为特邀代表参加加州大学东亚图书馆年会。

(7) 完善的数字图书版权保护技术　超星可以实现读书卡收费的各种管理及数据加密技术，可以控制用户浏览、下载、打印、数字底纹加密、机器码等。首先，每本书的权限都可以进行详细的设置，包括能否阅读、下载、打印、可阅读或打印的页数等，还可以根据用户进行设置，不同的用户可以有不同的访问权限，这些权限的设置工作也非常简单方便。另外，在数据安全性方面，通过一系列的技术手段和各种安全保护措施，可有效地防止图书被非法访问和传播。超星数字图书馆在整体上有一个非常严密的数据安全策略，对系统的每一部分也都进行了周密的安全性考虑，包括数据库服务器、资源服务器、阅读材料、数据等，使之成为一个难以攻破的堡垒。最后，提供了多种用户访问控制，除了可以设定 IP 段内的访问方式外，还可以使用用户登录等访问方式。

(8) 良好的开放性　超星数字图书馆提供了很多接口和协议，可以实现其他图书管理系统与超星数字图书馆的连接。最常用的一种接口是使用 BOOK 协议串，其他系统可以很方便地定位或者链接到超星数字图书馆中的数字资源。完整的 BOOK 协议串写法主要包含三部分信息，分别是动作、地址和元数据。动作包括阅读、打印和下载命令，地址可以是资源的 SSID，也可以是资源的物理地址，元数据包括资源的基本信息。

2.2.4　超星数字图书馆方案

超星公司经过多年的努力，形成了实现数字图书馆所必要的从扫描、浏览、OCR 识别到远程传输和版权保护等一整套成熟技术，在数字图书馆方面积累了丰富的开发经验，可以为高校图书馆提供从资源的数字化加工到网络管理以及远程传输的数字图书馆全面解决方案。

1. 高校数字图书馆概述

(1) 数字图书馆是高校信息化的建设重点　教育部要求高等学校图书馆具备“现代电子图书系统和计算机网络服务体系”。

图书馆作为信息搜集、整理、存储和传播的主要基地，在知识经济时代已成为信息服务业的一支重要主力军，担负着建设、开发和推广信息资源的重任，在提高大学生的综合业务素质和精神文明建设的过程中，起着举足轻重的作用。

数字图书馆借助网络环境实现信息资源的有效利用和共享，在信息服务功能上实现了质的飞跃，是教学、科研的有利资源保障，是传统图书馆功能的延伸和升华。随着我国教育信息化工程的逐步深入，数字图书馆的建设已成为高校信息化的又一个建设重点。与传统图书馆相比，数字图书馆具备了更强的信息功能，如业务管理自动化、信息服务网络化。按照教育部“211 工程”要求，高校图书馆馆藏数量成为重要考核指标，数字图书也成为各个高校增加馆藏数量的“秘密武器”，建设数字图书馆成了高校必然的发展趋势。

在知识经济时代，人类全面进入信息化社会，教育与培训不仅是就业前的需要，也是对信息化社会的一个合格劳动力（能适应信息化社会发展需要的劳动力）的终身要求。数字图书馆的建立为高校教育提供了灵活多样的培养方法，且不受时间、空间和地域的限制，能适合各种学科并能满足高校教育、终身教育的需求。

(2) 海量数字资源是高校数字图书馆的基础　数字图书馆的意义在于：在新的媒介载体（计算机、网络）产生之后，如何改变传统的治学方法，如何让学者迅速、全面地了解本学科、本专业的学术面貌，如何使研究者按照自己的学术思想和治学方法来构建自己独特的知识体系，又使这种体系能成为可以与他人共享和兼容的资源，从而从个体和整体来创建全新的学术体系和方法。

(3) 要兼容传统图书馆并有革命性的进步　建设数字化图书馆将全面保障高校重点学科及其他学科的文献资源，提高科学管理水平，挖掘和有效整合信息资源。建成具有先进应用技术水平，以“数字资源”为核心的基于网络平台的、服务型的，具有先进应用技术水平的综合性数字图书馆，在一定范围内能达到高水平的文献保障功能。数字图书馆建设的最终目的是实现资源的共享，为读者提供最大的便利。数字图书馆的建设采用通用的通信协议，强调数字图书馆建设的整体性原则和兼容性能。

1）资源整合型。以面对馆员和最终用户的资源统一管理、资源的深度整合为特征，其中不同层次的资源整合体现在对检索手段的整合、文献层次的整合、信息整合、内容整合、知识整合和服务整合等。

2）知识服务型。以信息服务为基础，以知识的深度挖掘为手段，以知识服务（如查询服务、参考咨询服务、个性化服务等）为导向。

3）学习研究型。以资源整合为基础，以知识服务为特色，以互动学习、互动研究为特征，营造良好的知识 DIY 环境㊀，符合“以人为本，用户至上”的人本精神。

4）基础设施型。集资源的生产、传播、服务于一体，开放的数字图书馆，具备资源的自主生产、知识的深度挖掘、新知识的开发等功能，可提供基于资源开发、知识挖掘的深层次知识服务。

(4) 高校数字图书馆应有的功能

1）图书的快捷查询。对于读者而言，并不是无目的地在网上搜索图书，而是要查找一些具体的图书，如知道图书名称或大致名称、出版社、关键词、作者等。通过该系统，读者可以根据已知信息进行快速查找，节约了读者的查找时间，提高了整体的学习效率。

2）与其他图书馆自动化系统的智能衔接。超星数字图书馆系统是针对各类图书馆而制作的数字图书系统，这样就需要和图书馆管理系统软件结合起来，把图书馆中拥有的实际图书数目、名称等与数字图书馆系统的图书内容、种类结合起来，利用先进的技术手段，实现跨库、跨平台无缝连接、集成与智能检索的知识共享中心。

3）方便、快捷的数字图书馆管理平台。数字文献管理平台是一种专为管理者提供管理各种图书信息的工具，方便为读者提供网上数字图书的借阅服务，提高工作效率和管理水平，减轻工作强度。

4）为读者提供功能全面、界面友好的阅读软件。数字图书馆提供给广大师生的阅读软件（超星阅览器 SSreader5.4），界面非常清新、友好。经过了多次深层次的读者需求调查，阅读软件进行了人性化设计。图书显示清晰，操作非常简便。完全适应在计算机上阅读的需要，满足了读者对视觉的需求，可以对视图进行多倍放大或缩小。读者在数字阅读过程中可进行检索、加书签、标注、加亮、画线、复制、批注等各项操作，保证阅读的质量。此外，可方便地对借

㊀ DIY（Do It Yourself）代表的是一种精神，自己去做，自己体验，挑战自我，享受其中的快乐。

阅图书进行管理，方便读者进行还书与续借服务。

5）高质量的正版数字图书较少涉及版权纠纷。相对于传统图书，数字图书馆可以给读者提供最新出版的电子书，而相对于互联网，数字图书馆可为读者提供有针对性的正规出版物，保证资源的质量。数字图书馆内的每一本电子图书都通过合法渠道，取得与作者之间的正式授权，较少涉及版权纠纷。

2. 数字图书馆建设过程

数字图书馆是一个发展的概念，其本质特征是数字化资源、网络化存取以及分布式管理。

数字图书馆的核心理念是实现人类对所有知识的普遍访问，其实质就是突破传统图书馆时间、空间限制，为用户提供无所不在（泛在）的信息服务。为实现这样的理想，人类一直锲而不舍地探索着。从最早以卡片目录组织文献资源的传统图书馆（人类共享知识的最主要形式之一），到后来集成管理系统的自动化图书馆，再到门户网站中的数字图书馆。随着计算机的广泛应用，以计算机集成管理系统为核心的图书馆自动化管理大大提升了服务能力和水平，以互联网为支撑的数字图书馆的发展为实现知识的普遍访问做出了历史性贡献。

数字图书馆的特征是基于网络，突破空间局限；全天候不闭馆，突破时间局限；开放获取，全民共享，突破身份局限；资源一站式整合，突破信息孤岛局限。

数字图书馆建设的四个层次：

1）数字资源积累阶段。从单个数据库购买到初步形成数字资源体系。

2）数字图书馆门户建设阶段。从建立简单的数字资源网站到构建资源门户。

3）数字资源整合阶段。从数据库列表到实现资源整合与一站式检索。

4）数字化信息服务环境建设阶段。从以资源为中心到以读者为中心构建服务平台。

2.3 数字文献资源

本书所述的数字文献资源包括数字图书资源、数字期刊资源和数字特种文献资源三大类。

2.3.1 数字图书资源

1. 超星数字图书馆

超星公司推出的读秀学术搜索，以元数据仓储书目搜索为基础。据该公司 2019 年 7 月的会议资料显示，可搜索图书书目数据 620 万种，是目前中国最大、最全的书目元数据仓储。已经完成数字化加工并可全文传递的中文图书 315 万种，内容涵盖《中图法》22 大类。

（1）读秀　读秀是读秀学术搜索的简称，是由海量中文资源组成的庞大的知识系统，现收录 620 万种中文图书书目数据，有 315 万种中文图书全文数据可进行文献传递，可对图书、期刊、报纸、会议论文、学位论文、标准、专利、音视频等文献进行一站式检索和服务。

读秀学术搜索是一个面向全球的图书搜索引擎，是一个可以对文献资源及其全文内容进行深度检索、提供原文传送服务的平台。用户可以通过读秀学术搜索对图书的题录信息、目录、全文内容进行搜索，对图书封面页、目录页、正文部分页进行试读，还可以对所需内容进行文献传递。

文献传递服务，对于不能看到电子全文又没有馆藏的部分图书，读者可基于读秀学术搜索特有的目录页试读，了解并指定所需的部分资源范围，进入读秀学术搜索上的图书馆文献传递中心，根据提示实现文献传递。读秀为读者提供单次传递原文不超过 50 页，同时一周内对同一本书传递不超过 20%，以邮件加密链接方式提供，20 天有效期的原文在线查阅服务，这一期间内，读者可以随时浏览阅读 20 次。

(2) 百链　百链是中外文统一检索平台，可对期刊、标准、专利、论文、视频等各种文献类型进行统一检索并获取，将分散的中外文信息资源集中建设处理。百链包含了 6.5 亿条中外文献元数据，其中中文期刊 1.252 亿篇、中文报纸 1.5 亿篇、外文期刊 2.844 亿篇，并可以查询到每篇文章的馆藏信息、在数据库的链接地址。百链是唯一一个有云服务架构，实际形成强大云服务能力的纸本与电子资源整合的平台。

(3) 读秀和百链是一对“孪生兄弟”

1）读秀侧重中文图书全文检索和服务，百链则侧重中外文期刊元数据和外文的检索与服务。

2）百链的重点是期刊等数据库的挂接。已挂接的中外文数据库有 410 多个，外文期刊元数据达 2.844 亿篇。

3）传统图书馆以纸本资源为主，单馆建设、仅为本馆读者服务，受经费、建筑空间等限制。从 20 世纪 90 年代末期发展的数字图书馆以数据库和电子资源建设为主，虽不再受馆舍空间限制，但仍为单馆建设、仅为本馆读者服务的模式，仍受经费和 IP 范围的限制，且随着数字资源、数据库越来越多，用户检索和利用也变得比较复杂。

4）百链是多馆建设、多馆服务的模式，全国已有 1800 多家图书馆加入了百链的这种建设和服务模式。

5）百链的主要内容：外文图书全文、最全的中外文期刊篇目元数据搜索，通过元数据进行数据库整合、文献传递服务。

6）读秀和百链可合二为一，通过两个产品，用户真正实现文献资源的一站式搜索。

7）如果图书馆购买了全文的文献资源，通过挂接可直接下载全文阅读；若没有购买全文的文献资源，可通过文献传递获得全文。

云图书馆的本质是从一个馆为读者服务变为多个馆为读者服务。更多关于百链的检索讨论，详见第 7 章。

(4) 超星云图书馆　百链、读秀学术搜索平台可以解决全部文献资源的检索服务；读者在百链检索平台上搜索到所需的文献资源时，填写一个 E-mail 地址，申请文献传递服务；数据库内有的文献资源，计算机都能将其自动传递到读者邮箱；对于数据库内没有的文献资源，由数字图书馆成员馆组成的图书馆参考咨询联盟，有很多图书馆专家，在线专门对全国广大读者免费做文献传递服务，利用一种机制鼓励咨询馆员的积极性，抢答读者的文献请求。超星云图书馆——全国图书馆参考咨询联盟，就是超星公司技术组建的一个面向全世界读者的、免费的文献传递网站（网址 http://www.ucdrs.superlib.net/），每个社会读者都可以使用的。

2. 方正阿帕比数字图书馆

(1) 方正阿帕比概述　阿帕比是 APABI 的中文名称，是中文电子图书及数字资源系统提供商。APABI 分别代表着 Author（作者）、Publisher（出版者）、Artery（流通渠道）、Buyer（读者，即购买者）以及 Internet（网络）。APABI 的意思就是通过互联网，将作者、出版社、中间商、读者联系起来，提供一整套解决方案，实现完全数字化的出版。

北京方正阿帕比技术有限公司（以下简称“方正阿帕比公司”，http://www.apabi.cn）是方正集团旗下专业的数字出版技术及产品提供商。方正阿帕比公司自 2001 年起进入数字出版领域，在继承并发扬方正传统出版印刷技术优势的基础上，自主研发了数字出版技术及整体解决方案，已发展成为全球领先的数字出版技术提供商。

（2）电子图书资源全文数据库　电子图书资源全文数据库是方正阿帕比数字资源的核心部分，涵盖了社科、人文、经管、文学、科技等数字图书，已经形成最大的文本电子图书资源库。

目前，方正阿帕比为国内 80% 以上的新闻出版单位提供技术支持和服务，并将数字图书馆应用推广到北美、欧洲、大洋洲及东南亚等海外市场，帮助我国的新闻出版单位推出正版中文电子图书总量超过 76 万种、数字报纸近 500 份，并建立了多种专业数据库。2009 年起，方正阿帕比公司提供的专业知识服务平台"中华数字书苑"，9 次作为国礼送给外国政府和学术机构，在全球范围内推动了中国传统文化的传播和发展。

（3）中华数字书苑的数字资源产品㊀

1）电子图书。中华数字书苑平台收录了 250 万册可供翻阅的电子图书，150 万册电子图书可供全文检索和在线试读，76 万册可供全文下载，覆盖了人文、科学、经济、医学、历史等各领域。平台可以一站式翻阅各种类型资源，收录的古今中外各种出版物包括：12 万册珍贵古籍、30 多万种近年出版的新书、350 万种以上新中国成立以来的出版图书信息、与美国伯克夏出版集团、英国企鹅集团陆续合作推出的原版外文书。

2）数字报纸。中国报纸资源全文数据库是由方正阿帕比联合全国各大报社开发，以中国报纸资源为主体的数字化全文数据库系统。截至目前，方正阿帕比与 300 多家报社合作，在线运营报纸近 500 种。所有内容均为文本形式，为读者提供全文检索、复制、引用服务。

3）图片库。精心遴选收录了最能代表中国和世界历史发展和艺术成就的精品图片 35 万张。

4）工具书库。目前精选收录国内各大出版社的精品工具书资源近 2000 种、3000 册，覆盖所有的工具书分类，并包含中国大百科、辞海、汉语大辞典等。

5）年鉴库。该数据库目前收录年鉴近 1000 种、6000 卷，其中包括各类统计年鉴 600 种、约 4000 卷。

3. 中国高等教育文献保障系统（CALIS）

（1）CALIS 简介　中国高等教育文献保障系统（China Academic Library & Information System，CALIS）是经国务院批准的我国高等教育"211 工程""九五""十五"总体规划中三个公共服务体系之一。CALIS 的宗旨是：在教育部的领导下，把国家的投资、现代图书馆理念、先进的技术手段、高校丰富的文献资源和人力资源整合起来，建设以中国高等教育数字图书馆为核心的教育文献联合保障体系，实现信息资源共建、共知、共享，以发挥最大的社会效益和经济效益，为中国的高等教育服务。

CALIS 管理中心设在北京大学，下设了文理、工程、农学和医学 4 个全国文献信息服务中心，华东北、华东南、华中、华南、西北、西南、东北 7 个地区文献信息服务中心和一个东北地区国防文献信息服务中心。

从 1998 年开始建设以来，CALIS 管理中心引进和共建了一系列国内外文献数据库，包括大量的二次文献数据库和全文数据库；采用独立开发与引用消化相结合的道路，主持开发了联机

㊀ 北京方正阿帕比技术有限公司. 电子书［EB/OL］.（2018－2－11）［2019－10－13］. http://www.apabi.cn/solution/source/1/.

合作编目系统、文献传递与馆际互借系统、统一检索平台、资源注册与调度系统，形成了较为完整的CALIS文献信息服务网络。迄今全国高校参加CALIS项目建设和获取CALIS服务的成员馆已超过850家。

“十五”期间，国家继续支持“中国高等教育文献保障系统”公共服务体系二期建设。并将“中英文图书数字化国际合作计划”（简称CADAL）列入该公共服务体系建设的重要组成部分，项目名称定为“中国高等教育文献保障体系——中国高等教育数字化图书馆（China Academic Digital Library & Information System，CADLIS）”，由CALIS和CADAL两个专题项目组成。项目和总体目标明确为：在完善“九五”期间中国高等教育文献保障系统（CALIS）建设的基础上，到2005年年底，初步建成具有国际先进水平的开放式中国高等教育数字图书馆。它将以系统化、数字化的学术信息资源为基础，以先进的数字图书馆技术为手段，建立包括文献获取环境、参考咨询环境、教学辅助环境、科研环境、培训环境和个性化服务环境在内的六大数字服务环境，为高等院校教学、科研和重点学科建设提供高效率、全方位的文献信息保障与服务，成为中国经济和社会发展的重要基础设施。

CALIS管理中心在“十五”期间继续组织全国高校共同建设以高等教育数字图书馆为核心的文献保障体系，开展各个省级文献服务中心和高校数字图书馆基地的建设，进一步巩固和完善CALIS三级文献保障体系，为图书馆提供“自定义、积木式、个性化”的数字图书馆解决方案，大力提高CALIS综合服务水平，扩大CALIS服务范围，为高等教育事业和经济文化科技事业的发展发挥更大的作用，取得良好的社会效益和经济效益。

1）CALIS馆际互借与文献传递系统。CALIS馆际互借与文献传递系统是CALIS公共服务软件系统的重要组成部分。目前，该系统已经实现了与OPAC系统、CCC西文期刊篇名目次数据库综合服务系统、CALIS统一检索系统、CALIS文科外刊检索系统、CALIS资源调度系统的集成。

西文期刊文献在全国高校及非高校图书馆范围内的共知、共建和共享，多年来一直是我国图书馆界不断追求的一个重要目标，随着引进西文期刊资源的不断增多，对其进行系统的揭示、整合与建设，成为CALIS一项重要而急迫的任务。CALIS构建了一个具有文献揭示、联合馆藏、全文链接、原文传递以及检索、统计功能的综合性服务平台——CALIS西文期刊目次数据库（CALIS CURRENT CONTENTS OF WESTERN JOURNALS，CCC），使得我国图书馆界多年的追求得以实现。

2）CALIS资源㊀CALIS联合目录数据库2000年3月正式启动服务。经过日积月累，已成为国内外颇具影响力的联合目录数据库。该数据库收录了近900家成员单位的3500万余条馆藏信息，涵盖印刷型图书和连续出版物、古籍、部分电子资源及其他非书资料等多种文献类型，覆盖中、英、日、俄、法、德、意、西、拉丁、韩、阿拉伯文等40多个语种，数据标准和检索标准与国际标准兼容。CALIS联合目录中心数据库，目前包含书目记录7601582条（2020年4月23日数据）。为读者提供36万种中文图书和3千多册外文图书的在线阅读和电子书借阅服务。期刊资源有10万多种纸本和电子的外文期刊；8000多万的期刊篇名信息；100多个全文数据库的链接，如Science Direct，Ebsco，Jstor等；11个文摘数据库的链接，如SCI、SSCI、AHCI、EI等；196个图书馆的馆藏纸本期刊信息；497个图书馆购买的电子期刊信息。资源信息每周更新。

㊀ 中国高等教育文献保障系统．CALIS简介．[EB/OL]．(2018-1-13)[2019-8-4]．http://www.calis.edu.cn/pages/list.html?id=6e1b4169-ddf5-4c3a-841f-e74cea0579a0.

3）CALIS 的服务。任何一个高校图书馆，只要使用 CALIS 资源，它所获得的文献支持就相当于拥有了全国图书馆的全部馆藏，这将为国内所有有西文期刊文献需求的图书馆，特别是那些文献保障能力比较低的单位，带来极大的便捷和好处。读者可以通过馆际互借或文献传递的方式，通过所在成员馆获取 CALIS 文献传递网其他成员馆丰富的文献收藏。

（2）CASHL 简介　中国高校人文社会科学文献中心（China Academic Humanities and Social Sciences Library，CASHL）是教育部根据高校人文社会科学的发展和文献资源建设的需要引进专项经费建立的。其宗旨是组织若干所具有学科优势、文献资源优势和服务条件优势的高等学校图书馆，有计划、有系统地引进国外人文社会科学期刊，借助现代化的服务手段，为全国高校的人文社会科学教学和科研提供高水平的文献保障。它是全国性的唯一的人文社会科学外文期刊保障体系。

目前 CASHL 文献传递的服务对象暂定为全国高等院校的教师、学生、科研人员以及其他工作人员。主页网址为：http://cashl. calis. edu. cn/search/default. asp。

1）CASHL 文献资源。CASHL 文献资源主要是人文社会科学外文期刊，目前已收藏有 7500 多种国外人文社会科学领域的重要期刊、900 多种电子期刊、20 余万种电子图书。

①高校人文社科外文图书联合目录。联合目录收录了 CASHL 两个全国中心和五个区域中心的 24 万多种人文社会科学外文图书，陆续还将添加 10 个学科中心和其他高校收藏的“教育部文科图书引进专款”购置的人文社会科学外文图书。它涉及地理、法律、教育、经济/商业/管理、军事、历史、区域学、人物/传记、社会科学、社会学、体育、统计学、图书馆学/信息科学、文化、文学、心理学、艺术、语言/文字、哲学/宗教、政治等学科。可提供图书分类浏览和书名、作者、主题、出版者以及 ISBN 号等检索查询，并提供馆际互借服务。

②高校人文社会科学外文期刊目次数据库。目次数据库全面、系统地揭示了国外人文社会科学重点学术期刊，收录了 CASHL 中心 4000 多种人文社会科学外文期刊，涉及地理、法律、教育、经济/商业/管理、军事、历史、区域学、人物/传记、社会科学、社会学、体育、统计学、图书馆学/信息科学、文化、文学、心理学、艺术、语言/文字、哲学/宗教、政治等学科，可提供目次的分类浏览和检索查询，以及基于目次的文献原文传递服务。其中带有“核心”标志的期刊为核心期刊。

2）CASHL 可以提供的服务。

①高校人文社科外文期刊目次数据库查询。该数据库收录了 CASHL（北京大学和复旦大学）2300 多种人文社会科学外文期刊，可提供目次的分类浏览和检索查询，以及基于目次的文献原文传递服务。其中带有“核心”标志的期刊为核心期刊。

②高校人文社科外文图书联合目录查询。该联合目录提供北京大学、复旦大学、武汉大学、南京大学、吉林大学、中山大学以及四川大学 7 所高校图书馆的人文社科外文图书的联合目录查询。可按照书名进行检索，或按照书名首字母进行排序检索，还可以按照学科分类进行检索。

③高校人文社科核心期刊总览。它包含由北京大学图书馆主持编纂的《国外人文社会科学核心期刊总览》及被 SSCI 和 A&HCI 收录的核心期刊两大序列。

④国外人文社科重点期刊订购推荐。提供 9000 多种国外人文社科重点期刊的目录供用户推荐订购，用户的推荐意见将作为 CASHL 订购期刊的重要依据。

⑤文献传递服务。注册用户可在目次浏览或检索的基础上请求原文，如不知文献来源，也可以直接提交原文传递请求。通常情况下，用户发送文献传递请求后，可在 1 ~ 3 个工作日得到所需原文。

⑥专家咨询服务。由具有专业素质的咨询专家为用户提供信息咨询、课题查询服务。

⑦CASHL 馆际互借服务。注册用户可在高校人文社科外文图书联合目录浏览或检索的基础上请求 CASHL 馆际互借服务。

4. 中国国家图书馆

（1）中国国家图书馆简介　中国国家图书馆和中国国家数字图书馆是同一家单位（http://www.nlc.cn/）。中国国家图书馆是国家总书库，国家书目中心，国家古籍保护中心，国家典籍博物馆；履行国内外图书文献收藏和保护的职责，指导协调全国文献保护工作；为中央和国家领导机关、社会各界及公众提供文献信息和参考咨询服务；开展图书馆学理论与图书馆事业发展研究，指导全国图书馆业务工作；对外履行有关文化交流职能，参加国际图联及相关国际组织，开展与国内外图书馆的交流与合作。

（2）中国国家图书馆资源　据中国国家图书馆 2018 年年鉴的统计资料显示：截至 2017 年底，馆藏文献总量达 37686187 册/件，电子图书 3787588 种，4268332 册；电子期刊 55882 种，电子报纸 11596 种，学位论文 7064178 篇，会议论文 6573228 篇，音频资料 1137907 首，视频资料 161276 小时。中文数据库 127 个，外文数据库 128 个，合计 255 个，中国国家图书馆外购数据库类型及数量如表 2－2 所示。

表 2－2　中国国家图书馆外购数据库类型及数量

数据库类型	中文数据库（个）	外文数据库（个）
全文数据库	63	82
文摘索引数据库	15	22
数值事实数据库	29	17
多媒体数据库	17	0
工具开数据库	3	2
复合型数据库	0	5
合计	127	128

5. 国家科技图书文献中心

（1）NSTL 概况[㊀]　国家科技图书文献中心（National Science and Technology Library，简称 NSTL）是经国务院领导批准，于 2000 年 6 月 12 日成立的一个基于网络环境的科技信息资源服务机构。中心由中国科学院文献情报中心、中国科学技术信息研究所、机械工业信息研究院、冶金工业信息标准研究院、中国化工信息中心、中国农业科学院农业信息研究所、中国医学科学院医学信息研究所、中国标准化研究院标准馆和中国计量科学研究院文献馆组成。中心实行理事会领导下的主任负责制。理事会是中心的领导决策机构，由著名科学家、情报信息专家和有关部门代表组成。主任负责中心各项工作的组织实施。科技部代表 6 部委对中心进行政策指导和监督管理。中心设办公室，负责科技文献信息资源共建共享工作的组织、协调与管理。中

㊀ 国家科技图书文献中心. NSTL 概况［EB/OL］.（2017－01－13）［2018－10－15］. https://www.nstl.gov.cn/Portal/zzjg_jgjj.html.

心设有信息资源专家委员会和计算机网络服务专家委员会，对中心的有关业务工作提供咨询指导。

（2）NSTL 资源

1）纸质资源

目前，NSTL 拥有纸质外文文献 25000 多种，其中外文期刊 17000 多种，外文会议录等 8000 多种，居国内首位。NSTL 是我国收集外文印本科技文献资源最多的，面向全国提供服务的科技文献信息机构。NSTL 申请和收集的文献信息资源绝大部分以文摘的方式，或者以其他方式在 NSTL 网络服务系统上加以报道，供用户通过检索或浏览的方式获取文献线索，进而获取文献全文加以利用。国家科技图书文献中心网址为 https://www.nstl.gov.cn。

2）网络资源

①开放资源集成获取系统

开放获取（Open Access，以下简称 OA）是指科研人员将论文、专著、图书、演示手稿等研究成果发表在开放式学术期刊或存储在开放式知识库中，以免费的方式提供给读者检索、下载和复制。随着开放存取运动的开展，开放期刊、开放知识库和开放论文数量大幅增加，并且有多家知名出版商宣布旗下期刊采用开放存取出版模式。同时开放期刊的质量正在逐步提升，权威性数据库收录的 OA 期刊的数量逐步扩大。开放资源有期刊总量 6363 种，期刊文献 4108177 篇。开放资源集成获取系统网址为 http://oar.nstl.gov.cn。

②NSTL 申请为全国免费开通的电子期刊

这是 NSTL 申请的、面向中国大陆学术界用户开放的国外网络版期刊。用户为了科研、教学和学习目的，可少量下载和临时保存这些网络版期刊文章的书目、文摘或全文数据。NSTL 申请为全国免费开通的电子期刊列表是一个压缩文件，下载地址为 https://order.nstl.gov.cn/doc_download/download/doc/exweb.zip，解压后生成一个“NSTL 订购为全国免费开通的电子期刊列表（20180420）.xlsx”文件，提供了 680 种外文期刊的“外文刊名、中文刊名、出版社外文名称、期刊 URL 地址、期刊简介、数据库简介、数据库 URL 地址、NSTL 当前合同订购截止日期”等内容。读者通过“期刊 URL 地址和数据库 URL 地址”链接访问，这是 NSTL 申请为全国免费开通的电子期刊。

③NSTL 网络版全文文献资源

NSTL 网络版全文文献资源包括 NSTL 申请、面向中国大陆学术界用户开放的国外网络版期刊；NSTL 与中国科学院及 CALIS 等单位联合购买、面向中国大陆部分学术机构用户开放的国外网络版期刊和中文电子图书；网上开放获取期刊；NSTL 拟申请网络版期刊的试用；NSTL 研究报告等。

a. 全国开通文献：是 NSTL 单独购买的国外网络版期刊，面向中国大陆学术界用户开放。用户为了科研、教学和学习目的，可少量下载和临时保存这些网络版期刊文章的书目、文摘或全文数据。

全国开通现刊数据库网址为 https://www.nstl.gov.cn/nstl/facade/help/help19_01.jsp。

全国开通回溯数据库网址为 https://www.nstl.gov.cn/nstl/facade/help/help19_02.jsp。

b. 部分单位开通文献：NSTL 与中国科学院及 CALIS 等单位联合购买国外网络版期刊，面向中国大陆部分学术机构用户开放。此外，NSTL 购买了北大方正中文电子图书，为国内部分机构开通使用。

部分单位开通文献网址为 https://www.nstl.gov.cn/nstl/facade/exweb/ele2.jsp。

c. 开放获取期刊：是 NSTL 整理的可通过互联网免费获取全文的期刊资源，全国各界用户都可使用。

开放获取期刊网址为 https://www.nstl.gov.cn/nstl/facade/exweb/ele3.jsp。

d. 试用期刊：是 NSTL 拟申请的国外网络版期刊，面向中国大陆学术界用户开放。

e. NSTL 研究报告：是 NSTL 针对一些部门的需求，组织有关单位开展情报调研，形成的研究报告，供全国各界用户使用。

NSTL 研究报告网址为 https://www.nstl.gov.cn/nstl/facade/help/help19_08.jsp。

2.3.2　数字期刊资源

数字期刊是指以数字形式存储在光盘、磁盘等介质上并通过电子计算机进行本地或远程读取使用的电子版期刊，简称电子期刊。

电子期刊包括以光盘、磁盘为载体的电子期刊和网上电子期刊。近年来，网上电子期刊发展迅速。网上电子期刊是指以电子媒介为存储方式，并基于网络发行、订购、获取和阅读的期刊。

目前，中国的数字期刊从服务能力、检索平台、综合实力等来进行综合排名，前三位应该是：中国知网（CNKI）、维普资讯和万方数据。数字期刊单独进行数量排名则为维普资讯、中国知网（CNKI）和万方数据。CNKI 和万方数据除收录数字期刊外，还收录博士学位论文、硕士学位论文、会议论文、年鉴、专著、报纸、专利、标准、科技成果等文献。

1. 维普中文科技期刊

（1）重庆维普资讯有限公司简介[㊀]　重庆维普资讯有限公司（简称：维普资讯）成立于 1995 年，其前身是成立于 1989 年的中国科技情报研究所重庆分所数据库研究中心，是中国第一家进行中文期刊数据库研究的机构。创业之初推出的只是《中文科技期刊篇名数据库》，这不但是中国第一个中文期刊文献数据库，也是中国最大的自建中文文献数据库，也标志着我国中文期刊检索在实现计算机自动化方面达到了一个领先的水平，也结束了我国中文科技期刊检索难的历史。在《中文科技期刊篇名数据库》的基础上，数据库研究中心又研发了《中文科技期刊数据库》。2001 年经国家新闻出版总署批准，《中文科技期刊数据库》以正式的连续电子出版物出版发行。2007 年维普资讯网（www.cqvip.com）改版上线，维普资讯随着时代进步也在不断改进服务平台。维普期刊资源整合服务平台 2009 年上线；维普智立方知识资源服务平台 2013 年上线；2014 年 10 月，维普资讯中文期刊服务平台 7 正式上线；2018 年 10 月，维普资讯中文期刊服务平台正式上线。

（2）《中文科技期刊数据库》　《中文科技期刊数据库》诞生于 1989 年，累计收录期刊 14000 余种，现刊 9000 余种，文献总量 6000 余万篇，是我国数字图书馆建设的核心资源之一，是高校图书馆文献保障系统的重要组成部分，也是科研工作者进行科技查证和科技查新的必备数据库。

重庆维普资讯有限公司最著名的《中文科技期刊数据库》，也是我国最大的期刊全文数据

㊀ 重庆维普资讯有限公司．公司简介［EB/OL］．（2018-01-13）［2018-08-03］http://www.vipinfo.com.cn/html/list.aspx?sid=6&type=company

库，收录了国内公开出版的 14398 种期刊，含中文核心期刊 1983 种，期刊收录年限回溯至 1989 年，部分期刊回溯至 1955 年。另外，维普公司还收录有中文报纸 600 种，建立了 4000 余种中文期刊的引文计量评价体系。《中文科技期刊数据库》已经成为文献保障系统的重要组成部分，是科技工作者进行科技查新和科技查证的必备数据库，是我国图书情报、教育机构、科研院所等系统必不可少的基本工具和获取资料的重要来源。目前已拥有 2000 余家大型机构用户。维普现刊按学科分布的期刊数量如表 2－3 所示。

表 2－3　维普现刊按学科分布的期刊数量表（统计时间 2019 年 8 月 6 日）

期刊分类	期刊数量（种）
哲学宗教	138
社会学	861
政治法律	1190
军事兵器	149
经济管理	1806
文化科学	2476
语言文字	148
文学	422
艺术	286
历史地理	274
自然科学总论	568
理学化学工程	619
天文地理	420
生物学	136
医学卫生	1669
农业科学	849
工业技术	2939
交通运输工程	419
航空航天	125
环境科学工程	150
合计	15644

2. 中国知网（CNKI）

（1）公司简介　中国知识基础设施工程（China National Knowledge Infrastructure，CNKI）由世界银行于 1998 年提出。CNKI 是以实现全社会知识资源传播共享与增值利用为目标的信息化建设项目，由清华大学、清华同方发起，始建于 1999 年 6 月。在党和国家领导以及教育部、中宣部、科技部、新闻出版总署、国家版权局、国家计委的大力支持下，在全国学术界、教育界、出版界、图书情报界等社会各界的密切配合和清华大学的直接领导下，CNKI 集团经过多年努力，自主开发具有国际领先水平的数字图书馆技术，建成了世界上全文信息量规模最大的“CNKI 数字图书馆”，并正式启动建设“中国知识资源总库”及 CNKI 网络资源共享平台，通过产业化运作，为全社会提供最丰富的知识信息资源和最有效的知识传播与数字化学习平台。

CNKI的具体目标：一是大规模集成整合知识信息资源，整体提高资源的综合和增值利用价值；二是建设知识资源互联网传播扩散与增值服务平台，为全社会提供资源共享、数字化学习、知识创新信息化的条件；三是建设知识资源深度开发利用的平台，为社会各方面提供知识管理与知识服务的信息化手段；四是为知识资源生产、出版部门创造互联网出版发行的市场环境与商业机制，大力促进文化出版事业、产业的现代化建设与跨越式发展。

（2）CNKI文献资源简介　CNKI文献资源类型包括：学术期刊、博士学位论文、硕士学位论文、会议论文、报纸、工具书、年鉴、百科、专利、标准、成果、法律、古籍、引文、科技报告、外文期刊等。

作者在中国知网（网址 http://www. cnki. net）上，对收录的期刊分类数据库逐一进行空检，统计出CNKI收录全部期刊11312种。其中学术期刊8714种，核心期刊1981种，网络首发期刊1141种，独家授权期刊1392种，世纪期刊3796种。中国知网收录的期刊数据库名称和期刊数量表见表2-4。

表2-4　中国知网收录的期刊数据库名称和期刊数量表（统计时间2019年8月5日）

序号	数据库名称	期刊数量（种）
1	全部期刊	11312
2	学术期刊	8714
3	核心期刊	1981
4	网络首发期刊	1141
5	独家授权期刊	1392
6	世纪期刊	3796

作者在中国知网上，利用高级检索对各种资源数据库逐一进行空检，统计出中国知网数据库名称和数据总量，见表2-5。

表2-5　中国知网数据库名称和数据总量表（统计时间2019年8月5日）

序号	数据库名称	数据总量（条）
1	文献	131463713
2	期刊	119005310
3	博硕论文	4222476
4	会议论文	6064640
5	报纸	17647237
6	图书	3101929
7	年鉴	33486456
8	百科	12827344
9	专利技术	124179083
10	标准	624587
11	成果	872856
12	法律	3706505
13	古籍	3312684
14	引文	53052935
15	工具书	22446075

3. 万方数据

（1）万方数据股份有限公司简介　万方数据网站（http://www.wanfangdata.com.cn）是万方数据股份有限公司针对互联网用户需求建立的专业学术知识服务网站，隶属于万方数据资源系统，对外服务数据由万方数据资源系统统一部署提供。

万方数据股份有限公司是由中国科学技术信息研究所以万方数据（集团）公司为基础，联合山西漳泽电力股份有限公司、北京知金科技投资有限公司、四川省科技信息研究所和科技文献出版社发起组建的高新技术股份有限公司。

万方数据股份有限公司是国内第一家以信息服务为核心的股份制高新技术企业，是互联网领域内，集信息资源产品、信息增值服务和信息处理方案为一体的综合信息服务商。

在丰富信息资源的基础上，万方数据运用先进的分析和咨询方法，为用户提供信息增值服务，并陆续推出企业竞争情报系统及通信、电力和医药行业竞争情报系统等一系列信息增值产品，以满足用户对深度层次信息的需求，为用户确定技术创新和投资方向提供决策。

（2）万方数据资源简介　在万方数据知识服务平台上，根据万方智搜框提示，统计出的万方数据数据库名称和数据量统计见表 2－6。

表 2－6　万方数据数据库名称和数据量统计表（统计时间 2019 年 8 月 5 日）

序号	数据库名称	数据量（条）
1	中外期刊论文	133723859
2	学位论文	6146196
3	会议论文	13885028
4	专利技术	104420684
5	科技报告	1175441
6	成果	915199
7	标准	2302644
8	法规	1180308
9	地方志	7719380
10	视频	26075

2.3.3 数字特种文献资源

特种文献是指普通图书、期刊之外出版发行的，获取途径比较特殊的科技文献。特种文献一般包括：学位论文、会议文献、科技报告、专利文献、标准文献、科技档案、政府出版物、产品资料等八大类。这些文献一定是本学科和本专业最先进、最前沿的，也是代表当前最高水准的文献资源。特种文献特色鲜明、内容广泛、数量庞大、参考价值高，是非常重要的信息源。

1. 学位论文

学位论文（Thesis，Dissertation）是指高等院校、科研机构的毕业生和研究生，为获得相应学位，在导师指导下完成的科学研究、科学试验成果的书面报告，或者所提交的学术论文。学位论文根据所申请的学位不同，又可分为学士论文、硕士论文和博士论文三种。学位论文在格式等方面有严格要求，学位论文是学术论文的一种形式，有较高的参考价值。按照研究方法的不同，学位论文可分理论型、实验型和描述型三类。理论型论文运用的研究方法是理论证明、理论分析、数学推理等，用这些研究方法获得科研成果；实验型论文运用实验方法，进行实验研究获得科研成果；描述型论文运用描述、比较、说明方法，对新发现的事物或现象进行研究而获得科研成果。按照研究领域的不同，学位论文又可分为人文科学学术论文、自然科学学术论文与工程技术学术论文，这类论文的文本结构具有共性，而且均具有长期使用和参考的价值。

其特点为：一般具有一定的独创性，内容系统详尽，是启迪思路、开创新领域的重要研究资料；参考文献多、全面，有助于对相关文献进行追踪检索；学位论文一般由授予单位收藏。近年由专业数据商收购，学位论文数字化后在网络上可以检索并获得全文。另外，各个国家也指定专门机构收藏。

2. 会议文献

会议文献（Conference Literature）是指在学术会议上和专业学术会议上宣读或交流的论文、材料、讨论记录、会议纪要等文献。会议文献是报道最新科技动向的一次文献。

会议论文属于公开发表的论文，一般正式的学术交流会议都会出版会议论文集，这样发表的论文一般也会作为职称评定等考核内容。中国知网的会议论文数据库，专门收集会议论文集。虽然会议论文集不是期刊，但是有的期刊为会议论文出增刊。

会议文献可分为会前、会中和会后3种。

会前文献包括征文启事、会议通知书、会议日程表、预印本和会前论文摘要等。其中，预印本是在会前几个月内发至与会者或公开出售的会议资料，比会后正式出版的会议录要早1~2年，但内容完备性和准确性不及会议录。有些会议因不再出版会议录，故预印本就显得更加重要。

会议期间的会议文献有开幕词、讲话或报告、讨论记录、会议决议和闭幕词等。

会后文献有会议录、汇编、论文集、报告、学术讨论会报告、会议专刊等。其中会议录是会后将论文、报告及讨论记录整理汇编而公开出版或发表的文献。

其特点为：反映某些学科或领域的最新研究进展和成就，具有较高的研究价值，尤其通过参加相关的具有一定国际影响的学术会议，不仅能结识同行，把握科研动态，而且对启迪研究思路，寻找合作伙伴，传播与交流信息均具有相当重要的作用。会议文献一般是经过挑选的，质量较高，能及时反映科学技术中的新发现、新成果、新成就以及学科发展趋向，是一种重要的情报源。

3. 科技报告

科技报告（Scientific and Technical Report）是在科研活动的各个阶段，由科技人员按照有关规定和格式撰写的，以积累、传播和交流为目的，能完整而真实地反映其所从事科研活动的技术内容和经验的特种文献。科技报告是科研工作的系统总结，它属于一次文献。

其特点为：连续出版，内容专深具体，数据完整；往往是最新成果，比期刊论文发表早。内容广泛、翔实、具体、完整，技术含量高，实用意义大，而且便于交流，时效性好，具有其他文献类型所无法比拟的特点。

4. 专利文献

专利文献（Patent Literature），广义的专利文献是指一切与专利制度有关的文献，如专利说明书、专利公报、分类表、索引、专利的法律文书等。狭义的专利文献是指专利说明书。

我国《专利法》中规定专利的种类有：发明专利、实用新型专利和外观设计专利。

其特点为：由于专利经过新颖性、创造性和实用性审查，其内容翔实可靠，科技含量高，集技术、经济、法律于一体，是获取技术经济信息的来源。专利文献是科研人员必须经常查阅的重要资源。

5. 标准文献

标准文献（Standard Literature）是对工农业和工程建设的质量、规格、基本单位及其检验方法等方面由权威部门批准的技术规定。它反映的技术工艺水平及技术政策，是从事生产建设和管理的一种共同规范或依据。它是提高社会产品质量的三次文献。

标准文献分为：国际标准（ISO）、国家标准（GB）、行业标准和企业标准。

其特点为：某些标准文献还有法律约束力，对了解各国经济、技术政策、生产水平，分析预测发展动向，促进现代管理具有重要的参考价值。

标准文献是一种重要的科技出版物。一个国家的标准文献反映该国的经济政策、技术政策、生产水平、加工工艺水平、标准化水平、自然条件、资源情况等内容，是一种重要的参考资料。

6. 科技档案

科技档案（Technology File）是生产建设和技术工作中所形成的文件的总称，有“第一手材料”“历史凭证”之称。科技档案是在自然科学研究、生产技术、基本建设等活动中形成的具有参考利用价值，反映和记载一定单位科学技术活动的文件。已归档保存的科学技术文件材料，反映和记载人类认识自然、改造自然的各项成果。科技档案是最真实的一次文献。

科技档案包括图样、图表、文件材料、计算材料、照片、影片以及各种录音、录像、机读磁带、光盘等，是档案的一大门类。

其意义为：由于社会、历史现象不可能重演，因此，对历史上已经形成的文献进行研究、分析、综合已成为社会科学研究的十分重要的手段。

7. 政府出版物

政府出版物（Government Publications）是指各国政府及其所属机构出版的、具有官方性质的文献，又称为官方出版物。它是政府用以发布政令和体现其思想、意志、行为的物质载体，同时也是政府的思想、意志、行为产生社会效应的主要传播媒介。

政府出版物分为政府公报、会议文件、法规、法令、政策、统计、调查报告等。政府出版物大致可分为两类：一类是行政性文件，包括会议记录、司法资料、条约、决议、规章制度以及调查统计资料等；另一类是科技性文献，包括研究报告、科普资料、技术政策文件等。政府出版物是由政府机关负责编辑印制的，并通过各种渠道发送或出售的文字、图片、磁带、软件等。

其特点为：正式性和权威性，对了解各国政治、经济、科技、法律有独特的参考作用。政府出版物数量巨大，内容广泛，出版迅速，资料可靠，是重要的信息源，是体现政府科技政策的三次文献。可通过专门的政府出版物工具书进行检索。

8. 产品资料

产品资料（Product Information）是指国内外厂商为推销产品而出版发行的各种商品的宣传品。它是提供产品技术规格的一次文献。

产品资料分为公司介绍、产品目录、样本、说明书等。

其意义为：对开发新产品，提高市场竞争力具有重要的参考作用。

习　题　2

1. 试述数字图书馆的概念。
2. 试述文献资源数字化的过程。
3. 数字图书资源有哪些?
4. 数字期刊资源有哪些?
5. 数字特种文献资源有哪些?
6. 列举维普资讯资源种类。
7. 列举CNKI资源种类。
8. 列举万方数据资源种类。
9. 列举5个你经常查找文献资源的网站。

Chapter Three

第3章

文献检索技术

本章概要

本章主要介绍文献检索的基本概念和基本原理，重点是检索技术、检索步骤、检索效果评价、检索语言和两大中文搜索引擎。通过本章的学习，可对检索文献的技巧性有新的认识。

学习目的

- 了解计算机文献检索技术的原理、系统构成及检索方法。
- 了解检索步骤，掌握检索式的编写及检索效果评价。
- 了解原文获取的各种途径。

内容框架

- 文献检索技术
  - 文献检索概述
  - 文献经典检索技术
  - 文献检索的步骤
  - 文献检索效果的评价
  - 文献检索语言
  - 两大中文搜索引擎简介

3.1 文献检索概述

在德国柏林大学图书馆的大门上刻着这样一句话：“这里是人类的知识宝库，如果你掌握了它的钥匙，那么全部知识都是你的。”这把钥匙就是文献检索方法。

进入21世纪以来，科学技术极速发展，科技文献数量急剧增长，不仅数量庞大，而且增长的速度也令人惊叹。据统计，非科技内容的文献每30~50年才增长1倍，而科技文献平均每7~8年就增长1倍，某些尖端科学领域和新兴学科的文献，其增长速度更快，如计算机科学的文献，每2~3年就翻一番。另外，科技文献内容交叉重复、文献失效加快、文献出版分散等都给文献的利用带来不便。

社会的进步、科技的发展，使科技文献载体电子化、文献传播网络化的速度加快。计算机技术和现代信息存储技术的应用，使文献信息的载体从传统的纸质媒介向光学、磁性媒介发展，文献信息的缩微化、电子化已成为主要发展趋势。电子网络文献以数据库和电信网络为基础，以计算机硬盘为载体。电子文献具有容量大、体积小，能存储图文音像信息，可共享性高，检索速度快，易于复制和保存，具有很大的发展前景。计算机技术、电子技术、远程通信技术、光盘技术、视听技术、网络技术等，构成了现代信息的传播技术。联机检索、交互式图文检索、电子原文传递等现代化信息传播方式的实现，使利用互联网多途径、多选择、多层次地检索所需文献信息成为可能。

3.1.1　文献检索的定义

文献检索（Literature Retrieval）是利用计算机对文献进行存储与检索的过程。

(1) 存储过程　存储过程是大量的数据按一定的格式输入到计算机中，经过计算机的加工处理，以一定的结构有序地存储在计算机的存储介质上。存储的目的是为了方便检索。

(2) 检索过程　检索过程是把用户的需求输入到计算机中，由计算机对其进行处理，并与已存储在计算机中的信息进行查询和匹配，最后按要求的格式输出命中的检索结果。

文献检索的全称又叫作文献信息的存储与检索（Literature Storage and Retrieval），是广义的文献检索定义。狭义的文献检索则仅指该过程的检索部分，即从文献集合中找出所需要文献的过程，人们通常所说的文献检索（Literature Search），更多是文献查找的含义。

整个文献检索过程分为文献的存储与组织、文献的检索和获取原文三个方面。文献的存储与组织是由专门的数据工作者，按照相关标准和规则对文献进行存储与组织，读者（用户）在检索文献时也必须按照相关标准和规则进行检索；文献的检索和获取原文是读者最关心的内容，也是本节的重点。

与手工检索一样，计算机文献检索应作为未来科技人员的一项基本功，这一能力的训练和培养对科技人员适应未来社会工作和科研都极其重要。一个善于从电子文献系统中获取文献的科研人员，必定比不具备这一能力的人有更多的成功机会。美国报道生活新方式的期刊POV曾将交互网络检索专家作为未来十大热门职业之一。这些情况都说明了计算机文献检索越来越重要，值得对其予以重视。

3.1.2　文献检索的原理

文献检索的全称是文献信息存储与检索，文献检索原理示意图如图3-1所示。

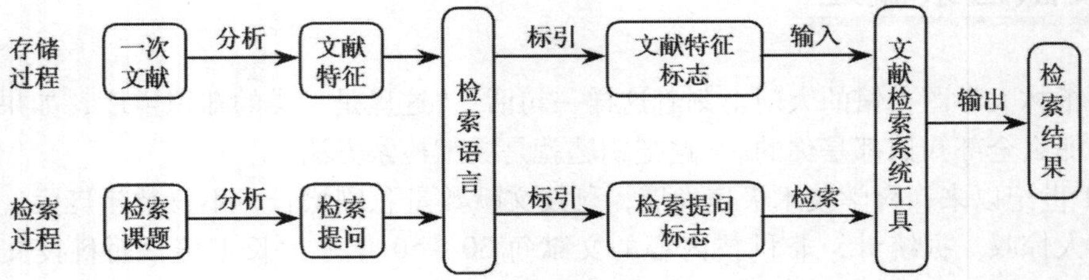

图3-1　文献检索原理示意图

1. 存储过程

存储过程是把描述“一次文献”的特征信息按照检索语言规则，进行规范标引形成“二次文献”，并存储在“文献检索系统”中，这就是对一次文献组织加工和记录的过程，即建立“文献检索系统”的存储过程。

2. 检索过程

检索过程是读者根据“检索课题”，分析课题并组织符合系统“检索语言”的“检索提问”表达式，即形成“检索提问标志”，输入检索系统，与检索系统存储的文献标志进行对比，符合要求的就是“命中”检索结果，输出检索结果。

存储和检索二者是相辅相成的，存储是为了检索，而检索又必须先进行存储。只有经过组织的有序文献信息集合才能提供检索。因此，了解一个文献信息系统（检索工具）的组织方式也就找到了检索该系统的根本方法。

检索的本质是用户的需求和文献信息集合的比较与选择，即匹配的过程。从用户需求角度出发，对一定的文献信息集合系统采用一定的技术手段，根据一定的线索与准则找到相关的文献信息的过程，就是检索。

然而，由于职业、知识水平、个人素质甚至习惯等因素的差异，文献存储人员（标引者）与文献检索用户（检索者）对同一文献的分析、理解也会不同。例如，《计算机在电工中的应用》一文，标引者可能将其归入“电工”类，而检索者则可能在“计算机”类查找该文。这样，标引者与检索者之间发生了标引错位，存储的文献就无法被检索到。

怎样才能保证文献存得进又取得出呢？那就是存储与检索所依据的规则必须一致，也就是说，标引者与检索者必须遵守相同的标引规则。这样，无论谁是标引者，对同一篇文献的标引结果都一致，不论是谁来检索，都能查到这篇文献。

文献存储与检索共同遵循的规则称为文献检索语言（详见本书第3.5节）。只要标引者和检索者用同一种检索语言来标引要存入的文献特征和要查找的检索提问，使它们变成一致的标志形式，文献的存储过程与检索过程就具备了相符性。相应地，存入的文献也就可以通过文献检索工具检索出来。如果检索失败了，就要分析一下检索提问是否确切地描述了待查课题的主题概念，在利用检索语言标引时是否出了差错，从而导致检索提问标志错误。只有检索提问标志和文献特征标志一致时，相关的文献才能被检索出来。

文献检索是以文献的存储与检索之间的相符性为基础的，如果两个过程不能相符，那么文献检索就失去了基础。检索不到所需的文献，存储也就失去了意义。

3.1.3 文献检索的工具及分类

1. 文献检索工具概述

文献检索工具是指用以报道、存储和查找文献线索的工具。它是附有检索标志的某一范围文献条目的集合，是二次文献。一般检索工具应该具备如下条件：

1）明确的收录范围。

2）能够详细著录文献的外部特征和内容特征。

3）有完整、明了的文献特征标志。

4）每条文献条目中必须包含多个有检索意义的文献特征标志，并标明供检索用的标志。

5）全部文献必须根据标志，系统、科学地排列成为一个有机的整体。

6）有索引部分，提供多种必要的检索途径。

2. 按照著录格式分类

（1）目录型检索工具　目录型检索工具是记录具体出版单位、收藏单位及其他外部特征的工具。它以一个完整的出版或收藏单位为著录单元，一般著录文献的名称、著者、文献出处等。目录的种类很多，对于文献检索来说，国家书目、联合目录、馆藏目录等尤为重要。

目录型检索工具是以整本图书或期刊的外部特征为报道对象。其报道内容如下：

1）图书目录：书名、著者、出版地、出版者、出版时间。

2）期刊目录：刊名、著者、出版地、出版者、创刊年。

（2）题录型检索工具　题录型检索工具是以单篇文献为基本著录单位来描述文献外部特征（如文献题名、著者姓名、文献出处等），无内容摘要，快速报道文献信息的一类检索工具。题录与目录的主要区别是著录的对象不同。目录著录的对象是单位出版物，题录的著录对象是单篇文献。

题录型检索工具是以书刊中的某篇文献（或章节）的外部特征为报道对象。

报道内容：文献篇名、著者，刊名，出版年、月（卷、期），页码。

（3）文摘型检索工具　文摘型检索工具是将大量分散的文献，选择重要的部分，以简练的形式做成摘要，并按一定的方法组织排列起来的检索工具。按照文摘的编写人，可分为著者文摘和非著者文摘。著者文摘是指原文著者编写的文摘；而非著者文摘是由熟悉本专业的文摘人员编写而成的。就其摘要的详简程度，可分为指示性文摘和报道性文摘两种。指示性文摘以最简短的语言写明文献题目、内容范围、研究目的和出处，实际上是题目的补充说明，一般在 100 字左右；报道性文摘以揭示原文论述的主题实质为宗旨，基本上反映了原文内容、讨论范围和目的，采取的研究手段和方法，所得的结果或结论，同时也包括有关数据、公式，一般在 500 字左右，重要文章可多达千字。

文摘型检索工具的特点主要有：目的明确，专业范围确定；同专业收录文献量大；检索功能强大，漏检率低；可与不同的全文数据库链接，节省时间等。

（4）索引型检索工具　索引型检索工具是根据一定的需要，把特定范围内某些重要文献中的有关款目或知识单元，如书名、刊名、人名、地名、语词等，按照一定的方法编排，并指明出处，为用户提供文献线索的一种检索工具。索引型检索工具是揭示具有重要检索意义的内容特征标志或外部特征标志，按照一定顺序排列，并注明文献条目线索的检索工具。

索引的类型是多种多样的，在检索工具中，常用的索引类型有分类索引、主题索引、关键词索引、著者索引等。

3. 按检索的技术进步及手段分类

按照存储的载体和查找的技术进步及手段进行划分，检索工具可分为以下几种。

（1）手工检索　手工检索（Manual Retrieval）是用人工方式查找所需信息的检索方式。它是一种传统的检索方法，即以手工翻检的方式，利用工具书（包括图书、期刊、目录卡片等）来检索信息的一种检索手段。检索的对象是书本型的检索工具，检索过程是由人脑和手工操作相配合完成的，信息匹配经过了人脑的思考、比较和选择。手工检索的方法比较简单、灵活，容易掌握。但是，手工检索费时、费力，特别是进行专题检索和回溯性检索时，需要翻检大量的检索工具反复查询，花费大量的人力和时间，而且很容易造成误检和漏检。

（2）机械检索　机械检索（Mechanical Retrieval）是利用某种机械装置来处理和查找文献的

检索方式。

1）穿孔卡片检索（Punch Card）。穿孔卡片检索是一种由薄纸板制成的、用孔洞位置表示信息，通过穿孔或轧口方式记录和存储信息的方形卡片，是手工检索和机械化情报检索系统的重要工具。

2）缩微品检索。缩微品检索是把检索标志变成黑白点矩阵或条码，存储在缩微胶片或胶卷上，利用光电效应，通过检索机查找文献的方法。人工查到缩微品的存档地址后，采用一些机、电、磁的装置能迅速找出目标缩微品的系统。

（3）计算机检索　计算机检索（Computer-based Retrieval）是把信息及其检索标志转换成电子计算机可以阅读的二进制编码，存储在磁性载体上，由计算机根据程序进行查找和输出的检索方法。

检索的对象是计算机检索系统，针对数据库进行检索，检索过程是在人与计算机的协同作用下完成的，匹配是由机器完成的。这里检索的本质没有改变，变化的只是信息的媒介形式、存储方式和匹配方法。

1）脱机检索。成批处理检索提问的计算机检索方式。

2）联机检索。检索者通过检索终端和通信线路，直接查询检索系统数据库的机检方式。1964 年，美国国家医学图书馆开始提供 MEDLARS 联机情报检索系统商品服务。

3）光盘检索。它是以光盘数据库为基础的一种独立的计算机检索，包括单机光盘检索和光盘网络检索两种类型。1983 年，首张高密度只读光盘存储器诞生；1984 年，美国、日本和欧洲开始利用 CD-ROM 存储科技文献。

4）网络检索。利用 E-mail、FTP、Telnet、Archie、WAIS、Gopher、Veronica、WWW 等检索工具，在互联网上进行信息存取的行为。

手工检索查准率较高，查全率较低；计算机检索查全率较高，查准率较低。

4. 按检索的结果分类

按照存储与检索的对象进行划分可分为文献检索和数据检索。

（1）文献检索　文献检索（Document Retrieval）是指将文献按一定的方式存储起来，然后根据需要从中查出有关课题或主题文献的过程。检索对象是包含用户特定信息的文献，是一种相关性检索。相关性检索的含义是指系统不直接解答用户提出的问题本身，而是提供与问题相关文献信息供用户参考。文献检索所回答的是诸如“关于铁路大桥有哪些文献”之类的问题。

1）书目检索。书目检索是以文献线索为检索对象。换言之，检索系统存储的是书目、专题书目、索引和文摘等二次文献。此类数据库（检索工具）如 EI、SCI、《中文期刊数据库》（文摘版）、《全国报刊索引》、中国科技成果数据库、《中国专利公报》等。

2）全文检索。全文检索是以文献所含的全部信息作为检索内容，即检索系统存储的是整篇文章或整部图书。

（2）数据检索　数据检索（Data Retrieval）以事实（Fact）和科学数据（Data）等浓缩信息作为检索对象，检索结果是用户直接可以利用的资料。

这里所谓的科学数据，不仅包括数值形式的实验数据与工业技术数据，而且包括非数值形式的数据，如概念名词、人名地名、化合物分子式、化学结构式、工业产品设备名称、规格、科学论断等。此类数据库（检索工具）如中国企业或公司的产品数据库、中国科技名人数据库、常用材料性能数据库、中国拟建和在建项目数据库、中国宏观经济统计分析数据库、IMI 消费品市场统计分析数据库等。

数据检索可细分为数值检索和事实检索两种形式。数值检索的结果是各种数值性和非数值性数据；而事实检索的结果是基于文献检索和数值检索基础上的对有关问题的结论和判断，是在数值检索和文献检索的基础上，经过比较、判断、分析、研究的结果。

1）数值检索。数值检索（Data Retrieval）是以具有数量性质并以数值形式表示的数据为检索内容的检索。数值检索所回答的是诸如“世界上最长的铁路大桥有多长”之类的问题。

2）事实检索。事实检索（Fact Retrieval）是以文献中抽取的事项为检索内容的检索，或称为“事项检索”。

事实检索和数值检索是从文献中提取出来的各种事实、数据为检索对象的一种确定性检索。确定性检索的含义是指系统直接提供用户所需要的确切数据或事实，检索的结果要么是有，要么是无；要么是对，要么是错。

5. 文献检索新分法

目前信息检索类型出现一种新的三分法，即文本检索、数值检索、声频与视频检索。

(1) 文本检索　文本检索（Text Retrieval）与图像检索、声音检索、图片检索等都是文献信息检索的一部分，是指根据文本内容，如关键字、语意等对文本集合进行检索、分类、过滤等。

随着互联网的出现和发展，文本文献在互联网上的数量增长更加迅猛，文本的数量级和文本的结构都发生了变化，文本数量大幅度增长、互联网上的文本成为半结构化的。这给文本检索技术提出了更大的挑战和机遇。于是在基于相似度的检索技术基础上，出现了结合文本结构信息（如文本的网络地址、大小写、文本在页面中所处的位置、所指向的其他文本、指向自己的其他文本等）对检索结果集进行再排序的第三代文本检索技术。

文本检索技术：现代的文本检索技术逐渐向语意理解、特定领域等方向发展。全世界科学家都在不遗余力地建设“本体库”，如 WordNet、HowNet 等本体字典。通过本体库将文本转化为语意集合，从中提炼文本的语意，以提供语意层次的检索。此外，对于生物、医学、法律、新闻，以及新出现的领域等，都出现了专门针对单个领域的检索技术，并且得到了迅猛发展。

(2) 数值检索　数值检索是文献检索的一种类型，将经过选择、整理、鉴定的数值数据存入数据手册、数据汇编或数据库中，然后根据需要查出可回答某一问题的数据的过程。数值检索也称数值数据检索或数据检索。狭义的数值检索仅指从某数据集合中查出所需要的数据。数值检索是一种确定性检索，要向用户直接提供确切的数据或事实。在科学研究、科学计算、质量控制、管理决策、计算机辅助设计与制造等方面，数值检索发挥着重要的作用。

数值检索的对象是具有数量性质且以数值形式表示的量化文献信息，是文献信息的高度浓缩物。它们或来自文献，或直接来自实验、观测和调查。

数值检索的主要数据类型有：

1）物理性能数据（熔点、密度、溶解度、扩散系数等）。

2）化学物质数据（分子式、结构图、混合物组成等）。

3）光谱数据（红外光谱、质谱、核磁共振光谱等）。

4）生物数据（变异原性、致畸形性、致癌性、小核诱发性等）。

5）环境监测数据（污染物及其性质、环境媒体、毒性试验结果、测定时间、地点及测定值等）。

6）材料数据（机械性能、焊接参数等）。

7）自然资源数据（矿藏种类及储量、水利水电资源、土地面积、降雨量、年平均温度、作物品种及产量等）。

8）经济及社会统计数据（工农业总产值、国民生产总值、国民收入、居民消费水平、固定资产、财政收支、外汇收支、人口及其增长率、劳动就业人数等）。

数值检索与文献检索有许多共同之处。文献检索的许多方法（如分类检索法、主题检索法、代码检索法等）都适用于数值检索。数值检索也有自己的独特方法，如可利用物质结构图形、数值范围等途径来查找数据。既可以根据物质名称查明所需物属性数据的值及其出处，也可根据某一属性值的范围，查明与此属性值相当的物质。

在有些计算机化数值检索系统中，还可以采用分步法或“菜单”法等查询方法。

分步法，即当用户要查找数据库中的某个记录时，系统先向用户提一个问题，要求用户给予简单回答（是或否），系统据此再提下一个问题，直至查出用户所需要的目标数据。

“菜单”法则是先由系统显示一份菜单式的查询项目表供用户选择，用户做出某种选择后，系统再根据用户的需要显示一份子菜单，直至获得用户所需的数据。

数值数据库是一种以自然数值形式表示、计算机可读的数据集合。

数值性数据是人们从文献资料中分析提取出来的，或是从实验、观测或统计工作中直接得到的。数据库生产者把这些数据搜集起来，经过核实、检验和加工整理，按一定方式组织起来，利用计算机进行存储和检索，就形成了数值数据库。

用数值检索时，还可采用如下几个符号：

·——指出数值和日期的取值范围（包括首尾数值）。

>——大于，表示大于这个数值。

<——小于，表示小于这个数值。

≥——大于等于，表示大于等于这个数值。

≤——小于等于，表示小于等于这个数值。

（3）声频与视频检索　声频与视频检索是以内容检索为基础（Content-Based Retrieval，CBR），是指直接根据描述媒体对象内容的各种特征进行的检索，它能从数据库中查找到具有指定特征或含有特定内容的图像（包括视频片段），它区别于传统的基于关键字的检索手段，融合了图像理解、模式识别等技术㊀。

这种方法主要是利用模式识别、语音识别、图像理解等技术领域可能提供的有效方法和工具，直接对图形、图像、视频、音频数据进行内容分析，从中提取视觉、听觉等特征（如颜色、形状、纹理、节奏等），并对这些特征加以组织形成索引，用户据此作为检索的依据，实现对这些形象化信息的查询与定位。

1）对于音频信息来说，其基于内容检索的主要类型有：①语音检索；②音乐检索；③其他音频检索。

2）对于图像与视频信息来说，以图像特征作为索引，对静态图像进行检索是目前使用得最多的方法。目前，比较成熟的特征索引是颜色、纹理和一些低层的、简单的形状特征和物体间的方位关系。

其基于内容检索的主要类型有：①基于颜色特征的检索；②基于形状特征的检索；③基

㊀ 马颂德. 图像与视频的浏览与检索.［J］. 中国计算机用户，2000（10）：25－26.

于纹理特征的检索；④基于视频动态特征的检索；⑤其他检索。例如，基于对象空间关系的检索、伴随媒体检索、组合检索等。这些特征具有计算简单、性能稳定的特点，但这些特征都有一定的局限性，因此，近几年的研究则逐渐转向基于区域、目标的图像表示和语义描述等。

3）国内外视频检索的发展现状。目前，国内外已研发出了多个基于内容的视频检索系统，主要有：

①QBIC 系统。QBIC（Query By Image Content）是由 IBM Almaden 研究中心开发的，是“基于内容”检索系统的典型代表。QBIC 系统允许使用例子图像、用户构建的草图和图画及其选择的颜色和纹理模式，以及镜头和目标运动等图形信息，对大型图像和视频数据库进行查询。视频方面主要利用了颜色、纹理、形状、摄像机和对象运动来描述内容。

②VisualSeek 系统。VisualSeek 是美国哥伦比亚大学电子工程系与电信研究中心图像和高级电视实验室共同研究的、一种在互联网上使用的“基于内容”的检索系统。它实现了互联网上的“基于内容”的图像、视频检索，提供了一套供人们在 Web 上搜索和检索图像及视频的工具。

③VideoQ 系统。VideoQ 是哥伦比亚大学研究的一个项目，它扩充了传统的关键字和主题导航的查询方法，允许用户使用视觉特征和时空关系来检索视频。它有以下几个特征：集成文本和视觉搜索方法，自动的视频对象分割和追踪，丰富的视觉特征库，包括颜色、纹理、形状和运动，通过 WWW 互联网交互查询和浏览。

④TV-FI 系统。TV-FI（Tsinghua Video Find It）是清华大学开发的视频节目管理系统。这个系统可以提供如下几个功能：视频数据入库、基于内容的浏览、检索等。TV-FI 系统提供多种模式访问视频数据，包括基于关键字的查询、基于示例的查询、按视频结构进行浏览，以及按用户自己预先定义的类别进行浏览。

3.1.4 文献检索方法

文献检索方法就是利用检索工具，依照一定的顺序，从不同的角度查找课题所需文献信息资料的方法。归纳起来，文献检索方法通常有常规法、引文追溯法、循环法和浏览法。

1. 常规法

常规法又称为常用法或普通法，即直接利用各种检索工具查找文献信息资料的方法。这种方法适应面广，比较容易掌握，检索较稳定，但易受检索工具体系和质量等因素的影响。常规法又可分为顺查法、倒查法和抽查法。

(1) 顺查法　顺查法是以课题研究的起始年代为起点，由远及近按时间顺序逐年查找的方法。它适用于普查一定时期、一定范围内的理论性和学术性的专题文献资料，具有查准率、查全率高的优点，但是费时、费力，检索效率低。

(2) 倒查法　倒查法又称逆查法，由近及远按时间顺序逐年查找的方法。即根据课题要求，从课题的现状开始，沿着时间线索由近及远、从新到旧查检文献信息的一种方法。倒查法立足现实，适合于获取最新成果的需要，比顺查法省时、省力、效率高，但所获文献不如顺查法全面，容易造成漏检。

(3) 抽查法　抽查法是一种针对学科发展特点，从该学科文献发表较多的时间入手，在获取了一定的文献量后再逐步扩检的方法。这种检索方法的优点是花费的时间较少，而检索到的文献量较大，效率较高。使用该方法时，必须对学科发展特点相当熟悉，否则漏查率高，检索效率低。

2. 引文追溯法

引文追溯法是指利用已知文献后所附的参考文献，逐一追查原文，再从此原文后所附的参考文献逐一查找下去，直到获得满意的结果。

作者在著书或写文章时往往会引用参考他人的文献，而其文献也可能被他人引用，层层关联，按此求索，可以得到一大批内容相关的文献。这是传统的、扩大文献来源的一种简捷的方法。综述或述评所附的参考文献具有较佳的利用价值。

目前有专门利用引用和被引用的关系建立的引文检索系统，如美国费城的科学信息研究所的科学引文索引（Science Citation Index，SCI）、《中国科学引文索引》等。国内 CNKI 的知网节点文献、维普“文摘和引文索引型数据库”都是利用引文追溯法。

引文追溯法一般是在没有适用的检索工具或已知的文献线索很少的情况下使用的。其优点是在没有工具书或工具书不全的情况下，也能借助原文追查到一些相关文献；其缺点是所得文献信息资料不够全面，容易出现误检、漏检。

3. 循环法

循环法是将常规法与引文追溯法交替使用的一种综合方法。

其具体做法是：在查找文献信息时，既利用检索工具进行顺查或倒查，又利用文献附录或参考文献进行追溯查检，两种方法交替循环使用，直到满足检索要求为止。这种方法充分发挥了常规法、引文追溯法两者的优势，检索效率较高，可避免因检索工具缺乏、文献线索较少而造成的漏检。

总之，对文献信息的检索，应根据各检索课题的要求来选择恰当的检索方法。不同的学科门类、内容主题，应采用不同的检索方法，切忌生搬硬套、盲目使用。同时，在实践的基础上，还应不断地总结提高，创造新方法。

4. 浏览法

浏览法是指直接在一次文献中查找所需的文献，也称直接检索法。该方法带有盲目性，一般只作为对上述各种检索方法的补充，主要用于查找新近发表的文献。目前各种大型的数据库一般都设置有“分类浏览导航”查询途径。

3.1.5 文献检索系统

1. 常用的文献检索系统

（1）书目数据库检索系统　是指存储某些或某一个领域的二次文献（书目数据）的一类数据库，属于参考数据库中的一种，数据主要来源于图书、期刊论文、会议论文、研究报告、学位论文、专利文献、报纸等各种不同的一次文献信息源。

其主要特点：①历史悠久，数据量大，连续性和累积性强；②使用上没有限制，开放性较好；③记录结构简单固定，标准化程度高；④更新周期较长，生产费用较低。

（2）全文数据库检索系统　是指存储文献全文（或其中主要部分）的一种数据库。

其主要特点为：①自足性，可以直接检索并获取全文信息；②详尽性，从理论讲，可以检索到原文中的任何信息；③资源消耗性，需要占用大量的存储空间；④后处理能力强。

(3) 数值数据检索系统 是指专门提供以数值方式表示的数据（或包括其统计处理表示法）的一类数据库，例如，各种统计数据库、财务数据库等。

其主要特点为：①数值数据库是高度专门化的，具有明确的学科特性；②数值数据库一般不对外公开，使用范围受到一定的限制；③数值数据库在使用方法和检索方式上一般是彼此不兼容的；④除具备一般检索功能外，数值数据库还提供数据运算、数据分析、图形处理、报表生成等特殊功能；⑤数值数据库的建设特别需要国家政策的支持、全国范围内的协调以及国际合作。

2. 联机检索服务系统

联机检索服务系统属于多数据库检索服务类型。

(1) 综合性联机检索系统 主要是指系统拥有的联机数据库题材、类型多样，信息内容覆盖众多学科领域。综合性联机系统一般规模较大，检索软件功能较强，服务内容和服务方式也比较多样。

(2) 专业性联机检索系统 主要是指系统拥有的联机数据库内容只侧重某些或某一个学科领域，具有突出的专业特色，系统的检索服务方式与服务内容也有较强的专业特点。

(3) 网络搜索引擎服务系统 是指在 WWW 环境中能够进行网络信息的搜集、组织并能提供查询服务的一种信息服务系统。包括：①独立搜索引擎；②元搜索引擎（如上海万纬信息公司的万纬引擎）。

3.2 文献经典检索技术

在文献检索过程中，为了保证检索结果的快、全、准，仅靠一个检索词（关键词、主题词）难以满足检索的需要，有时需要用各种算符将若干个检索词（关键词、主题词）组成检索式进行检索。它们主要有布尔逻辑检索、截词检索、位置检索和限制字段检索等经典检索方法和技术。

3.2.1 布尔逻辑检索

布尔逻辑检索（Boolean Operators）是用布尔逻辑算符将检索词（关键词、主题词）、短语或代码进行逻辑组配，凡符合逻辑组配所规定条件的为命中文献，否则为非命中文献。它是文献检索中一种最常用的检索方法，目前多种检索系统都支持布尔逻辑检索。

布尔逻辑组配运算是采用布尔代数中的逻辑“与”、逻辑“或”和逻辑“非”等算符，指定文献标引词中必须存在的条件或不能出现的条件，凡符合布尔逻辑所规定条件的文献，即为命中文献，不符合的为非命中文献。在检索过程中，用于表达词与词之间的逻辑关系的算符就称为布尔逻辑运算符。布尔逻辑检索分为三种逻辑关系：逻辑“与”、逻辑“或”、逻辑“非”；分别用 AND、OR、NOT 表示。

1. 逻辑“与”

逻辑“与”的运算符为“AND”或“*”，逻辑“与”的表达式为 A AND B 或 A*B。满足 A 同时满足 B 的“命中”。

逻辑“与”的几何解释是：包含 A 同时包含 B 的部分，A 与 B 的公共面积部分，检索范围缩小，逻辑“与”运算如图 3－2 所示。

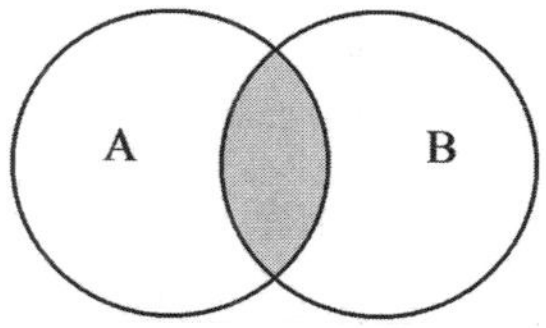

图 3－2　逻辑“与”运算

用于表达两个或两个以上检索词（关键词、主题词）之间的相交关系或限定关系运算。逻辑“与”检索能增强检索的专指性，使检索范围缩小，有助于提高检索的专指度和查准率。

2. 逻辑“或”

逻辑“或”的运算符为“OR”或“+”：逻辑表达式为 A OR B 或 A +B。满足条件 A 或者条件 B 的“命中”。

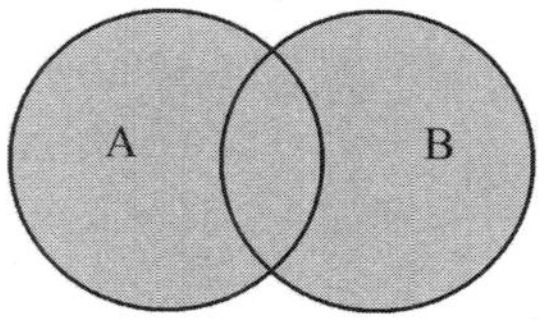

图 3－3　逻辑“或”运算

逻辑“或”的几何解释是：包含 A 或者包含 B 的部分，A 和 B 包含的全部面积部分，检索范围扩大，逻辑“或”运算如图 3－3 所示。

用于表达两个或两个以上检索词（关键词、主题词）之间的并列关系。其作用是扩大检索范围，提高查全率。此算符适于连接有同义关系或相关关系的词。

3. 逻辑“非”

逻辑“非”的运算符为“NOT”或“－”；逻辑表达式为 A NOT B 或 A –B。“命中”文献是满足条件 A 排除条件 B。

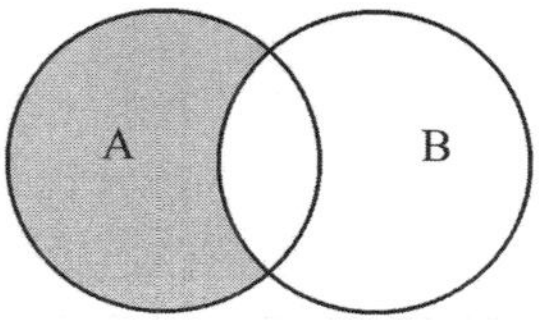

图 3－4　逻辑“非”运算

逻辑“非”的几何解释是：包含 A 不包含 B 的部分，面积 A 去掉包含面积 B 的部分，检索范围减小，逻辑“非”运算如图3－4 所示。

逻辑“非”用于表达两个或两个以上检索词（关键词、主题词）之间中排除不需要的检索词（关键词、主题词）运算，其作用是缩小检索范围，提高查准率。此运算适于排除那些含有某个指定检索词（关键词、主题词）的记录。但如果使用不当，将会排除有用文献，从而导致漏检。

以上三种布尔逻辑算符可以综合使用，用于形成检索词更为复杂的逻辑提问式。布尔逻辑检索是一种被广泛采用的、经典的计算机检索方法。

4. 布尔逻辑算符的运算次序

对于一个复杂的逻辑检索式，检索系统的处理是从左向右进行的。在有括号的情况下，先执行括号内的运算；有多层括号时，先执行最内层括号中的运算，逐层向外进行。在没有括号的情况下，按 AND、OR、NOT 的运算次序。在不同的系统中有不同的规定，使用时要注意看系统使用说明或示例。

3.2.2　截词检索

截词检索是指将检索词在适当的位置截断，截词检索是用截断词的一个局部进行的检索，凡是满足这个截词所有字符（串）的记录，系统都为命中。

截词检索方法在西文数据库中广泛使用，是在词干后可能变化的位置加上截词符号。检索词的单复数形式，同一词英、美的拼法不同，词根相同的词都可用截词检索。这样既可减少检索词的输入量，又可扩大查找范围，提高查全率。

1. 前截断

前截断（后方一致），又称为左截断，截词符在词的左边，如 * magnetic。

将截词符“?”置于词干的左边。例如,?computer，其含义为：computer、microcomputers 等词皆为命中词。

2. 中截断

中截断（通配符或屏蔽）是把截断符号置于一个检索词的中间，对词中间出现变化的字符数加以限定，一般中截断仅允许有限截断。

截词符在词的中间。

例如，organi#ation，可检索到包含 organization 和 organisation 的记录。

一个?代表零个或任意几个字符。

例如，colo?r，可检索到包含 color、colour、colonizer、colorimeter 的记录。

一个?和数字，其中的数字代表可替换的字符数。

例如，colo?1r，只能检索到包含 colour 的记录。

3. 后截断

后截断是前方一致检索，又称为右截断，截词符放在被截词的右边，是最常用的检索方法。例如，librar *，可查到与前面词干相同的所有词。

后截断是在检索词词干后面加截词符，表示不限制或限制词尾可变化的字符数，即查找词干相同的所有词，从检索性质上讲，后截断是前方一致检索。

非限制截断是在检索词词干后面加一个截词符，表示不限制词尾可变化的字符位数，即查找词干相同的所有词。

例如，comput 表示允许其后可带有任何字符且数量不限，相当于查找 compute、computed、computes、computing、computer、computers、computerize、computerized、computation、computations、computational、computationally 等词。

不宜将词截得过短，否则容易造成误检。

4. 其他截断

限制截断，是指在检索词词干后面加若干个截词符，表示限制可变化的字符数。根据截断的数量不同可分为：

1）无限截断，是指不限制被截断的字符数量。

2）有限截断，是指限制被截断的字符数量，如 educat * *，可以检索 educator、educated。

*、&均可以表示截词的截断符号，各检索系统有不同的规定，没有统一标准。使用时要注意看系统使用说明或示例。

3.2.3 位置检索

位置检索即位置算符检索（Proximity Searching、Adjacent Operators），这种方法能够提高检索的准确性，当检索词（关键词、主题词）要用词组表达，或者要求两个词在记录中位置相邻、相连时，可使用位置算符。位置算符是在检索式中表示算符两边的检索词（关键词、主题词）之间位置关系的符号。下面是几种常用的位置算符。

1. W-With

W 算符是 With 的缩写，表示在此算符两侧的检索词必须按输入时的前后顺序排列，不能颠倒，所连接的词之间除可以有一个空格、标点或连接号外不得夹有任何其他单词或字母。

例如，intelligent（W）robot（Ei Compendex Plus）。

*n*W（或 W*n*）表示在此算符两侧的检索词必须按输入时的前后顺序排列，不能颠倒；但允许在连接的两个词之间最多插入 *n* 个单词。

例如，intelligent w1 robot *（OCLC FirstSearch）。

2. N-Near

N 算符是 Near 的缩写，表示此算符两侧的检索词必须紧密相连，所连接的词之间不允许插入任何其他单词或字母，但词序可以颠倒。

例如，intelligent NEAR robot *（Ei CPX Web）。

*n*N（或 N*n*）表示在两个检索词之间最多可插入 *n* 个单词，且两词的词序任意。

例如，intelligent N1 robot *（OCLC FirstSearch）。

3. Adj-adjacency

邻接算符表示在此算符两侧的检索词必须按所列词序排列，不能颠倒，两词之间不允许有其他的词或字母，相当于短语检索。

例如，intelligent adj robot *（Elsevier Science SDOS）。

4. F-Field

同字段邻接，例如，environment（F）protection。

5. P-Paragraph

同自然段邻接，例如，environment（P）protection。

6. S-Sentence

同句邻接词序可以颠倒，两词必须出现在同一句子（字段）中。例如，environment（S）protection。

3.2.4　限定字段检索

通过限定字段检索（Range Searching）范围，达到优化检索结果。特别在使用自由词进行全文检索时，需要用字段限制检索的范围。被指定的字段也称检索入口，检索时，系统只对指定字段进行匹配运算，提高了效率和查准率，字段检索常用代码来表示，常用字段代码见表 3-1。

注意：目前各个检索系统所设立的字段是各不相同的，即同一字段，也可能采用不同的字段代码表示。

禁用词：在西文数据库中，系统对信息进行标引时，不能做标引词或检索词的语词，包括介词、冠词、代词、连接词、某些形容词或副词等，如 a、and、for、in、she、should、the、well、only。

表3-1　常用字段代码

字段名	字段代码	英文字段名
题名字段	TI	Title
文摘字段	AB	Abstract
叙词字段	DE	Descriptor
自由词字段	ID	Identified
著者字段	AU	Author
著者机构字段	CS	Corporate Source
刊名字段	JN	Journal
出版年字段	PY	Publication Year
文献类型字段	DT	Document Type
语种字段	LA	Language
分类号字段	CC	Classification

3.3　文献检索的步骤

在进行文献检索之前，必须分析研究检索课题，制订检索需求描述，索取原始文献，学习了解新知识，调整检索策略。

3.3.1　分析检索课题

1. 分析检索课题，应明确的问题

1）分析课题。课题的主要内容以及所涉及的知识点（术语集合，术语之间的关系）。

2）明确需要的文献特征。即需要的文献种类、语种、年代以及文献量。

3）明确查询的侧重点。对查新、查准、查全的指标要求。

4）确定所需的文献应该具备的外部特征。即文献种类、年代、语种、媒体形式等。

5）确定所需的文献应该具备的内部特征。即所需文献的知识构成、术语构成以及术语之间的关系。

2. 一般课题检索分析

检索课题分析的主要任务，就是分析检索的主题内容，提取主题概念，确定中文及相应的英文检索词，同时注意挖掘隐含的主题概念。将表达同一概念的同义词一一列出，并确定主题词之间的逻辑关系。㊀

（1）寻找针对具体问题的准确答案　检索课题的目的是解决问题，或作为论据和引证。查找事实或数值型信息大多属于此类。

（2）查找特定文献　根据某一篇文献的线索查找原文，或已知某一作者，查询其所有发表

㊀ 肖珑. 数字信息资源的检索与利用［M］. 北京：北京大学出版社，2004：365-366.

的文章。

对这种检索课题，类型很简单，只要正确选择了检索工具和参考资源，便可以一步到位查到所需要的信息，很快地达到检索目的。

（3）对某一问题做大致的了解　对于这种类型的检索课题，只需要浏览一些简短的摘要或者参考几篇概论性文章就可以了。有的课题则需要搜集各种翔实、深入的信息，才能圆满完成。

3. 研究课题检索分析

研究课题通常是学术水平较高，专业较深的课题，对此类课题主要包括下面几种情况：

（1）撰写综述或研究报告——查全　撰写综述或研究报告，讲求系统全面，必须以时间为轴做纵向、深度的考察。需要对某一课题作全面的调查研究，了解该课题的整个发展过程。全面、细致地了解国内外相关课题的所有出版物的情况，出版物的形式不仅包括书籍、期刊、报纸、报告、政府出版物，还包括声像、多媒体等新兴载体。年代范围不仅包括现期的资料，也要对过期的资料进行回溯，这是撰写综述或研究报告的基本要求。

（2）撰写研究报告或学术论文——查准　撰写研究报告或学术论文，需要对具体细微的专业问题做深入的专题研究，在充分掌握材料和该领域重要研究成果的基础上，提出创新性的具有一定学术水平的观点或论断，这是撰写研究报告或学术论文的基本要求。

（3）做新技术、新理论的研究——查新　在做新技术、新理论的研究时，需要查阅某一专题的前沿和最新资料，了解研究动态、发展趋势。从主题的时效性讲，需要最原始、最新颖的第一手资料，需要参考最新的期刊、会议资料、未发表的预印本文献。

（4）做同类研究项目比较——查全　在做同类研究项目比较时，或做创新性的课题项目、研究成果或要求较高的学位论文必须保证取材的数量和学术质量达到一定的深度和广度，因此应着重参考各种学术品质较高的期刊论文、会议论文、研究报告、学位论文、重要专著；而有的课题则可以参考一般的图书、教材、杂志、报纸甚至视听资料。

4. 明确课题对文献的需求

在确定了检索课题的类型之后，在此基础上，还要考虑以下几个问题：

1）该课题需要的文献量？

2）该课题查检文献的广度与深度如何？

3）该课题对时效性有什么要求？

4）该课题对文献资料的数据类型是否有所限定或侧重？

3.3.2　选择检索工具或数据库

正确选择检索工具及与课题相关的数据库是保证检索成功的基础。着重考虑所选数据库是否包含与文献需求相一致的较为丰富的文献，是否具备学科专业对口、覆盖文献面广、报道及时、揭示文献内容准确、有一定深度并检索功能完善等特点。其判断的准确性取决于对各种可供检索的文献资料的了解与掌握。

目前，常用文献的类型及选择检索的数据库如下。

1. 数字图书馆

1）超星数字图书馆（http://edu.duxiu.com/）。

2）方正阿帕比数字图书馆（http://www.apabi.cn/）。

3）CALIS 联合目录公共检索系统（http://opac. calis. edu. cn/）。

4）中国国家图书馆（http://www. nlc. cn/）。

5）中国科学院国家科学图书馆（http://www. las. ac. cn/）。

2. 数字期刊

1）读秀学术搜索（http://edu. duxiu. com/）。

2）中国知网（CNKI）（http://www. cnki. net/）。

3）维普网（http://www. cqvip. com/）。

4）万方数据（http://www. wanfangdata. com. cn/）。

5）CALIS 易读（http://www. yidu. edu. cn/）。

6）中国国家图书馆（http://www. nlc. cn/）。

7）中国科学院国家科学图书馆（http://www. las. ac. cn/）。

3. 特种数字文献

1）中国知网（CNKI）（http://www. cnki. net/）。

2）读秀学术搜索（http://edu. duxiu. com/）。

3）万方数据（http://www. wanfangdata. com. cn/）。

4）CALIS 易读（http://www. yidu. edu. cn/）。

5）国家科技图书文献中心（http://www. nstl. gov. cn/）。

6）中国国家图书馆（http://www. nlc. cn/）。

3. 3. 3　确定检索途径

不同的检索工具或数据库所提供的检索途径不尽相同，一般说来，有以下几种方式。

1. 以文献的内容特征为检索途径

文献的内容特征是指文献中隐含的、潜在的特征。常用分类索引、主题索引查找未知线索的文献。

（1）分类检索途径　是从学科分类角度来查找文献的一种途径。以检索工具或数据库所提供的分类目录、分类索引，按类查找所需文献。利用目次表或目录来查找。

1）分类检索文献的关键：只有分析课题，确定课题所属的类目与检索工具目次表中的类目相匹配，才能查准。

2）分类检索的特点：族性检索，适合从学科体系出发泛指性比较强的课题的检索；但不适合专指度高的课题以及新兴学科、交叉学科、边缘学科的课题检索。

（2）主题检索途径　是从文献主题内容角度来检索文献的一种途径。利用检索工具后所附的主题索引，以主题词作为检索入口。主题检索是以检索工具或数据库提供的主题词表、主题目录、主题索引，利用主题词、叙词、标题词等来检索文献的方法。它能较好地满足特征检索的要求，使某一事物或主题的不同学科文献集中在一起。其检索质量的关键在于正确选择恰当的检索词，其中，应注意同义词、近义词、生物体的拉丁学名，以及词组的使用，检索词选择恰当与否，会直接影响检索效果。

1）主题词检索文献的关键：分析课题，选准主题词，了解主题索引的结构和编排。

2）主题词检索的特点：特性检索，适合比较具体专深的课题，以及新兴学科、交叉学科、边缘学科的课题的检索。

总之，在实际检索时，应注意检索系统软件所提供的检索途径与功能。为了提高检索质量，不应限于一种途径，可采用多种检索途径和交叉综合方法。

2. 以文献的外部特征为检索途径

以文献的外部特征为检索途径是指依据文献外表上标记的特征作为检索的切入点。一般是指题名（刊名、书名、篇名）、责任者（作者、编者、译者、专利权人、出版机构等）、号码（标准号、专利号、报告号、索取号等）。

（1）文献名检索途径　是指以书刊名称或论文篇名编成的索引作为文献检索对象，一般较多用于查找图书、期刊、单篇文献。检索工具中的书名索引、会议名称索引、书目索引、刊名索引等均提供此种检索途径。

（2）责任者检索途径　是指依据文献责任者的名称来查找文献的一种途径。它包括个人著者、团体著者、专利发明人、专利权人和学术会议主办单位等。检索工具中的个人作者索引、作者目录、团体作者索引、专利权人索引等，都提供此类检索途径。

利用责任者检索途径可以查找某一学科领域的知名学者、专家的论著，系统地掌握他们研究发展的脉络及成果，对于了解该学科领域的水平和动向颇有益处。

（3）号码检索途径　是根据文献出版时所编的号码顺序来检索文献。例如，技术标准的标准号、专利说明书的专利号、科技报告的报告号，文献收藏单位赋予某一文献的馆藏号、索取号、排架号等，都可以作为检索点。

以文献的外部特征进行检索的最大优点是它的排列与检索皆以字顺或数字为依据，不易错检、漏检，可以直接判断该文献的存在与否。

其他途径还有分子式途径等。

3.3.4　选择检索词

选择检索词是另一个重要问题。检索词是否恰当，将直接影响检索结果。选择合适的检索词是提高查全率和查准率的关键之一。

1. 关键词

关键词是最常用的检索词，也就是在搜索框中输入关键词，命令搜索引擎寻找的内容。读者可以命令搜索引擎寻找任何内容，所以，关键词可以是人名、网站、新闻、小说、软件、游戏、星座、工作、购物、论文等。

关键词可以是任何文种，如中文、英文或数字，或者中文、英文、数字的混合体。例如，可以搜索“Windows”“F-1 赛车”等。关键词可以输入一个，也可以输入多个，甚至可以输入一句话，如“松下等离子平板电视机 TH-P50S25C”等。输入多个关键词搜索，可以获得更精确、更丰富的搜索结果。多数情况下，输入两个关键词搜索，就已经有很好的搜索结果了。

2. 确定主要概念

选取检索词可以从确定主要概念入手。在多数情况下，课题名称一般能反映检索的主题内容和所涉及的概念。

3. 收集检索词

在确定了主题概念后，就可以根据主题概念来选择检索词。

(1) 从初步检索结果中选择词　初步输入检索课题中的主要概念作为检索词，在数据库中进行试检索，可能检索的结果不太符合自己的意愿，但是可以浏览检索结果，从题名、摘要及文中的相关词中选取关键词或者同义词进行筛选，选择重要的词汇作为检索词。这种方法通常在 Google 中应用，有时读者可能记不清楚要检索的名称，可以输入一个大概意思或相近的词进行检索，在初步检索结果中，找出更准确的关键词进行第二次检索，一般就能达到较理想的结果。

(2) 从综述文献中选择词　真正意义上的“文献综述”，可以理解为“关于文献的文献”，是对文献再加工而成的第三次文献，即综述的作者并不需要自己去做第一手的工作，但却可以凭借自己的学识和判断力对某一领域的研究做出综合性的介绍，并加入自己的预测和判断。所以，综述中包含了很多专业名词和关键词。

(3) 从主题词表中选择词　主题词表是为了提高检索效率和标引工作效率编制而成的，因此，主题词表是分类检索语言和主题检索语言兼容互换的工具。

(4) 选择词的要点　充分收集各类专业词汇，结合研究课题选择检索词。注意检索词整体与部分的关系。

(5) 掌握缩写与全称转换　利用百度搜索缩写与全称转换，了解含义，利用全称重新搜索。如搜索“WTO”，搜索到：世界贸易组织（英语：World Trade Organization）。

3.3.5　检索式的编制与调整

在利用数据库进行检索时，为了提高检索质量与效率，往往需要制订检索提问式，充分利用计算机检索系统所提供的组配、限定、加权、扩展、截词等检索功能。检索提问与存储标志之间的对比匹配是由系统本身进行的，编制检索表达式的核心是构建一个既能表达检索课题需求，又能被系统识别的检索表达式。

检索表达式是检索策略的具体表现。检索表达式也称为“提问式”“检索式”或者“逻辑式”。它是将各检索词（关键词、主题词）之间用布尔逻辑检索、关键词检索、位置算符检索、截词检索和限制符检索等系统规定的组配符连接起来的。

制订正确、恰当的检索策略，可指导和优化检索过程，提高检索效率，全面、准确、快速、低成本地找到所需信息。

1. 检索式的编制

编制检索提问表达式的主要技术支持有如下几种模式：

(1) 用布尔逻辑算符说明词间关系　布尔逻辑检索（Boolean Logic）是当今检索理论中最成熟的理论之一，也是构造检索表达式最基本、最简单的匹配模式。布尔逻辑检索是通过布尔逻辑算符来实现的，这些运算符能把一些具有简单概念的检索词（或检索项）组配成为一个具有复杂概念的检索式，用以表达用户的检索要求。

利用布尔逻辑算符进行检索词或代码的逻辑组配，是现代文献检索系统中最常用的一种方法。布尔逻辑运算符分为三种逻辑关系，分别用 AND、OR、NOT 表示。用这些逻辑算符将检索词组配构成检索提问式，计算机将根据提问式与系统中的记录进行匹配，当两者相符时则命中，并自动输出该文献记录。下面以“计算机”和“文献检索”两个词来解释三种逻辑算符的含义。

1）逻辑“与”：逻辑“与”的运算符为“AND”，常用“*”“&”表示；逻辑与的表达式为 A AND B、A * B 或 A &B。检索时，命中信息同时含有两个概念，专指性强，可以缩小检索范围，提高查准率。

例如，检索式“计算机 AND 文献检索”，表示查找文献内容中既含有“计算机”又含有“文献检索”。

2）逻辑“或”：逻辑“或”的运算符为“OR”，常用“+”“/”表示；其逻辑表达式为 A OR B 或 A +B，检索时，命中信息是包含所有关于 A 或 B 或同时有 A 和 B 的文献，可以扩大检索范围，提高查全率。

例如，检索式“计算机 OR 文献检索”，表示查找文献内容中含有“计算机”或含有“文献检索”以及两词都包含的文献。

3）逻辑“非”：逻辑“非”的运算符为“NOT”或“–”；其逻辑表达式为 A NOT B 或 A – B。命中信息是包含逻辑 A，不包含逻辑 B 的文献，排除了不需要的检索词，可以排除不必要的信息，提高查准率。

例如，检索式“计算机 NOT 文献检索”，表示查找文献内容中含有“计算机”而不含有“文献检索”的那部分文献。

以上 3 种布尔逻辑算符可以综合使用，用于形成检索词更为复杂的逻辑提问式。布尔逻辑检索是一种被广泛采用的计算机检索方法。

(2) 用位置算符指定词间位置　位置逻辑算符用于表达检索词之间的相互位置和前后次序，其目的是增强选词指令（Select）的灵活性，它比布尔逻辑算符更能表达复杂的概念。

常用的位置算符有：

1）(W) ——With 的缩写，表示算符前后的两个检索词之间不得有其他词或字母，可以有一个空格或标点符号，或连字符“-”，词序不得颠倒。使用（W）比使用布尔算符（AND）可使文献更加切题，排除无关的隐含概念。

2）(*n*W) ——Words 的缩写，是从“Words”算符引申出来的，它表示算符前后的两个检索词之间允许插入最多 *n* 个词，两词词序不能颠倒。

3）(S) ——Sentence 的缩写，表示算符前后的两个检索词必须在同一个句子中出现，词序任意变换，词之间可任意加词。

4）(F) ——Field 的缩写，表示算符前后的两个检索词必须同时出现在文献记录的同一字段中。

5）(C) ——Combine 的缩写，表示算符前后的两个检索词必须同时出现在同一文献记录中，不限定词序和字段。其作用等同于布尔算符“AND”。

(3) 用截词算符描述词尾变化　截词检索也是一种常用的检索技术，是防止漏检的有效工具，尤其在西文检索中，更是广泛应用。截词检索可以作为扩大检索范围的手段，具有方便用户、增强检索效果的特点，但一定要合理使用，否则会造成误检。用截断的词的一个局部进行的检索，并认为凡满足这个词局部中的所有字符（串）的文献，都为命中的文献。按截断的位置来分，截词可有后截断、前截断、中截断 3 种类型。不同的系统所用的截词符也不同，常用的有“?”“$”“*”等。截词还可分为有限截词（即一个截词符只代表一个字符）和无限截词（一个截词符可代表多个字符）。下面举例说明：

1）有限截断:?,? 代表一个字母（EBSCOhost 规则）。

例如:? 只替代一个字符，如输入 ne? t，可检索出 neat，nest，next。

2）无限截断：*，*代表一个字符串（EBSCOhost 规则）。

例如：* 可以替代一个字符串，如输入 comput *，可检出 computer，computing 等。

3）后截词（前方一致）：将截词符“?”置于词干的右边。例如，comput? 表示 computer、computers、computing 等。又如，child?，可查所有以 child 开头的单词，即 childhood 等。

（4）字段限定检索　在计算机检索系统中，一条文献记录是由若干个字段（Field）构成的，每一个字段都被赋予一个标志符，以供检索时识别。其字段可以归为可供检索与不可供检索两大类型。

为了提高检索质量与效率，可以对可供检索的字段实施限定检索。不同的文献检索系统，其字段限定方式有所不同。

1）基本索引字段（揭示文献内容特征的字段），如题名（TI）、文摘（AB）、主题词（SU）、叙词（DE）、自由词（ID）等，其限定方式一般采用在检索词后加“in”或“/”再加字段代码。例如，检索式 apple in TI 或 apple/TI，限定在题名字段中查找有关 apple 的文献。

2）辅助索引字段（揭示文献外部特征的字段），如著者（AU）、文献类型（DT）、语种（LA）、出版年（PY）等字段，其限定方式一般采用前缀字段代码，加“=”，再加限定内容。例如，检索式 LA =Chinese，限定在语种字段查找原文语种为中文的文献。

某些检索系统未采用上述字段限定方式，而是单独设有字段选择“窗口”，供用户直接“单击”选择。

若用户未为检索词指定字段时，系统将在所有可供检索的字段中进行检索。

2. 检索式的调整

扩大检索与缩小检索是检索过程中经常面临的问题。在联机检索时，用户应该在上机前就拟订好扩检与缩检的策略，也就是说，在拟订检索策略时，应该同时考虑如命中文献太少或太多时该如何处理。否则，会大大增加上机时间，而且不易得到满意的结果。

（1）扩大检索　扩大检索是指初始设定的检索范围太小，命中文献不多，需要扩大检索范围的方法。对检索结果数量比较少的，可以进行扩大检索，提高查全率。

造成检索信息量少的原因通常有以下几点：

1）范围的不当，选用了不规范的主题词或某些产品的俗称、商品名称作为检索词。

2）同义词不全，检索时同义词、相关词、近义词没有运用全。

3）概念的缩小，上位概念或下位概念没有完整运用。

4）年代的范围小。

针对这种情况，调整检索策略的方法如下：

1）选全同义词与相关词并用逻辑“或”将它们连接起来，增加命中率。

2）减少逻辑“与”的运算，丢掉一些次要的或者太专指的概念。

3）去除某些字段限制。

4）调整位置算符，由严变松。

（2）缩小检索　缩小检索是指开始设定的检索范围太大，命中文献太多，或查准率太低，需要增加查准率的一个方法。缩检与扩检相反，通过概念的缩小、范围的限定、年代的减少等实现。

对检索结果过多的，进行缩检，可以提高查准率。

产生检索结果信息量过多的原因可能有以下两点：

1）主题词本身的多义性导致误检。

2）对所选的检索词的截词截得太短。

在这种情况下，调整检索策略的方法如下：

1）减少同义词与同族相关词。

2）增加限制概念，采用逻辑“与”连接检索词。

3）使用字段限定，将检索词限定在某个或某些字段范围。

4）使用逻辑“非”算符，排除无关概念。

5）调整位置算符，由松变严。

3.3.6　获取全文途径

全文也称“原文”，是指数据库中的原始记录。原文检索即以原始记录中的检索词与检索词间特定位置关系为对象的运算。通过以上检索步骤可以获得符合检索提问式要求的原始文献的线索，经过浏览、筛选后。可将满意的题录、文摘抄录、打印或下载，再根据文献线索找到该文献的收藏单位索取原文。对全文数据库而言，可直接单击全文“链接”，继而浏览或打印、下载所需文献。根据获取全文从易到难的程度，获取原始文献有以下途径。

1. 利用图书馆数字资源获取全文

利用网上全文数据库获取原始文献。在校园内，利用图书馆数字资源，直接获取文献全文；在校园外，可以申请图书馆的远程访问，通过远程访问系统，登录图书馆主页并访问图书馆购买的数字资源。一般高校图书馆近百万种数字图书，近2万种数字期刊，都可以直接获取全文。

2. 利用网上全文传递服务获取全文

网络环境下的电子化文献传递，使用户获得文献信息的渠道更畅通，传送的速度更快捷，手续更简洁。目前，超星数字图书馆有315万种数字图书，可以通过文献传递方式获取全文。读者只需填写E-mail，后台的服务器就会立刻自动为读者传递文件，读者打开邮箱就可以获取全文，且中文的满足率高达90%以上，外文的满足率达85%。如果超星数字图书馆中没有所查找的文献，利用超星技术构建的全国参考咨询联盟平台，将读者的咨询发布在平台上，专家级别的网上咨询人员就可以为读者服务，在全世界范围内，通过人工查询，为读者找到所需文献，并传递到读者的邮箱。等待时间是查找文献的时间，一般在两天内就可以帮助读者找到文献并传递到读者的邮箱。

3. 去图书馆借书获取全文

利用图书馆的馆藏目录、公共查询系统、联合目录获取原始文献，即直接到图书馆去借书。

4. 利用馆际互借获取全文

利用馆与馆之间的图书信息资源共享合作，获取全文。

5. 与著者联系索取原始文献

用检索结果中提供的责任者联系方式，与之联系获取原文。

3.4　文献检索效果的评价

文献检索效果是指用户利用文献检索系统进行检索所产生的有效结果。作为文献需求用户，其主观愿望是希望在最短的时间内获取最满意的文献资料。但在实际检索时，往往受多种因素的影响，通常只能检索出一部分相关文献，而漏掉一部分相关文献。为此对检索效果进行评价，以便找出和分析检索中存在的问题，以及影响文献检索效果的各种因素，进一步提高文献检索的有效性。

3.4.1　评价指标

以同一个检索提问式，在任何一个数据库中检索，都可以用相关文献量、非相关文献量的检出与漏检来评价文献检索效果。文献检索量及关系见表3-2。

表3-2　文献检索量及关系

用户相关 / 系统匹配	相关文献量	非相关文献量	合　计
检出	a	b	$a+b$
漏检	c	d	$c+d$
合计	$a+c$	$b+d$	

表3-2中，a 为检出的相关文献量；b 为检出的非相关文献量；c 为漏检的相关文献量；d 为漏检的非相关文献量；$a+b$ 为检出的文献总量；$a+c$ 为系统相关文献总量。

它们之间的不同比值表现了不同的含义。检索效果的评价指标通常有以下几种。

1. 查全率

查全率（Recall Ratio，简称R）是衡量检索系统在实施某一检索提问时检出相关文献能力的一种测度指标。将检索系统中所有相关信息都检索出来的查全率为100%，这是一个理想的数据，现实中是不可能达到100%的。由于在检索系统的数据库中，针对某一提问的全部相关文献数量不能精确获知，查全率的计算结果一般都是近似值。通常，查全率增加，查准率就会降低。可定义为

$$R=\frac{a}{a+c}\times 100\%$$

检出相关文献数量 a 与文献系统内的相关文献总数（$a+c$）之比称为查全率。查全率是对所需文献被检出程度的文献量指标。

2. 查准率

查准率（Precision Ratio，简称P）是衡量检索系统在实施某一检索提问时检索精确度的一个测度指标。假设检索返回的结果均是相关信息的查准率为100%，这是一个理想的数据，现实中是不可能达到100%。通常，查准率增加，查全率就会降低。可定义为

$$P=\frac{a}{a+b}\times 100\%$$

检出的相关文献数 a 与检出的文献总数（$a+b$）之比称为查准率，它间接反映了一个检索系统的信号噪声比，是测度检索系统拒绝非相关文献能力大小的一项指标。

3. 漏检率

漏检率（Omission Ratio，简称O）为漏检相关文献数量 c 与文献库内相关文献总数（$a+c$）

之比，是查全率的补数。漏检率是衡量检索系统漏检相关文献的指标。可定义为

$$O=1-R=\left(\frac{a+c}{a+c}-\frac{a}{a+c}\right)\times 100\%=\frac{c}{a+c}\times 100\%$$

4. 误检率

误检率（Noise Ratio，简称 N）为检出的结果中，不相关文献数 b 与检出的文献总数（$a+b$）的比，是查准率的补数。误检率是衡量误检出不相关文献的程度指标。可定义为

$$N=1-P=\left(\frac{a+b}{a+b}-\frac{a}{a+b}\right)\times 100\%=\frac{b}{a+b}\times 100\%$$

3.4.2　查全率与查准率的关系

查全率表述的是系统中的全部相关文献检出来多少，是对检索全面性的测度。

查准率表述的是检出的文献中有多少是相关的，是对检索准确性的测度。

英国 Cranfield University 航空学院图书馆馆长、情报学家 C. W. Cleverdon 领导下的研究小组于 1957 年对检索系统的性能进行了深入的研究。Cranfield University 试验是其中一个著名的试验，它证实了人们的直观感觉：查全率和查准率呈互逆关系。查全率与查准率的关系示意图如图 3 - 5 所示。

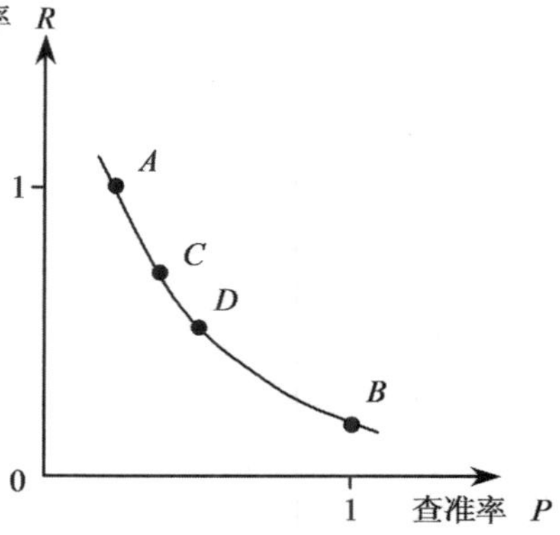

图 3 - 5　查全率与查准率的关系示意图

理想的检出结果是查全率 R 和查准率 P 都趋于 1，但在实际检索中，查全率 R 和查准率 P 存在着互逆相关性。如果追求过高的查全率 R，就可能降低查准率 P。查全率 R 接近 100% 时，查准率 P 则显著降低。

1. 关系曲线分析

（1）*A* 点　查全率很高，查准率极低。这意味着分离相关文献与无关文献需要更多的时间。

如一个人正在撰写综述性文章，或者着手一项长期研究计划，需要全面检索，这要求查全率很高，尽可能保证将相关文献全部查出来。这种情况对应于曲线图中的 A 点。

（2）*B* 点　查准率很高，查全率极低。这意味着漏掉了许多相关文献。

如一个人需要了解某一主题的最新文献，他除了要求文献及时外，还希望获得的文献都是相关文献，而对文献是否全面并不十分关注。这种情况对应于曲线中的 B 点。

（3）*C* 点和 *D* 点　检索的最佳状态。由查全率与查准率的关系曲线可知，要使查全率和查准率同时都达到 100%，通常是不可能的。有许多因素限制了这种理想状态的获得。

在检索时，我们总是希望将检索系统中的全部相关文献无遗漏地检出来，并且不让混进一个无关文献，即查全率和查准率都达到 100%。但通常的情况是：检出的文献中掺杂一些无关文献（称为误检文献），而系统中的相关文献也没有被全部检出来（称为漏检文献）。

实验表明：查全率和查准率之间存在反比关系（互逆关系），即提高查全率会降低查准率，反之亦然。在同一个检索系统中当查全率与查准率达到一定阈值（即查全率为 60% ~70%，查准率为 40% ~50%）后，二者呈互逆关系，即查全率提高，查准率就会降低，反之亦然。因此，一般情况下，可以采用一种折中的检索方案，即在查准率可以接受的情况下，尽可能查全。这

种情况对应于曲线中的 C、D 点。因此，检索的最佳状态就是在查全率为60% ~70%，且查准率为40% ~50%时。

2. 几类典型的检索问题的处理

1）已知文献线索，获取原文。

2）数据与事实检索，检索结果是数据或事实。例如，某种金属的熔点、某种材料的电阻率等。

如需查找某一特定文献，获取某一个数据或事实，对应的检索结果是查到或没查到两种情况。查到时，查全率和查准率均为100%。若没有查到，查全率和查准率均为0。

3）某一学科领域的全面的文献检索。例如，要系统地搜集该学科领域方面的文献。

4）定题通报服务。利用这种服务，用户可及时了解某一专业方面的最新文献。

5）有关某一主题的为数不多的好文章或参考文献的追踪查找。

这几种情况对应于图3-5曲线中的 C、D 点之间，根据检索问题的要求不同，可在查准率为40% ~50%，查全率为60% ~70%范围内选择。

3. 查全率与查准率的相对性

虽然用查全率和查准率可以判断检索效果，但它们仍存在着难以克服的模糊性和局限性。到目前为止，还没有一个判断文献相关性的客观方法。文献是否相关，不同的人可能存在不同的判断标准，即带有一定的主观性。正因为如此，检索系统中的相关文献总量实际上是一个无法准确估计的模糊量，查全率难以准确计算。另外，查全率和文献的重要性没有必然联系，即假设所有相关文献都具有相同的价值，这意味着文献无好坏之分，这也与实际情况不符。例如，在某次检索中，检出相关文献5篇，漏检了10篇，查全率为33%。然而，检出的这5篇文献，其价值可能比漏检的10篇要大得多，这使得漏检的影响变得微不足道。因此用查全率和查准率描述检索效果只能是近似的和相对的。

3.4.3 提高检索效果的措施

1. 影响检索效果的主要因素

1）文献标引网罗度（考验文献标引者的水平）。

2）检索词的专指度（专业术语的准确性）。

3）检索者的水平（懂专业、又懂检索技巧的人最容易找到自己需要的文献）。

因此，为了获得满意的检索效果，需从提高检索系统的质量以及提高用户检索水平两方面入手。就用户层面而言，检索成败的关键在于检索策略的制订。

2. 提高检索效果的措施

1）熟悉各种文献系统特征，合理选用数据库。

2）认真分析课题需求，要全面、细致地分析检索问题，尽可能列出全部已知线索，为制订最优检索策略提供依据。

3）掌握检索方法和提高制订检索策略的能力。

4）选取能够准确表达情报需求的检索词和构造检索式。

5）在检索过程中，灵活、有效地运用各种检索方法。

6）要根据不同的检索要求，适当地调整查全率和查准率。

3.4.4　产生漏检的原因

在实际操作过程中，产生漏检的原因可能有：

1）没有使用足够的同义词、近义词、隐含概念。

2）位置算符用得过严、过多；逻辑“与”用得太多。

3）后缀代码限制得太严；工具选择不恰当。

4）截词运算不恰当；单词拼写错误。

5）文档号错误；组号错误；括号不匹配等。

3.4.5　产生误检的原因

在实际操作过程中，产生误检的原因可能有：

1）检索词一词多义；括号使用不正确。

2）检索词与英国、美国人的姓名、地址名称相同。

3）不严格的位置算符的运用。

4）逻辑运算符号前后未空格。

5）截词运算不恰当。

6）检索式中没有使用逻辑“非”运算。

7）检索式中检索概念太少。

8）从错误的组号中打印检索结果。

3.4.6　提高查全率的方法

提高查全率的方法通常有以下几种：

1）选择上位词和相关词，例如，查找关于孙中山的文献，可用孙中山、孙文或国父查找。

2）调节检索式的网罗度，删除不必要的组面，如 and（并且）。

3）进行族性检索（分类检索或用 or 连接相关检索词）。

4）截词检索；com * 代替 computer。

5）增加检索途径。

6）上位概念、同义词、近义词检索。

7）截词检索。

8）减少对文献外部特征的限定。

9）布尔逻辑组配检索（逻辑“或”）。

10）位置运算检索（W—N）。

11）选择更合适的数据库检索。

3.4.7　提高查准率的方法

提高查准率的方法通常有以下几种：

1）提高专指度（用下位词或换专指性强的自由词）。

2）用文献外部特征限制输出结果（在中文图书中查找）。

3）用“二次检索”“条件检索”排除误检项。

4）限制检索字段，指定邻接和优先关系。

5）布尔逻辑组配检索（逻辑“与”、逻辑“非”）。

6）位置运算检索。

7）限制选择功能检索（时间、语种）。

8）进阶检索或高级检索。

3.5 文献检索语言

3.5.1 文献检索语言概述

计算机检索的基本原理是将用户的检索提问词与数据库文献记录中的标引词进行对比，当提问词与标引词匹配一致时，即为命中，检索成功。由此可见，能否准确地检索出用户所需的信息，关键在于能否准确地选择检索词。这里所谓的“准确”，是指用户所选用的检索词必须与数据库中标引文献记录所用的标引词相一致。

检索语言就是为沟通文献标引与文献检索而编制的人工语言，也是连接信息存储和检索两个过程中标引人员与检索人员双方思路的渠道，是用于文献标引和检索提问的约定语言。如果没有检索语言作为标引人员和检索人员的共同语言，就很难使得标引人员对文献信息内容的表达和检索人员对相同文献信息内容需求时的表达取得一致，信息检索也就不可能顺利实现。因此，编制检索语言的目的就是不但能够保证不同的标引人员描述文献特征的一致性，而且能够保证检索提问词与文献标引词的一致性。要把存储和检索联系起来，检索语言所表达的概念应该是唯一的。这就是说，表达的概念同所要表达的事物一一对应，尽量减少一词多义或多词一义的现象，要使其在该检索系统中具有单义性。目前，世界上的信息检索语言有几千种，依其划分方法的不同，其类型也不一样。下面介绍两种常用的检索语言划分方法及其类型。

1. 按照标志的性质与原理划分

（1）分类语言 分类语言是指以数字、字母或字母与数字结合作为基本字符，采用字符直接连接并以圆点（或其他符号）作为分隔符的书写法，以基本类目作为基本词汇，以类目的从属关系来表达复杂概念的一类检索语言。

分类语言是根据文献的学科范畴和体系来组织划分文献的一种语言体系，它集中体现了学科的系统性，反映事物的从属、派生和并行的关系。以知识属性来描述和表达信息内容的信息处理方法称为分类法。著名的分类法有《国际十进分类法》《美国国会图书馆图书分类法》《国际专利分类表》《中国图书馆分类法》等。

（2）主题语言 主题语言是指以自然语言的字符为字符，以名词术语为基本词汇，用一组名词术语作为检索标志的一类检索语言。以主题语言来描述和表达信息内容的信息处理方法称为主题法。主题语言又可分为标题词、元词、叙词、关键词。

1）标题词。标题词是指从自然语言中选取并经过规范化处理，表示事物概念的词、词组或短语。标题词是主题语言系统中最早的一种类型，它通过主标题词和副标题词固定组配来构成检索标志，只能选用“定型”标题词进行标引和检索，所反映文献主题概念必然受到限制，不适应时代发展的需要，目前已较少使用。

2）元词。元词又称单元词，是指能够用以描述信息所论及主题的最小、最基本的词汇单位。经过规范化的能表达信息主题的元词集合构成元词语言。元词法是通过若干单元词的组配来表达复杂的主题概念的方法。元词语言多用于机械检索，适于用简单的标志和检索手段（如穿孔卡片等）来标记信息。

3）叙词。叙词是指以概念为基础、经过规范化和优选处理的、具有组配功能并能显示词间语义关系的动态性的词或词组。一般来讲，选用的叙词具有概念性、描述性、组配性。经过规范化处理后，还具有语义的关联性、动态性、直观性。叙词法综合了多种信息检索语言的原理和方法，具有多种优越性，适用于计算机和手工检索系统，是目前应用较广的一种方法。CA、EI 等著名检索工具都采用了叙词法进行编排。

4）关键词。关键词是指出现在文献标题、文摘、正文，对表征文献主题内容具有实质意义的语词。关键词法主要用于计算机信息加工抽词编制索引，因而称这种索引为关键词索引。目前，关键词法得到了广泛的应用，出现了多种关键词索引，常见的有题内关键词索引、题外关键词索引、词对式关键词索引和纯关键词索引等。其优点为计算机自动编排各种关键词索引，加速文献的标引速度和缩短检索工具出版的滞后时间；其缺点为检索质量较差，可能会在标引和检索之间造成歧义或误差，从而导致漏检或误检。

（3）代码语言　代码语言是指对事物的某方面特征，用某种代码系统来表示和排列事物概念，从而提供检索语言。例如，专利号、标准号、报告号、ISBN 号、ISSN 号等的顺序排检。还可以根据化合物的分子式这种代码语言，构成分子式索引系统，允许用户从分子式出发，检索相应的化合物及其相关的文献信息。

2. 按照描述文献的特征划分

（1）描述文献内容特征的检索语言　主要是指所论述的主题、观点、见解和结论等。它可简要概述为图 3－6 所示的形式。

1）分类语言是以号码为基本字符，用分类号来表达各种概念，将各种概念按学科性质进行分类和系统排列。

2）标题词语言是用词语来表达各种概念，即用自然语言中的名词、名词性词组或句子作为主题词，来表达各种概念，不管各种概念的相互关系，完全按字顺排列。

（2）描述文献外部特征的检索语言　主要是指文献的篇名（题目）、作者姓名、出版者、报告号、专利号等。将不同的文献按照篇名、作者名称的字序进行排列，或者按照报告号、专利号的数序进行排列，所形成的以篇名、作者及号码的检索途径来满足用户需求的检索语言。

描述文献外部特征的检索语言可简要概述为：

1）题名语言是按题名的字序排检。

2）著者语言是按著者姓名的字序排检。

3）号码语言是按文献代码，如专利号、标准号、报告号、ISBN 号、ISSN 号等顺序排检。

4）其他，如人名索引，引用文献目录等。

描述文献外部特征的检索语言如图 3－7 所示。

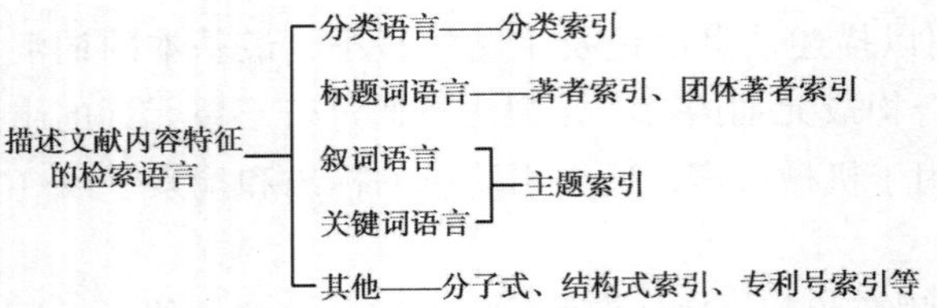

图3-6 描述文献内容特征的检索语言

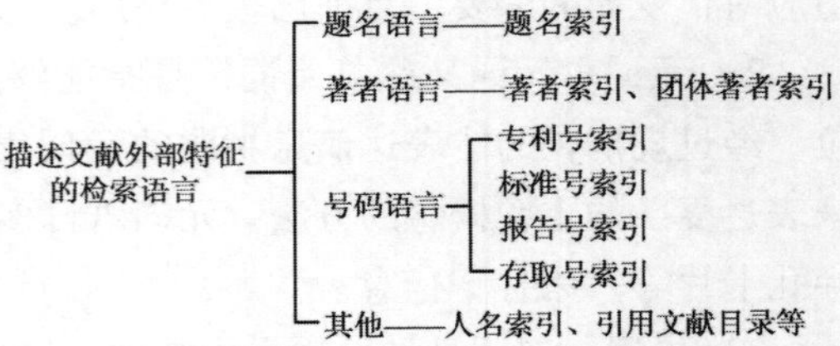

图3-7 描述文献外部特征的检索语言

3.5.2 分类语言

分类语言是根据文献的学科范畴和体系来组织划分文献的一种语言体系，它集中体现学科的系统性，反映事物的从属、派生和并行的关系。用分类语言来标志文献信息的方法称为分类法，所以习惯上将某种分类语言称为分类法。目前国内使用最广泛的分类法有以下两种。

1.《中国图书馆分类法》

《中国图书馆分类法》(原称《中国图书馆图书分类法》) 是我国新中国成立后编制出版的一部具有代表性的大型综合性分类法，是当今国内图书馆使用最广泛的分类法体系，简称《中图法》。《中图法》初版于1975年，2010年出版了第5版。详见本书1.4.1中国图书馆分类法。

《中图法》是一部既可以组织藏书排架，又可以分类检索的列举式、等级式体系组配分类法，该分类法主要供大型综合性图书馆及情报机构分类文献、编制分类检索工具、组织文献分类排架使用，同时也广泛用于中文数据库的文献分类、检索和导航。

2.《中国科学院图书馆分类法》

《中国科学院图书馆分类法》(Classification for Library of the Chinese Academy of Sciences)，简称《科图法》。1954年开始编写，1958年11月出第1版，1994年出版《科图法》第3版。《科图法》设有马克思列宁主义、毛泽东思想，哲学，社会科学，自科科学，综合性图书等5大部类，共25大类。详见本书1.4.2中国科学院图书馆分类法。

3. 分类法在检索工具中的应用

我国图书情报部门编制的图书、期刊目录，不论所藏文献是印刷型的还是机读型的，都习惯以分类编排，并以分类号加序号来排列文献。此外，多数文摘型检索工具的正文部分都以分类编排，分类体系和类号都比较简单。

3.5.3 检索语言的发展趋势

1. 自然语言的应用将成为检索领域的一个发展趋势

自然语言的应用是以计算机检索为前提的，没有计算机检索，自然语言的检索就难以实现。随着计算机在各行业的普及，自然语言检索的应用也越来越广。

除了计算机应用的普及，自然语言本身的优势也是其迅速发展的一个因素。自然语言和人工语言相比，其优点表现为：克服人工语言系统词汇冗余、更新滞后等缺点，使检索完全专指；用户使用起来方便；整序费用比人工语言少。可以说，自然语言的应用是当前文献检索领域的一个重要发展趋势。

2. 检索语言向易学、易用和智能化的方向发展

计算机检索的发展，自然语言在文献检索领域的普及，使得检索语言向自然化、智能化的方向发展。大量的词汇转换工作由计算机后台处理，而呈现在用户面前的是直观、易学、易用和智能化的前台。

3.5.4 常用文献检索途径

检索途径是指利用各种检索工具（系统）进行文献检索的路径。不同的检索工具所揭示文献的角度不同，也就形成了不同的检索途径。一般来说，各种检索工具会依据文献的外部特征和内容特征提供多种检索途径。

1. 题名途径

题名即文献的标题或名称，包括书名、刊名、篇名等。许多检索系统是依据文献题名编制的，只要知道了文献的具体名称，就可以利用书名、刊名或篇名准确地查找到所需文献。检索工具中的书名索引、会议名称索引、刊名索引等均提供由题名检索文献的途径，如书名目录、期刊联合目录等。

2. 责任者途径

责任者是指对文献内容负责或做出贡献的个人或团体，包括著者、编者、译者。通过这一途径，可将责任者分散在不同学科、不同主题范围的文献全部检索出来，这是其他检索途径难以取代的独特功能。责任者途径检索应注意两个问题：一是西方国家的个人姓名是名在前、姓在后，而在编制责任者索引时倒置为姓在前、名在后；二是同姓名的责任者很多，检索结果的专指性不能得到保证，所以用户对检索结果要注意区分。

3. 分类途径

分类途径是指以代表文献所属学科的分类词为检索标志，对文献信息进行检索的一种途径。从分类途径进行检索，能够把学科内容、性质相同的文献集中于同一类目下，也可把同一学科的文献信息集中检索出来。但用户对一些新兴学科、边缘学科的文献难以给予确切的分类，易造成误检和漏检。因此，从分类途径查找文献，一定要掌握学科的分类体系及有关规则。

4. 主题途径

主题途径是指以代表文献内容实质的主题词（关键词、标题词或叙词）作为检索标志来检索文献信息的途径。利用主题途径进行检索，可将分散在各学科中的有关文献集中在同一主题下，便于读者从中选择适用的文献。主题途径以其直观性、专指性、灵活性的优势，更适应现代科学研究对文献信息检索的要求。

5. 序号途径

有些文献有专门的序号，如标准号、专利号、合同号、国际标准书号和刊号等。序号途径是指按照那些已知的文献资料所特有的号码特征来查找文献信息的途径。文献专门序号具有简短、明确、唯一等特点，因此检索方便，查准率高。

6. 引文途径

一般来讲，文献多数附有参考资料或引用文献。利用引文编制的索引系统，称为引文索引系统。引文途径，即从被引文献检索引用文献的一种途径，如美国的《科学引文索引》（SCI）；国内的典型实例，如南京大学社会科学评价中心编制的《中文社会科学引文索引》（CSSCI）。另外，重庆维普资讯“引文引证追踪”是目前国内规模最大的文摘和引文索引型数据库，中国知网的“知网节点文献”都提供了引文途径。

7. 其他途径

除上述检索途径外，还有代码途径、时序途径、地区途径及专业名词途径等。在实际检索中，究竟利用哪种途径，需要根据特定课题的实际情况、对检索要求的分析以及所选用的检索工具的特点来确定。

3.6　两大中文搜索引擎简介

随着计算机和网络的普及，尤其是图书搜索引擎的推出，读者的阅读方式发生了变革。有学者对百度、读秀两大中文图书搜索引擎从首页、高级检索、检索结果、显示信息以及提供图书详细信息和获得方式方面进行了分析和比较[⊖]。这里只作简介。

3.6.1　百度

百度是中文网站（http://www.baidu.com/），百度也是基于网页的搜索引擎如图 3－8 所示。百度使用也很简单，只要在搜索框中输入关键词，单击“百度一下”按钮，就会自动找出相关的网站和资料。百度会寻找所有符合查询条件的资料，并把最相关的网站或资料排在前列。

图 3－8　百度基于网页的搜索引擎

关键词，就是用户输入搜索框中的文字，也就是用户命令百度寻找的东西。

输入关键词后，直接按键盘上的回车键（即“Enter”键），百度就会自动找出相关的网站或资料。用户可以命令百度寻找任何内容，所以关键词的内容可以是人名、网站、新闻、小说、软件、游戏、星座、工作、购物、论文等。关键词，可以是任何中文、英文、数字，或者中文、英文、数字的混合体。例如，可以搜索“大话西游”“Windows”“F-1 赛车”。可以输入一个关键词，或者多个，甚至可以输入一句话。提示：多个关键词之间必须输入一个空格。

扩展阅读：《百度搜索技巧》[⊜]，会提高检索技巧和能力。

百度都是用于搜索网页的、免费的文献资料，一般说来，新的、有价值的学术文献基本没有。而有价值的学术文献是由出版社按照一定程序严格审查、编辑、把关、正式出版发行的文献。只有符合这些条件的文献，才是图书馆收藏的文献。而这种学术文献由于具有知识产权等，在公共网上一般是下载不到的，是要收费的，需要时只能到高校图书馆或科研机构图书馆等专网上去查询和下载。

北京大学图书馆馆长朱强（CALIS 管理中心副主任）说过：对图书馆来说，我们希望北大

⊖ 李志明. 谷歌、百度、读秀三大中文图书搜索引擎比较及启示［J］. 图书馆工作与研究，2009（8）.

⊜ 百度. 百度搜索技巧［EB/OL］.（2018－07－08）［2019－11－07］. http://www.baidu.com/search/skill.html.

的学生在将来走出校门的时候，因为他们充分地利用了图书馆，而变得更加自信，更加有能力，在遇到问题的时候，第一反应是到图书馆找答案，而不仅仅是到百度上搜索。

3.6.2　读秀学术搜索引擎

在百度这类简单的搜索引擎出来之后，极大地提高了检索效率，使检索变得简单了。但是，这些都是基于网页的搜索，对搜索学术文献并没有多大的改观，因为：①学术文献普遍是要收费的。在互联网上基本检索不到高质量的学术论文。要检索较高质量的数字图书、数字期刊和特种文献，都得到重点高校图书馆内部网络去查找和下载。②学术文献检索方法也比较落后。多数是单库检索，后来进步到跨库检索，按照文献内容分类，有图书、期刊、报纸、学位论文（博士、硕士）、会议论文、科技报告、专利、标准等近 10 种类型，有的要在几十个数据库中选择一个或者多个数据库，这是一个很烦琐的工作。③检索难度大且有一定技巧性。检索困难就需要一定的知识性和技巧性，为提高高校学生利用文献资源的能力，国家教育部和国家教委在 1984 年、1985 年和 1992 年分别下发了《关于在高等学校开设文献检索与利用课的意见》《关于改进和发展文献课教学的几点意见》和《文献检索课基本要求》三份指导性文件，均把课程称为“文献检索与利用”，要求各高校要积极创造条件开设此课；2007 年 12 月，全国工程硕士专业学位教育指导委员会发布《关于加强工程硕士“信息检索”课程建设的通知》；教育部 2015 年 12 月颁发《普通高等学校图书馆规程》，第三十一条规定“图书馆应重视开展信息素质教育，采用现代教育技术，加强信息素质课程体系建设，完善和创新新生培训、专题讲座的形式和内容。”国家教育部专为“文献检索与利用”课接二连三地发文，要求高校图书馆开设信息素质教育和文献检索课程，这充分说明它的重要性和必要性。为此，有的高校把文献检索课程建设成了国家级精品课程。

随着计算机科学技术的发展，中文数字资源的增加，超星、阿帕比、维普、万方、知网等知名图书、期刊数据公司加快了中国国家数字图书馆的建设进程，特别是超星公司站在读者的角度，开发出基于元数据检索的学术搜索引擎，去掉了跨库检索的烦琐，最终使得图书馆业界的学术检索也变得像百度一样简便，使得查找学术文献变得容易和简单，得到业界专家们的广泛认可和高度的评价。目前，绝大多数高校都在使用读秀学术搜索。读秀学术搜索的主页如图 3－9所示。

图 3－9　读秀学术搜索的主页

以前烦琐和深奥的文献检索，在读秀学术搜索平台上变得非常简单，中文、外文及全部文献知识，图书、期刊、报纸、学位论文（博士、硕士论文）、会议论文、科技报告、专利、标准等近 10 种类型的文献，只需填写一个检索词，就可完成一站式搜索，使用十分简便。

读秀学术搜索步骤如下：

1）选择文献频道（确定搜索什么文献类型）。

2）选择检索途径（确定用什么途径搜索文献）。

3）填写检索词（与检索字段一致并相关）。

4）单击搜索按钮（兼语种选择）。

习　题　3

1. 试述文献检索原理。
2. 试述文献检索方法。
3. 试述文献检索技术。
4. 试述布尔逻辑检索。
5. 试述文献检索步骤。
6. 常用检索数字图书、数字期刊、特种数字文献的数据库有哪些？
7. 从易到难获取文献全文的途径有哪些？
8. 什么是检索评价指标？查全率与查准率的关系如何？
9. 提高查全率的方法有哪些？
10. 提高查准率的方法有哪些？

Chapter Four

第 4 章

数字图书及检索

本章概要

数字图书是高校读者最重要的数字资源之一。数字图书馆为读者提供了一条获取图书最方便、快捷和有效的途径。本章将向读者详细介绍数字图书常用的检索平台、检索方法，以及全文获取、浏览、下载、摘录、记录来源等实用技巧。

学习目的

◆ 了解数字图书及检索的基本知识和要点。
◆ 学会下载和安装数字图书浏览器。
◆ 掌握数字图书的检索、获取方法。
◆ 学会下载、摘录方法，利用数字图书资源。

内容框架

数字图书及检索
- 超星数字图书馆及检索
- 中华数字书苑电子图书及检索
- CALIS易得文献获取数字图书

4.1 超星数字图书馆及检索

4.1.1 超星数字图书馆概述

超星公司是目前国内最大的数字图书提供商，超星数字图书馆是该公司的一个主要产品。超星数字图书馆由海量的读秀知识库和读秀学术搜索平台组成。

读秀学术搜索是一个真正意义上的文献搜索及获取的服务平台，其后台建构在一个由海量全文数据及超大型数据库基础之上。其以超过 16.7 亿页中文资料为基础，为读者提供深入内容的章节和全文检索、部分文献试读、文献传递等多种功能。

同时，读秀的一站式检索模式实现了馆藏纸质图书、电子图书等各种资源在同一平台上的统一检索、获取。无论是学习、研究、写论文、做课题，读秀都能够为读者提供全面、准确的学术资料。读秀致力于为用户提供全面、有特色的数字图书馆整体解决方案和文献资源服务，为广大读者打造一个获取知识资源的捷径。

1. 读秀知识库

读秀知识库是由海量中文资源，如知识、图书、期刊、报纸、会议论文、学位论文、标准、专利、音视频等文献资源组成的庞大的知识系统。

(1) 知识频道　知识频道是将所有图书打破，以章节目录为基础重新组合的知识体系。目前，知识频道可搜索的信息量超过 16.7 亿页，可为读者提供深入到图书内容的全文检索。读者可以根据任何一句话、任何一句诗词，找到出自哪一本书。知识频道可提供“展开、PDF 下载、阅读”功能，支持在阅读页面进行文字摘录和整页文字提取，显示本页文献来源信息等。

(2) 图书频道　收录 739 万种中文图书书目数据，可对 415 万种全文数据图书进行文献传递[㊀]。

实现功能：检索可深入图书目录章节，在线试读，支持 50 页以内原文快速文献传递，支持馆藏挂接（电子本、纸本）；中文图书的显示系统提供本馆文献资源（图书纸本、电子本及其他文献资源）目录显示；独有的图书被引用数据；馆藏结构主题分布分析。提供通过检索或分类导航进入，左侧聚类、高级和二次检索等方法快速缩小范围等深度服务，专业检索支持复杂逻辑运算。

(3) 期刊频道　目前有 7438 种授权期刊，1397 种核心期刊、7100 种全文授权期刊，8.8 万种外文期刊。期刊频道文献元数据全部对高校开放，开放全文链接 openURL。

(4) 报纸频道　其资源有中文报纸 1.5 亿篇文章，提供报种、篇目检索；绝大部分篇目直接在线全文阅读，有些报纸支持日更新。

(5) 其他频道　包含文献 1.85 亿条元数据，可对标准、专利、论文、音视频等各种文献类型进行统一检索。

2. 中文一站式解决方案

读秀学术搜索是超星公司推出的目前最优秀的中文一站式解决方案。它的三大核心功能是全文服务系统、中文图书的目录关联系统和情报分析功能。具体由知识搜索系统、目录章节搜索系统、图书目录关联挂接系统、其他相关文献最佳检索系统、情报分析系统等多个系统组成。

(1) 知识搜索系统　这是在最全的中文书全文搜索系统进行搜索，解决每个名句、每个典故的出处，如科学发展观第一次提出等都可以在此找到出处。全文检索直接指向搜索来源，通过层层链接均可最终达到纸本和电子本。

(2) 目录章节搜索系统　这是目次级别的深入检索，指示出检索到的名句在图书的哪个章节，并有链接直达章节去阅读原文。

(3) 图书目录关联挂接系统　可实现馆藏纸本、电子本的整合，检索到的书与馆藏书（纸质藏书和电子书）的关联和挂接，还提供全国联合目录提示系统，提供全国哪些高校图书馆有此书的信息，通过链接直达该馆目录系统，这是馆际互借的基础和前提。馆藏挂接的好处是，

㊀ 北京世纪读秀技术有限公司. 图书被引用情况报告（2018）[EB/OL].（2018-11-01）[2019-10-01] http://ref.duxiu.com/RefReport.

读者可通过读秀的图书频道检索命中某个目录章节，一站式快速获取馆藏资源。

（4）其他相关文献最佳检索系统　提供检索到的其他相关文献信息。

（5）情报分析系统　情报分析系统给读者提供该知识领域的发展趋势和数据分布直观分析图以及引用等数据。

4.1.2　读秀学术搜索功能

读秀学术搜索是由海量图书资源组成的庞大的知识系统（739 万种中文图书书目数据，415 万种中文图书全文数据，信息量超过 16.7 亿页），为读者提供深入到图书内容的全文检索，并且提供原文传送服务的平台。读秀学术搜索是一个为读者提供多种获取途径的平台。读者可以根据任何一句话、任何一个知识点或者关键词都能查找到所需要的相关信息。读秀学术搜索为读者提供各种类型学术文献资料的高效查找，对找到的文献提供图书封面页、目录页、正文部分 17 页全文的试读等，方便读者了解图书的内容，决定图书的取舍，为读者提供各类型的文献检索与获取等一站式服务。

1. 整合各种文献资源

读秀学术搜索将图书馆纸质图书、电子图书、期刊等各种资料整合于同一平台上统一检索，使读者在读秀平台上即时查找、获取知识文献。在高效服务读者的同时，也节省图书馆的人力、物力，减轻图书管理人员的工作强度，提高工作效率及图书馆的管理水平和能力。

读秀学术搜索将检索框嵌入到图书馆等文献服务单位门户首页，为读者提供整合多渠道文献资源的统一检索，读者可在读秀平台上查询、获取目标资源。读秀不但检索精准，使用方便，同时也提高了文献服务单位现有的资源利用率。其具体整合内容如下：

（1）整合纸质图书　图书馆有大量纸质图书，读者使用自动化系统只能检索到图书的元数据信息，不能看到具体内容，无法判断图书是否是所需要的。整合完成后，读者检索时可直接试读图书的原文，通过试读，判断是否是需要该图书。

（2）整合电子资源　将图书馆自有的电子图书、购买的电子图书、电子期刊等电子资源，与读秀知识库数据进行对接。整合后实现馆内文献资源的充分利用，使读者真正零距离地获取知识，提高资源的利用率。

（3）整合资源统一检索　将图书馆常用的各种资源整合于同一平台上，统一检索，避免多个站点逐一登录、逐一检索的弊端，读者可在同一站点上查询所有信息，检索过程便捷，用户使用方便，大大提高了图书馆的服务水平。

2. 章节和全文深度检索

读秀集成了业界先进搜索技术，突破以往的简单检索模式，实现了章节和全文深度检索功能。通过使用读秀知识库的深度检索，读者能在最短的时间内获得最深入、最准确、最全面的文献信息，节约时间，把更多的时间和精力投入到学习研究中，提高了学习效率。

3. 415 万种图书实现自动文献传递

读者检索后，对于有馆藏资源的可以直接在挂接中获取。但是，对于没有馆藏的文献，读者可以通过读秀特有的目录页试读，进入读秀的图书馆文献传递中心，根据提示实现文献传递。读秀为读者提供了单次传递原文不超过 50 页，同时一周内对同一本书传递不超过 20%，以邮件加密链接方式提供 20 天有效期的原文在线查阅服务，这一期间内，读者可以随时浏览阅读。

读秀文献传递是通过计算机自动进行的，可以立即获取所需要的资料，没有时间、空间的限制。读秀 415 万种中文图书资源能够满足不同读者的专业需求，读者通过读秀参考咨询系统从海量图书资源库中自动获取所需文献，使图书馆的文献资源保障能力得到提升。目前，大部分高校图书馆存在着馆藏不足、资金有限等问题，读秀是解决这个矛盾的有效方案。

4. 搭建交流平台，实现读者间以及读者与图书馆间的互动

读秀学术搜索为读者之间、专家与读者之间提供一个良好的交流平台，使得读者的学习和研究有了互动性和互补性。同时在读者与图书馆之间创建了沟通渠道，图书馆的购买和读者的需求能够实现一致，提高图书馆资源的利用率。

5. 图书被引用情况报告（2018）

图书被引用情况报告（2018）[㊀]由北京世纪读秀技术有限公司发布。本报告的目的是便于大家观察和了解图书的被引用情况，为图书和作者的权威性评价提供必不可少的重要依据。

基本结论：被引用图书共计 1906968 种，占全部被考察图书的 25.79%。

数据基础：被考察图书包括自 1900 年 1 月 1 日至 2018 年 7 月 31 日发行且书目数据符合分析条件的 7394527 种中文图书，引用图书包括自 1900 年 1 月 1 日至 2018 年 7 月 31 日发行且全文数据符合分析条件的 4153156 种中文图书。

概念说明：A 图书引用了 B 图书，则 A 图书为引用图书，B 图书为被引用图书。

统计方法：在引用图书中仔细核对被引用图书的书名、作者、出版年信息，核对正确则计入统计中。有被引用种数和引用次数两种指标，前者主要用于评价作者的权威性和用于考察年代、学科的分布，后者主要用于评价某种具体图书的权威性。

例如，作者王立诚主编的《科技文献检索与利用　第 3 版》，页数：213 页，出版日期：2006.05，被引用指数 0.1304；被图书引用册数 24，如图 4－1 所示。

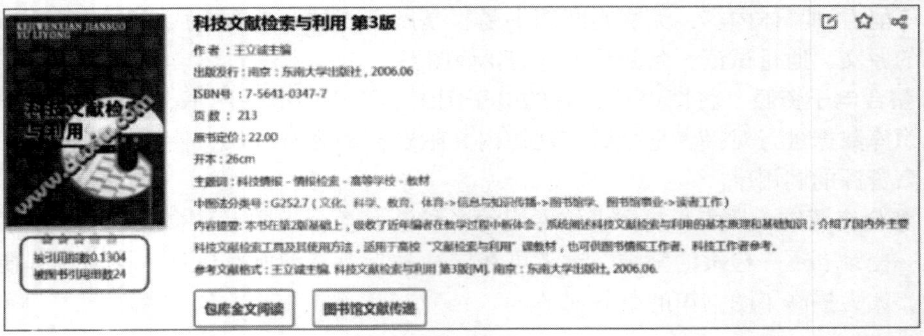

图 4－1　图书被引用情况图（2019 年 7 月 25 日截图）

以下图书均引用了本图书：（只列出排在前 3 位的图书）

①图书馆服务的学科化与个性化 胡越主编 北京：首都师范大学出版社 2008.10。

②少儿图书馆建设理论与实践 沈建勤主编 南京：东南大学出版社 2013.11。

③社会科学信息检索与利用第 2 版 王立诚主编 南京：东南大学出版社 2007.08。

㊀ 北京世纪读秀技术有限公司．图书被引用情况报告（2018）[EB/OL]．（2018－11－01）[2019－10－01]．http://ref.duxiu.com/RefReport.

6. 读秀的专业搜索

读秀的图书、期刊、报纸、学位论文和会议论文频道等都设有专业搜索功能，支持任意复杂的布尔逻辑检索式，非常适合图书馆专业人员进行查新检索。检索规则说明：

1）字段：T = 书名，A = 作者，K = 关键词，S = 摘要，Y = 年，BKs = 丛书名，BKc = 目录。

2）逻辑符号：＊ 代表并且，| 代表或者，－ 代表不包含。

3）其他符号：( ) 括号内的逻辑优先运算，= 后面为字段所包含的值，> 代表大于，< 代表小于，> = 代表大于等于，< = 代表小于等于。(以上均为半角符号)

【例 4-1】找书名中含有"数字"并且"图书馆"并且"建设"，且出版年范围是 2010 年至 2020 年的书（不含边界值）。

表达式为：(T = 数字 ＊ T = 图书馆 ＊ T = 建设) ＊ (2010 < Y < 2020)。

搜索结果：找到相关的中文图书 70 种，时间升序排列可知，不含边界值，如图 4－2 所示。

图 4－2　读秀的专业检索

4.1.3　读秀学术搜索文献分类

与不同电视频道播放不同电视节目的概念相似，读秀将文献类型定义为不同频道，文献频道分为"知识、图书、期刊、报纸、学位论文、会议论文、专利、标准、音视频"等，再根据文献类型的不同，提供的检索字段也有差异，各频道中采用描述该文献类型最密切相关的字段。读秀学术搜索文献频道与检索途径（字段）对应关系见表 4－1。

表4-1 读秀学术搜索文献频道与检索途径（字段）对应关系

文献频道	检索途径						
	途径1	途径2	途径3	途径4	途径5	途径6	途径7
知识							
图书	全部字段	书名	作者	主题词	丛书名	目次	
期刊	全部字段	标题	作者	刊名	关键词	作者单位	ISSN
报纸	全部字段	标题	作者	来源	全文	关键词	
学位论文	全部字段	标题	作者	授予单位	关键词	导师	
会议论文	全部字段	标题	作者	关键词	会议名称		
专利	全部字段	专利名称	申请号	发明人	申请人	IPC号	
标准	全部字段	中文名称	英文名称	标准号	发布单位		
音视频	全部字段	视频名称	简介	字幕	主题词	主讲人	主讲机构

从表4-1可知，各种文献类型提供的检索途径都是表征此类文献最本质的字段，如图书提供的检索途径有：全部字段（相当于全选）、书名、作者、主题词、丛书名、目次6项。又如期刊提供的检索途径有：全部字段、标题、作者、刊名、关键词、作者单位、ISSN等7项。各文献频道对应的检索字段不需要记，也不填写，只需单击选择。但是，选择了什么字段，检索框中输入的检索词一定要与此对应，不能张冠李戴，如选择书名途径，不能填写作者，或者其他著录信息。

4.1.4 知识（全文）检索

读秀的知识（全文）检索功能打破了文献的传统阅读使用方式，运用全文检索手段，深入到内容和章节，帮助读者直接查找、阅读到相关知识点。这种全新的文献利用方式，为研究型读者搜集资料提供了方便、快捷的工具，同时也为读者提供了更为丰富的查找结果。

搜索是在超星已有的415万种中文图书的全文数据中搜索，这是网络时代的最大的中文百科数据库。其独有的优势在于：无论读者是要借书、阅读电子图书，还是要查找学术论文，读秀都能给读者提供一流的综合阅读体验，告诉读者如何通过读秀轻松获得数字图书或学术论文。任意一句话、诗词、图表、数据均可直接找到出处。在线直接搜索，可直接用篇名找到文章。

读秀学术搜索平台不仅让检索变得简单，而且最重要的是一站式检索服务，文献分类清楚。查找什么类型的文献，就选择什么类型的频道，这是目前我国最先进的一站式学术搜索平台。因为它的元数据来自1800多家图书馆组成的超大联盟，因此它的查全率也是最高的。

1. 知识搜索

知识搜索步骤为：①选择“知识”频道；②填写检索词（为使检索命中率更加精准，推荐同时使用多个关键词或较长的关键词进行检索）；③单击“中文搜索”按钮。

读秀学术搜索平台页面如图4-3所示。

图4-3 读秀学术搜索平台页面

2. 以章节和知识点搜索

创新的知识点检索模式，为研究型读者提供查找资料便捷的途径。读秀不是以检索文献单元为根本目标，而是以检索文献所包含的知识点为根本目标，是将各类文献中所包含的同一知识内容检索出来。读秀围绕关键词进行全面、发散式的搜索，其检索结果显示的是与关键词相关的所有知识点，免除读者反复查找、确认的过程，为读者提供便捷的知识获取途径。

读秀的知识频道搜索不是以单本书为单位进行服务，而是以章节和知识点为单位进行搜索，每次搜索都是在 3 亿多个章节、16.7 亿多页全文资料的读秀知识库中进行搜索，即把所有的书变成了一本书进行搜索和直接阅读，提供少量页的 PDF 下载。

知识频道的检索最简单，和百度一样，输入检索关键词或者一句话，单击“中文搜索”（或“外文搜索”）就可找到一组相关的文献，再通过浏览选择就可以找到需要的文献。

通过知识频道的全文搜索，可搜索到所有图书中的任何一句话（诗词）、任何一副插图（图表）等。另外，知识频道搜索也提供文字摘录和文字提取功能，方便用户引用。

【例 4-2】利用关键词“温室效应”查找相关的知识。

1）检索过程：①读秀默认“知识”频道，在检索框中输入“温室效应”，②单击“中文搜索”，找到相关的条目 112156 条。搜索关键词红色显示，很适合快速阅读和查找资料。如图 4－4所示。

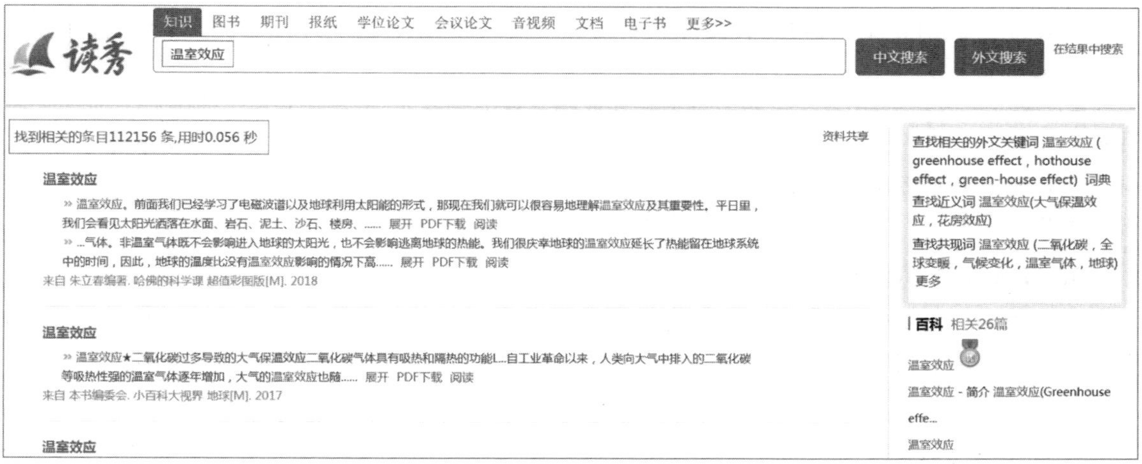

图 4－4　用知识频道搜索“温室效应”得到的结果（2020 年 2 月 21 日截图）

2）阅读和 PDF 下载：在图 4－4 中，点击标题或“阅读”即可查阅相关知识点文献；单击“PDF 下载”即可下载文献。

3）文字提取与摘录：在阅读过程中，如果需要文字摘录，单击页面左上的“选取文字”后，在正文中页面上单击就出现两个选项：“文字提取”和“文字摘录”，并有说明“文字提取较快，可识别整页正文页（荐），文字摘录较慢，支持划选文字区域”。“选取文字”和“查看来源”页面如图 4－5 所示。

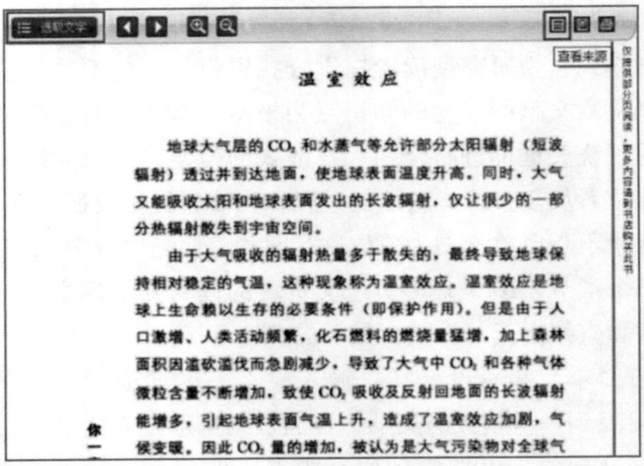

图4-5　“选取文字”和“查看来源”页面

若选择“文字提取”，系统会显示整页文字，点击“复制”后，可“粘贴”到 Word 文档中，就提取了整页文字。

若习惯用“文字摘录”方式，就单击“文字摘录”按钮，按住鼠标左键，拖动鼠标选择要摘录的文字区域，选择完成后，释放鼠标加载，加载完成后会有一段摘录文字框弹出，单击“复制”按钮后，会显示“复制成功”提示。这样就可以将摘录的文字复制到 Word 文档中。特别提请读者注意：在摘录文字时，最好养成好的习惯，记录下文献来源，以便以后引用时标明参考文献。

4）查看来源：看书学习时重要的文字可以摘录或复制在读书笔记本上，同样文字摘录时要及时记录资料来源；点击图4-5页面右上角的“查看来源”，即可查看到该知识来源于何处。读者可以将资料来源与摘录文字复制在一起，以便写文章时正确规范地引用，这是一种良好的读书习惯。

3. 读秀的多面搜索

在读秀的任何一个频道，任何一个搜索都可以显示很多相关的词条解释、人物、图书、期刊、报纸、学位论文、会议论文、相关内容、图片、音视频等信息，这就是读秀的多面搜索。

例如，在例4-2中，图4-4页面右侧有更多与“温室效应”相关的信息，即多面搜索的内容有：

（1）百科相关26篇　温室效应（green house effect，greenhouse effect，glasshouse effect）。例如，

温室效应简介：温室效应（来自 IPCC 术语表中对温室效应所作出的定义的中文版）是由环境污染引起的地球表面变热的现象。温室效应主要是由于现代化工业社会过多燃烧煤炭、石油和天然气，这些燃料燃烧后放出大量的二氧化碳气体进入大气造成的。二氧化碳气体具有吸热和隔热的功能。它在大气中增多的结果是形成一种无形的玻璃罩，使太阳辐射到地球上的热量无法向外层空间发散，其结果是地球表面变热。因此，二氧化碳也被称为温室气体。温室气体有效地吸收地球表面、大气本身相同气体和云所发射出的红外辐射。大气辐射向所有方向发射，包括向下方的地球表面的发射。温室气体则将热量捕获于地面——对流层。

（2）图书相关3843篇　单击进入“图书”频道，检索词“温室效应”“全部字段”的检索

页面，找到相关的中文图书 3843 篇。例如，如下 2 位作者，单击可以直接进入图书页面。

［1］戴君虎等编著．温室效应［M］．北京：中国环境科学出版社．2001.

［2］韩薇薇编．隐形杀手温室效应［M］．长春：吉林美术出版社．2014.

（3）期刊相关 14494 篇　单击进入“期刊”频道，检索词“温室效应”“全部字段”检索页面，找到相关的中文期刊 14494 篇。例如，如下 3 位作者，单击可以直接阅读其文章。

［1］国生．温室效应［J］．上海文学，2017，(第 8 期).

［2］向正怡．温室效应与全球气候变暖［J］．中国高新区，2018（3）：117.

［3］凌定元．温室效应危害及治理措施［J］．纳税，2018（13）：252.

（4）报纸相关 723 篇　单击进入“报纸”频道，检索词“温室效应”“全部字段”检索页面，找到相关的中文报纸 723 篇。例如，如下 2 种报纸，单击可以直接进入阅读页面。

［1］平潭时报．大学学者发现绿藻能缓解温室效应［N］．平潭时报，东岸视窗 2019/04/07（2）.

［2］玉溪日报．什么是温室效应［N］．玉溪日报，2018/03/29（5）.

（5）文档相关 2107 篇　单击进入“文档”频道，检索词“温室效应”“全部字段”检索页面，找到相关的中文文档 2107 篇。

（6）学位论文相关 7245 篇　单击进入“学位论文”频道，检索词“温室效应”“全部字段”检索页面，找到相关的中文学位论文 7245 篇。例如，如下 3 位作者，单击可以直接进入阅读页面。

［1］黄满堂．中国地区大气甲烷排放估计与数值模拟研究［D］．南京大学，2019.

［2］张杰．河北主产区葡萄园不同水肥管理净温室效应研究［D］．河北农业大学，2018.

［3］景文渊．典型温室蒙皮效应研究［D］．西南大学，2017.

（7）会议论文相关 1677 篇　单击进入“会议论文”频道，检索词“温室效应”“全部字段”检索页面，找到相关的中文会议论文 1677 篇。例如，如下 3 位作者，单击可以直接进入阅读页面。

［1］孙楠，等．BIM 技术在绿色建筑中的应用：北京力学会第二十五届学术年会［C］．2019.

［2］王强盛，等．稻田耕层调控的温室气体排放效应：中国农学会耕作制度分会［C］．2018.

［3］黄晓璜，等．碳循环对温室效应的影响：2011 年中国工程热物理学会传热传质学学术会议［C］．2011.

（8）课程课件相关 2 篇　单击进入“课程课件”专题馆，检索词“温室效应”，包含“全部”检索页面；找到相关的课程课件 2 种。

（9）考试辅导相关 384 篇　单击进入“考试辅导”专题馆，检索词“温室效应”，包含“全部”检索页面，找到与温室效应相关的中文考试辅导资料 384 篇。

（10）专利相关 1296 篇　单击进入“专利”频道，检索词“温室效应”“全部字段”检索页面；找到相关的中文专利 1296 篇。

（11）音视频 225 篇　单击进入“音视频”频道，检索词“温室效应”“全部字段”检索页面，找到相关的音视频 225 篇。

（12）政府公开信息相关 6 篇。

有如此多的相关文献信息，为学习和研究提供了丰富的文献资源。

4. 读秀全文搜索

读秀知识搜索还是一种全文检索引擎，集天下书为一书。例如，输入“PM2.5”关键词，单击“中文搜索”按钮，搜索到与“PM2.5”相关的信息，如图4-6所示。

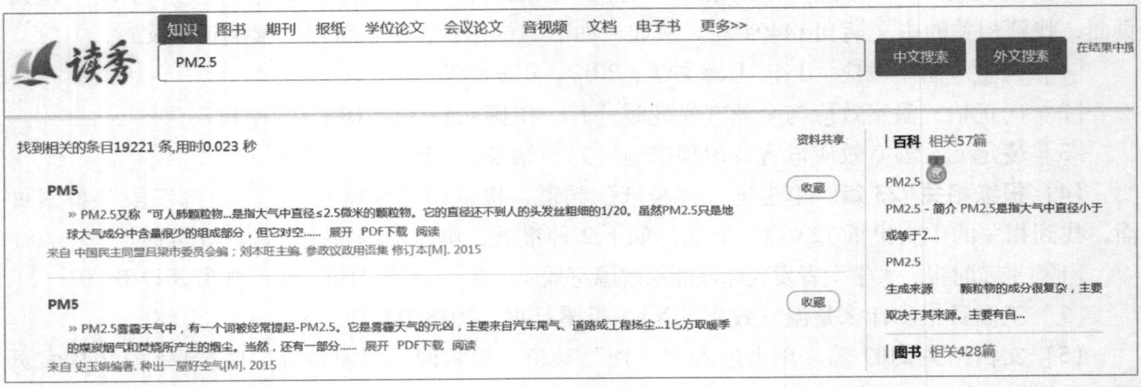

图4-6　在知识频道里搜索“PM2.5”得到的相关信息

读秀从16.7亿多页全文中查找，搜索到与“PM2.5”相关的条目19221条。

查看页面右边相关搜索结果，发现读秀给读者提供了百科相关57篇，图书相关428篇，期刊相关18308篇，等等。读者可以单击读者感兴趣的内容，如百科相关的“PM2.5”标题链接，就可以阅读百科词条“PM2.5”原文，现从中摘录部分如下。

PM2.5

PM2.5是指大气中直径小于或等于2.5微米的颗粒物，也称为可入肺颗粒物。它的直径还不到人的头发丝粗细的1/20。虽然PM2.5只是地球大气成分中含量很少的组分，但它对空气质量和能见度等有重要的影响。与较粗的大气颗粒物相比，PM2.5粒径小，富含大量的有毒、有害物质且在大气中的停留时间长、输送距离远，因而对人体健康和大气环境质量的影响更大。2013年2月，全国科学技术名词审定委员会将PM2.5的中文名称命名为细颗粒物。

1）PM2.5简介

PM2.5是指大气中直径小于或等于2.5微米的颗粒物，也称为可入肺颗粒物。它的直径还不到人的头发丝粗细的1/20。虽然PM2.5只是地球大气成分中含量很少的组分，但它对空气质量和能见度等有重要的影响。悬浮颗粒（Particulate）泛指悬浮在气体当中的微细固体或液体。在城市空气质量日报或周报中的可吸入颗粒物和总悬浮颗粒物是人们较为熟悉的两种大气污染物。可吸入颗粒物又称为PM10，指直径等于或小于10微米，可以进入人的呼吸系统的颗粒物；总悬浮颗粒物也称为PM100，即直径小于和等于100微米的颗粒物。

对于环境科学来说，悬浮粒子特指空气中那些微细污染物，它们是空气污染的一个主要来源。当中直径小于10微米的悬浮粒子，被定义为可吸入悬浮粒子，它们能够聚积在肺部，危害人类健康。直径小于2.5微米的颗粒，对人体危害最大，因为它可以直接进入肺泡。科学家用PM2.5表示每立方米空气中这种颗粒的含量，这个值越高，就代表空气污染越严重。

2）PM2.5 性状

虽然PM2.5只是地球大气成分中含量很少的组分，但它对空气质量和能见度等有重要的影响。与较粗的大气颗粒物相比，PM2.5粒径小，富含大量的有毒、有害物质且在大气中的停留时间长、输送距离远，因而对人体健康和大气环境质量的影响更大。

大气气溶胶是悬浮于空气中固态和液态质点组成的一种复杂的化学混合物，它们的大小从只有几纳米的超细颗粒到几个微米直径以上的粗颗粒。在两者之间是被称为细颗粒的气溶胶，其直径在0.1微米到几个微米，所以大气气溶胶的典型尺度是0.001～10微米，其在大气中的停留期至少为几小时，平均可达几天、一周到数周，甚至到数年（如平流层气溶胶）。

3）PM2.5 来源

PM2.5产生的主要来源，是日常发电、工业生产、汽车尾气排放等过程中经过燃烧而排放的残留物，大多含有重金属等有毒物质。

一般而言，粒径2.5微米至10微米的粗颗粒物主要来自道路扬尘等；2.5微米以下的细颗粒物（PM2.5）则主要来自化石燃料的燃烧（如机动车尾气、燃煤）、挥发性有机物等。

4）PM2.5 危害

中国很多城市到现在还是仅仅监测PM10的密度，认为PM10“可以进入人体上呼吸道，与市民的呼吸系统疾病关系比较密切”。但实际上PM2.5微粒由于体积特别微小，对人类身体健康的影响大大超过PM10。世界卫生组织公布的资料也认为PM2.5会增加死亡的风险。

气象专家和医学专家认为，由细颗粒物造成的灰霾天气对人体健康的危害甚至要比沙尘暴更大。粒径10微米以上的颗粒物，会被挡在人的鼻子外面；粒径在2.5微米至10微米之间的颗粒物，能够进入上呼吸道，但部分可通过痰液等排出体外，对人体健康危害相对较小；而粒径在2.5微米以下的细颗粒物，直径相当于人类头发1/10大小，被吸入人体后会进入支气管，干扰肺部的气体交换，引发包括哮喘、支气管炎和心血管病等方面的疾病。这些颗粒还可以通过支气管和肺泡进入血液，其中的有害气体、重金属等溶解在血液中，对人体健康的伤害更大。在欧盟国家中，PM2.5导致人们的平均寿命减少8.6个月。而PM2.5还可成为病毒和细菌的载体，为呼吸道传染病的传播推波助澜。

中国工程院院士、中国环境监测总站原总工程师魏复盛研究结果还表明，PM2.5和PM10浓度越高，儿童及其双亲呼吸系统病症的发生率也越高，而PM2.5的影响尤为显著。

世界卫生组织在2005年版《空气质量准则》中也指出：当PM2.5年均浓度达到每立方米35微克时，人的死亡风险比每立方米10微克的情形约增加15%。一份来自联合国环境规划署的报告称，PM2.5每立方米的浓度上升20毫克，中国和印度每年会有约34万人死亡。

《整体环境科学》（Science of Total Environment）增刊上登过北京大学医学部公共卫生学院教授潘小川及其同事的一项新发现：2004年至2006年期间，当北京大学校园观测点的PM2.5日均浓度增加时，在约4公里以外的北京大学第三医院，心血管病急诊患者数量也有所增加。虽然 PM10 和 PM2.5 都是心血管病发病的危险因素，但 PM2.5 的影响显然更大。

中国社会科学院、中国气象局联合发布《气候变化绿皮书：应对气候变化报告》主要编者、中国社会科学院城市发展与环境研究所副研究员张莹说，从长期影响的角度，可以看出 PM2.5 级别的空气细粒子对婴儿的致畸率和早产率有着显著影响。

2014 年 1 月 15 日，北京大学公共卫生学院教授潘小川表示大气颗粒物，即所谓的 PM2.5 是一种确认的人类致癌物。大气污染肯定是肺癌的一个致病因子。但公众不必过于恐慌，实际上我们每天接触的空气里都有致癌物，但没到这个程度，也并不是说就一定会得肺癌。

读秀知识频道的检索阅读方式，是一种知识点的阅读方式。读者可以在这里检索和阅读相关的知识点，并可以对一个知识点所在的各类章节的内容进行阅读和了解，使读者能够在较短的时间内，对原来陌生的知识点也能有个大概了解。实际上，读秀知识频道突破了原有的通过零散的一本本图书查找知识点的局限，而是将读者需要的知识点通过读秀知识频道汇聚在一起，这不但为读者节约了大量查找时间，而且查全率非常高，是读者快速检索获取知识点的一种新阅读途径。

5. 读秀是一部终生学习的百科全书

读秀围绕读者所需要的"知识点"进行检索，通过相关词条（定义）、图书、期刊、报纸、文档、学位论文、会议论文、课程课件、考试辅导、专利、音视频等频道，将搜索结果送到读者面前，通过这些密切相关的文献资料，读者完全可以对该知识从了解、熟悉到精通。

网络的便捷改变了读者获取信息的方式，只要会搜索、会利用，什么知识、什么概念，读者完全可以在短时间内对它略知一二。一个人在一生中，可能会遇到很多以前不曾知道的，或根本没有涉及过的知识领域，对于比较简单的问题，应该利用网络的便捷优势，马上去搜索、了解、学习，从网络上找到解决问题的答案。可以说，读秀是一部值得终生学习的百科全书。

4.1.5 图书检索

读秀整合了中文图书资源，实现了纸质图书、电子图书的统一检索和文献服务，并提供了丰富的图书揭示信息（封面页、版权页、前言页、目录页、部分正文页等)，实现了图书的目次检索，使读者通过检索目次知识点来准确查找图书。

"图书"频道是读秀的主要频道，提供了检索框、检索字段以及分类导航、高级检索等检索途径，读秀图书频道检索页面如图 4-7 所示。

图 4-7　读秀图书频道检索页面

1. 通过分类导航查找图书

分类导航入口在图 4-7 搜索框右侧，单击"分类导航"进入分类导航页面，如图 4-8 所示。

图 4-8　分类导航页面

(1) 从分类导航浏览图书　分类导航是按照《中图法》22 大类进行分类的，通过页面左边的分类列表，逐级进入下一级进行浏览，直到找到所需的图书为止。

熟悉《中图法》的读者会很快判断出自己需要的书在 22 个大类中的哪个大类，哪个小类，会熟练点击分类表类目进入，直到找到需要的图书为止。如想找“大数据技术”的图书，进入分类导航页面，点击“工业技术”“自动化技术、计算机技术”，需要的“大数据技术”书就出现了，如图 4-9 所示。

图 4-9　用分类导航逐级进入查找图书

排在首位的就是关于“大数据技术”的图书，点击图书封面或书名进入图书的详细书目信息页面，如图 4-10 所示。

在图书详细书目信息页面，系统提供了 5 种获取本书的途径：

①本馆馆藏纸书：需要到图书馆去借阅纸本图书。

②本馆电子全文（包库）：图书馆购买了电子版的图书，页面下方显示“包库全文阅读”按钮，点击该按钮就可以直接阅读电子版全文。

③图书馆文献传递：当图书馆购买了电子版图书时，可以通过“图书馆文献传递”方式，每次获取 50 页电子版图书。

④相似文档：点击“相似文档”，系统会推送相似文档。

⑤文献互助：点击“文献互助”，提示该操作需要登记。

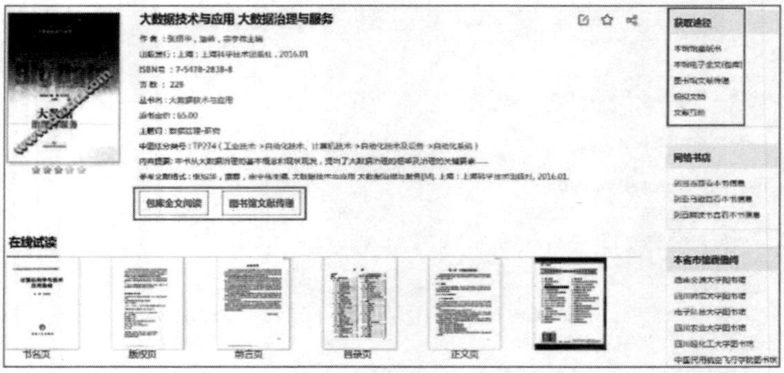

图 4 - 10　图书详细书目信息页面

实际中，获取图书从易到难次序：

①在线试读：试读范围从书名页开始到正文 10 页的内容。这些信息足以决定图书的取舍（借与不借）。

②如果需要，可以直接阅读电子版图书。图书馆购买了电子版图书，页面下方有“包库全文阅读”按钮，点击就可以直接阅读电子版全文。

③如果本馆还没有购买电子版图书，可以去图书馆借阅纸本图书。

④如果暂时不便去图书馆，可以通过“图书馆文献传递”方式，每次获取 50 页电子版图书，每天只能申请文献传递一次。

⑤或者点击“相似文档”，系统会推送相似文档。“文献互助”不如申请“图书馆文献传递”便捷。

（2）输入关键词搜索图书　在“图书”频道页面上方读秀搜索框中，直接输入检索关键词，点击“中文搜索”，系统将搜索到与关键词相关的图书。

【例 4-3】查找“5G 通信”方面的图书。

检索过程：①在读秀搜索框上方，选择“图书”频道；②检索途径采用系统默认的“全部字段”；③输入关键词“5G 通信”；④单击“中文搜索”。找到相关的中文图书 210 种，如图 4 - 11 所示。

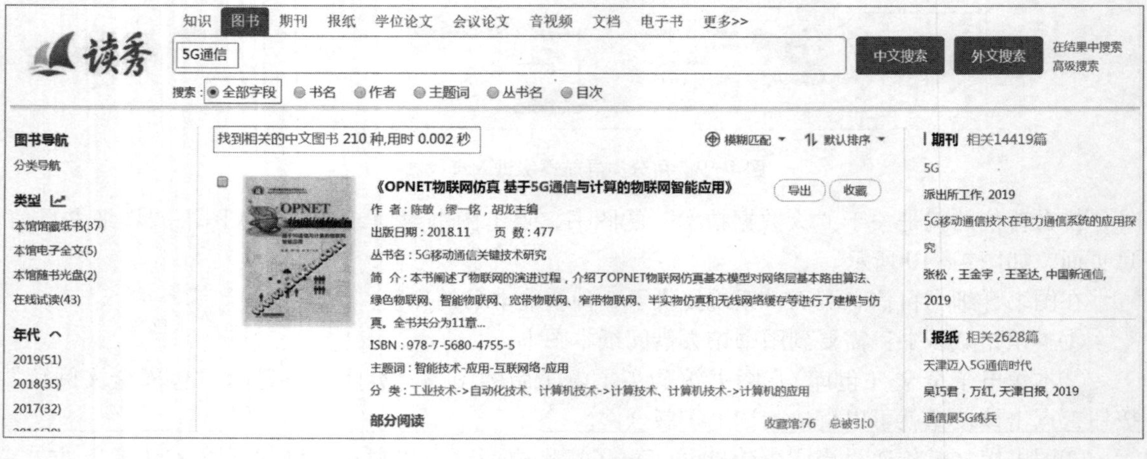

图 4 - 11　输入关键词搜索图书的页面

如果在上面检索过程中，选择“图书”频道后；再选择“书名”途径；输入关键词“5G 通信”；单击“中文搜索”。找到相关中文图书 27 种，如图 4 - 12 所示。

图 4－12　输入关键词搜索图书的页面

可见，在检索过程中，若在检索字段中加以选择，可以搜索到相关度更加高的图书。

2. 通过图书频道查找图书

“图书”频道检索过程：①选“图书”频道；②默认“全部字段”；③填入检索词；④单击“中文搜索”按钮。

【例 4-4】查找“电力避雷技术”方面的图书。

检索过程：①选择“图书”频道；②默认“全部字段”，③输入关键词“电避雷技术”；④单击“中文搜索”按钮。读秀这次通过图书频道搜索到相关的中文图书 2779 种，如图 4－13 所示。

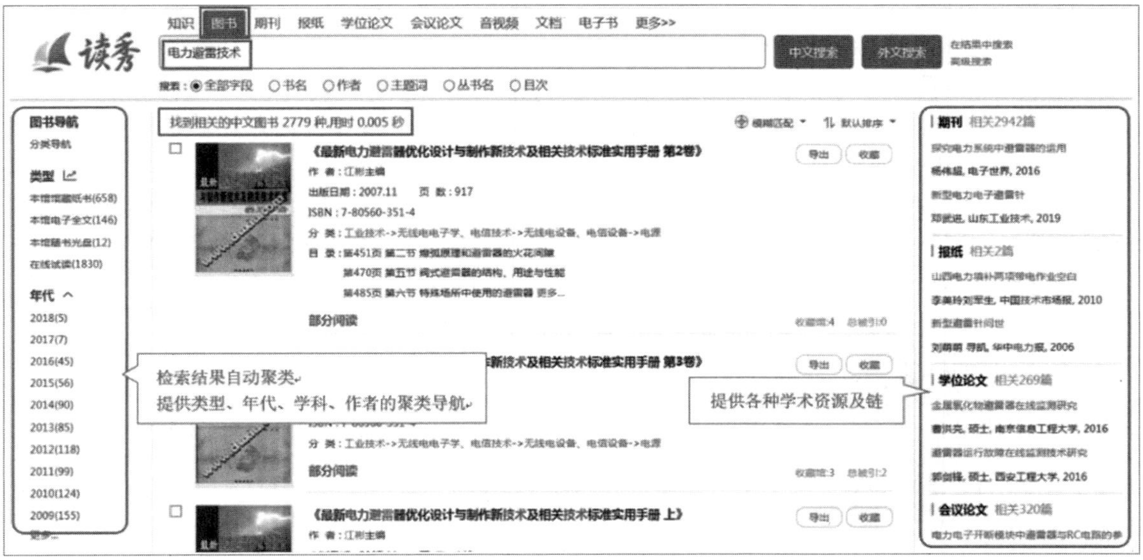

图 4－13　搜索到与“电力避雷技术”相关的图书信息页面

检索结果及生成的相关信息：

（1）中文图书　找到相关中文图书 2779 种。

（2）页面左侧显示聚类信息

1）类型聚类　本馆馆藏分析。① 本馆馆藏纸书 658 种；如果要获取这本纸质图书，可以单击“本馆馆藏纸书”，进入到图书馆馆藏信息页面，了解书目信息，通过图书馆借到此图书。②本馆电子全文146种，单击“本馆电子全文”，可以链接到本馆的电子图书页；③本馆随书光盘12种；④在线试读1830种，单击“在线试读”，可以进入试读。

2）年代聚类　年代聚类是提供了相关图书按年代分布的情况，如2018（5）、2017（7）、2016（45）、2015（56）、2014（90）、2013（85）、2012（118）、2011（99）、2010（124）、2009（155）等。

3）学科聚类　此聚类包括工业技术（2183）、经济（183）、综合性图书（89）、自然科学总论（77）、文化、科学（34）等。

4）作者聚类　此聚类包括方大千（26）、刘光源（19）、陈家斌（18）、刘介才（11）等。

有三种方式可以缩小搜索范围：①通过左侧的“类型、年代、学科和作者”等聚类方式缩小搜索范围；②通过右上方的“在结果中搜索”；③精确定位搜索范围。

（3）页面右侧提供各种学术资源链接　读秀凭借先进的检索技术，整合文献服务单位各种资源，帮助读者扩大知识搜索的范围。读者在一次搜索后，可以同时获得围绕知识点多角度、全面的学术信息。在海量的学术资源库前端为广大读者打造一个崭新的学术检索工具。

1）图书相关2779种。

2）期刊相关2924篇。

3）报纸相关2篇。

4）文档相关6篇。

5）学位论文相关269篇。

6）会议论文相关320篇。

7）标准相关9篇。

8）专利相关1279篇。

9）音视频相关3篇。

（4）主页面信息　在图4－13页面中，中间部分是搜索到的图书信息，本次搜索到图书相关2779种，可以看到图书封面以及目录，向下翻动页面，找到图书《电力避雷器》，点击书名进入本书的详细信息页面。

1）单击“馆藏纸本”按钮，就可以进入本馆馆藏纸书页面；或者单击“阅读部分”可以阅读到图书的部分内容，在读者没有借到书之前通过此功能就能阅读到图书的部分章节。

2）检索结果是《电力避雷器》封面和图书相关信息，如图4－14所示。

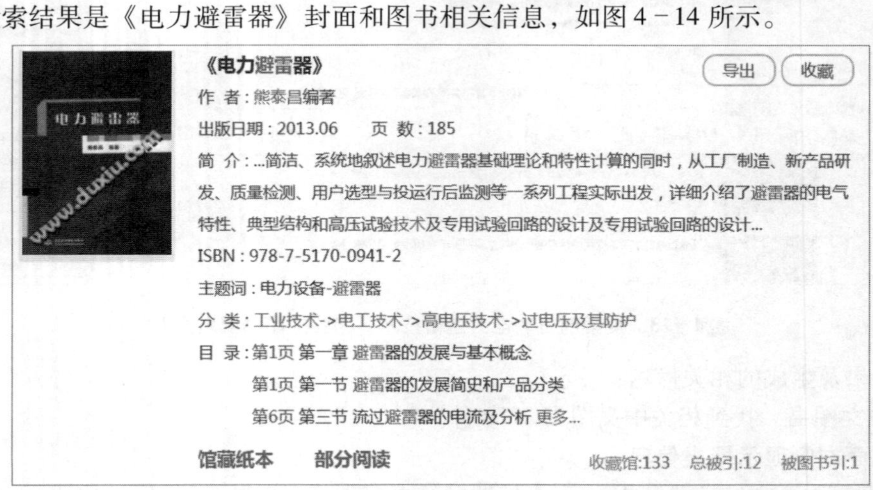

图4－14　《电力避雷器》封面和图书相关信息

读秀这种深入到章节、页面的搜索功能，极大地扩大了读者查找图书的范围，可实现基于内容的检索，检索结果不仅只限于书名、作者、主题词等 MARC 字段，而是深入到目录和章节，直至全文之中进行检索，通过基于内容的检索，揭示图书丰富的知识内容。

单击书名和封面超链接，显示的是图书的详细信息，如作者、出版发行、ISBN 号、页数、内容摘要、主题词等。如图 4－15 所示。

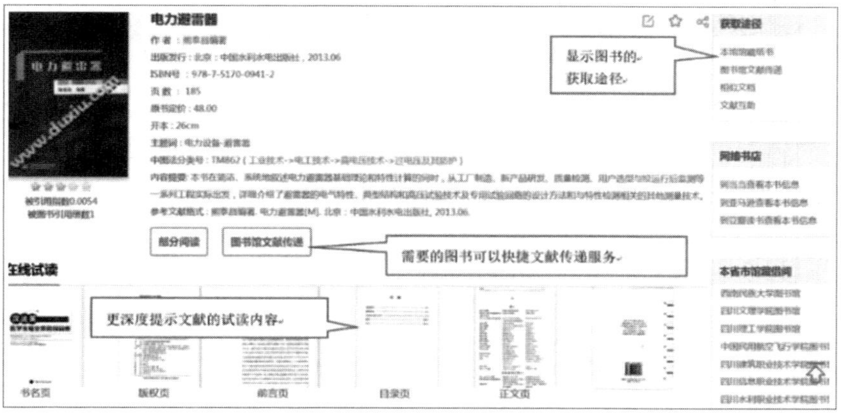

图 4－15　《电力避雷器》图书详细信息

3）在线试读。读秀提供了封面、版权页、前言页、目录页以及部分正文页的试读，让读者在借到图书之前，就对图书的内容进行了大概的了解，这是传统 MARC 不能做到的。

4）获取全文。如果本馆有电子版《电力避雷器》图书，则显示有“阅读全文”按钮；如果没有，则显示“部分阅读”，需要的图书可以通过“图书馆文献传递”获取。

5）获取途径。页面右侧列出了获取途径。如“本馆馆藏纸书”“图书馆文献传递”“相似文档”“文献互助”等。

6）本省市馆藏借阅。如果本馆没有纸质图书，也没有电子书，可以通过右边的“本省市馆藏借阅”途径，了解本省市其他图书馆关于这本图书的馆藏情况，如西南民族大学图书馆、四川文理学院图书馆、中国民用航空飞行学院图书馆、四川建筑职业技术学院图书馆、四川信息职业技术学院图书馆、四川水利职业技术学院图书馆等。例如，单击“中国民用航空飞行学院图书馆”可查看该图书馆详细藏书信息。如果需要还可以通过“馆际互借”渠道借阅其他图书馆的图书。中国民航飞行学院图书馆图书检索信息如图 4－16 所示。

图 4－16　中国民航飞行学院图书馆图书检索信息

7）图书馆文献传递。单击图 4－15 中“图书馆文献传递”按钮，进入“图书馆文献咨询服务”页面，请读者仔细填写四川高校文献保障系统的“咨询表单”，即咨询申请表单，输入文献传递的页码，填写正确有效的电子邮箱，提交成功后，系统会将文献内容自动发送到读者的电子邮箱。图书馆文献咨询服务的咨询表单页面，如图 4－17 所示。

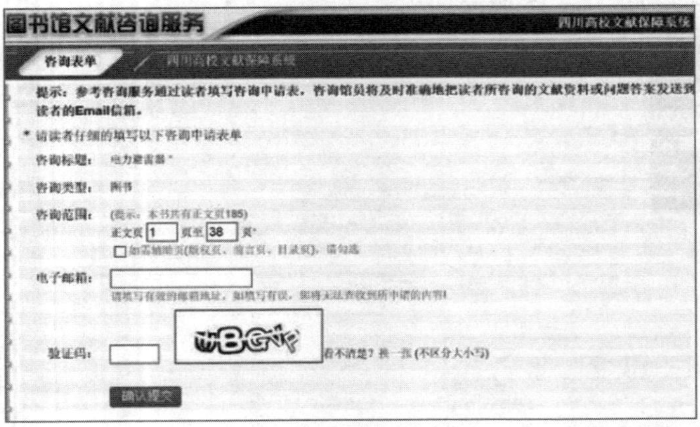

图 4－17　图书馆文献咨询服务的咨询表单页

确认提交成功后，读者打开邮箱，就可以看到咨询的图书，单击链接，就可以阅读。这个过程相当于借阅了此书，在 20 天有效时间内，可以进行 20 次阅读和摘录，超过期限，链接失效，即相当于此书归还了。

3. 通过高级检索查找图书

高级检索是提高图书查准率的一项有效方法，读秀中文图书高级检索页面如图 4－18 所示。

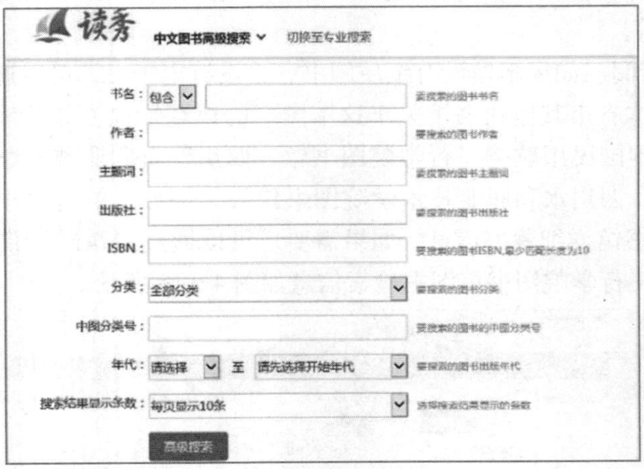

图 4－18　读秀中文图书高级检索页面

高级搜索是一个照单填空的过程，从“书名、作者、主题词、出版社、ISBN、分类（选择）、年代（选择）”等字段，逐一限定条件，使得图书检索结果定位更加精确。

实际操作时，读者能填多少就填多少，每多填一个空，就缩小一个范围，空填得越多，检索到的文献就越精确。如果确实不能填入多个字段，可以输入一个或者两个字段，或者就在书名框中输入一个关键词，单击“高级搜索”按钮，也能找到满足输入条件的图书。如果检索的结果太多，可以进行二次搜索；或者使用“在结果中搜索”功能，实际上这是一个把复杂工具简单化的过程。

4. 通过专业检索查找图书

读秀的图书、期刊、报纸、学位论文、会议论文、专利和标准等频道都设有专业搜索功能，支持任意复杂的布尔逻辑检索式，非常适合读者或图书馆专业人员进行查新检索。专业检索规则如下：

1）字段规则

①图书：T = 书名，A = 作者，K = 关键词，Y = 年（出版发行年），S = 摘要，BKp = 出版社（出版发行者），BKc = 目录。

②期刊：T = 题名，A = 作者（责任者），K = 关键词（主题词），Y = 年（出版发行年），O = 作者单位，JNj = 刊名，S = 文摘（摘要）。

③学位论文：T = 题名，A = 作者（责任者），K = 关键词（主题词），Y = 年（学位年度），S = 文摘（摘要），F = 指导老师，DTn = 学位，DTu = 学位授予单位，Tf = 英文题名，DTa = 英文文摘。

④会议论文：T = 题名，A = 作者（责任者），K = 关键词（主题词），Y = 年（学位年度），S = 文摘（摘要），C = 分类号，CPn = 会议名称。

⑤报纸：T = 题名，A = 作者（责任者），K = 关键词（主题词），NPd = 出版日期，NPn = 报纸名称。

⑥专利：T = 题名，A = 发明人（设计人），K = 关键词（主题词），N = 申请号，Y = 年（申请年度），PTi = IPC 号。

⑦标准：T = 标准中文名，Tf = 标准英文名，N = 标准号，STu = 发布单位，Y = 年（发布年度）。

2）检索规则说明（以下符号均为英文半角符号）

①逻辑符号：* 代表“与”，| 代表“或”，- 代表“非”。

②其他符号：( ) 括号内的逻辑优先运算，= 后面为字段所包含的值，> 代表“大于”，< 代表“小于”。

【例 4-5】查找标题或关键词中含“手机图书馆”或“移动图书馆”，出版年范围是 2000 年至 2019 年（含边界值）的图书。

依题意可写出表达式：(T = 移动图书馆 | T = 手机图书馆 | K = 移动图书馆 | K = 手机图书馆) * (2000 < = Y < = 2019)，将表达式输入专业检索框内，检索得到相关的中文图书 29 种，时间降序排列可知，包含了边界值，如图 4 - 19 所示。

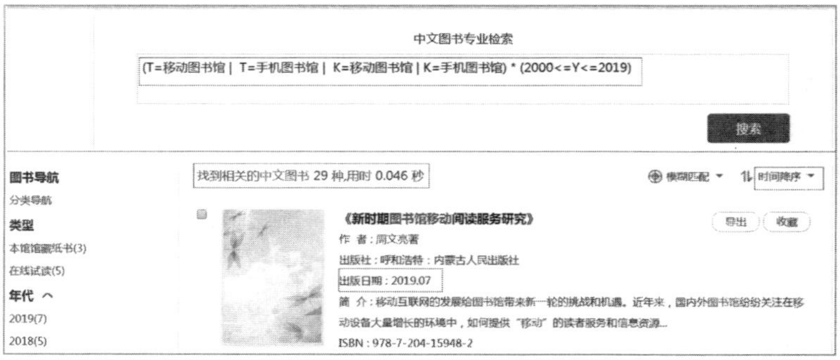

图 4 - 19　读秀中文图书专业检索页面

5. 读秀图书频道的特点

1）读秀学术搜索的最大特色是可深入到图书的目录中。

2）在 739 万种中文图书书目数据中检索，有 415 万种全文数据提供在线试读，通过试读目录等，读者就知道图书的内容。

3）提供图书馆的电子书挂接服务，图书馆有电子书全文的即可直接阅读全文。

4）提供多达 415 万种中文图书的文献传递服务。

为了保护作者版权，读秀采用局部使用模式，每本图书的咨询都有自己的规则。例如：①每本图书单次咨询不超过 50 页，同一图书每周的咨询量不超过全书的 20%；②所有咨询内容有效期为 20 天。

5）馆藏纸本挂接：纸本馆藏的基本信息（书名、作者、出版社、出版年、ISBN、页数、价格、OPAC 书目地址样本）。将纸本馆藏与读秀做挂接后，通过读秀的章节和全文搜索，读者即可找到本地纸本馆藏。单击“阅读部分”按钮，在借书之前就可以看到封面、版权页、目录等内容，馆藏纸本挂接如图 4－20 所示。

单击“馆藏纸本”进入成都工业学院图书馆馆藏纸本检索系统，如图 4－21 所示。

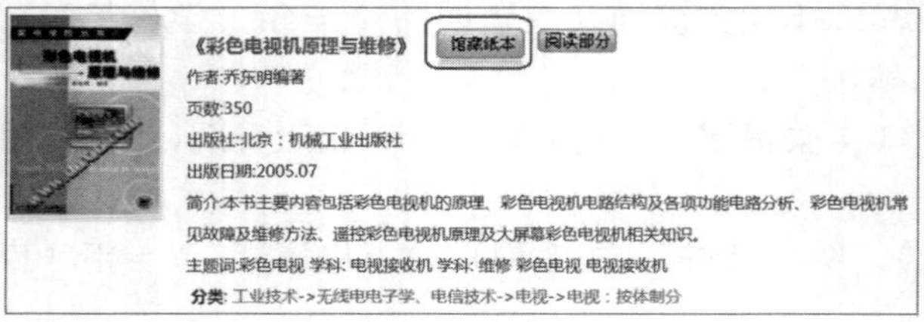

图 4－20　馆藏纸本挂接

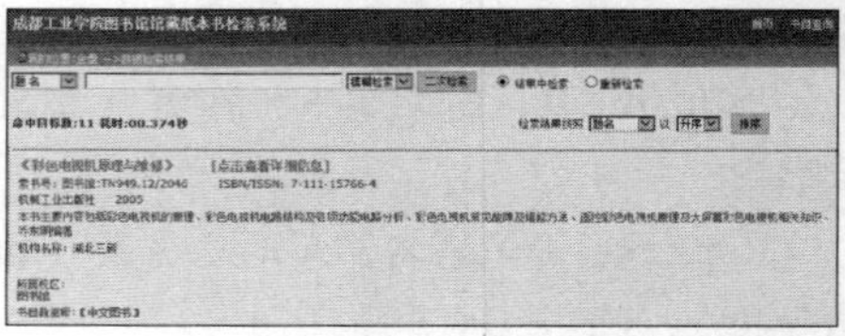

图 4－21　书目数据检索系统

6）OPAC 挂接读秀：传统的 OPAC 只能搜索到文献的基本信息。读秀提供一个接口给 OPAC，即读秀的图书封面和详细信息页面接口。OPAC 技术人员稍做修改，即可在 OPAC 中直接显示读秀图书封面并链接到读秀的图书详细信息页面（方便读者试读等），通过 OPAC 即可领略现场翻书的体验。图 4－22 所示是北京大学 OPAC 挂接读秀之后的检索页面。

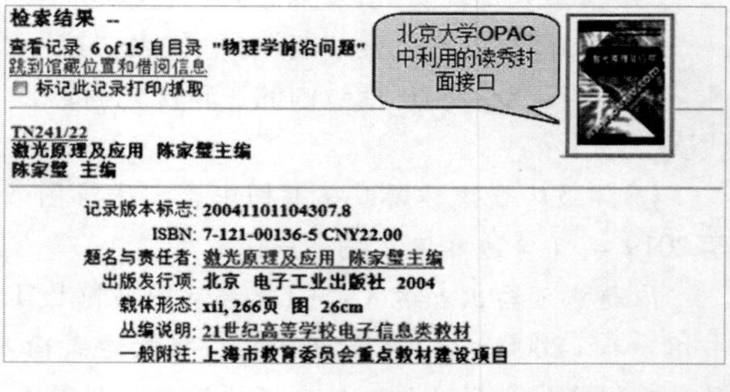

图 4－22　北京大学 OPAC 挂接读秀之后的检索页面

4.1.6　图书检索全程实例

1. 图书检索

【例 4-6】查找“电磁场与电磁波”方面的图书。

检索过程：①登录读秀首页（http://www.duxiu.com）；②选择“图书”频道；③选择“书名”途径；④在检索框中输入检索词“电磁场与电磁波”；⑤单击“中文搜索”按钮。找到相关的中文图书 226 种，如图 4－23 所示。

图 4-23 搜索到的“电磁场与电磁波”页面

单击封面或书名链接，进入图书的详细信息页面，如图 4-24 所示。

图 4-24 图书的详细信息页面

可以单击页面左下方的“部分阅读”按钮，阅读该书的“书名面、版权页、前言页、目录页以及部分正文页”等内容。该书图书馆购买了电子版图书，可以直接点击“包库全文阅读”；如果没有购买电子版图书，则只能通过“图书馆文献传递”获取全文。

2. 通过图书馆文献传递获取全文

图书馆文献传递是读秀主要的免费服务方式。文献传递就是图书馆参考咨询中心通过电子邮箱，快速准确地将读者需要的资料发送到读者的邮箱，为读者提供全文服务。

1）单击“图书馆文献传递”按钮，进入“图书馆文献咨询服务”页面。图书馆文献咨询表单如图 4-25 所示。

2）认真仔细填写咨询表单。要认真填写 3 个信息：正文页、电子邮箱和验证码，以确保信息无误，单击“确定提交”按钮，系统会提醒读者填写的邮箱地址是否准确无误，如图4-26所示。

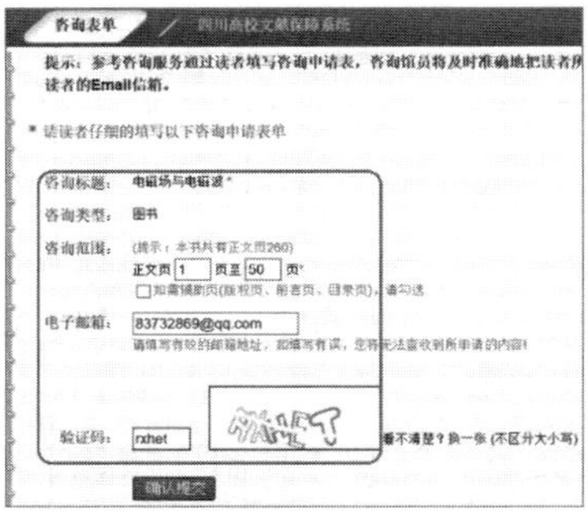

图 4-25 图书馆参考咨询申请表单

图 4-26 系统提醒核对邮箱

如果有错，马上改正还来得及，只有单击“确定”按钮后，系统才按照读者的要求，自动把读者需要的文献发到读者指定的邮箱。咨询提交成功提示如图4－27所示。

咨询提交成功后，马上打开邮箱，将会收到一封新邮件，如图4－28所示。

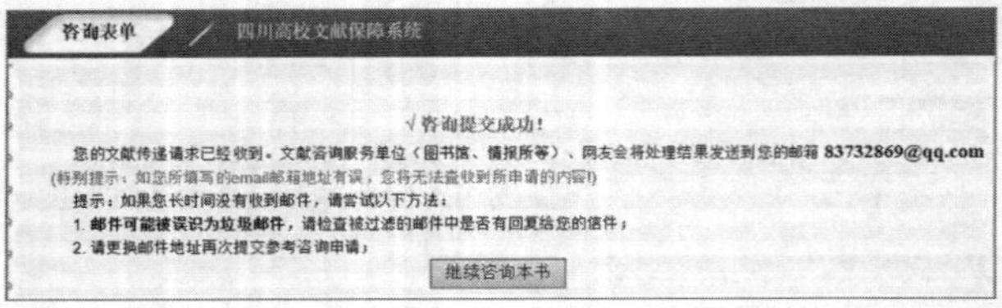

图4－27　咨询提交成功提示

图4－28　收到一封新邮件

打开邮件之后，进入咨询图书链接页面，如图4－29所示。

3. 阅读全文摘录文字

该链接页面是咨询图书的基本信息，咨询有效期20天，只允许打开20次的提示信息。单击“电磁场与电磁波1～50页”链接，即可阅读图书正文，如图4－30所示。

图4－29　咨询图书链接页面

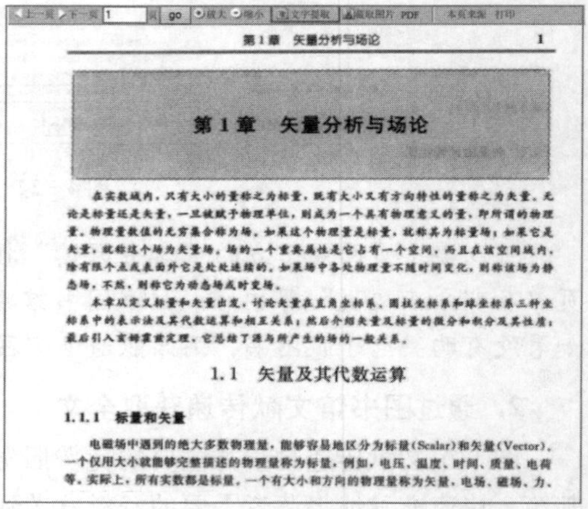

图4－30　图书正文页面

图4－30所示页面是在邮箱中打开的图书阅读页面，并不是使用超星专用阅读器打开的，所以界面有所不同。在页面最上方有一排功能按钮，方便读者进行各种操作，如上一页、下一页、放大、缩小、文字提取、截取图片、本页来源、保存、打印等可供选择。

如果要摘录某段感兴趣的文字，可在工具条上单击“文字提取”按钮，点击页面左上的“文字提取”后，在正文页面上就出现两个选项：“文字提取”和“文字摘录”，并有说明“文字提取较快，可识别整页正文页（荐），文字摘录较慢，支持划选文字区域”。若选择“文字提取”，系统会显示整页文字，点击“复制”后，可“粘贴”到Word文档中，这就提取了整页文字。若习惯用“文字摘录”方式，就单击“文字摘录”按钮，然后鼠标变成十字，用鼠标左键去选择需要摘录的文字区域，放手后弹出文字摘录提取的文字页面，如图4－31所示。

这是通过“OCR”文字识别系统，转换成可编辑的文字。单击“复制”按钮，系统会提示“复制成功”，如图4－32所示。

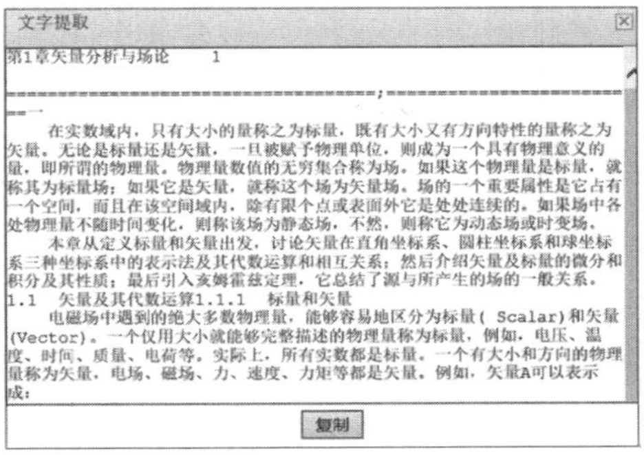

图 4-31　文字摘录提取的文字

图 4-32　系统提示"复制成功"

单击"确定"按钮后，可以复制到 Word 文档（或者记事本）。方法是打开 Word 文档，使用粘贴命令的快捷键"Ctrl + V"，摘录的文字就复制到了 Word 文档。"OCR"文字识别系统有个别错误，需要人工校对，通过校对后的文字，如图 4-33 所示。

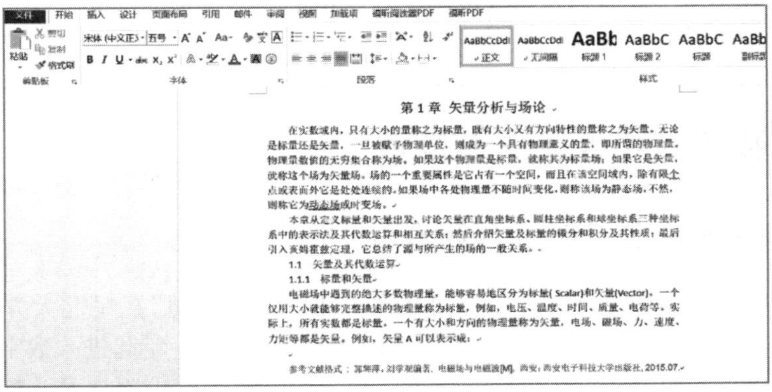

图 4-33　摘录文字复制到 Word 文档

这是一段可以编辑和利用的文字，是写文章时可以引用的文字，但是，引用原则是要注明文章来源。

4. 养成注明文章来源的良好引用习惯

为方便读者摘录时注明文摘来源，系统提供了参考文献著录格式：

[1] 郭辉萍，刘学观编著. 电磁场与电磁波 [M]. 西安：西安电子科技大学出版社，2015. 07.

如果此时不及时注明来源，以后写文章引用时，还得重新去查找这段文字的出处，是很费时间的。所以，应该养成阅读的良好习惯。为了尊重作者的劳动，在写作时可以引用这段文摘，但是一定要及时注明文摘来源，注明出处。（详细的内容见第 9 章　论文写作指南）

4.1.7　读秀的使用技巧

1. 搜索词的选择技巧

搜索词尽量不要太短、太普通，如只搜索"经济""中国"这样的词，会因结果太多而成为无意义搜索。尽可能使用相对准确的、较长的专业词，或者多个词搜索。

2. 读秀的搜索语法

1）逻辑“非”。在要排除的（不希望在结果的标题中出现的）关键词前加空格再加半角减号，如“数字图书馆 -高校”。

2）在“知识”频道，可用“time:” +数字年份，用于命中某年的资料；用书名作为关键词，用于命中某本书。

3. 扩大、缩小搜索范围的技巧

（1）扩大搜索范围　①搜索结果太少或者没有，要充分利用页面右侧相关信息，查看其他文献类型是否有命中的结果，或者改变搜索方式为“模糊”、利用搜索结果页面顶端和底端上提供的外文关键词（还有近义词、相关搜索词）、手工将所搜索的关键词用空格分开（去掉个别字），以便扩大搜索结果。②搜索会议论文时，如果搜索结果没有或太少，可直接用标题在“知识”频道中尝试搜索一下，可命中且可全文阅读。③无论什么文献，如果搜索结果没有或太少，可直接用标题在“文档”频道中尝试搜索一下，可命中很多文献且可下载全文。

（2）缩小搜索范围　若搜索结果太多，则要充分利用页面左侧的聚类，或改变搜索方式为“精确”，或进行在结果中搜索、高级搜索，或将搜索条件的“全部字段”改为标题、作者等特定字段，以便缩小范围。

4.2　中华数字书苑电子图书及检索

4.2.1　中华数字书苑平台简介

北京方正阿帕比技术有限公司（以下简称“方正阿帕比公司”）是北大方正信息产业集团旗下专业的数字出版技术及服务提供商。方正阿帕比公司自2001年起进入数字出版领域，在继承并发展方正传统出版印刷技术优势的基础上，自主研发了数字出版技术及整体解决方案，已发展成为全球领先的数字出版技术提供商。

中华数字书苑是方正阿帕比公司最新推出的服务全行业的知识服务综合平台。在数字化时代，中华数字书苑收录了新中国成立以来大部分的图书全文资源、全国各级各类报纸及年鉴、工具书、图片等特色资源。通过中华数字书苑，各类图书馆、企业、政府等机构客户及其所属读者实现了在线阅读、全文检索、离线借阅、移动阅读各类数字内容，满足了数字时代的基本需求。到2019年，中华数字书苑平台资源有：

1）电子图书收录了250万册可供翻阅的电子图书，150万册电子图书可供全文检索、在线试读，近76万册可供全文下载，覆盖了人文、科学、经济、医学、历史等各领域。

2）数字报纸目前方正与300多家报社合作，在线运营报纸近500种，收录9000多万篇新闻，最早回溯至1949年。所收录的报纸均由报社直接提供排版文件转换而来，所有内容均为文本形式，为读者提供全文检索、复制、引用文字服务。

3）企鹅英文原版书由世界上最大的大众图书出版商——英国企鹅集团授权，制作发行了中国唯一的正版英文原版书库。

4）《四库全书》电子版完全遵照原版式排列，收录经、史、子、集四部，版本齐全。《四库全书》是迄今为止人类历史上最大的丛书，它是清代乾隆年间历经十年编纂而成，收书三万六千余册，七万九千余卷，约八亿字。

5）工具书库包括近 2000 种、3000 册，覆盖所有分类的工具书，并包含独家授权的《中国大百科全书》《汉语大词典》《辞海》等。

6）年鉴库目前收录年鉴近 1000 种、6000 卷，其中包括各类统计年鉴 600 种，约 4000 卷。

4.2.2　下载安装 Apabi Reader 阅读器

阿帕比中华数字书苑平台网址（http://www.apabi.com/jigou/pub.mvc/），登录后的页面如图 4－34 所示。

图 4－34　中华数字书苑平台

下载安装 Apabi Reader 阅读器是方正阿帕比数字资源正常使用的前提条件。

登录进入主页后，在检索框右边有“高级检索”按钮，其右边有个方形图标，鼠标指向它时，会出现适合计算机和手机安装的阅读器，如图 4－35 所示。

另一种方式是在首页左下方有个“软件下载”。这两个地方都可以点击进入下载 Apabi Reader。在图 4－35 中，左边是 PC 版下载，“点击下载”就可下载 PC 版；右边是手机版下载，手机扫描二维码后根据手机平台选择“Android 版本下载”或“iOS 版本下载”。下载并安装“阿帕比阅读器”后，就可以正常阅读方正阿帕比公司的数字资源了。

图 4－35　下载安装 Apabi Reader 阅读器

用 Apabi Reader 的好处是，可以对电子图书进行标注、复制书中文字或图片，阅读体验较好。Apabi Reader 最大限度地保留了纸书阅读的习惯：任意翻页、灵活设置书签、添加标注等。批注功能提供箭头线、直线、椭圆、矩形、多边形、自由画线、删除线、加亮、下划线、注释等工具。

4.2.3　电子图书检索

1. 一般检索

在中华数字书苑主页上方列有“首页、电子图书、数字报纸、图片库、工具书库、年鉴库、方正知库”等资源频道，中华数字书苑电子图书的一般检索，如图4－36所示。

图4－36　中华数字书苑电子图书的一般检索

检索步骤：①选择“电子图书”频道，②在检索框中输入检索词“电工技术”；③系统出现两项提示：一是“电工技术 在电子图书中检索”；二是“电工技术 在图书章节中检索”，如选择前者，则在电子图书中检索结果如图4－37所示。

图4－37　在电子图书中检索结果

从图4－37所示检索结果页面中，获得了以下信息：

①页面左边：表明本次是在“电子图书”频道中检索，检索内容是“电工技术”。

②页面中间上方列出了检索库：全部、电子书库、建党90周年专题、民国期刊、北京周报、企鹅外文、四库全书、经典套装、法典书库、经典文学等中华数字书苑的全部资源库名称，点击可以进入资源库。

③对于电子图书，系统提供的检索范围有：全部、书名、作者、出版社、ISBN、目录和正文。

④本次从电子图书中检索“电工技术”，检索结果共1030条。分若干页显示，现在是01页，每页显示20（或40）条图书信息。

⑤对于检索结果可以有两种排列方式：一种图标方式显示图书封面，另一种是列表方式，图4－37就是列表方式显示。还可以进行自定义排序：如按浏览量、出版时间、只显示可整本阅读的书。

⑥每本书都显示：书名、作者、出版社、出版时间、内容简介、部分目录等图书信息，可供读者初步选择图书。

点击图书封面进入该图书的详细内容页面，如图4－38所示。

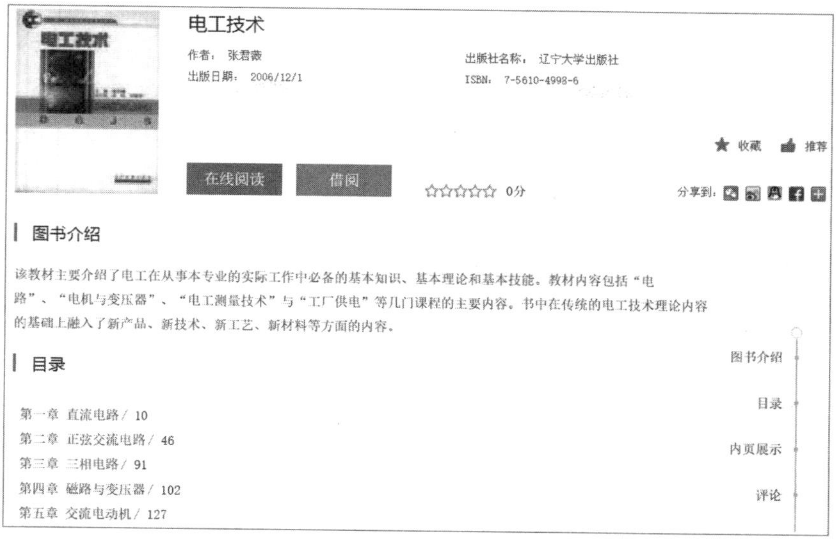

图 4－38　图书的详细内容页面

在图书的详细内容页面中，除有图书的基本信息外，还增加有图书介绍、目录等更加详细的信息。还提供了“在线阅读”和“借阅”两个选择按钮。如果点击“在线阅读”按钮，就调用了“Apabi Reader”专用阅读器，阅读页面字迹清晰、操控方便，如图 4－39 所示。

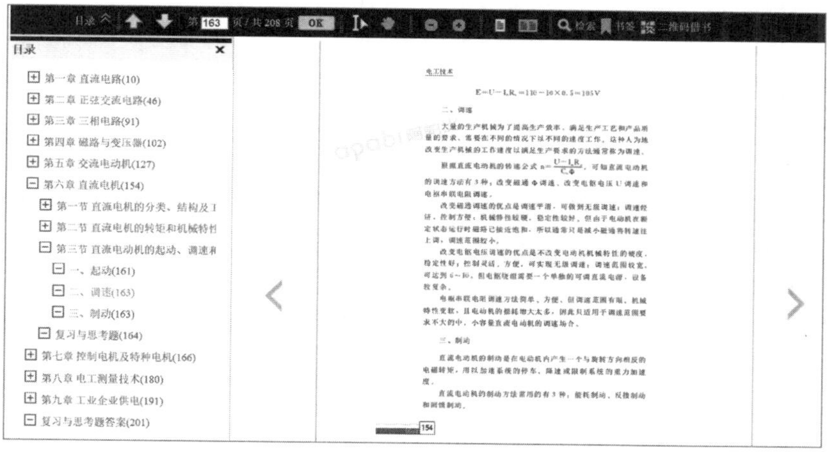

图 4－39　阅读页面

在阅读页面中有各种阅读控制按钮：

①目录打开、关闭按钮：该书提供了三级目录。如一级：第六章直流电机；二级：第三节直流电动机的起动、调速和制动；三级：二、调速。各级目录都是有链接的，这样可以非常方便地从目录定位页面。

②上一页、下一页按钮：与此对应的还有正文中央两侧的向后翻页、向前翻页按钮。

③直达第××页按钮：在框里直接填入页码，点击“OK”就可以直达所填页面。

④复制按钮：在阅读过程中，需要复制图书内容时，可以点击这个“复制”按钮，然后单击左键去选择需要复制的区域，复制可以是整页、整段、整行、局部复制，当选择完成时释放左键，就完成了文字识别并显示在旁边，点击“复制”后，会显示“复制成功”，点击“确定”后，

就可以把复制的内容粘贴到 Word 文档中，即形成可以编辑的文字（引用时要注明出处）。

⑤拖拽按钮。

⑥页面缩小、放大按钮。

⑦阅读页面有单页模式和双页模式选择按钮。

⑧在本书范围内检索按钮。

⑨书签和二维码按钮等。

2. 高级检索

电子图书的高级检索页面如图4-40所示。

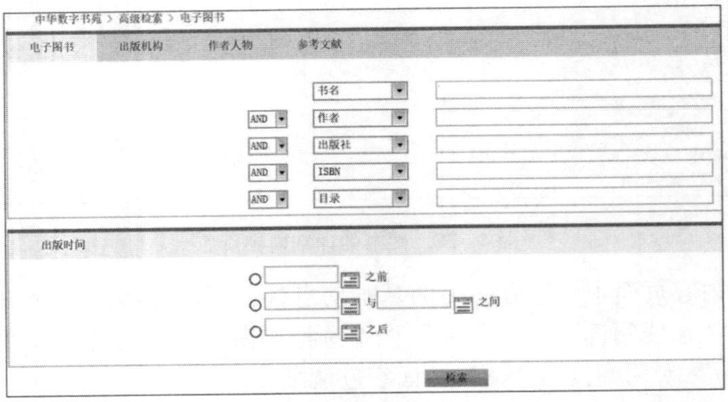

图4-40 电子图书的高级检索页面

高级检索可以输入较多的检索限制条件，如书名、作者、出版社、ISBN、目录等，各检索条件之间可选择 AND 和 OR 逻辑关系匹配。用这些限制条件后，检索结果更加符合要求。

检索过程：①在下拉列表中选择检索途径（书名、作者、出版社、ISBN、目录等），读者可直接将与检索途径对应的检索词填入后面的检索框中，能填多少填多少，填写得越多，检索结果越准确；②输入与检索项相关的检索词；③各检索词之间可以用逻辑关系“AND”或“OR”进行连接；④出版时间有某某年之前、之间、之后和不选四种选项；⑤所有的选项设置完成后，单击“检索”开始进行高级检索；⑥检索结果可选择图文显示或列表显示。单击“关闭高级检索”可结束检索。

3. 分类浏览

中华数字书苑电子图书频道首页显示共“312 7734 条”，如图4-41所示。

图4-41 中华数字书苑的电子图书频道首页

在中华数字书苑的电子图书频道首页，“只显示可整本阅读的书”前面有一个方框，勾选后，界面显示可整本阅读的书共732269 条，如图 4 - 42 所示。

图 4 - 42　中华数字书苑中可以整本阅读的电子图书

中华数字书苑的电子图书频道可整本阅读的书有 732269 条，可以在线分类浏览阅读，这些电子图书分布在书苑常用分类的一级类目：文学传记（107104）、经济管理（89405）、人文社科（95396）、艺术（15941）、成功励志（5391）、生活健康（20943）、语言文字（32103）、法律（36024）、政治军事（55827）、历史地理（37713）、自然科学（27304）、工业技术（84370）、农业科技（19323）、医学卫生（29736）、中小学教辅（75689）之中。

读者要浏览哪类图书，就点击哪个类目，然后进入该类目的二级类目，如点击“工业技术”类目后展开了二级类目，如图 4 - 43 所示。

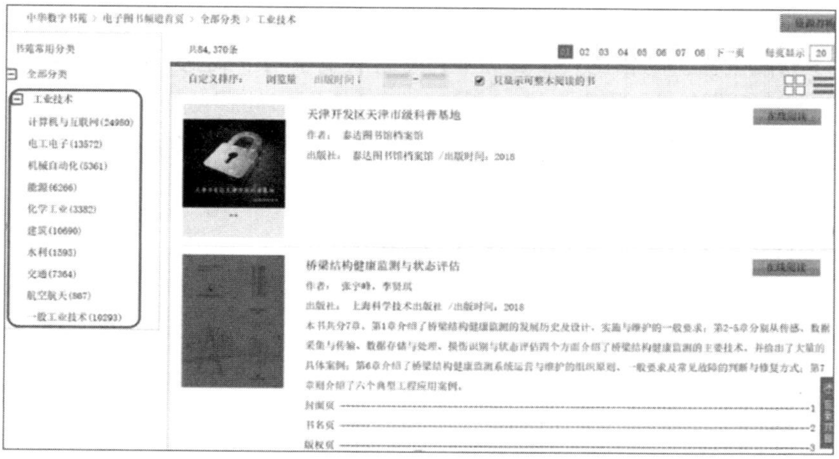

图 4 - 43　一级类目“工业技术”展开的二级类目

“工业技术”有整本阅读的电子图书 84370 条，分布在其下的二级类目：计算机与互联网（24980）、电工电子（13572）、机械自动化（5361）、能源（6266）、化学工业（3382）、建筑（10690）、水利（1595）、交通（7364）、航空航天（867）、一般工业技术（10293）之中。如果想浏览“计算机与互联网”类图书，点击展开该二级类目即可，如图 4 - 44 所示。

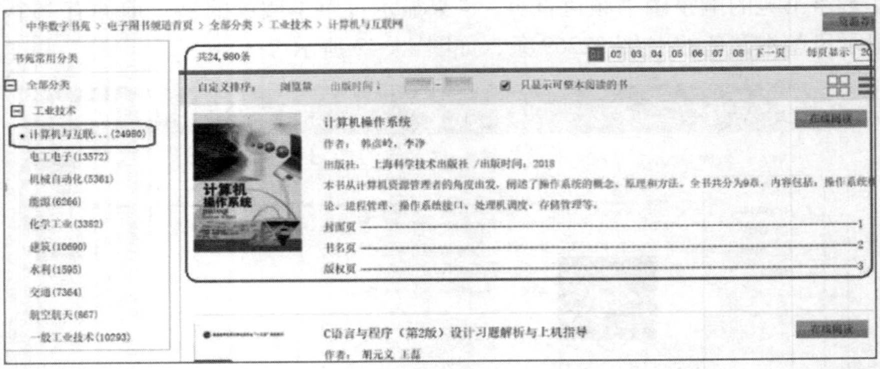

图 4－44　分类浏览查找图书

分类浏览查找图书，其方法是单击类别名，页面会显示当前资源库该分类下的检索结果，并显示该类图书有多少条，并提供了“图文”或“列表”或“缩略图”的单项选择。图 4－44 所示界面就是通过分类途径查找图书的结果显示，是《中图法》中“全部分类 > 工业技术 > 计算机与互联网”的图书的列表显示，共有 24980 条信息。

4. 在线浏览与下载

目前电子图书阅读方式有在线阅读、下载阅读和移动手持阅读器三种方式。

1）在线浏览：可用浏览器直接打开阅读，不受借阅复本的限制，浏览使用方便。在线浏览指用户登入系统后，可以在一定的时间内在线浏览任何一本书（包括已借完的）。单击“在线浏览”按钮，将启动 Apabi Reader 下载该资源。但该资源不进入文档管理器，且只有在规定的时间内可以阅读。在线浏览的用户数受授权数的限制。

2）下载阅读：单击“下载”按钮，资源被下载到本机，下载占用资源复本数。下载后用 Apabi Reader 打开阅读，可以对图书进行标注、复制书中文字或图片，阅读体验较好。

3）移动手持阅读器：阿帕比数字资源平台支持将电子书下载到手持阅读器上进行阅读，真正实现随时随地随身阅读。在数字资源兴起之初，纸质图书的移动性是数字资源所无法解决的问题，但随着电子书移动阅读器的发展，电子图书也能带在身边，随时阅读。

4.3　CALIS 易得文献获取数字图书

4.3.1　CALIS 易得文献获取平台简介

1. CALIS 易得文献获取平台

CALIS 资源，目前只对 CALIS 成员馆服务。

CALIS 资源池通过多年的建设，数据库资源池的各种文献资源的元数据信息庞大，所以检全率较高。加入 CALIS 成员馆的读者将比未加入该馆的读者多了一条获取文献资源的途径。

CALIS 成员馆的读者均可获得易得（e 得）所提供的文献获取服务。易得是为读者提供“一个账号、全国获取”“可查可得、一查即得”一站式服务的原文文献获取门户。CALIS 易得文献获取平台页面（http://www.yide.calis.edu.cn/），如图 4－45 所示。

图 4－45　CALIS 易得文献获取平台页面

2. CALIS 易得文献获取平台上的图书资源

1）CALIS 联合目录：有 743 万种的书目信息（2019 年 7 月 26 日数据）。

2）CALIS 外文期刊：有 10 万多种纸本和电子的外文期刊，8000 多万的期刊篇名信息。

3）CALIS 全文资源：有 36 万种中文图书和 3 千多册外文图书的在线阅读和电子书借还服务。

4）CALIS 与国家图书馆的合作服务已经开通，高校读者通过本馆的用户账号，即可获得国家图书馆丰富的馆藏资源。

中国国家图书馆文献资源：据《国家图书馆年鉴 2018》统计资料显示，截至 2017 年底，馆藏总量为 37686187 册/件；资源内容主要包括电子图书 3787588 种 4268332 册，电子期刊 55882 种，电子报纸 3164 种，学位论文 7064178 篇，会议论文 6573228 篇，音频资料 1137907 首，视频资料 161276 小时；外购数据库共计 255 个，包括中文数据库 127 个、外文数据库 128 个。

CALIS 易得文献获取平台已经成为全国高校云服务平台，相关内容将在第 7 章相关章节介绍。

4.3.2　CALIS 联合目录

CALIS 联合目录数据库 2000 年 3 月正式启动服务。经过多年的积累，现已成为国内外颇具影响力的联合目录数据库。近 900 家成员单位的 3500 万余条馆藏信息，涵盖印刷型图书和连续出版物、古籍、部分电子资源及其他非书资料等多种文献类型，覆盖中、英、日、俄、法、德、意、西、拉丁、韩、阿拉伯文等 40 多个语种，数据标准和检索标准与国际标准兼容。CALIS 联合目录中心数据库。CALIS 联合目录提供了 743 万种的书目信息，目前 CALIS 成员馆可提供图书的部分章节复印服务。查找 CALIS 联合目录公共检索系统（http：//opac. calis. edu. cn）简单检索页面，如图 4－46 所示。

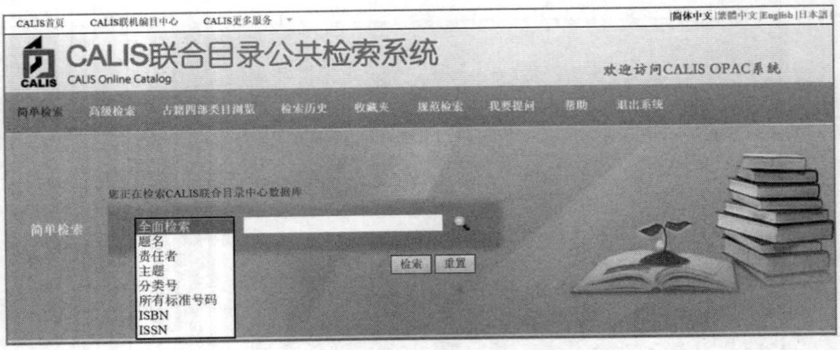

图 4-46　CALIS 联合目录公共检索系统简单检索页面

1. CALIS 联合目录简单检索说明

1）检索范围包括 CALIS 联合目录中心数据库的所有中文、外文数据。目前包含书目记录 7433236 条（2019 年 7 月 26 日数据）。

2）选择检索途径：全面检索（默认）、题名、责任者、主题、分类号、所有标准号码、ISBN、ISSN；输入检索词，然后点击“检索”按钮，或直接按回车键。

3）系统按照题名默认排序，也可以在结果列表页面选择责任者或出版信息排序。

2. CALIS 联合目录高级检索说明

CALIS 联合目录高级检索页面，如图 4-47 所示。

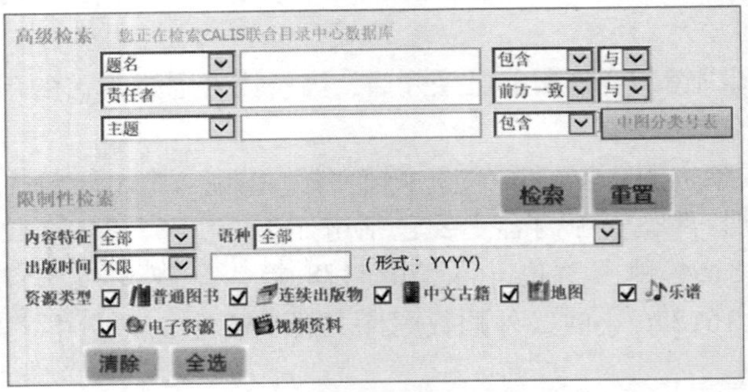

图 4-47　CALIS 联合目录高级检索页面

检索途径：全面检索、题名、责任者、主题、出版者、期刊题名、丛编题名、统一题名、个人责任者、团体责任者、会议名称、分类号、所有标准号码、ISBN、ISSN、ISRC、记录控制号等。

CALIS 联合目录高级检索说明：

1）选择检索点，输入检索词，选择限定信息，点击“检索”按钮或直接回车。

2）默认的检索匹配方式为前方一致，也可以在复选框中选择：精确匹配或包含。

3）最多可输入三项检索词，默认逻辑运算方式为“与”，也可以在复选框中选择“或”“非”。

4）选择分类号检索点时，可以点击“中图分类号表”按钮浏览，选中的分类号将自动填写到检索词输入框中。

5）限制性检索的文献类型可选择：普通图书、连续出版物、中文古籍等，默认为全部类型。

6）限制性检索的内容特征可选择：统计资料、字典词典、百科全书，默认为全部。

7）可通过输入出版时间对检索结果进行限定，例如：选择“介于之间”并输入“2008 - 2018”，即检索 2008 年至 2018 年出版的文献。

8）检索词与限制性检索之间为“与”的关系。

习　题　4

1. 试述读秀知识库为读者提供的数字文献资源有哪些？
2. 读秀学术搜索平台提供了哪些文献频道？各个文献频道有哪些检索途径？
3. 试用读秀的知识频道搜索几本书，获得全文、阅读、下载、摘录、注明来源。
4. 试用读秀的图书频道搜索几本书，获得全文、阅读、下载、摘录、注明来源。
5. 试用读秀的文献传递服务获取图书原文。
6. 试用中华数字书苑平台检索几本书。
7. 试用 CALIS 易得文献获取平台检索几本书。

Chapter Five

第 5 章

数字期刊及检索

本章概要

本章将系统地介绍数字期刊的概念、特点，核心期刊及其评价指标；重点阐述三大数字期刊资源：中国知网（CNKI）、维普资讯和万方数据的检索平台，及其检索方法、全文获取、浏览、下载、摘录、记录来源等实用技巧，同时对近年发展起来的超星期刊检索和百度学术期刊检索进行了简单介绍。中文期刊论文检索的目的是要找到所需文献的全文，阅读、下载和摘录有用字句。

学习目的

- 了解常用的几个数字期刊数据库。
- 掌握数字期刊数据库检索及快速检索、标准检索、高级检索和专业检索。
- 掌握期刊论文的获取方法及原文下载、阅读、摘录等技巧。

内容框架

数字期刊及检索
- 数字期刊概述
- 中国知网（CNKI）期刊检索
- 维普科技期刊检索
- 万方数据期刊检索
- 超星期刊检索
- 百度学术期刊检索
- 其他数字期刊检索

5.1 数字期刊概述

5.1.1 数字期刊简介

1. 定义

数字期刊（Digital Journal）也称为电子期刊（Electronic Journals），是以数字形式出版发行的，存储在光、磁等介质上，并可通过计算机设备在本地或远程读取、使用的连续出版物。数字期刊包括以光盘、磁盘为载体的数字期刊和网上数字期刊。其特点是传递速度快、内容丰富、使用方便、交互性强、功能强大。

数字期刊的发展大致可以分为两个阶段：

从 1991～2000 年，网上数字期刊的出版尚处于试验阶段，数量增长迅速。1994 年 4 月，世界上第一种中文网络数字期刊——《华夏文摘》的出版，标志着中文网络数字期刊的诞生。这个时期数字期刊的应用者还主要在学术界，一些网络的爱好者和学术团体承担了数字期刊出版者的角色，目的在于促进学术交流。

随着互联网的迅速发展，进入 21 世纪后，从 2002 年开始，数字期刊在技术运用上实现了历史性突破，多媒体元素的加入使数字期刊在表现形式上有了巨大变革，P2P（点对点）技术的应用是产生数字期刊全新传播方式的基础，这一阶段是数字期刊发展成型的阶段。

就广义而言，任何以数字形式存在的期刊都可称为数字期刊，涵盖通过联机网络可检索到的期刊和以 CD-ROM 形式发行的期刊。现在数字期刊已经进入第三代，和电子杂志一样，以 Flash 为主要载体独立于网站存在。数字期刊是一种非常好的媒体表现形式，它兼具了媒体平面刊物与互联网两者的特点，且融入了图像、文字、声音、视频、游戏等呈现给读者，此外，还结合了链接、及时互动等网络元素，是一种很享受的阅读方式。数字期刊延展性强，可移植到 PDA、MOBILE、MP4、PSP 及 TV（数字电视、机顶盒）等多种个人终端进行阅读。

2. 数字期刊的特点

与纸本期刊相比，数字期刊的使用除了不受时间和空间的限制外，还具有以下特点[㊀]：

（1）时效性强　时效性强是指数字期刊基于网络平台出版发行，没有传统期刊的邮寄时间，因而可以比纸本期刊更快地与读者见面；同时，越来越多的期刊通过“Article in Press”方式提供已录用的文章，当纸本期刊还在排版印刷时，读者就已经能在网上看到文章的全文了。

（2）功能强大　功能强大是指数字期刊数据库提供期刊浏览与检索、期刊导航及期刊投稿信息查询等功能。有些数字期刊数据库还提供文章的增补内容，如 Science Online 可提供与文章的结论有直接关系，但因版面限制而不能发表的文字、表格、图片等附加材料。此外，同一份数字期刊可供多位读者同时使用。

（3）信息通报　信息通报是指系统按用户设置自动将相关的最新文献信息定期发送到用户邮箱，如 Elsevier Science Direct 的 Alert 服务可提供期刊的最新目次、通报最新的文章信息以及文章最新的被引用信息等。

（4）参考文献链接　参考文献链接是指一些数字期刊数据库（如清华同方 CNKI）还提供参考文献链接（也称为引文链接）。单击参考文献的篇名就可以直接看到原文。例如，在《Nature》（自然）杂志的电子版中，每篇文章后面都会给出一系列参考文献，凡是可以通过引文链接看到原文的，均提供了“Article”链接，单击后可看到参考文献原文。当然，前提条件是用户必须购买了被链接的数字期刊的使用权。

（5）全文阅读器　全文阅读器是指阅读数字期刊全文时，一般都需要预先下载安装指定的阅读器。国外的数字期刊全文通常采用 PDF 和 HTML 两种格式；国内的三大全文数字期刊数据库各不相同，万方数字化期刊采用 PDF 格式，清华同方的中国期刊全文数据库（简称 CNKI 期刊库）采用 CAJ 专用格式和 PDF 格式，重庆维普的中文科技期刊数据库（简称维普期刊库）采

㊀ 花芳. 文献检索与利用［M］. 北京：清华大学出版社，2009：46.

用 VIP 专用格式和 PDF 格式。

（6）通过各自的平台提供服务　通过各自的平台提供服务是指国内外的综合性全文数字期刊，一般都有各自的服务平台。另外也可以使用由数字资源集成服务商所建立的服务平台，包括清华同方 CNKI 平台、EBSCOhost 平台、ProQuest 平台等。

（7）访问控制　访问控制是指数字期刊数据库一般采用 IP 地址控制访问权限，少数采用 IP + 账号密码方式；数字期刊数据库的题录信息一般是免费开放的，而全文只有订购用户才能浏览。此外，一些数字期刊数据库还有并发用户数的限制，即允许同时访问数据库的用户数量的限制。

3. 数字期刊的优点

（1）数字期刊是机读杂志，数量大　它借助计算机惊人的运算速度和海量存储，极大地提高了信息量，一般的数字期刊数据库收录数据都大于 7000 种，如中国知网 CNKI 现在收录的全部期刊 11299 种，学术期刊共 8708 种（2019 年 7 月 18 日数据）；维普资讯期刊总量 14200 余种，现刊 9400 余种。

（2）快速查询　在计算机特有的查询功能的帮助下，使人们在信息的海洋中快速寻找所需内容成为可能，如清华同方 CNKI 提供关键词、题名、作者等多种检索途径。

（3）数字期刊在内容的表现形式上是声、图、像并茂　人们不仅可以看到文字、图片，还可以听到各种音效，看到活动的图像。

总之，数字期刊可以使人们获得多种感官的享受。加上数字期刊中极其方便的电子索引、随机注释，更使得数字期刊具有信息时代的特征。

值得一提的是，随着各种传媒系统（如手机、电视系统）和计算机网络的发展，数字期刊已经打破了以往的发行、传播形式，也打破了人们传统的时空观念，它更加贴近人们的生活，增进了人与人之间思想、感情的交流，更好地满足了新时代人们对文化生活的需求。

5.1.2　期刊的数量与来源

1. 高校期刊订购数量

《普通高等学校图书馆评估指标（修改稿）》对期刊数量的要求是“中外文现刊订购量：种数与读者数之比为 40% 及以上。”这个指标应该是很高的。例如，有一万名学生规模的高校图书馆，每年征订纸本期刊 4000 种以上，这是由期刊的重要性决定的。

2. 数字期刊的来源

目前，各高校图书馆数字期刊的来源有两个途径：

（1）由大型期刊出版社提供　这多是以某个大型出版社出版的期刊为主，由于这些期刊均归属于同一出版社，因此收录比较稳定。这类数字期刊库包括：Elsevier Science、SpringerLINK、Wiley InterScience、WorldSciNet、Blackwell Synergy 等。

（2）由数据库集成商提供　这是由某个数据库集成服务商将众多出版社的期刊汇集、整合在同一个检索平台上提供服务，如 CNKI 期刊库、维普期刊库、万方数字化期刊都属于这一类。这些数据库往往包含数千种期刊，同时还可能集成有其他类型的出版物，资源丰富。但由于所收录的期刊并不是专属期刊，涉及出版社向集成服务商授权的问题，因此期刊来源往往不太稳定，且电子版通常较印刷版滞后 3～4 个月。此外，会出现许多期刊同时被多个数据库重复收录的现象。

当然，电子版较印刷版也有超前的。为了更好地服务读者，促进文化繁荣和科技发展，“中国知网”全力打造“中国知网（CNKI）高级人才快速情报服务系统”，旨在通过优先数字出版开放获取平台，为中国高级专业人才免费提供最新、最好的文献推送服务。根据用户个人定制的所属学科和研究方向（用户自己填写的关键词）通过 E-mail、手机短信和中国知网个人数字图书馆等方式推送检索到的优先数字出版论文。优先数字出版论文是即将印刷出版的期刊论文，首先在网络上优先以数字形式出版的文献。CNKI 所遴选和推送的优先数字出版论文，将在最大程度上满足读者查询的需要。

5.1.3　核心期刊

1. 核心期刊的起源

核心期刊这个概念的源头可以追溯到 19 世纪 30 年代的英国。时任南肯辛顿科学图书馆馆长的英国化学家、文献学家布拉德福（S. C. Bradford），以润滑学和应用地球物理学两个学科为个案，对馆里的 490 种期刊中的 1727 篇论文，按每种期刊载文的多少分别排序，结果发现不同学科的论文往往集中发表在少数期刊上。1934 年，他撰写了论文《专门学科的情报源》，将发表专业文章最多的那部分期刊称为核心区域；其余期刊按发表专业文章的数量递减排序，并分成若干组，统称为相继区域；核心区域的期刊由于发表特定学科的论文的密度最大，被认为对该专业的贡献最大，于是将之称为该专业的“核心期刊”。

这个发现被情报学界概括为布拉德福定律，成为情报管理的基本理论之一。在此基础上发展起来的“核心期刊”研究，其主要功用是帮助图书馆制订相应的馆藏战略，及尽可能购买和收藏使用率（重要性）排在最前面的那批刊物，以便物尽其用，满足特定读者群中多数人的需要。

美国著名情报学家、SCI 等三大引文索引的创始人加菲尔德则进一步发展了布拉德福定律，开创了以引文分析法遴选核心期刊的先河。1971 年，他对 SCI 收录的 2000 余种期刊中的 100 万篇参考文献进行统计与分析，发现 25 种期刊占全部“参考文献”的 24%，152 种期刊占全部“参考文献”的 50%。也就是说，大约 75% 的被引文献来自于较为集中的少数期刊，加菲尔德将这些期刊命名为“核心期刊（Core Journals）”，这就是著名的加菲尔德文献集中定律。加菲尔德不仅发展了布氏定律，把期刊所载论文的质量（被引用情况）列为核心期刊的首要因素，而且成功地把文献集中定律应用在引文索引的研究和开发之中，取得了极大的成功。[㊀]

在众多科研资料当中，科技工作者最常使用的是期刊。期刊内容新颖、详尽、专业，成为科技工作者交流学术思想和动态的第一阵地。近年来，期刊发行量迅速增加，种类也急速增长。对于专业研究人员来说，期刊质量是参差不齐的，有的期刊刊载了大量高质量的论文，受到科研人员的普遍重视，有的则少有高质量文章。为了方便读者能迅速查找到他们所需要的有价值的信息，核心期刊便应运而生，成为科技工作者必须阅读的直接检索刊物。

2. 核心期刊的含义

2008 年版《中文核心期刊要目总览》对核心期刊下的定义：某学科核心期刊是指发表论文数量较多，文摘率、引文率、读者利用率相对较高，在本学科学术水平较高、影响力较大的那些期刊。[㊁]核心期刊是指某学科的主要期刊。它一般是指所含专业信息量大、质量高，能够代表专业学科发展水平并受到本学科读者重视的专业期刊，也指刊载某学科学术论文较多的、论文

㊀ 尹培丽，侯汉清．核心期刊的异化及治理［J］．图书情报工作网刊，2009（7）：1-4．

㊁ 朱强，戴龙基，蔡蓉华．中文核心期刊要目总览［M］．北京：北京大学出版社，2008．

被引用较多的、受读者重视的、能反映该学科当前研究状态的、最为活跃的那些期刊。核心期刊能集中该学科的大部分重要文献，能反映该学科当前的研究状况和发展方向，其学术性强，研究成果新颖，专题集中、系统，因此是获得专业领域前沿信息的主要信息源。

如前所述，专家研究发现，在文献信息源的实际分布中，存在着一种核心期刊效应，即世界上某一专业的大量科学论文，集中在少量的科技期刊中。这一现象可以从许多领域中看到，因此，在文献情报量激增的时代，核心期刊效应引起了人们的重视。目前，确定核心期刊的方法有多种，我国一般根据以下几条原则来综合测定：

1）载文量（即刊载本学科的文献量）多的期刊。

2）被二次文献摘录量大的期刊。

3）被读者引用次数多的期刊。

核心期刊是期刊中学术水平较高的刊物，是我国学术评价体系的一个重要组成部分。它主要体现在对科研工作者学术水平的衡量方面，如在相当一批教学科研单位申请高级职称、取得博士论文答辩资格、申报科研项目、科研机构或高等院校学术水平评估等，都需要在核心期刊上发表一篇或若干篇论文。

至今，国家没有“核心期刊”方面的法规、政策或管理办法，更没有对期刊分等级、评优劣。

3. 核心期刊的特点

（1）集中性　这是核心期刊最显著的特征，即它相对集中了大量某一学科的高质量文献。而这一特性来源于核心期刊的研制基础——布拉德福定律。

（2）代表性　核心期刊上所刊登的论文质量较高，代表了该学科最新发展水平和发展方向。通过关注这些论文，研究人员可以很容易地掌握该学科最新研究成果和研究趋势。追踪这些期刊的论文，就能站在学科的最前沿，跟上学科发展的步伐。

（3）学科性　核心期刊是对学术性期刊进行的研究总结，因此具有学科性。它总是与具体学科联系在一起，在某一学科范围内成为核心期刊，在其他学科范围内往往就不再是核心期刊。但是不排除由于学科之间的交叉渗透，有些期刊可以成为多个学科领域的核心期刊。

（4）公正性和权威性　核心期刊标准的制订必须符合客观实际，因此在选择核心期刊时，不仅要进行大量的数据统计、文献计量学的详细计算，还需要各行业专家进行客观的评审和调整，保证核心期刊的公正和权威。

（5）动态性和相对性　核心期刊是一个动态的概念，核心期刊的目录不是固定不变的。随着科学技术的发展，反映和记录科学技术活动和成果的学术期刊也在发展变化，其上的论文质量也在不断地发展变化。因此核心期刊需要定期重新筛选，核心期刊目录要进行修订和完善。核心期刊与非核心期刊之间并没有不可逾越的鸿沟，它们只是一种相对的概念，是某一时间段内期刊发展的大致情形。而经过期刊的不断发展和评价指标的不断变化，原来的核心期刊可能不再属于核心期刊，而原先的非核心期刊有可能发展成为核心期刊。

目前，我国已经制订出一些比较权威的核心期刊目录。它们的制订在社会上引起了较大反响，图书情报界、学术界、出版界和科研管理部门对该项研究成果都给予了较高评价，普遍认为它适应了社会需要，为国内外图书情报部门对学术期刊的评估和选购提供了参考依据，促进了期刊编辑和出版质量的提高，已成为具有一定权威性的参考工具书。但是，人们在长期的研究过程中发现，核心期刊并不能准确体现期刊的发展状况。由于统计数据存在误差，核心期刊目录的制订和利用仍然存在一定的局限性。

除了这些权威的全国范围内各学科的核心期刊目录，一些科研院所也常常根据自己的需要对目录进行相应的修正。很多单位会结合自己的实际情况，制订出本单位承认的各种目录，称为“馆藏核心期刊”或“馆藏重要期刊”。

4. 核心期刊的作用

1）可以为图书馆期刊采购提供依据。

2）可以为图书馆导读工作和参考咨询提供依据。

3）可以为数据库建设提供支持。

4）可以为期刊扩大影响，提高学术水平服务。

5）可以为我国学术论文统计分析提供依据。

6）可以为科研绩效评价、专业职务评定提供依据。

7）可以为读者投稿提供参考。

要了解目前各专业领域的核心期刊，可查阅北京大学图书馆朱强馆长等主编的，于 2017 年出版的《中文核心期刊要目总览》（第 8 版）。

5. 国内较有影响力的核心期刊目录简介

（1）国家一级期刊目录　它是根据国务院学位委员会办公室，原国家教委研究生工作办公室确定的一级刊物，有时又称为中文重要期刊，是认定研究生教育水平的重要依据之一。国家一级期刊目录（中文重要期刊）只有 166 种，其中图书馆专业方面的只有《大学图书馆学报》和《中国图书馆学报》两种（比例情况：2017 年评出的核心期刊 1981 种，当年全部中文期刊 13953 余种）。

（2）《中文核心期刊要目总览》　该书已于 1992、1996、2000、2004、2008、2011、2014 年出版了七版，主要是为图书情报部门对中文学术期刊的评估与订购、为读者导读提供参考依据。该书由北京大学图书馆朱强馆长等任主编，北京多所高校图书馆及中国科学院文献情报中心等单位参加研究编写而成的。1992 年第 1 版收录了 2100 余种核心期刊，1996 年第 2 版收录了 1578 种核心期刊，2000 年第 3 版收录了 1571 种核心期刊，2004 年第 4 版收录了 1798 种核心期刊，2008 年第 5 版收录了 1982 种核心期刊，2011 年第 6 版收录了 1982 种核心期刊。2014 年第 7 版收录了 1983 种核心期刊。

该书第 8 版于 2017 年出版，主要是为图书情报部门对中文学术期刊进行评估与订购、以及为读者导读提供参考依据。为了及时反映中文期刊发展变化的新情况，编者开展了新一版核心期刊的研究工作。课题组认真总结了前 7 版的研制经验，对核心期刊评价的基础理论、评价方法、评价软件、核心期刊的作用与影响等问题进行了深入研究，在此基础上，进一步改进评价方法，使之更加科学合理，力求使评价结果尽可能准确地揭示中文期刊的实际情况。本版核心期刊定量评价，采用了被摘量（全文、摘要）、被摘率（全文、摘要）、被引量、他引量（期刊、博士论文、会议）、影响因子、他引影响因子、5 年影响因子、5 年他引影响因子、特征因子、论文影响分值、论文被引指数、互引指数、获奖或被重要检索工具收录、基金论文比（国家级、省部级）、Web 下载量、Web 下载率等 16 个评价指标，选作评价指标统计源的数据库及文摘刊物达 49 种，统计到的文献数量共计 93 亿余篇次，涉及期刊 13953 种。参加核心期刊评审的学科专家近 8 千位。经过定量筛选和专家定性评审，从我国正在出版的中文期刊中评选出 1981 种核心期刊，分属 7 大编 78 个学科类目。该书由各学科核心期刊表、核心期刊简介、专业期刊一览表等几部分组成，不仅可以查询学科核心期刊，还可以检索正在出版的学科专业期刊，是图书情报等部门和期刊读者不可或缺的参考工具书。

(3)《中国科技论文统计源期刊》 它是中国科学技术信息研究所（ISTIC）受国家科技部委托，按照美国费城的科学情报研究所（ISI）《期刊引证报告》（JCR）的模式，结合中国科技期刊发展的实际情况，选择了“总被引频次、影响因子、年指标、自引率、他引率、普赖斯指数、引用半衰期、被引半衰期、老化系数、来源文献量、参考文献量、平均引用率、平均作者数、地区分布数、机构数、国际论文比、基金论文比”17项期刊评价指标编制的。最早发布于1987年，以后不断有调整和重新发布。2008年版收录了1765种期刊，2017年收录了2048种期刊。《中国科技论文统计源期刊》对中国广大科技工作者、期刊编辑部和科研管理部门能够快速地评价期刊，客观准确地选择和利用期刊提供了依据，也为广大科研人员和科技期刊客观了解自身的学术影响力，提供了公正、合理、客观、科学的评价依据。

(4)《中国科学引文数据库》(Chinese Science Citation Database，简称CSCD) CSCD是我国第一个引文数据库。1995年CSCD出版了我国的第一本印刷本《中国科学引文索引》，1998年出版了我国第一张中国科学引文数据库检索光盘，1999年出版了基于CSCD和SCI数据，利用文献计量学原理制作的《中国科学计量指标：论文与引文统计》，2003年CSCD上网服务，推出了网络版，2005年CSCD出版了《中国科学计量指标：期刊引证报告》。2007年中国科学引文数据库与美国Thomson－Reuters Scientific合作，中国科学引文数据库以ISI Web of Knowledge为平台，实现与Web of Science的跨库检索，中国科学引文数据库是ISI Web of Knowledge平台上第一个非英文语种的数据库。CSCD被誉为“中国的SCI”。

中国科学引文数据库来源期刊每两年遴选一次。每次遴选均采用定量与定性相结合的方法，定量数据来自于中国科学引文数据库，定性评价则通过聘请国内专家定性评估对期刊进行评审。定量与定性综合评估结果构成了中国科学引文数据库来源期刊。中国科学引文数据库来源期刊分为核心库和扩展库两部分。如：

2009—2010版本，CSCD共收录了1047种，其中核心库期刊669种，扩展库期刊378种。

2011—2012版本，CSCD共收录了1124种，其中核心库期刊751种，扩展库期刊373种。

2015—2016版本，CSCD收录1200种，其中核心库期刊872种，扩展库期刊328种。

2017—2018版本，CSCD收录了1229种，其中核心库期刊887种，扩展库期刊342种。㊀

(5)《中文社会科学引文索引》(Chinese Social Sciences Citation Index，CSSCI) 它是由南京大学中国社会科学研究评价中心于1997年研制开发，后有香港科技大学加盟。1998年首批入选期刊496种，1999年收录社会科学领域的中文期刊506种，2000～2002年收录419种，2003年收录418种，CSSCI（2014—2015）来源期刊收录了533种质量较高、影响较大、编辑出版比较规范的中国内地和海外地区出版的人文社会科学学术期刊。CSSCI参照国外的著名检索工具SCI和我国CSCD的做法调整选定。CSSCI是国家教育部人文社会科学研究重大项目，是我国第一个大型人文社会科学引文数据库，在国内学术界有重大影响。

5.1.4　著名期刊检索工具

1. 美国费城的科学信息研究所的期刊检索工具

位于美国费城的科学信息研究所（Institute for Scientific Information，简称ISI，网址：http://www.isinet.com)，是美国人尤金·加菲尔德（Eugene Garfield）于1960年创办的一家私人公司，

㊀ 长沙理工大学科学研究部．CSCD 2017－2018核心库来源期刊目录（887种）［EB/OL］．（2017－04－24）．［2018－9－12］．http://www.csust.edu.cn/kxyjb/info/1056/2873.htm.

先后出版了当今世界上著名的期刊文献检索工具：SCI（科学引文索引）、SSCI（社会科学引言索引）、ISR（科学评论索引）、A&HCI（艺术人文引文索引）、JCR（期刊引用报告）和 Web of Science（科学引文索引网络版）。

（1）SCI——《科学引文索引》SCI（Science Citation Index） 创刊于 1963 年，是美国费城的科学信息研究所（ISI）出版的一部世界著名的期刊文献检索工具。

SCI 收录全世界出版的数、理、化、农、林、医、生命科学、天文、地理、环境、材料、工程技术等自然科学各学科的核心期刊约 3500 种；扩展版收录期刊 5800 余种。ISI 通过它严格的选刊标准和评估程序挑选刊源，而且每年略有增减，从而做到其收录的文献能全面覆盖全世界最重要、最有影响力的研究成果。所谓最有影响力的研究成果，是指报道这些成果的文献大量地被其他文献引用，即通过先期的文献被当前文献的引用，来说明文献之间的相关性及先前文献对当前文献的影响力。这使得 SCI 不仅作为一部文献检索工具使用，而且成为对科研进行评价的一种依据。科研机构被 SCI 收录的论文总量，反映出整个学术团体的研究水平，尤其是基础研究的水平；个人的论文被 SCI 收录的数量及被引用次数，反映出个人的研究能力与学术水平。

1）SCI 的特点：

① 有利于了解某位著者或某一机构发表论文的数量及其影响的情况。SCI 收录的期刊均是学术价值较高、影响较大的国际科技期刊。因此，一个国家和地区乃至个人的学术论文被 SCI 收录和引用的数量多少，则是其科研水平、科研实力和科研论文质量高低的重要评价指标。同时也可反映出一个国家或地区或单位的科学活动在世界上的地位和比重。近年来，我国高等院校和科研单位都十分重视本单位科研人员被 SCI 收录的论文数量，并制定了相应的奖励政策，以便迅速提高本单位在相关研究领域的知名度与国际影响力。

② 有利于了解世界范围内某一学科的研究动态。SCI 收录世界各国自然科学领域所有最新研究成果，反映学科最新研究水平。例如，利用 SCI 进行循环检索，就能逐步了解动物学前沿的进展情况，并能及时了解和捕捉国内外动物学领域及相关领域最新科研信息和研究动态。从而准确把握学科研究的方向和可能出现的重大进展，使科研成果在深度和广度上得到开拓。

③ 有利于了解研究热点及某篇论文的被引用情况。进入现代社会，几乎所有科学研究活动都是在继承、借鉴和积累的基础上得到提高和发展的。科技论文的发表必须建立在科学论证的基础上，在科技论文后面往往列有多篇参考文献。SCI 就是从这个角度，对公开发表又被他人引用过的文献建立起的一种独特索引，它可以把绝大多数内容相关的文献联系起来，将引用同一篇旧文献的所有新文献全部组合在一起，以便通过一篇文献找到其引用的参考文献。因此说，利用 SCI 可以使我们清楚地了解某项研究成果的继承与发展全貌。就某篇论文而言，被引用的次数越多说明该论文受关注的程度越高，其学术影响力越大。高引频论文常常表现为该论文研究的内容是某一时期该领域的研究热点。

2）SCI 的主要作用：

① 通过文献间的引用和被引用关系，了解某一学术问题或观点的起源、发展、修正及研究进展。

② 评价科学文献、学术期刊和专著的学术水平的参考工具。一般来说，高质量的学术期刊被引的频次较高。根据引文索引提供的引证数据有助于评价科技期刊的质量，确定某个学科的核心期刊。1975 年，ISI 在 SCI 的基础上推出期刊引用报告（Journal Citation Report，JCR），提供了一套统计数据，展示学术期刊的被引用情况，发表论文的数量以及论文的平均

被引用情况。

③ 作为科研机构和科研人员绩效评价的参考工具。引文索引有助于评价科学著作的价值和生命力、科学工作者的能力及其研究工作所产生的社会效果。科研机构被SCI收录的论文总量，反映整个机构的科研，尤其是基础研究的水平；个人的论文被SCI收录的数量及被引用次数，反映他的研究能力与学术水平。

④ 作为文献检索的一种工具。引文索引提供了一种全新的文献检索手段，即从已知的某一作者的一篇论文开始，查到所有引用过这一论文的其他论文，再以这些引用论文的作者为新的检索起点，查到更多地被引用论文。经过多轮循环，可以检索到大量相关的文献线索。

（2）SSCI——《社会科学引文索引》SSCI（Social Sciences Citation Index） 创刊于1973年，为SCI的姊妹篇，也由美国费城的科学信息研究所（ISI）创建的综合性社科文献数据库，是目前世界上可以用来对不同国家和地区的社会科学论文的数量进行统计分析的大型检索工具。1999年，SSCI全文收录1809种世界最重要的社会科学期刊，内容覆盖包括人类学、法律、经济、历史、地理、心理学区域研究、社会学、信息科学等55个领域。收录50个语种的1700多种重要的国际性期刊，累计约350万条记录，文献类型包括研究论文、书评、专题讨论、社论、人物自传、书信等。选择收录（Selectively Covered）期刊为1300多种。

（3）ISR——《科学评论索引》ISR（Index to Scientific Reviews） 创刊于1974年，由美国费城的科学信息研究所（ISI）编辑出版，收录世界各国2700余种科技期刊及300余种专著丛刊中有价值的评述论文。高质量的评述文章能够提供本学科或某个领域的研究发展概况、研究热点、主攻方向等重要信息，是极为珍贵的参考资料。

（4）A&HCI——《艺术人文引文索引》A&HCI（Arts & Humanities Citation Index） 1978年创刊，为美国费城的科学信息研究所（ISI）建立的综合性艺术与人文类文献数据库，包括语言、文学、哲学、亚洲研究、历史、艺术等内容。收录1400多种国际权威的期刊，累计200余万条记录。

（5）JCR——《期刊引用报告》JCR（Journal Citation Reports） 是美国费城的科学信息研究所（ISI）从1975年起，每年出版的期刊引用报告。它是对包括SCI收录的3500种期刊在内的4700种期刊之间的引用和被引用数据进行统计、运算，并针对每种期刊定义了影响因子（Impact Factor）等指数加以报道。一种期刊的影响因子，指该刊前两年发表的文献在当年平均被引用次数。一种刊物的影响因子越高，其刊载的文献被引用率越高，说明这些文献报道的研究成果影响力大，该刊物的学术水平高。论文作者可根据期刊的影响因子排名决定投稿方向。

1）JCR常用词语解释：

① Citation，引文。一篇文章的参考文献称为引文，该篇文章称为来源文献。

② Citation Index，引文索引。反映文献之间引用和被引用关系及规律的一种新型的索引工具。以作者姓名（被引作者）为检索起点，查找该作者历年发表的论文曾被哪些人（引用作者）或被哪些文章（来源文献）引用过，并查出这些来源文献的题录和引用作者所在的单位。

③ Citing，引用。

④ Citing Author，引用作者即来源文献的作者。

⑤ Cited，被引用。

⑥ Cited Author，被引作者即参考文献的作者。

⑦ Cites，引用（被引用）次数。总被引频次是指该期刊自创刊以来所登载的全部论文在统计当年被引用的总次数。这是一个非常客观、实际的评价指标，可以显示该期刊被使用和受重视的程度，以及在科学交流中的作用和地位。

⑧ Source Item，来源文献。刊载来源文献的期刊或专著丛书等称为来源出版物（Source Publications）。

2）JCR 各项指数的计算方法㊀。JCR 中定义了影响因子（Impact Factor）、立即指数（Immediacy Index）、被引用半衰期（Cited Half Life）和引用半衰期（Citing Half Life）等 4 项指数（重庆维普资讯的《中文科技期刊评价报告》就是采用 JCR 这套指标体系统计的）。

① 影响因子。影响因子（Impact Factor，I_F）是指某一期刊的文章在特定年份或时期被引用的频率，是衡量学术期刊影响力的一个重要指标，影响因子可测度近年期刊的学术影响力。该项指标用论文平均被引率反映了期刊近期在科学发展和文献交流中所起的作用。

影响因子定义：某期刊前两年发表论文的被引次数占前两年论文总量的比值（相对数量指标），即影响因子=(该期刊前两年发表论文在统计当年被引用的总次数)／(该期刊前两年发表论文总数)。其计算公式为

$$I_F\ (k)\ =(C_{k-1}+C_{k-2})/(A_{k-1}+A_{k-2})$$

式中，k 为某年；$A_{k-1}+A_{k-2}$ 为该期刊在前两年发表的论文总数量；$C_{k-1}+C_{k-2}$ 为该期刊在 k 年被引用的总数量。

以 1996 年《Science》期刊为例：

$I_F\ (1996)=(C_{1995}+C_{1994})/(A_{1995}+A_{1994})$

其中，

A_{1995}=1995 年发表论文的篇数=1037(篇)

A_{1994}=1994 年发表论文的篇数=1054(篇)

C_{1995}=1995 年发表的论文在 1996 年被引用的次数=24189(次)

C_{1994}=1994 年发表的论文在 1996 年被引用的次数=25170(次)

$I_F\ (1996)=(C_{1995}+C_{1994})/(A_{1995}+A_{1994})=(24189+25170)/(1037+1054)=23.605$(次/篇)

影响因子的意义：该指标是相对统计值，可克服期刊由于载文量不同所带来的偏差。一般来说，影响因子越大，其学术影响力也越大。

一种期刊的影响因子越大，即其刊载的文献被引用率越高。一方面，说明这些文献报道的研究成果影响力大；另一方面，反映该期刊的学术水平高。因此，JCR 以其大量的期刊统计数据及计算的影响因子等指数，而成为一种期刊评价工具。图书馆可根据 JCR 提供的数据制定期刊征订政策；论文作者可根据期刊的影响因子排名决定投稿方向。

② 立即指数。立即指数（Immediacy Index，I_X）也称即年指标，是一个表征期刊即时反应速率的指标，主要描述期刊当年发表的论文在当年被引用的情况。

即年指标定义：某期刊当年发表论文的被引用次数与该期刊当年发表论文总数的比值，即立即指数（I_X）=该期刊当年发表论文的被引用次数/该期刊当年发表论文总数。

以 1996 年《Science》杂志为例：

$$I_X(1996)=C_{1996}/A_{1996}$$

㊀ 清华大学图书馆. JCR 常用词语解释及重要指数计算方法［EB/OL］.（2010-04-08）［2019-10-01］. http://lib.tsinghua.edu.cn/service/SCIcenter/sciimpac.html.

其中，

A_{1996}=1996 年发表论文的篇数=1095（篇）

C_{1996}=1996 年发表的论文在当年被引用的次数=5297（次）

I_X（1996）=C_{1996}/A_{1996}=5297/1095 =4.837（次/篇）

③ 被引用半衰期。被引用半衰期（Cited Half Life，L_D）是指该期刊在统计当年被引用的全部次数中，较新的一半是在多长一段时间内发表的。该指标可测度期刊文献老化的速度。文献的半衰期受学科的内容、性质等因素的制约。一般来说，比较稳定的学科，其期刊半衰期要比正在经历重大变化的学科，或者说发展较快、较活跃的学科期刊的半衰期长；基础理论学科的期刊半衰期要比技术学科的期刊半衰期长；历史悠久学科的期刊半衰期要比新兴学科的期刊半衰期长。

被引用半衰期定义：某期刊现尚在被引用的全部论文中较新的一半的年代跨度。

以 1996 年《Science》期刊被引用次数统计为例，见表 5-1。

表 5-1　《Science》期刊 1996 年被引用次数统计

出　版　年	1996	1995	1994	1993	1992	1991	…	全　部
1996 年被引用次数	5297	24198	25170	23762	20697	17637		221696
累积百分比（%）	2.38	13.29	24.65	35.37	44.70	52.66		
年　　数	1	2	3	4	5	6		

L_D = 5（累积百分比接近 50% 的年数）+(50-44.7)/(52.66-44.7)=5.6(年)

④ 引用半衰期。引用半衰期（Citing Half Life，L_G）可测量期刊文献老化的速度。文献的引用半衰期受学科的内容、性质等因素的制约。

引用半衰期定义：某期刊现尚在引用的全部论文中较新的一半的年代跨度。

以 1996 年《Science》期刊引用次数统计为例，见表 5-2。

表 5-2　《Science》期刊 1996 年引用次数统计

出　版　年	1996	1995	1994	1993	1992	1991	…	全　部
1996 年引用次数	2792	6678	5553	4352	3240	2577		39958
累积百分比（%）	6.98	23.69	37.59	48.48	56.59	63.04		
年　　数	1	2	3	4	5	6		

L_G = 4(累积百分比接近 50% 的年数)+(50-48.48)/(56.59-48.48)=4.1(年)

被引用半衰期和引用半衰期都是测量期刊老化速度的一种指标。这两种半衰期通常不是针对个别文献或某一组文献，而是指某一学科或专业领域的文献总和而言的。

（6）Web of Science——《科学引文索引》（SCI 网络版）ISI　是世界闻名的从事科技信息研究、出版和服务的机构。著名的科技信息检索工具——《科学引文索引》（Science Citation Index，SCI）即是 ISI 的产品。SCI 通过独特的引文索引法揭示科技文献之间的内在逻辑与联系，反映文献之间引用与被引用的关系，体现了科学和技术的发展过程，同时帮助研究人员了解自己著作的被引用率和持续时间，从而估计其影响力。多年来，SCI 在科学界得到了广泛的应用，发表的学术论文被 SCI 收录或引用的数量，已被世界上许多大学作为评价学术水平的一个重要标准，大大促进了科学研究的发展。

1）SCI 主要发行三个版本：纸质版、光盘版及 Internet Web 版。Web of Science 即是《科学引文索引》（SCI）网络版。SCI 在 1997 年推出了网络版的数据库，一经推出即获得了用户的普遍好评。与 SCI 的光盘版相比，Web of Science 的信息资料更加翔实，其中的 Science Citation Index Expand 收录全球 5600 多种权威性科学与技术期刊，比 SCI 光盘增加 2100 种；Web of Science 充分地利用了网络的便利性，功能更加强大，彻底改变了传统的文献检索方式，运用通用的网络浏览器界面，全新的网络超文本格式，将所有的信息相互关联，只需轻按鼠标，即可获取想要的信息资料；Web of Science 更新更加及时，数据库每周更新，确保及时反映研究动态。

2）Web of Knowledge 是一个基于互联网所建立的新一代学术信息资源整合体系。目前，Web of Knowledge 平台的数据库还有会议录、德温特专利、现刊题录、化学数据库、生物科学数据库、期刊分析报告等七大类数据库。

① Web of Science（WOS，包括 SCI-Expanded、SSCI、A&HCI）。

② ISI Proceedings（包括 ISTP、ISSHP）。

③ Derwent Innovations Index（德温特专利）。

④ Current Contents Connect（CC，现刊题录）。

⑤ ISI Chemistry（化学数据库）。

⑥ BIOSIS Previews（BP，生物科学数据库）。

⑦ Journal Citation Reports（JCR，期刊引用报告）。

3）Web of Science 由三个独立的数据库构成。

① Science Citation Index ExpandedTM（科学引文索引，SCI），每周更新，收录 5600 多种权威性科学与技术期刊，可追溯至 1973 年。

② Social Science Citation Index（社会科学引文索引，SSCI），每周更新，收录 1700 多种社会科学期刊，可追溯至 1973 年。

③ Arts & Humanities Citation Index（艺术与人文科学引文索引，A&HCI），每周更新，收录全球 1140 种艺术与人文科学期刊，可追溯至 1975 年。

它们既可以分库检索，也可以多库联检。如果需要跨库检索，可选择“CrossSearch”，即能在同一平台同时检索 5 个数据库。

4）最与众不同的功能。该库不仅将登载在期刊文章中的相关书目资料（如作者、篇名、出处、摘要等）完整呈现出来，而且包括了该篇文章所引用的参考文献。经由 ISI 公司独家设计的被引用文献检索（Cited Reference Search）功能，可帮助研究人员迅速找到相关研究的文献资料。

5）引文检索独有的功能。

① 跨学科检索来自科学技术、社会科学和人文科学三大领域 230 门学科的学术文献。

② 查询引用过某一研究领域的文献，客观评估该项研究工作在全球学术界的影响力。

③ 查找某项重要理论或概念的由来。

④ 了解自己以及同行业竞争者研究工作的进展与影响，做到知己知彼。

⑤ 追踪当前的研究热点。

⑥ 查询某一理论是否仍然有效，而且已经得到证明；或者相反，该理论已经被修正过；考证基础理论研究如何转化到应用领域。

⑦ 证明某一理论或概念的独特性。

2. EI——美国工程信息公司的《工程索引》

《工程索引》（The Engineering Index，EI）创刊于1884年，是由美国工程信息公司（Engineering Information Inc.）出版的著名工程技术类综合性检索工具。EI每月出版1期，文摘1.3万~1.4万条；每期附有主题索引与作者索引；每年还另外出版年卷本和年度索引，年度索引还增加了作者单位索引。收录文献几乎涉及工程技术各个领域，如动力、电工、电子、自动控制、矿冶、金属工艺、机械制造、土建、水利等。它具有综合性强，资料来源广，地理覆盖面广，报道量大，报道质量高，权威性强等特点。

EI选用世界上几十个国家和地区15个语种的工程技术类3500余种期刊和1000余种会议录、科技报告、标准、图书等出版物，年报道文献量16万余条。

（1）EI发展的几个阶段　EI于1884年创办至今，拥有月刊、年刊的印刷版。20世纪70年代，创办电子版数据库（Compendex），并通过Dialog等大型联机系统提供检索服务；80年代，光盘版数据库（CD-ROM，Compendex）问世；90年代，开始提供网络版数据库（EI Compendex Web），推出了工程信息村（Engineering Information Village）；2000年8月，EI推出Engineering Information Village-2版本（EV2），对文摘录入格式进行了改进。

（2）EI Compendex网络版　EI Compendex网络版（简称EI网络版）由Elsevier Engineering Information Inc.编制，是目前全球最全面的工程检索数据库，收录文献来源于世界50余个国家、15种文字的5100种出版物，文献类型主要为工程类期刊、会议论文集和技术报告的超过700万篇论文的参考文献和摘要，但不报道纯理论性文献和专利文献。数据库涵盖工程和应用科学领域的各学科，涉及核技术、生物工程、交通运输、化学和工艺工程、照明和光学技术、农业工程和食品技术、计算机和数据处理、应用物理、电子和通信、控制工程、土木工程、机械工程、材料工程、石油、航空、汽车工程以及这些领域的子学科与其他主要的工程领域。

EI网络版可以检索到1970年至今的文献，数据库每年增加选自超过175个学科和工程专业的大约25万条记录；EI网络版数据库每周更新数据，以确保用户可以跟踪其所在领域的最新进展。EI网络版是全世界最早的工程文摘来源；EI网络版收录的文献涵盖了所有的工程领域，其中大约22%为会议文献，90%的文献语种是英文。

EI在1992年开始收录中国期刊。1998年EI在清华大学图书馆建立了EI中国镜像站。为了让中国用户与全球用户同步使用EV2数据库，美国工程信息公司实施EV2中国用户的平台转换工作，转换时间是2011年4月27日。平台转换后，成员全部通过国际站点访问EV2数据库，清华镜像站点停止使用。用户再登录清华镜像站点，将会弹出信息提醒用户使用国际站点。

2009年以前，EI把它收录的论文分为两个档次：

1）EI Compendex标引文摘（也称为核心数据）。它收录论文的题录、摘要，并以主题词、分类号进行标引深加工。有没有主题词和分类号，是判断论文是否被EI正式收录的唯一标志。

2）EI Page One题录（也称为非核心数据）。它主要是以题录形式收录，有的也带有摘要，但未进行深加工，没有主题词和分类号。所以，Page One题录文摘不一定算作正式进入EI。EI Compendex数据库从2009年1月起，所收录的中国期刊数据不再分核心数据和非核心数据。

（3）EI对稿件内容和学术水平的要求

1）具有较高学术水平的工程论文，涵盖的学科有：

① 机械工程、机电工程、船舶工程、制造技术等。

② 矿业、冶金、材料工程、金属材料、有色金属、陶瓷、塑料及聚合物工程等。

③ 土木工程、建筑工程、结构工程、海洋工程、水利工程等。

④ 电气工程、电厂、电子工程、通信、自动控制、计算机、计算技术、软件、航空航天技术等。
⑤ 化学工程、石油化工、燃烧技术、生物技术、轻工纺织、食品工业。
⑥ 工程管理。
2）国家自然科学基金资助项目、科技攻关项目、“863”高技术项目等。
3）论文达到国际先进水平，成果有创新。

3. ISTP—— 美国费城的科学信息研究所的《科技会议录索引》

《科技会议录索引》（Index to Scientific & Technical Proceedings，ISTP）创刊于 1978 年，由美国费城的科学信息研究所编辑出版。该索引收录生命科学、物理与化学科学、农业、生物和环境科学、工程技术和应用科学等学科的会议文献，包括一般性会议、座谈会、研究会、讨论会、发表会等。其中工程技术与应用科学类文献约占 35%，其他涉及学科基本与 SCI 相同。

ISTP 收录论文的多少与科技人员参加的重要国际学术会议多少或提交、发表论文的多少有关。我国科技人员在国外举办的国际会议上发表的论文占被收录论文总数的 64.44%。

在 ISTP、EI、SCI 这三大检索系统中，SCI 最能反映基础学科研究水平和论文质量，该检索系统收录的科技期刊比较全面，可以说它集中了各个学科高质量优秀论文的精粹，该检索系统历来都是世界科技界密切注视的中心和焦点。ISTP、EI 这两个检索系统在评定科技论文和科技期刊的质量标准方面相对较为宽松。

5.2 中国知网（CNKI）期刊检索

5.2.1 CNKI 概述

1. CNKI 主页

中国知网（CNKI）2013 年对旧版主页进行了改版，实现了一站式检索服务，网址：http://www.cnki.net/，页面如图 5-1 所示。

图 5-1　中国知网（CNKI）2013 年版本首页

中国知网（CNKI）2013 年版本，主要功能是实现了“文献、期刊、博硕论文、会议、报纸、年鉴、百科、专利、标准”等各类文献的一站式检索服务。现在很多高校都在使用这个版本，且读者已经熟悉它的检索使用方法。

中国知网（CNKI）2017 年版主页，如图 5－2 所示。

图 5－2　中国知网（CNKI）2017 年版主页（文献检索页面）

虽然中国知网 2013 年版本和 2017 年版本主页界面有差异，但是第 2 级页面和后台数据都基本相同，如期刊、博硕论文、会议、报纸、年鉴、百科、专利、标准等检索基本一致。

2017 年版本主页上提供了“文献检索、知识元检索、引文检索”三个入口。

1）文献检索页面就是主页，如图 5－2 所示。现在的 CNKI 平台实现了中外文混检，CNKI 平台按照文献类型重新组织中外文资源，实现了中、外文文献的合并检索和统一排序。读者也可以按照自己的需求，在检索结果中切换显示“中文文献”或“外文文献”。文献检索既可选择跨库检索，也可选择单库检索。

2）知识元检索，如图 5－3 所示。

图 5－3　中国知网（CNKI）2017 年版知识元检索页面

知识元检索的内容有：知识问答、百科、词典、手册、工具书、图片、统计数据、指数等。

3）引文检索，可以对“被引题名、被引作者、被引第一作者、被引单位、被引来源、被引文献关键词、被引摘要、被引文献分类号”等内容进行检索。

2. CNKI 的文献资源库及类型

这里介绍 CNKI 文献资源库及类型的目的，是告知读者，在中国知网（CNKI）上读者可以检索和利用的文献资源库及类型。建议读者在获取文献资源时，以 CNKI 检索平台为主并熟练掌握检索方法，其他的平台为辅助，以便在需要时进行快速检索与利用。

（1）主要源数据库

1）期刊：《中国学术期刊（网络版）》、中国学术辑刊全文数据库、世纪期刊。

2）学位论文：中国博士学位论文全文数据库、中国优秀硕士学位论文全文数据库。

3）报纸：中国重要报纸全文数据库。

4）会议：中国重要会议论文全文数据库、国际会议论文全文数据库。

5）医药：人民军医知识库、人民军医出版社图书数据库。

6）专利：中国专利全文数据库（知网版）、海外专利摘要数据库（知网版）。

7）标准：国家标准全文数据库、国内外标准题录数据库、中国行业标准全文数据库。

（2）特色资源　中国年鉴网络出版总库、中国经济社会发展统计数据库、中国经济信息文献数据库、中国法律知识资源总库法律法规库、中国科技项目创新成果鉴定意见数据库（知网版）、中国工具书网络出版总库 4.0 版公测版、中国工具书网络出版总库、汉语大词典 & 康熙字典（知网版）、商务印书馆·精品工具书数据库、建筑工程造价预算与规范数据库、中国规范术语：全国科学技术名词审定委员会公布名词（免费）、古籍（国学宝典）、CNKI 学术图片知识库、CNKI 外观专利检索分析系统、职业教育特色资源总库、国家职业标准、职业技能视频、职业技能图书等。

（3）国外文献资源　EBSCO ASRD – 学术研发情报分析库、EBSCO BSC – 全球产业（企业）案例分析库、EBSCO EPS – 国际能源情报分析库、EBSCO MGC – 军事政治情报分析库、DynaMed – 循证医学数据库、Springer 期刊数据库、Taylor & Francis 期刊数据库、Wiley（期刊/图书）、Emerald 期刊、IOS 期刊数据库（知网版）、ProQuest 期刊、PubMed 期刊、IOP 期刊、美国数学学会期刊、英国皇家学会期刊、汉斯期刊、剑桥大学出版社期刊、Frontiers 系列期刊数据库、Academy 期刊、Annual Reviews 期刊、Bentham 期刊、伯克利电子期刊、Earthscan 期刊、Hart 出版社期刊等。

5.2.2　CNKI 文献检索频道

1．文献检索频道的跨库选择

打开 CNKI 主页（http://www.cnki.net），进入主页的文献检索频道，如图 5－4 所示。

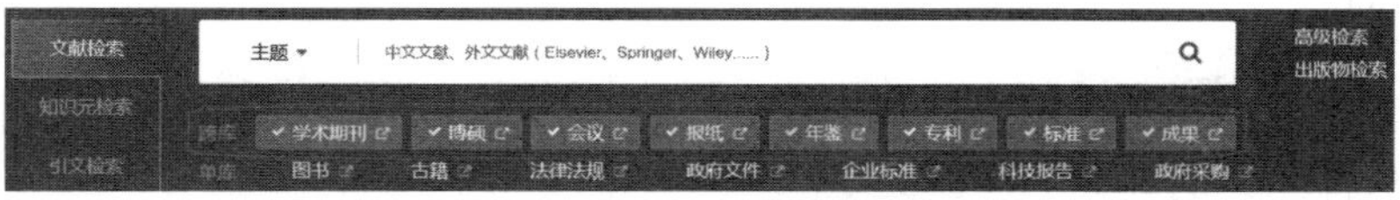

图 5－4　文献检索频道的跨库选择

1）关于跨库检索：可以选择控制在 1～8 个数据库中进行检索，系统默认的文献检索是在“学术期刊、博硕、会议、报纸”4 个数据库中进行检索。如果读者还想增加数据库，可添加“年鉴、专利、标准、成果”等，方法是用鼠标选中该数据库（即在数据库方框内打钩），如图 5－4 最多可以添加 8 个数据库。如果读者很明确是在学术期刊中检索，则可以取消博硕论文、会议论文、报纸数据库等，取消的方法是单击一下数据库前面的方框，取消方框内的对钩。读者根据检索内容的需要，合理选择包含检索内容的数据库，会节省检索时间。全选 8 个数据库时，检索会在全部数据库中进行，会增加检索量，检索时间也相应延长。

2）关于单库检索：文献检索频道下面列出了可以单独进行的文献检索，有图书、古籍法律法规、政府文件、企业标准、科技报告、政府采购等数据库，如图 5－5 所示。

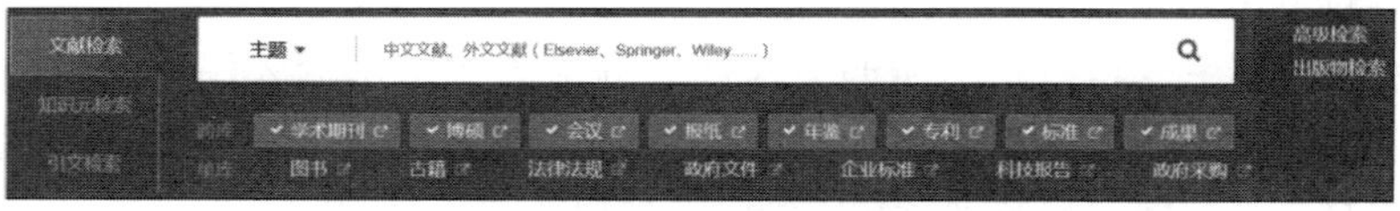

图 5－5　文献检索频道的单库检索

2. 文献检索频道的途径选择

通过上面文献频道的跨库选择之后，接着进行的是选择检索途径：系统提供了“主题、关键词、篇名、全文、作者、单位、摘要、被引文献、中图分类号、文献来源”等10个检索途径，读者可通过下拉菜单选择，如图5－6所示。

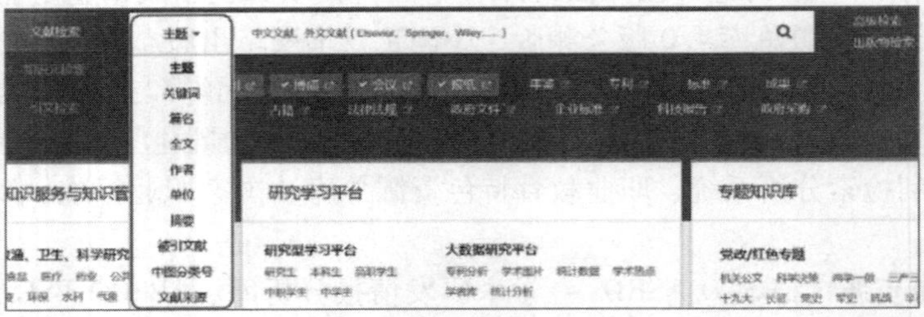

图5－6　文献检索频道的途径选择

如果读者不作任何选择，系统默认是主题，读者在检索框中输入中文文献或外文文献的主题词就可以检索了。

提醒读者注意：检索途径与检索词之间有严格的相关性，如检索途径选择“篇名”，检索词就填写“文章标题名称”；如检索途径选择“作者”，检索词就填写“作者姓名”。

文献检索频道的检索框中可以输入中文文献、外文文献或中外文混合检索，检索结果可选择按中文排序，或者按外文排序。

3. 文献频道的高级检索

在文献频道页面，检索框右边有“高级检索”，单击“高级检索”后，进入文献频道高级检索页面，如图5－7所示。

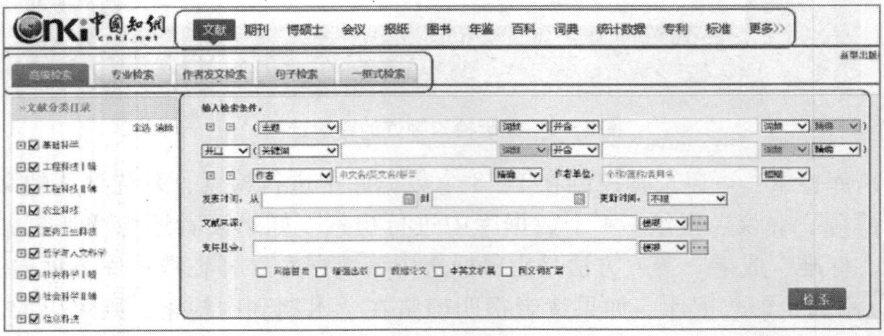

图5－7　文献频道的高级检索页面

实际上，从2017年版主页进入高级检索页面，会发现2017年版高级检索页面沿用了2013年版本的高级检索页面，在图5－7这个高级检索页面上方的文献频道排列就是2013年版本，有“文献、期刊、博硕士、会议、报纸、图书、年鉴、百科、词典、统计数据、专利、标准”等频道，两个版本的高级检索页面和内容都相同的。

文献检索的高级检索支持空检。所谓空检就是在检索框中不输入任何检索词，直接单击检索按钮，找到130225404条结果条结果（2019年7月18日数据），这个数据反映了文献资源池里的元数据量的多少，同时可以检验CNKI检索系统是否工作正常。

由图5－7还可知：文献频道检索支持“高级检索、专业检索、作者发文检索、句子检索、一框式检索”5 种。

由文献高级检索页面可知，系统设置了很多可选择的检索条件，目的是使检索结果更加精确。在 CNKI 的文献高级检索中，系统提供了“输入检索条件”。

输入检索条件有：主题、关键词、篇名、摘要、全文、被引文献、中图分类号等；检索框可根据检索内容多少按⊞增加，或按⊟减少，最多可增加到 7 个检索框，各检索框的检索词之间可用“与、或、非”三种布尔逻辑运算关联，这里是用“并含、或含、不含”代替“与、或、非”，还有“词频”“精确”“模糊”来控制检索结果。

输入检索条件还有：发表时间、文献来源、支持基金等选择控件条件。作者项和作者单位也可以按⊞增加，或按⊟减少，最多可增加到 5 位作者。

文献频道的高级检索全部条件页面如图 5－8 所示。

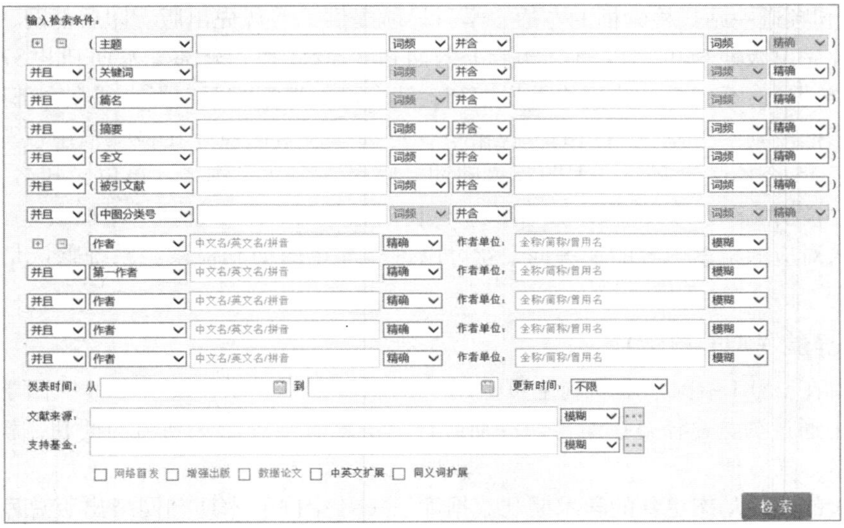

图 5－8　文献频道的高级检索全部条件页面

5.2.3　CNKI 学术期刊检索

在中国知网（CNKI）2017 年版主页（cajn. cnki. net/cajn）中部，显示“中国学术期刊（网络版）& 中国学术期刊网络出版总库”图标，它是 CNKI 最重要的资源库，点击它后进入学术期刊总库主页，如图 5－9 所示。

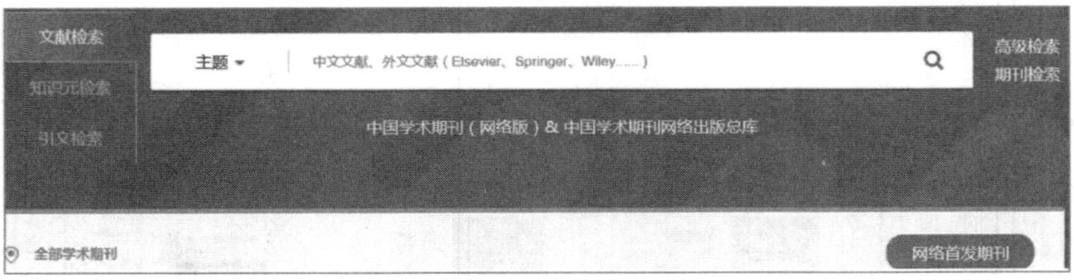

图 5－9　CNKI 学术期刊总库主页（2017 年版）

1. 一站式检索框

CNKI 期刊频道一站式检索框，如图 5－10 所示。

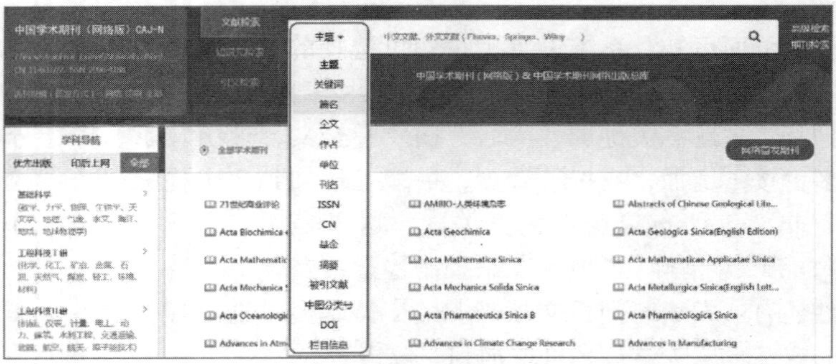

图 5-10　期刊频道的一站式检索框

CNKI 期刊频道一站式检索框的左边，学科导航提供了“优先出版、印后上网、全部”三个选项，其中优先出版期刊共 2517 种、印后上网期刊共 5082 种、全部学术期刊共 8708 种（2019 年 7 月 18 日数据）。系统默认是网络首发期刊，读者可以根据需要选择，或在全部期刊中检索。

通过检索框左则“主题”右边的下拉菜单，可选择检索途径并在检索框中填写内容，系统为读者提供了 15 个检索途径：“主题、关键词、篇名、全文、作者、单位、刊名、ISSN、CN、基金、摘要、被引文献、中图分类号、DOI、栏目信息”等，从中选择一个检索途径，在其后的检索框中输入对应的检索内容的关键词，就可以进行简单的期刊检索。系统默认是“主题”途径检索。

2. 期刊导航（期刊检索）

期刊导航在 CNKI 中国学术期刊主页上用“期刊检索”表示，用于在《中国学术期刊网络出版总库》中通过浏览途径查找期刊，特别适合集中查看某种已知刊名的期刊，就像是看历年的期刊合订本一样方便。

全球最大的连续动态更新的学术期刊数据库——《中国学术期刊网络出版总库》内容覆盖自然科学、工程技术、农业、哲学、医学、人文社会科学等各个领域，收录期刊大部分回溯至创刊，最早的回溯到 1915 年，如 1915 年创刊的《清华大学学报（自然科学版）》。读者可直接浏览期刊基本信息，按期查找期刊文章。

（1）进入期刊导航　中国学术期刊 & 中国学术期刊网络出版总库，收录全部期刊 11299 种（2019 年 7 月 18 日数据），是 CNKI 最重要的资源库，点击图 5-9 右边的“期刊检索”进入期刊导航页面，如图 5-11 所示。

图 5-11　期刊导航页面

期刊导航收录期刊共 11299 种，按照 CNKI 的分类排列，共 10 专辑，168 专题，单击所关心的专题，层层进入查找期刊。

期刊导航内容覆盖自然科学、工程技术、农业、哲学、医学、人文社会科学等各个领域，囊括了基础研究、工程技术、行业指导、党政工作、文化生活、科学普及等各种层次的期刊。收录期刊大部分回溯至创刊，最早的回溯到 1915 年。读者可直接浏览期刊基本信息，按期查找期刊文章。期刊导航中，核心期刊按 2017 年版《中文核心期刊要目总览》核心期刊表分类，只包括被 2017 年版《中文核心期刊要目总览》收录的期刊。世纪期刊按期刊的知识内容分类，只包括 1994 年之前出版的期刊。期刊的影响因子按《中国学术期刊影响因子年报（2017 版）》结果显示。

（2）期刊导航的途径　从图 5 - 11 页面可知：右边部分，从上到下依次是“检索框”“期刊类型导航”；左边部分的“学科导航、数据库刊源导航、主办单位导航、出版周期导航、出版地导航、发行系统导航、核心期刊导航”等栏目。读者可从不同的途径进入查找期刊。

1）检索框：可以通过系统提供的刊名、主办单位、ISSN、CN 等途径检索期刊。

2）期刊类型导航：从图 5 - 11 中可知，期刊类型导航分为“全部期刊（11299 种）、学术期刊（8708 种）；网络首发期刊（1109 种）；独家授权期刊（1393 种）；世纪期刊（3796 种）；个刊发行（356 种）（2019 年 7 月 18 日数据）。读者可从不同的途径进入查找期刊。

3）专辑导航：在期刊导航页面左侧的专辑导航栏中，单击任何一个专辑（专题）的名称，可以显示该专辑（专题）下所有期刊。专辑分为：“学科导航、数据库刊源导航、主办单位导航、出版周期导航、出版地导航、发行系统导航、核心期刊导航”7 种。

①学科导航：CNKI 的学科导航分为十大学科：基础科学（837 种）、工程科技Ⅰ（1115 种）、工程科技Ⅱ（1319 种）、农业科技（637 种）、医药卫生科技（1357 种）、哲学与人文科学（1405 种）、社会科学Ⅰ（1025 种）、社会科学Ⅱ（2265 种）、信息科技（655 种）、经济与管理科学（1380 种）（2019 年 7 月 18 日数据）。再将十大学科分为 188 个分支学科（实际统计）。

②数据库刊源导航：收录了世界上著名的期刊资源数据库：CA 化学文摘（美）（2014）（1668）、SA 科学文摘（英）（2011）（262）；SCI 科学引文索引（美）（2017）（157）；JST 日本科学技术振兴机构数据库（日）（2018）（2134）；Рж（AJ）文摘杂志（俄）（2014）（511）；EI 工程索引（美）（2019）（213）；CSCD 中国科学引文数据库来源期刊（2019—2020 年度）（含扩展版）（930）；CSSCI 中文社会科学引文索引（2019—2020）来源期刊（含扩展版）（930）（2019 年 7 月 18 日数据）。各数据库后面括号内的数字是（年）和期刊（种）。

③主办单位导航：分为出版社（52）、211 高校（872）、科研院所（132）、学会（448）等。

④出版周期导航：分为年刊、半年刊、季刊、双月刊、月刊、半月刊、旬刊、周刊等。

⑤出版地导航：分为华北、华东、华南、西北、西南、华中等。

⑥发行系统导航：分为邮发期刊、非邮发期刊、国际发行期刊等。

⑦核心期刊导航：核心期刊按 2017 年版《中文核心期刊要目总览》核心期刊表分类，只包括被 2017 年版《中文核心期刊要目总览》收录的期刊。第一编　哲学、社会学、政治、法律（271 种）；第二编　经济（155 种）；第三编　文化、教育、历史（303 种）；第四编　自然科学（343 种）；第五编　医药、卫生（254 种）；第六编　农业科学（131 种）；第七编　工业技术（521 种）（2019 年 7 月 18 日数据）。

读者可根据自己的兴趣，点击关心的专题，层层进入查找自己所需期刊。

(3) 期刊导航检索举例

【例 5-1】运用期刊导航浏览方式查找核心期刊“中国图书馆学报”上的文章。

1）登录 CNKI 主页，单击页面中部“中国学术期刊 & 中国学术期刊网络版总库”进入期刊检索主页；再点击检索框右边的“期刊检索”，进入期刊导航页面，如图 5－12 所示。

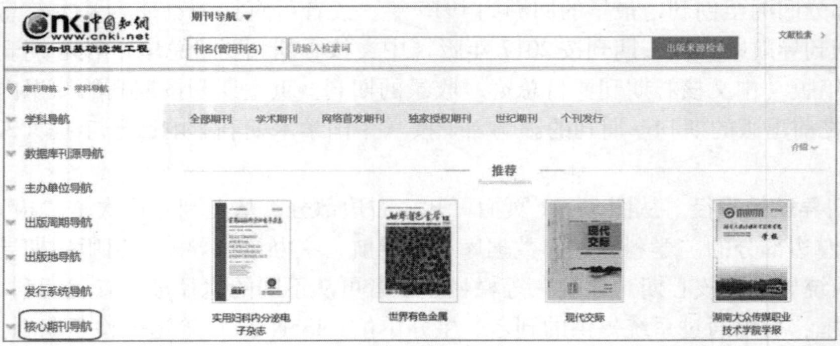

图 5－12　期刊导航页面

单击左下方的“核心期刊导航”，进入核心期刊导航页面，鼠标指向“第三编文化、教育、历史”，出现第三编的全部期刊展开框，鼠标划向页面右边的“图书馆事业、信息事业”如图 5－13所示页面。

图 5－13　核心期刊导航页面

2）选择关注的学科。读者可以选择关心的类目进入，如单击“图书馆事业，情报事业 (18)”，进入图 5－14 所示页面。

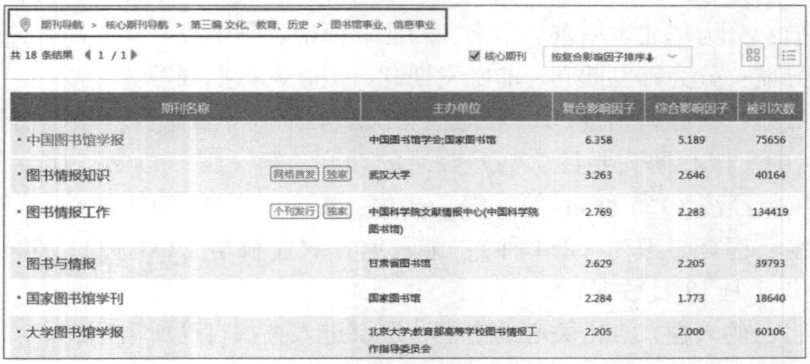

图 5－14　核心期刊导航进入页面

3）单击期刊名称“中国图书馆学报”，进入中国图书馆学报首页，如图 5 - 15 所示。

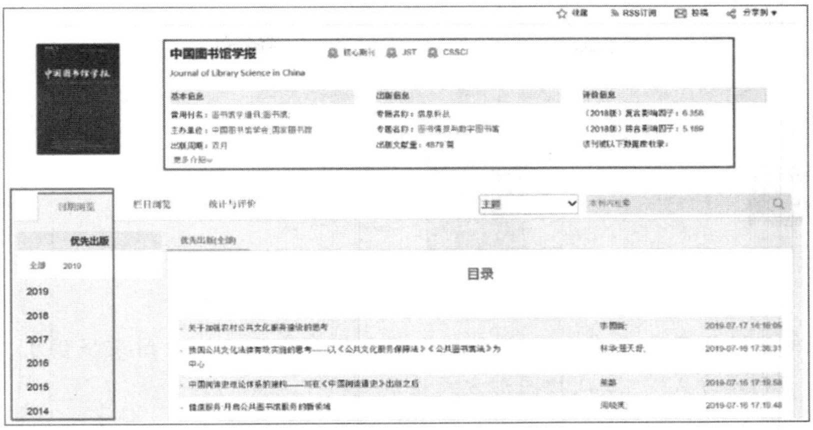

图 5 - 15　中国图书馆学报的首页

期刊首页有该刊的基本信息、出版信息、评价信息、期刊浏览等。

①基本信息有：封面、刊名、主办单位、出版周期、ISSN、CN、出版地、语种、开本、邮发代号；

②出版信息有：专辑名称、专题名称、出版文献量、总下载次数、总被引次数；

③评价信息有：2018 年的复合影响因子 6.358；2018 年的综合影响因子 5.189；该刊被以下数据库收录：JST 日本科学技术振兴机构数据库（日）（2018）；CSSCI 中文社会科学引文索引（2019—2020）来源期刊（含扩展版）；北京大学《中文核心期刊要目总览》来源期刊：1992 年（第一版），1996 年（第二版），2000 年版，2004 年版，2008 年版，2011 年版，2014 年版，2017 年版；期刊荣誉：社科双效期刊。

④期刊浏览：页面左边，列出所收录本刊的年代，本刊从 1957 年到 2019 年，读者在这里可看到本刊历年的期刊，读者单击关注的年代查看，该年的全部期刊就显示出来了，页面默认是最新出版期内容。

4）单击年份看该年的期刊目录。系统列出了创刊到现年的全部期刊，读者单击年份，就可以翻看该年份的期刊目录和内容，图 5 - 15 是《中国图书馆学报》2019 年 04 期的目录，再单击目录中的题名就可以打开该文章浏览，阅读或下载。

【例 5-2】从期刊导航检索方式查找“中国机械工程”期刊。

(1) 通过刊名检索　在期刊导航检索项的下拉菜单中，提供 4 个选项“刊名（曾用刊名）、主办单位、ISSN、CN”，默认检索途径是“刊名（曾用刊名）”，可选择其中之一，在检索框中输入相应的检索词进行检索。这里用“刊名（曾用刊名）”途径检索，输入“中国机械工程”，如图 5 - 16 所示。

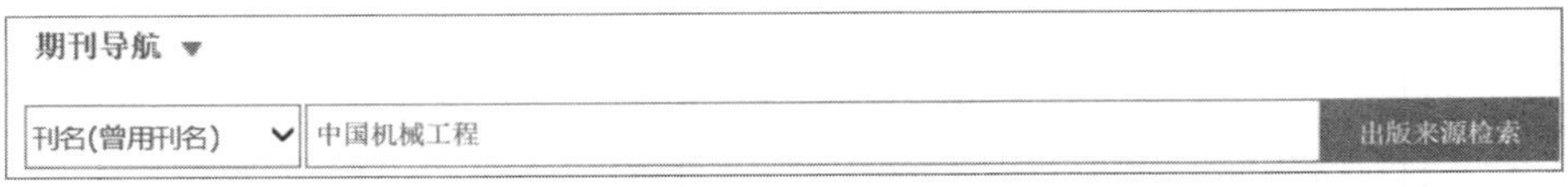

图 5 - 16　期刊导航用“刊名（曾用刊名）”途径检索中国机械工程

单击“出版来源检索”得到结果，如图 5 - 17 所示。

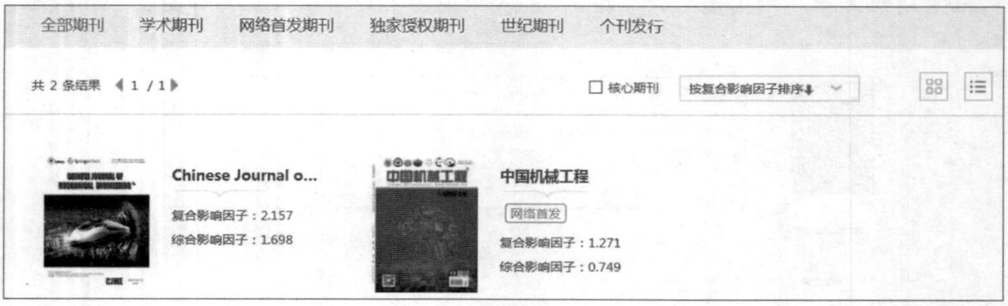

图 5－17　“图形方式”显示检索结果

(2) 选择检索结果显示方式　系统右上角，为期刊导航的检索结果提供了二种显示模式：即“图形方式、列表方式”。默认按图形方式显示。

1）图形方式：系统默认是图形方式，在图形方式的显示模式下，对每一种期刊，显示“期刊的封面、期刊名称、复合影响因子、综合影响因子”，如图 5－17 所示。

2）列表方式：列表方式显示“期刊名称、主办单位、复合影响因子、综合影响因子、被引次数”，如图 5－18 所示。

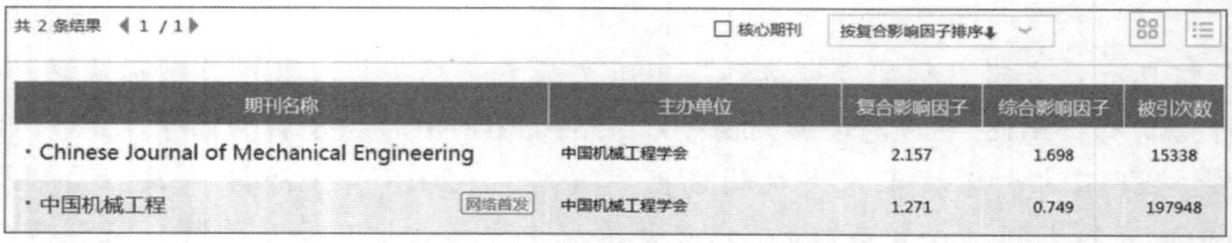

期刊名称	主办单位	复合影响因子	综合影响因子	被引次数
· Chinese Journal of Mechanical Engineering	中国机械工程学会	2.157	1.698	15338
· 中国机械工程 网络首发	中国机械工程学会	1.271	0.749	197948

图 5－18　“列表方式”显示检索结果

在图 5－17 中，单击图形方式页面上期刊封面，或者列表方式页面上期刊名称，进入本期刊详细信息页面，如图 5－19 所示。

图 5－19　期刊详细信息页面

(3) 订阅　单击右上角“RSS 订阅”按钮后，该订阅源会添加到“常见源列表”中，该源的更新信息会自动下载到计算机，通过 Internet Explorer 及其他程序可以查看这些信息。

(4) 分享　单击“分享到”可将该期刊内容通过“新浪微博、腾讯微博、人人网、开心网、豆瓣网、网易微博”分享。

(5) 期刊信息　图 5－19 中部给出了该刊的基本信息、出版信息、评价信息。

1）基本信息：有封面、刊名、主办单位、出版周期，ISSN、CN、出版地、语种、开本、邮发代号。

2）出版信息：有专辑名称、专题名称、出版文献量、总下载次数、总被引次数。

3）评价信息：2018 版复合影响因子 1.271；2018 版的综合影响因子 0.749；该刊被以下数

据库收录：CA 化学文摘（美）（2014）；JST 日本科学技术振兴机构数据库（日）（2018）；Рж（AJ）文摘杂志（俄）（2014）；CSCD 中国科学引文数据库来源期刊（2019－2020 年度）（含扩展版）；北京大学《中文核心期刊要目总览》来源期刊：1992 年（第一版），1996 年（第二版），2000 年版，2004 年版，2008 年版，2011 年版，2014 年版，2017 年版；期刊荣誉：中科双高期刊；第二届全国优秀科技期刊；第三届（2005）国家期刊奖获奖期刊。

（6）期刊浏览　收录了本刊创刊以来的全部数字期刊资源，对查找和研究学科发展史具有重要的意义，相当于看本刊的全部合订本，《中国机械工程》期刊的浏览页面，如图 5－20 所示。

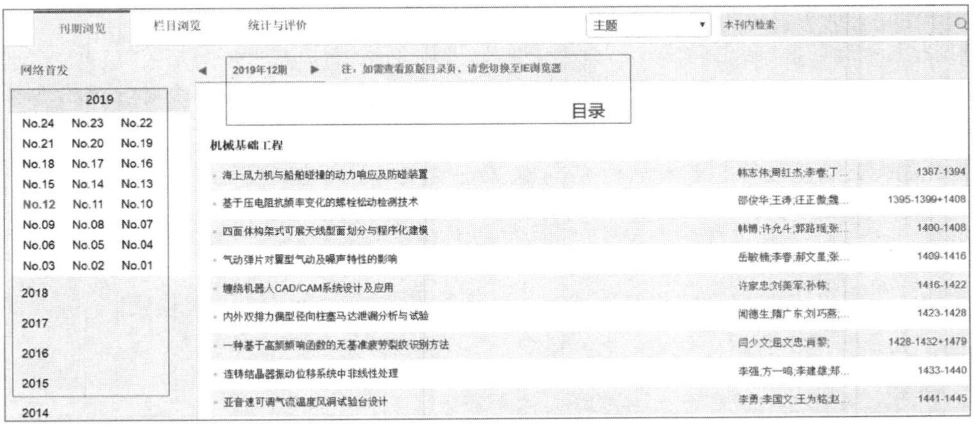

图 5－20　《中国机械工程》的浏览页面

默认显示该期刊最新一期封面和目录，单击就可以直接阅读和下载。

读者可根据需要选择年度、期浏览，如选择 2019 年第 12 期，右边显示该刊 2019 年第 12 期目录的具体内容，有标题、作者等信息，点击标题就可以进入阅读。

该刊浏览年份，一直可追溯到 1973 年。该刊 1973 年创刊，当年出版 3 期，1974 年出版 4 期，从 2002 年开始转为半月刊，一年出版 24 期。该刊的电子合订本在这儿都可以阅读到。

（7）栏目浏览　如读者觉得期刊浏览还不够细，可以点击“栏目浏览”方式，进一步集中相似文章，并给出了“近十年、近五年、近三年、近一年”4 种浏览时间选择。如果想看近一年的文章，则选中“近一年”，如图 5－21 所示。

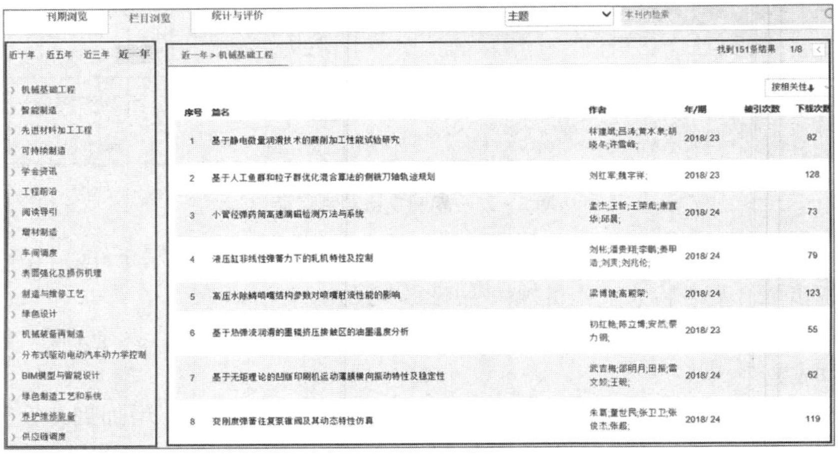

图 5－21　栏目浏览页面

(8) 本刊内检索　系统还提供“本刊内检索”框，为读者查找本期刊文章提供方便，本刊内检索可以从主题、篇名、作者、关键词等13项去检索所需的文章，如图5－22所示。

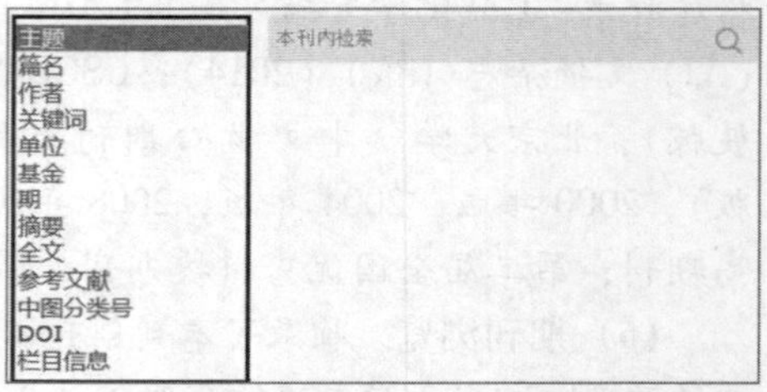

图5－22　本刊内检索框

本刊内检索步骤：

1）选择检索项：本刊内检索框提供了“主题、篇名、作者、关键词、单位、基金、期、摘要、全文、参考文献、中图分类号、DOI、栏目信息”13种检索途径，默认是主题途径。

2）输入检索词：输入与选择检索项相匹配的检索词，如检索项是篇名时，可输入检索词如“机械制造”，就可查找到该刊发表的篇名含有“机械制造”的文章。

3）检索：查找该刊的相关文献；

4）重复1）、2）步，可以检索其他需要的内容。

3. 期刊高级检索

在CNKI中国学术期刊（网络版）主页上，点击检索框右边的“高级检索”，进入期刊高级检索页面，如图5－23所示。

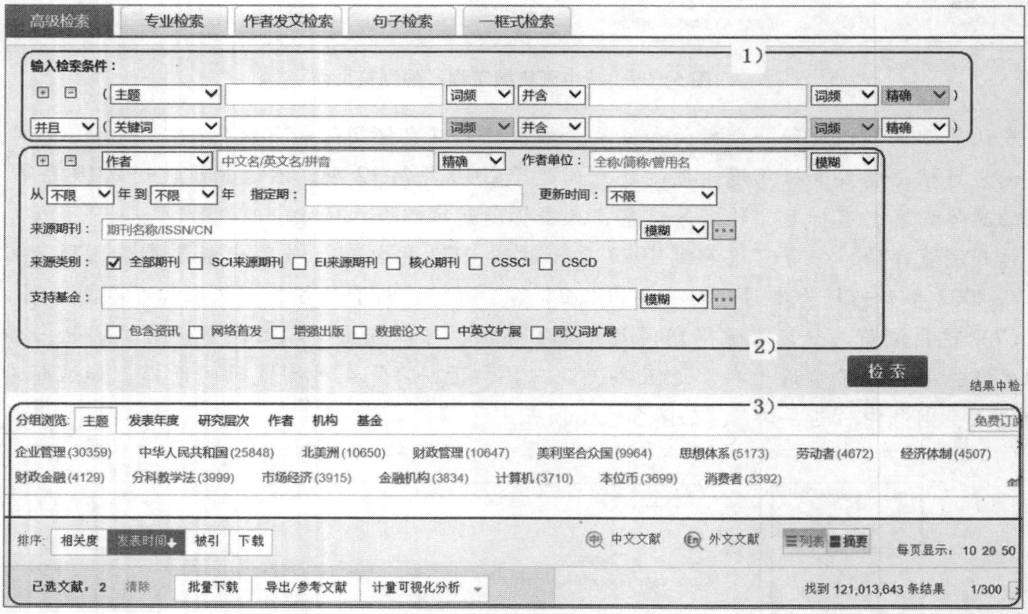

图5－23　期刊高级检索页面

从图5－23中可知，为提高查准率，期刊高级检索增加了很多限制条件。

(1) 检索步骤　高级检索过程可规范为三个步骤：

1）选择内容检索条件：可在主题、篇名、关键词、摘要、全文、参考文献、中图分类号等项中选择一个或数个。

注意：检索框可根据检索内容多少按⊞增加或按⊟减少，最多可增加到7个检索框；输入的检索词之间，用“并含、或含、不含”代替布尔逻辑关系“与、或、非”，并输出符合条件的检索结果。

2）选择检索控制条件：作者及作者单位、期刊年限、来源期刊、来源类别、支持基金。

注意：这些项可选，可不选（系统默认条件），可多选，可少选，由检索者自主控制。

3）对检索结果的分组排序，反复筛选，修正检索式得到最终结果。

在实际检索中，可以从篇名途径去检索，并填写 2 到 3 个关键词，选择好关键词之间的布尔逻辑关系，就可以检索到相当多的相关度很高的文章。

（2）内容检索条件说明　设置内容检索条件目的，通过基于文献的内容特征，在主题、篇名、关键词、摘要、全文、参考文献、中图分类号之间进行简单的逻辑运算“并含、或含、不含”的运算。

1）在下拉框中，选择一种文献内容特征，在其后的检索框中填入一个关键词；

2）若一个检索项需要两个关键词做控制，它们的关系可选择“并含”“或含”“不含”，在第二个检索框中输入另一个关键词；

3）单击检索项前的⊞，增加逻辑检索行，添加另一个文献内容特征检索项；单击⊟减少逻辑检索行；

4）精确与模糊检索，可控制该检索项的关键词的匹配方式。

精确：检索结果完全等同，或包含与检索字/词完全相同的词语；

模糊：检索结果包含检索字/词或检索词中的词素。

5）添加完所有检索项后，单击“检索”进行搜索。

6）中英文扩展，是由所输入的中文检索词，自动扩展检索相应检索项中英文词语的一项检索控制功能。仅在选择“匹配”中的“精确”时，此功能才可用。

7）结果中检索。在实施一次检索后，如想对本次检索结果进行进一步的筛选，可缩小所需的检索项内容，然后单击“在要结果中检索”。

（3）检索控制条件说明　设置检索控制条件目的，是为了通过对检索范围的限定，以便获得比较准确的检索结果，条件设置越多，检索范围就越小，检索速度就越快，检索结果就越精确。

CNKI 系统设置的检索控制条件有：作者及作者单位、期刊年限、来源期刊、来源类别、支持基金等 5 项。

1）作者及作者单位：在检索中可限定文献的作者和作者单位。在下拉框中选择限定“作者”或“第一作者”，在后面的检索框中输入作者姓名或作者单位（可使用模糊检索或精确检索）。

若要检索多个作者合著的文献，单击检索项前⊞增加逻辑检索行，添加一个作者项，最多可加到 5 个作者项；单击⊟减少逻辑检索行，去除一个作者项。

注意：所有检索框在未输入检索词时默认为该检索项不进行限定，将检出库中全部文献。

2）期刊年限：是限定检索期刊的年限范围（如近 5 年的期刊），检索从某年 ~ 某年的期刊。

3）来源期刊：在后面的检索框中填写期刊具体刊名，如果不记得了，可单击后面的▪▪▪按钮，链接“文献来源选择”页面去选择具体的刊名，共有 8708 条刊名记录（2019 年 7 月 18 日数据）可供选择，选择后单击“确定”，返回检索框，刊名已经填入在检索框中了。

4）来源类别：这里是复选框，系统提供了“全部期刊、SCI 来源期刊、EI 来源期刊、核心期刊、CSSCI、CSCD”等项；默认为“全部期刊”。

5）支持基金：在检索中，可直接在检索框中输入基金名称的关键词，也可以单击检索框后的···按钮，在弹出的窗口中，共有997条记录，选择“基金名称”后，单击“确定”，返回检索框，支持基金已经填入检索框中了。

（4）熟练掌握高级检索页面可实现更多特殊检索技巧　各种各样的检索都可在高级检索页面实现。

1）查找某作者发表的文章。要完成这一功能，只需在高级检索页面中使用“作者”框就可以完成。如果作者有重名，再用“作者单位”限制检索结果。这就是后面要讲的“作者发文检索”。

这对于想考某导师的研究生，考前想了解导师的研究领域，曾经发表的文章，可用此检索功能检索下载该导师发表的文章进行全文阅读了解，或为面试做准备。

2）查找某作者发表有多少文章，且学术价值如何。要完成这一功能，只需在“作者”+“来源类别”中即可完成。来源类别提供了“全部期刊、SCI来源期刊、EI来源期刊、核心期刊、CSSCI”等项的复选组合，这足够满足对某作者发表文章进行学术价值筛选的需要。

3）查找在某特定期刊上，某单位哪些作者发表了文章。完成这一功能，只需在高级检索中使用“期刊名称或ISSN号”+“作者单位”即可完成筛选。

4）查找近5年内发表的文章。有的导师要求学生参考最新的论文或成果，则在检索时加年度“时间限制”条件就可以了。如时间设定在2015～2019年度，检索输出结果就是这个区间发表的文章。

5）推荐用篇名途径去检索文章。篇名就是文章的标题，也称题名（各数据库称法会不同）。篇名是以最恰当、最简明的词语反映论文中最重要的特定内容的逻辑组合。篇名中一般包含有几个关键词，且关键词排列有严格的顺序：第1关键词，论文所属学科名称；第2关键词，成果名称；第3关键词，所用方法名称；第4关键词，研究对象；第5、6关键词，便于检索和利用文献的名称。更重要的是如果用逻辑“与”组合关键词，检索结果会出现篇名中包含了全部输入的关键词。这种相关度是最理想的和最高的。

【例5-3】用期刊高级检索查找5年内且篇名中含有“文献检索”和“利用”的文章。

第一步，进入高级检索页面后，依题意检索途径都选择“篇名”，在后面的检索框中填写“文献检索”，在第二个检索框中填写“利用”，两个词的逻辑关系选“并含”（布尔逻辑“与”）。

第二步，设置控件条件，检索年限从2015年到2019年，其他条件采用系统默认条件。

实际上我们所做的工作，填写的高级检索内容只有两个词和时限设定，如图5－24所示。

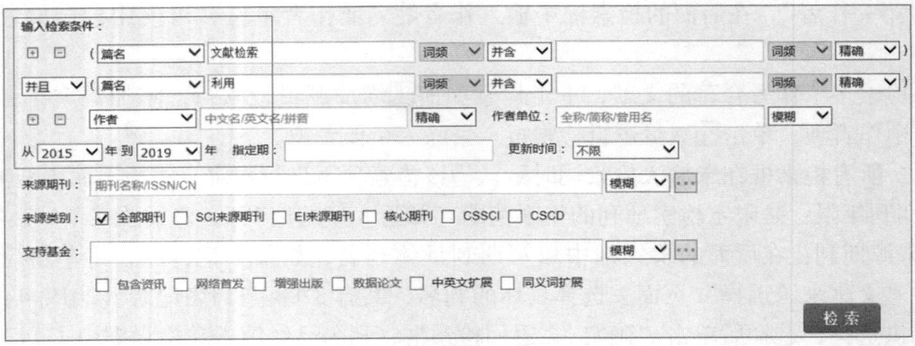

图5－24　例5-3期刊高级检索页面设置

单击“检索”按钮，得到检索结果页面，如图5－25所示的。

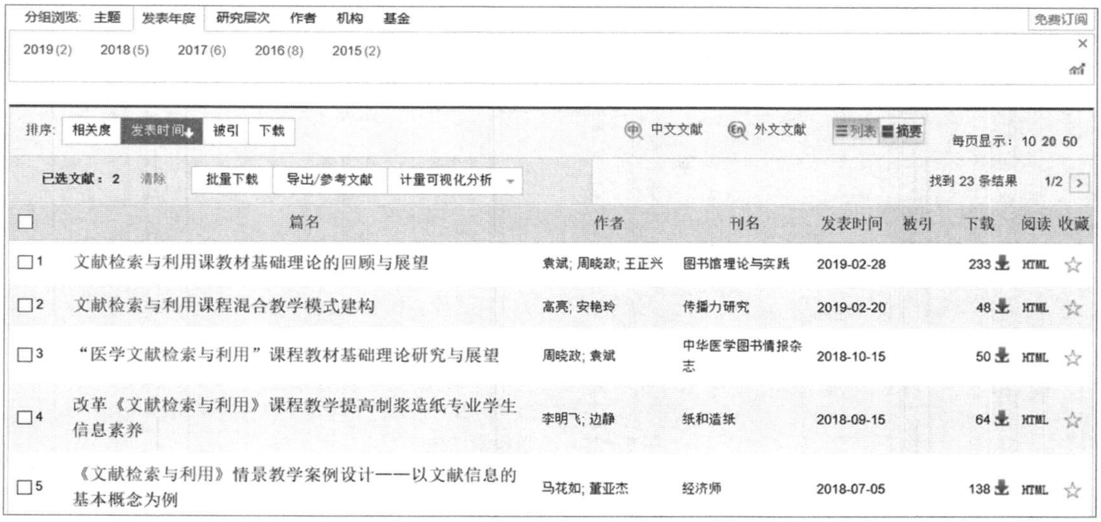

图 5-25　检索结果页面

在检索结果页面中可看到，近 5 年来发表的文章中，篇名中同时含有“文献检索”与“利用”的期刊文章共找到 23 篇。排序按主题排序；分组浏览：按发表年度降序排：2019（2），2018（5），2017（6），2016（8），2015（2）。

下载栏目箭头为绿色，表示可以下载到电脑上阅读。

【例 5-4】用高级检索找篇名中包含“5G 移动通信网络”方面的文章。

分析：可以将“5G 移动通信网络”分解成 4 个关键词：“5G”“移动”“通信”“网络”。

第一步，选择 4 项检索框，各关键词之间都用“并含”（布尔逻辑“与”）；都选用“篇名”途径检索；依次输入检索词“5G”“移动”“通信”“网络”。

第二步，控制条件不选，采用系统默认条件。

实际上，高级检索页面设置如图 5-26 线框所示。

图 5-26　例 5-4 高级检索页面设置

单击“检索”，系统找到 182 篇文章，篇名中同时包含有“5G”“移动”“通信”“网络”等词。高级检索结果如图 5-27 所示。

图5-27　高级检索结果

根据检索到的篇名可以看出，这些文章都是与输入的关键词相关度很高的文章。如果要扩大检索范围，可以将“并含”改为“或含”，或者减少关键词。

如果要下载全文，可以单击文章右边的下载按钮获取全文。

注意：如果读者想要浏览、下载和打印检索到的文章全文，就需要下载并安装CNKI的专用CAJViewer浏览器（简称CAJ全文浏览器）。系统将全文浏览器软件以压缩文件格式存放在CNKI主页中左下角，如图5-28所示。用户可单击下载安装，这是阅读CNKI文献的必要条件（其他系统相似）。

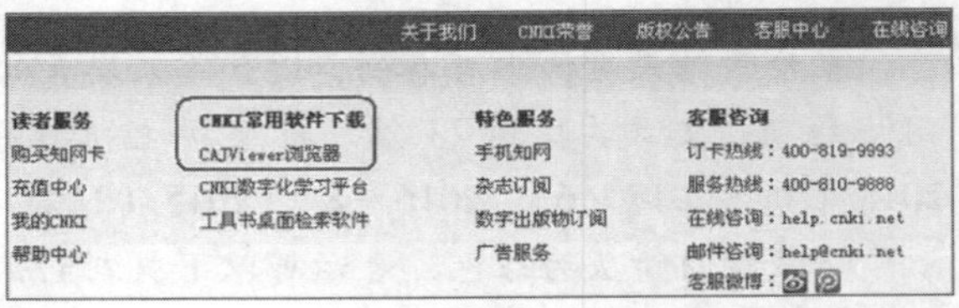

图5-28　CNKI主页中左下角CAJViewer浏览器下载链接

4. 期刊专业检索

专业检索是在检索框内写入特定的“检索字段”和“逻辑运算符”组合生成的检索表达式进行检索。专业检索框如图5-29所示。

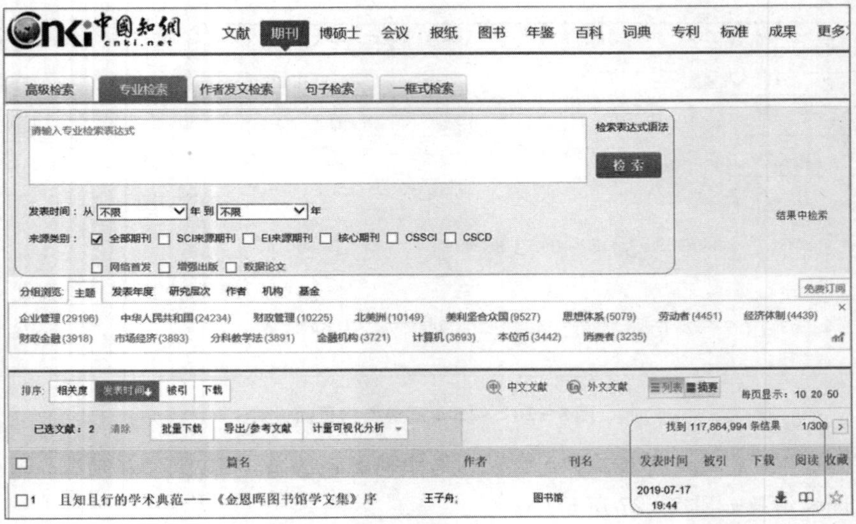

图5-29　专业检索框

专业检索表达式语法

专业检索常用于图书情报专业人员查新、信息分析等工作，使用逻辑运算符和关键词等构造检索式进行检索。

CNKI 专业检索支持空检，即不输入任何检索词，单击“检索”，找到 117864994 条结果。但它并非是你需要的结果，只能作验证 CNKI 系统是否正常工作和资源池大小。

（1）构造专业检索表达式

1）专业检索表达式中检索项的规定：CNKI 的专业检索字段：SU = 主题，TI = 题名，KY = 关键词，AB = 摘要，FT = 全文，AU = 作者，FI = 第一作者，AF = 作者单位，JN = 期刊名称，RF = 被引文献，RT = 更新时间，YE = 期刊年，FU = 基金，CLC = 中图分类号，SN = ISSN，CN = CN 号，CF = 被引频次。

2）构造表达式的注意事项

①所有符号和英文字母，都必须使用英文半角字符。

②“AND”“OR”“NOT” 三种逻辑运算符的优先级相同；如要改变组合的顺序，请使用英文半角圆括号“（ ）”将条件括起。

③ 逻辑关系符号 与（AND）、或（OR）、非（NOT）前后要空一个字节。

④ 使用“同句”“同段”“词频”时，需用一组西文单引号将多个检索词及其运算符括起，如‘流体 # 力学’。

（2）专业检索表达式示例

【例 5-5】“TI ='生态' and KY ='生态文明' and (AU % '陈'+'王')”，可以检索到题名包括“生态”，并且关键词包括“生态文明”，并且作者为“陈”姓和“王”姓的所有文章。

【例 5-6】“SU ='北京' * '奥运' and FT ='环境保护'”，可以检索到主题包括“北京”及“奥运”，并且全文中包括“环境保护”的信息。

【例 5-7】“SU = （'经济发展' + '可持续发展'） * '转变' - '泡沫'”，可检索到主题包含“经济发展”或“可持续发展”有关“转变”的信息，并且可以去除与“泡沫”有关的内容。

【例 5-8】“TI ='电子' and TI ='机械制造' and TI ='应用'”，可以检索到题名中包括“电子”，并且包括“机械制造”，并且还包括“应用”的所有文章。

【例 5-9】“TI ='模具' and TI ='制造' and TI ='应用'”，可以检索到题名包括“模具”和“制造”，并且包括“应用”的文章。

【例 5-10】“TI ='模具' and TI ='修理'”，可以检索到“题名”包括“模具”和“修理”的所有文章。

【例 5-11】“TI ='彩电' and KY ='功率器件' and (AU % '饶')”，可以检索到题名包括“彩电”，并且关键词包括“功率器件”，并且作者姓“饶”的所有文章。

5. 作者发文检索

作者发文检索是通过作者姓名、单位等信息，查找作者发表的全部文献及被引和下载情况。通过作者发文检索不仅能找到某一作者发表的文献，还可以通过对结果的分组筛选情况全方位的了解作者主要研究领域、研究成果等情况，作者发文检索页面如图 5 - 30 所示。

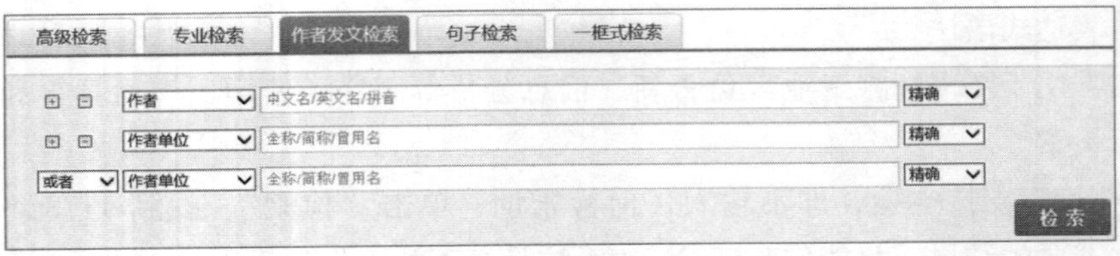

图 5-30　作者发文检索页面

由图 5-30 可知，检索项包括作者、第一作者和作者单位，可在检索框中直接输入相关名称进行检索。对于作者单位检索项，单击检索项前⊞增加逻辑检索行，单击⊟减少逻辑检索行。

6. 句子检索

句子检索是通过用户输入的两个关键词，查找同时包含这两个词的句子。由于句子中包含了大量的事实信息，通过检索句子可以为用户提供有关事实的问题的答案。用这种方法可以检索到需要的句子，也可查到用户引用了某作者的什么文章等，如图 5-31 所示。

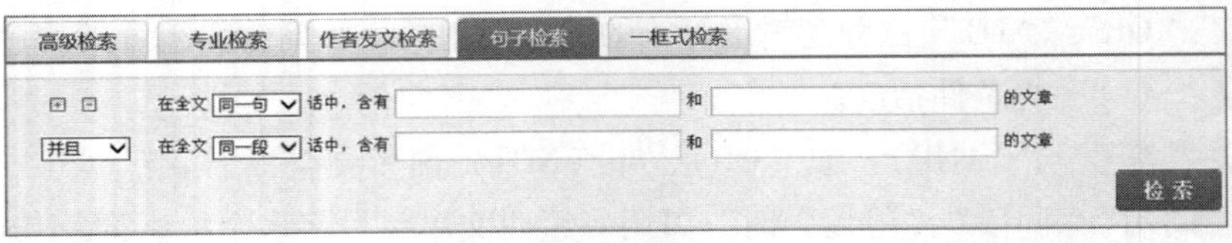

图 5-31　句子检索页面

关于句子检索的几点说明：

1）可在全文的同一句话（或同一段）中，检索“含有××和×××的文章”，同句指两个标点符号之间，同段指 5 句之内。

2）在检索框中输入检索词。

3）单击⊞增加一项逻辑检索行，单击⊟减少一项逻辑检索行，在每个检索项后输入检索词。

4）每个检索项之间可以进行三种组合：并含、或含、不含。

【例 5-12】用句子检索查找，在同一句子中，含有“5G 移动通信关键技术主要体现在无线传输技术和网络技术两方面”的文章。句子检索结果如图 5-32 所示。

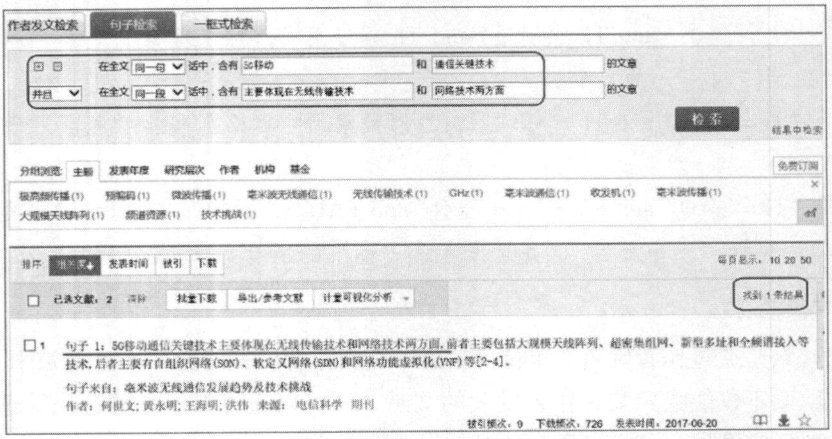

图 5-32　句子检索结果

从图 5 - 32 可知，在同一句子中，含有“5G 移动通信关键技术主要体现在无线传输技术和网络技术两方面”的文章，共找到 1 条结果。

7. 一框式检索

CNKI 高级检索页面上，最后面的“一框式检索”只是一个链接，点击“一框式检索”链接到 CNKI 的一框式检索页面，如图 5 - 33 所示。

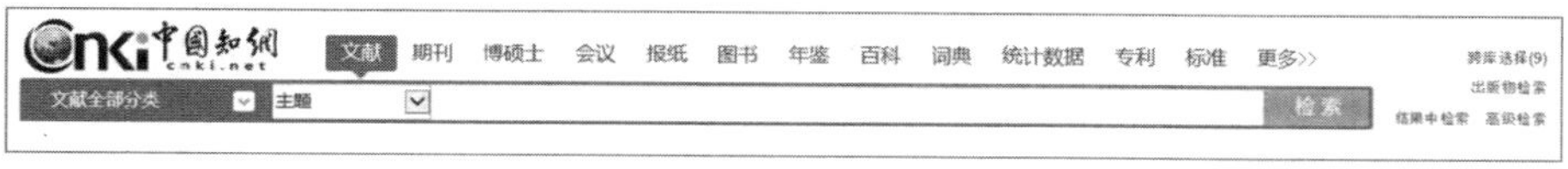

图 5 - 33　CNKI 的一框式检索页面

CNKI 的这个一框式检索页面，可以检索 CNKI 的全部文献资源：文献、期刊、博硕士、会议、报纸、图书、年鉴、百科、词典、统计数据、专利、标准等。点击“更多”显示如图 5 - 34 所示的资源表，这实际上 CNKI 的全部资源表。

图 5 - 34　CNKI 的全部资源表

在这个 CNKI 的全部资源表中，上部分是 CNKI 的中文资源各数据库的名称及链接；下部分是 CNKI 的外文期刊数据库和外文图书数据库的名称及链接，点击可进入检索。

在一框式检索的页面右边，有“跨库选择、出版物检索、结果中检索、高级检索”链接。

点击“出版物检索”就链接到 CNKI 的出版来源导航及检索页面，如图 5 - 35 所示。

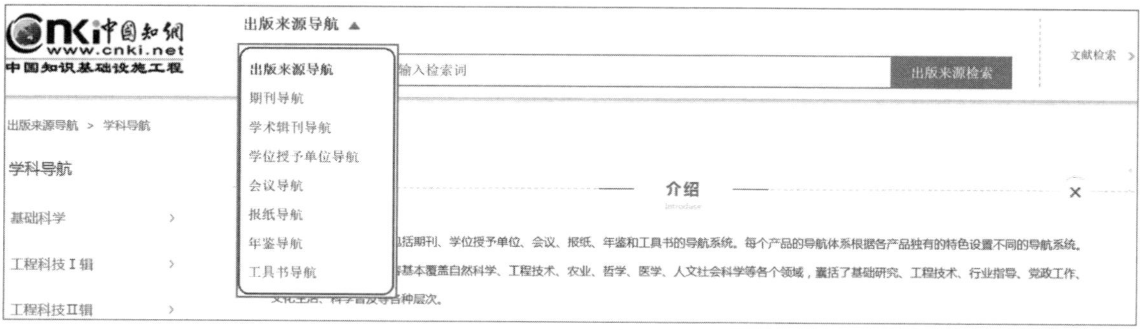

图 5 - 35　CNKI 出版来源导航及检索页面

出版来源导航主要包括期刊、学位授予单位、会议、报纸、年鉴和工具书的导航系统。每个产品的导航体系根据各产品独有的特色设置不同的导航系统。

每个产品的导航内容基本覆盖自然科学、工程技术、农业、哲学、医学、人文社会科学等各个领域，囊括了基础研究、工程技术、行业指导、党政工作、文化生活、科学普及等各种层次，以方便读者随时进入各种资源库检索。

5.2.4　检索结果处理

以检索某作者被 CNKI 数据库收录的文章为例，来说明检索结果处理的方式。检索结果页面如图 5－36 所示。

图 5－36　检索结果页面

从图 5－36 可知，CNKI 期刊提供的检索结果处理有：

1. 分组浏览

分组浏览有学科、发表年度、基金、研究层次、作者、机构 6 种，供读者选择。如选择发表年度分组，则显示：2013（2）、2012（1）、2011（1）、2003（1）、2002（4）。它们的含义是：单击 2013 显示 2013 分组结果为 2 篇文章，单击 2012 显示 2012 的分组结果为 1 篇文章，单击 2011 显示 2011 的分组结果为 1 篇文章……单击 2002 显示 2002 的分组结果为 4 篇文章。

2. 排序

排序有主题排序、发表时间、被引、下载 4 种，供读者选择，默认是“发表时间”排序。

此外，还有按中文文献、外文文献、列表、摘要等排序方式选择。

3. 获取原文

期刊论文检索的目的是要找到并下载全文；阅读并摘录有用字句；记录文献来源以便引用。

（1）预览　直接单击文章后面的预览按钮，就可以实现期刊论文在线阅读，但不能摘录文字。

（2）分享　直接单击文章后面的分享按钮，文章就可分享到新浪微博、腾讯微博、人人网，开心网、网易微博（分享到）。

（3）下载　用户一般可以通过检索结果显示的篇名、作者、中文摘要、刊名等信息对检索出的文章进行初步筛选和取舍。若下载全文，系统提供两种方法：

1）直接单击文章后面的下载按钮（）进行下载。下载到本地计算机上详细阅读。

注意：下载按钮是绿色（）时，表示有下载权限；是黄色（）时，表示没有下载权限。由于受并发访问数的限制，CNKI 规定超过 5 分钟没有使用就自动下线收回并发数供他人使用，因此如果超过 5 分钟没用，读者又想继续下载文章，就得重新登录一次。

2）直接单击文章篇名，进入文章下载页面，再选择两种格式之一进行下载，如图 5 - 37 所示。

图 5 - 37　文章下载页面

下载文章有两种格式：CAJ 下载和 PDF 下载（推荐 CAJ 下载）。单击“CAJ 下载”，系统弹出“新建下载任务”对话框，如图 5 - 38 所示。

在“新建下载任务”对话框中，有文件名，保存位置可设定。系统默认保存到“桌面”。单击“下载”按钮，出现下载管理器，如图 5 - 39 所示。

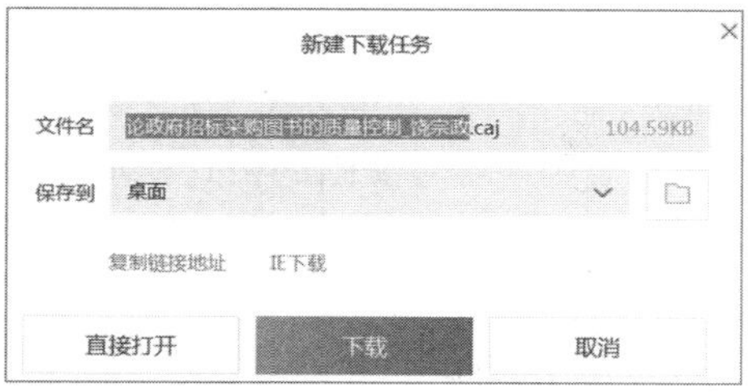

图 5 - 38　“新建下载任务”对话框

图 5 - 39　下载管理器

同时，系统已将文章下载并保存在桌面，如图 5 - 40 所示。

按上述方法下载文章完成后，桌面上生成一个下载文章的快捷图标。双击桌面快捷图标，或单击“打开”按钮，CAJ 全文浏览器会自动将全文以原貌的格式打开显示出来。

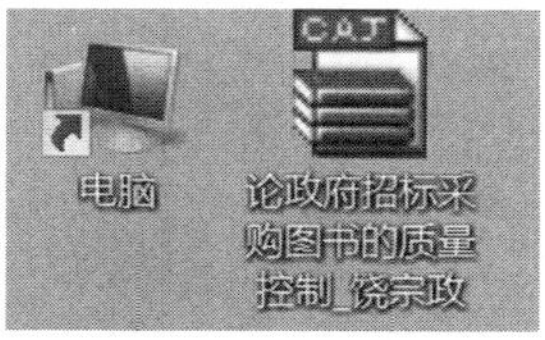

图 5 - 40　下载到桌面的 CAJ 格式文章

4. 原文打印

需要打印文章时，单击浏览器页面左上方工具条中的打印机图标 ，使用默认设置打印文章的全部页码（前提条件是电脑已经安装好了打印机），如图 5 - 41 所示。

图 5 - 41　打印下载到桌面的 CAJ 格式文章

5. 摘录文字

阅读原文的同时，若有需要的句子，想摘录下来，则单击上方工具条中的“选择文字”图标T后，去选中想摘录文字区域，如图5－42所示。

若想复制摘录的文字，按“Ctrl＋C”组合键或者单击右键选择“复制”命令。

打开一个Word文档，按“Ctrl＋V”组合键或者单击右键选择“粘贴”命令，就可以把摘录的文字粘贴在Word文档上，如图5－43所示。摘录的这些文字是可以编辑的，将来写文章时可能被引用，读者在摘录文字的同时，要养成“注明文摘来源”的习惯。

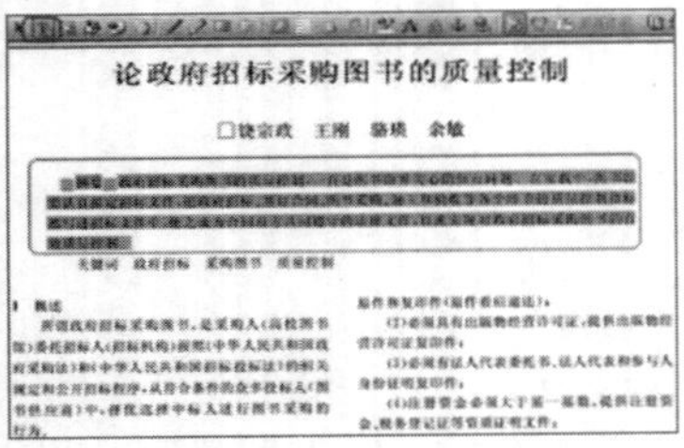

图5－42　选中想要摘录的文字

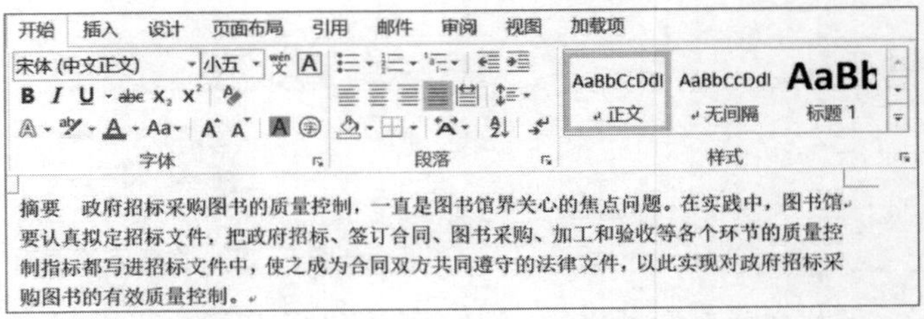

图5－43　把摘录文字复制在Word文档上

6. 导出/参考文献

写文章不是反对引用，而是反对引用了他人的文字却不注明来源。记录文摘来源的目的，是为了以后引用到这段文摘时，知道是来自何处。准确标引参考文献，是防止抄袭、剽窃嫌疑的最好办法。

参考文献的相关要求，请参考本书9.3.2参考文献及著录规则。参考文献的格式要求严格，内容很多，读者不易掌握，为解决这一问题，CNKI专门设计了“导出/参考文献”功能，来解决这个问题。

CNKI导出/参考文献的步骤：

（1）选中文章　选中需要导出参考文献的文章，如在检索结果页面中，选中（打勾）第3篇文章，如图5－44所示。

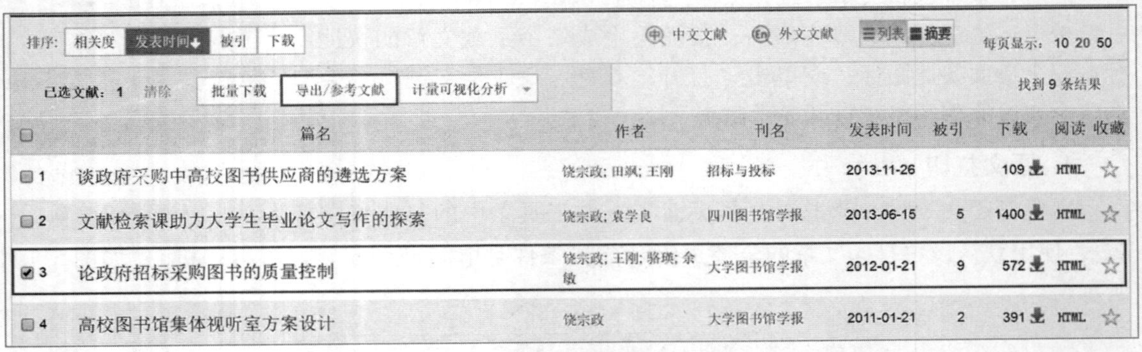

图5－44　选中需要导出参考文献的文章

（2）导出参考文献　单击“导出/参考文献”，进入CNKI“文献管理中心－文献输出”页面，系统默认参考文献为GB/T 7714—2015格式，如图5－45所示。

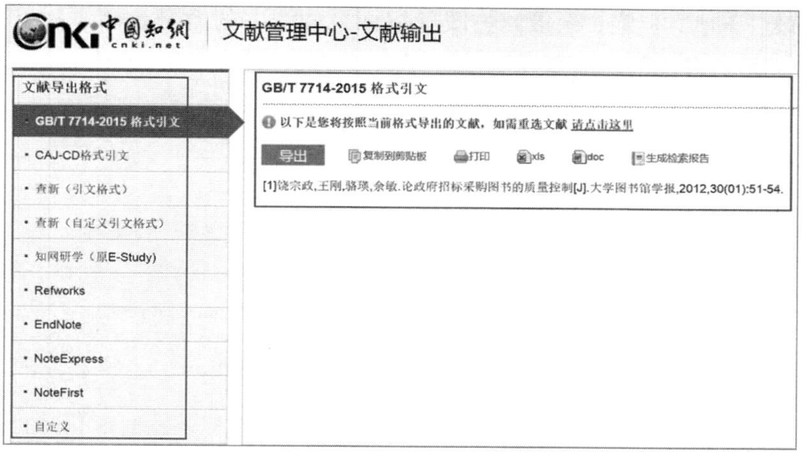

图 5-45　“文献管理中心-文献输出”页面

在“文献管理中心-文献输出”页面左边，系统给出了 10 种文献导出格式供读者选择，以适合不同期刊出版社的投稿要求。系统默认输出的文献导出格式为“GB/T 7714—2015 格式引文”，这正是本书第 9 章 论文写作指南中要求的参考文献著录格式。

这里参考文献导出方式系统给出了 5 种：①导出，导出工具对应的是 txt 格式；②复制到剪贴板；③打印；④Excel 表格方式；⑤Word 文档方式。

这里选择常使用的复制方法，将“GB/T 7714—2015 格式引文”复制到摘录的 Word 文档后面备用，如图 5-46 所示。

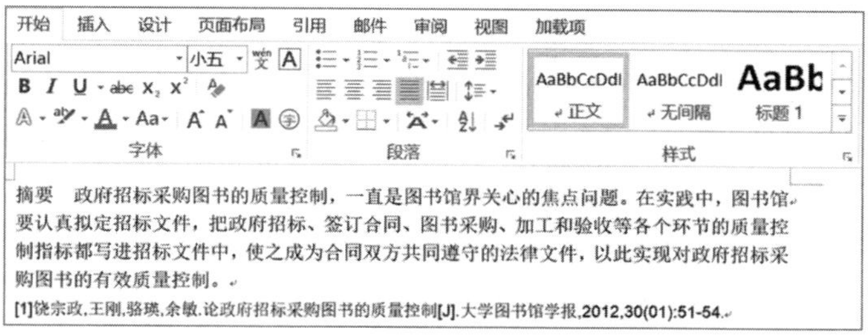

图 5-46　将参考文献复制到 Word 文档后面

（3）CNKI 导出/参考文献格式种类　CNKI 导出/参考文献格式有：①GB/T 7714—2015 格式引文，②CAJ-CD 格式引文，③查新（引文格式），④查新（自定义引文格式），⑤CNKI E-Study，⑥Refworks，⑦EndNote，⑧NoteExpress，⑨NoteFirst，⑩自定义（支持需输出更多文献信息的查新等用途）。

这里只列举 3 种常用引文格式，供读者参考与比较各种引文格式的差异：

1）GB/T 7714—2015 格式引文，如图 5-47 所示。

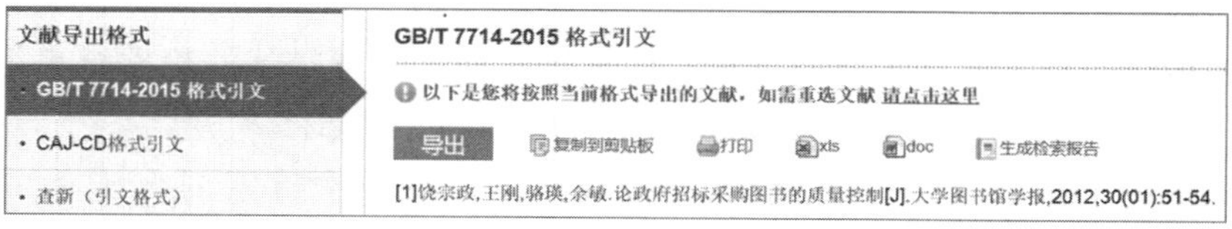

图 5-47　GB/T 7714—2015 格式引文页面

［1］饶宗政，王刚，骆瑛，余敏．论政府招标采购图书的质量控制［J］．大学图书馆学报，2012，30（01）：51－54.

2）CAJ-CD 格式引文，如图5－48所示。

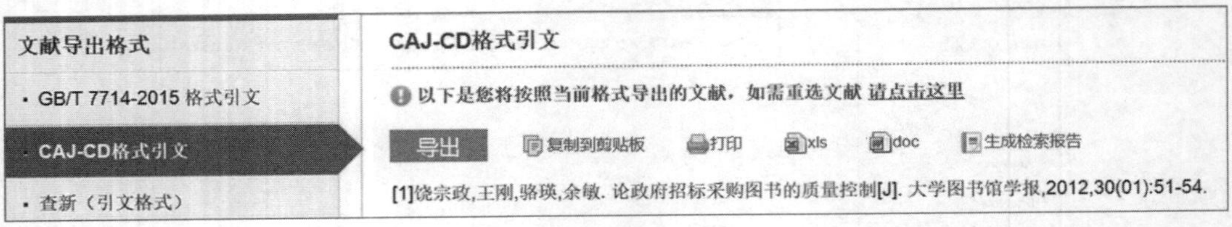

图5－48　CAJ-CD 格式引文页面

［1］饶宗政，王刚，骆瑛，余敏．论政府招标采购图书的质量控制［J］．大学图书馆学报，2012，01：51－54.

比较：GB/T 7714—2015 格式引文和 CAJ-CD 格式引文，两者是一样的。

3）查新（引文格式），如图5－49所示。

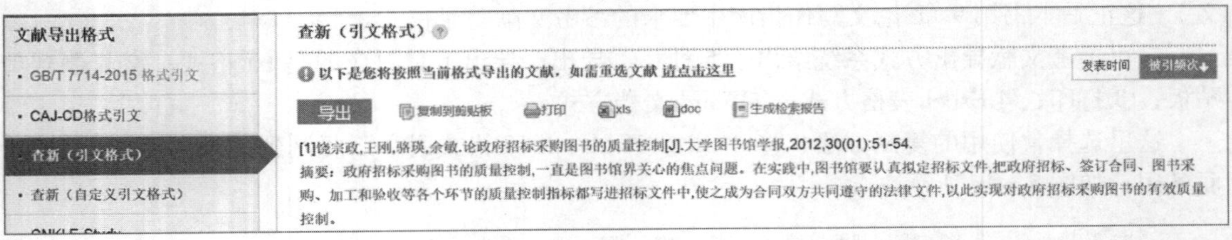

图5－49　查新（引文格式）页面

［1］饶宗政，王刚，骆瑛，余敏．论政府招标采购图书的质量控制［J］．大学图书馆学报，2012，30（01）：51－54.

摘要：政府招标采购图书的质量控制，一直是图书馆界关心的焦点问题。在实践中，图书馆要认真拟定招标文件，把政府招标、签订合同、图书采购、加工和验收等各个环节的质量控制指标都写进招标文件中，使之成为合同双方共同遵守的法律文件，以此实现对政府招标采购图书的有效质量控制。

与 GB/T 7714—2015 格式引文比较，查新（引文格式）增加了摘要部分。

7. 生成检索报告

在图5－45“文献管理中心－文献输出”页面中，有一个“生成检索报告”按钮，点击后生成检索报告的基本模板，如图5－50所示。

图5－50是检索报告的基本内容格式模板，读者要按照要求完成相关内容后，才可提交。

检索报告应包括课题名称、课题分析、检索词、检索过程描述、检索结果综述、文献摘录等。CNKI 系统生成的检索报告结构要素：本次检索输入的条件（检索主题、检索范围、检索年限、检索时间、检索式 A）；检索结果统计报表；对本次检索的方法和结果的自我评价等。

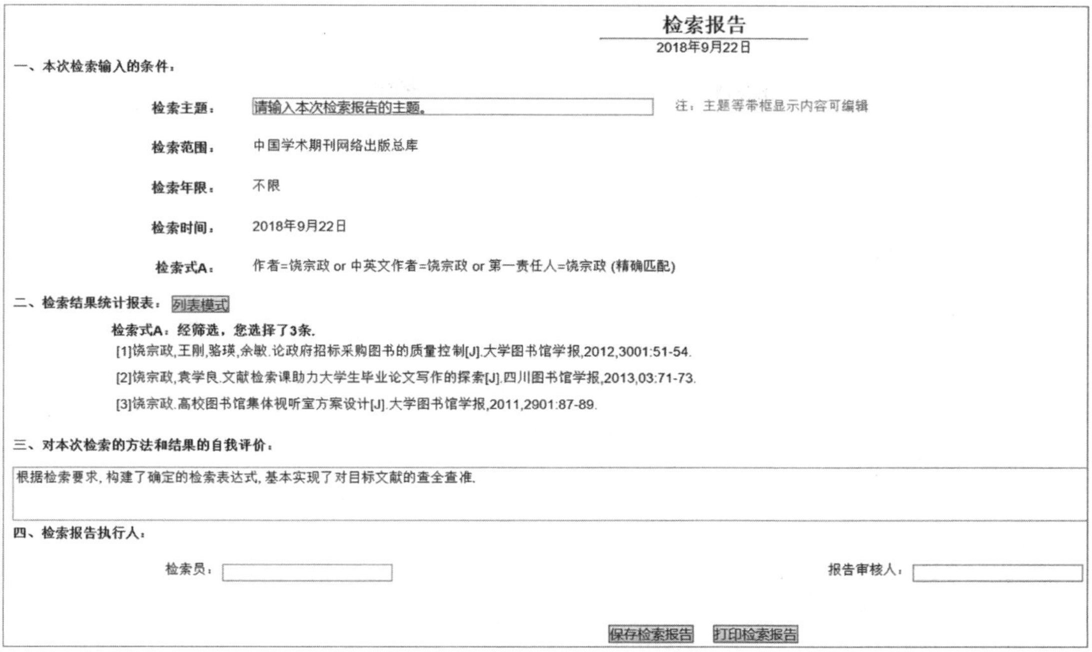

图 5－50　CNKI 系统生成检索报告模板

5.2.5　知网节点文献

知网的节点文献页面是 CNKI 最出彩的部分，它为读者提供了查找相关文献的多种方法和渠道。以某一篇文章为节点文献中心（时间轴原点），向前有一级参考文献、二级参考文献，向后有一级引证文献、二级引证文献。通过对节点文献的追根溯源，把知识节点的前前后后搞清楚，有利于知识的发现与创造。

【例 5-13】以文章《论政府招标采购图书的质量控制》（下面简称“本文”）为例说明知网节点文献。

通过 CNKI 期刊检索找到《论政府招标采购图书的质量控制》，如图 5－51 所示。

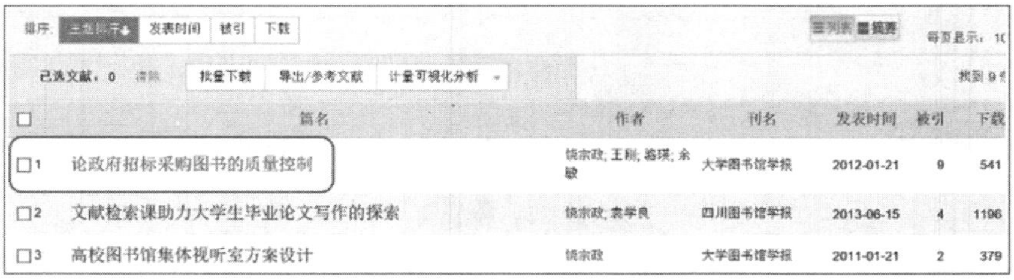

图 5－51　通过 CNKI 期刊检索找到本文

点击文章篇名，得到本文的知网节点文献页面，如图 5－52 所示。

从图 5－52 可知，本文的知网节点文献页面，提供了本文的详细信息、HTML 阅读、CAJ 下载、PDF 下载、导出参考文献、分享、创建引文跟踪、收藏、打印等。

页面右边还提供了文献出处：大学图书馆学报中文/英文刊名、年期、ISSN、中文核心期刊等。最重要的是左边“知识节点、知识网络”——构成了知网“节点文献”。

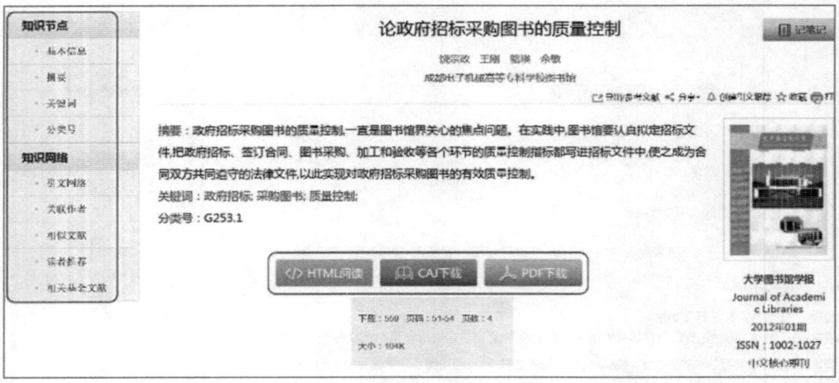

图 5－52　本文的知网节点文献页面

1. 本文的知识节点

知识节点，提供节点文献的“题名、作者、机构、文摘、关键词、分类号”等信息。

1）基本信息：包括题名：论政府招标采购图书的质量控制；作者：饶宗政、王刚、骆瑛、余敏；作者单位：成都电子机械高等专科学校（成都工业学院的前身）。

2）摘要：政府招标采购图书的质量控制，一直是图书馆界关心的焦点问题。在实践中，图书馆要认真拟定招标文件，把政府招标、签订合同、图书采购、加工和验收等各个环节的质量控制指标都写进招标文件中，使之成为合同双方共同遵守的法律文件，以此实现对政府招标采购图书的有效质量控制。

3）关键词：政府招标；采购图书；质量控制。

4）分类号：G253. 1。

2. 本文的知识网络

知识网络，提供节点文献的“引文网络、关联作者、相似文献、读者推荐文献、相关基金文献”等信息。

1）引文网络　与本文相关的引文网络图，如图 5－53 所示。

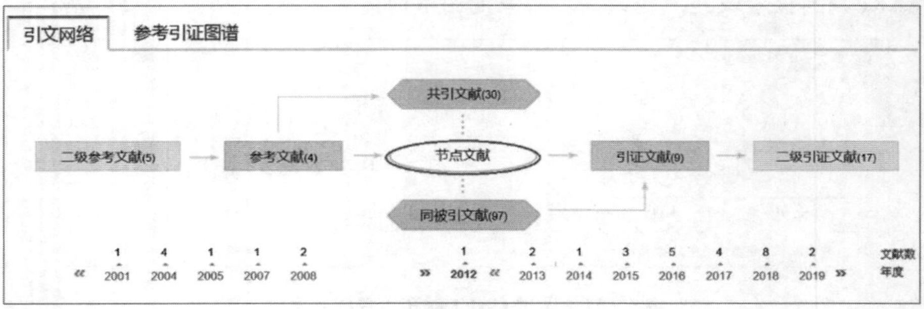

图 5－53　与本文相关的引文网络图

引文网络图解读：引文网络图就是以某一文章为中心，从时间坐标轴上，向前看，本文引用了哪些文献，向后看，本文又被哪些文献引用了。具体定义如下：

①节点文献　指本文，即指文章《论政府招标采购图书的质量控制》。

②参考文献　是反映本文研究工作的背景和依据，是本文参考和引用的文献。从时间坐标

轴上，本文的参考文献是本文之前就已发表的文献。目前，中国学术期刊网络出版总库有 4 条：

［1］曹沛．图书政府采购招标的实践与思考［J］．医学信息．2008（08）

［2］韩飞．图书政府采购研究［J］．出版科学．2008（01）

［3］王新刚，成国强．高校图书实施政府采购应把好五关［J］．农业图书情报学刊．2007（02）

［4］惠德毅，林志成，陈智颖．广州图书馆 2003 年图书资料实施政府采购情况分析及建议［J］．图书馆论坛．2004（05）

③二级参考文献　是本文参考文献的参考文献，是进一步反映本文研究工作的背景和依据。本文的二级参考文献 5 条，目前，中国学术期刊网络出版总库有 5 条：

［1］张为华．政府采购制度对高校图书馆图书采购的影响［J］．山东图书馆季刊．2005（03）

［2］周谨．图书实行政府采购应注意的问题［J］．图书馆建设．2004（05）

［3］陈伟．高校图书馆图书采购招标工作新探［J］．图书馆学研究．2004（05）

［4］郑家杰．政府采购行为对高校图书馆书刊采购的影响［J］．现代情报．2004（03）

［5］丁明刚．政府指令性采购图书利弊谈［J］．大学图书馆学报．2001（02）

④引证文献　是引用本文的文献，是本文研究工作的继续、应用、发展或评价。从时间坐标轴上，引证文献是本文之后才发表的文献。本文的引证文献 9 条，目前，中国学术期刊网络出版总库有 7 条：

［1］王玉橙．政府采购模式下高职院校图书馆图书采购的实践与探索——以成都工业职业技术学院图书馆为例［J］．四川图书馆学报．2018（03）

［2］史淑英，张静，魏青山，习亚萍．采编工作一体化趋势下中文图书采编工作的变革［J］．国家图书馆学刊．2017（06）

［3］顾维萍．浅谈图书招标采购中存在的问题及对策［J］．招标与投标．2016（03）

［4］蔡时连．政府招标采购下高校图书采购质量控制的思考［J］．图书情报工作．2015（S2）

［5］邹定香．提高高校图书馆新书利用率措施的探讨［J］．成都工业学院学报．2014（01）

［6］饶宗政，田飒，王刚．谈政府采购中高校图书供应商的遴选方案［J］．招标与投标．2013（04）

［7］罗绣明．浅谈高校图书馆固定资产的使用及管理［J］．科教文汇（中旬刊）．2012（05）

中国优秀硕士学位论文全文数据库有 2 条：

［1］郃相宁．政府招标采购系统的设计与实现［D］．东北大学．2016

［2］王汝欣．高校图书馆图书政府采购个案研究［D］．河北大学．2016

⑤二级引证文献　是本文引证文献的引证文献。更进一步反映本文研究工作的继续、发展或评价。本文的二级引证文献共 17 条。

目前，中国学术期刊网络出版总库有 12 条，前 6 条如下：

［1］隋银昌．“抢单式”中文图书采选模式研究［J］．大学图书情报学刊．2018（04）

［2］邓勇攀．公共图书馆实现文化精准扶贫价值目标之再思考［J］．图书情报导刊．2018（03）

［3］史淑英，张静，魏青山，习亚萍．采编工作一体化趋势下中文图书采编工作的变革［J］．国家图书馆学刊．2017（06）

［4］曹智国．E 时代高校图书馆如何提高纸质图书的利用率［J］．科技经济导刊．2017（15）

［5］王永．政府招标采购下高职院校图书馆中文图书采购质量控制研究——以襄阳职业技术学院图书馆为例［J］．襄阳职业技术学院学报．2017（01）

［6］高珊珊，蔡健康．高校图书馆纸质图书利用率低的原因及对策［J］．科技情报开发与

经济. 2015 (10)

中国博士学位论文全文数据库有1条:

[1] 袁野. 中国高校非经营性国有资产管理制度研究 [D]. 吉林大学. 2013

中国优秀硕士学位论文全文数据库有4条:

[1] 刘珊延. 高职院校资金管理系统的开发与应用 [D]. 西南科技大学. 2018

[2] 于杰. 供电公司信息设备资产管理系统的设计与实现 [D]. 西安电子科技大学. 2016

[3] 王汝欣. 高校图书馆图书政府采购个案研究 [D]. 河北大学. 2016

[4] 牟成林. 职业高中资产管理系统的设计与实现 [D]. 电子科技大学. 2015

⑥共引文献　也称同引文献，是与本文有相同参考文献的文献，与本文有共同研究背景或依据。本文的共引文献共30条。目前，中国学术期刊网络出版总库共28条。

中国优秀硕士学位论文全文数据库共2条:

[1] 马骏. 东营市政府集中采购办公自动化系统的设计与应用 [D]. 电子科技大学. 2011

[2] 陈玲. 出版物团购消费行为研究 [D]. 北京印刷学院. 2010

⑦同被引文献　与本文同时被作为参考文献引用的文献，与本文共同作为进一步研究的基础。目前，中国学术期刊网络出版总库共97条。

中国图书全文数据库共3条:

[1] 赵洁. 高校图书馆文献采访理论与实践探索 [M]. 中国农业大学出版社，2016

[2] 林泽明. 图书馆图书招标采购实务 [M]. 中国电力出版社，2014

[3] 饶宗政. 现代文献检索与利用 [M]. 机械工业出版社，2012

国际期刊数据库共1条:

[1] Michelle Foss. Books-on-Demand Pilot Program: An Innovative "Patron-centric" Approach to Enhance the Library Collection [J]. Journal of Access Services . 2008 (1-2)

2) 关联作者

本文引用了谁的文献?

王新刚、曹沛、陈智颖、成国强、惠德毅、林志成、韩飞。

谁引用了本文?

张静、魏青山、史淑英、习亚萍、蔡时连、王刚、罗绣明、邹定香、饶宗政、顾维萍、王汝欣、王玉橙。

3) 相似文献（与本文内容上较为接近的文献）

[1] 邱洁媛. 政府招标采购下公共图书馆图书采购质量控制 [J]. 科技与创新. 2014 (03)

[2] 梁晓天，余玲. 图书资料招标采购的实践与思考 [J]. 图书馆论坛. 2002 (06)

[3] 李红霞. 浅析图书馆文献招标采购中的自由裁量权 [J]. 图书馆. 2013 (02)

[4] 陈喜红. 高校图书馆文献招标采购探讨 [J]. 情报探索. 2007 (12)

[5] 杨桂金. 浅谈图书馆文献的招标采购 [J]. 河北科技图苑. 2003 (05)

[6] 王莉. 招标采购模式下的图书采购质量保障 [J]. 图书馆杂志. 2013 (11)

[7] 张宏. 招标采购在期刊管理中的应用 [J]. 图书馆工作与研究. 2005 (04)

[8] 蔡时连. 政府招标采购下高校图书采购质量控制的思考 [J]. 图书情报工作. 2015 (S2)

[9] 周英雄. 论文献招标采购 [J]. 图书馆论坛. 2005 (03)

[10] 许强. 政府招标采购模式下高校图书采购实践 [J]. 农业网络信息. 2016 (09)

4) 读者推荐（喜欢本文的读者同时还下载了这些文献）

[1] 杨新涯，王文清，张洁，王宁. CALIS 三期共享域与图书馆系统整合的实践研究 [J]. 大学图书馆学报. 2012 (01)

[2] 姚倩. 以文献共享为核心的数字图书馆构建策略 [J]. 大学图书馆学报. 2012 (01)

[3] 张秀华，靳茜. 从国家社科基金项目看图书情报知识生产 [J]. 大学图书馆学报. 2012 (01)

[4] 方胜华，刘柏嵩. 2009 年以来国外引文分析研究进展 [J]. 大学图书馆学报. 2012 (01)

[5] 李超. 引用质量加权影响因子评价学术期刊研究——以 CSSCI 图书情报学期刊评价为例 [J]. 大学图书馆学报. 2012 (01)

[6] 包平，周丽. 基于 ClimateQUAL™的高校图书馆评价实证研究 [J]. 大学图书馆学报. 2012 (01)

[7] 刘华. "读者决策采购" 在美国大学图书馆的实践及其对我国的启示 [J]. 大学图书馆学报. 2012 (01)

[8] 程艾军，张兆忠，马路. 从连续三年中美高校图书馆电子资源建设经费统计数据看馆藏电子资源建设发展趋势 [J]. 大学图书馆学报. 2012 (01)

[9] 黎邦群. OPAC 书目纠错功能的设计与实现 [J]. 大学图书馆学报. 2012 (01)

以上所列与节点文献相关的"参考文献、二级参考文献、引证文献、二级引证文献、同引文献、同被引文献"的篇名都有链接，刊登文献的期刊名称也有链接，单击篇名可以看到全文。单击刊名进入期刊首页。通过知网的节点文献页面，可以找到很多与本文相关的文献信息，并通过链接方便地获取原文。可见，节点文献是扩大检索相关文献最有效的方法。

5.3　维普科技期刊检索

5.3.1　维普科技期刊服务平台简介

1. 维普期刊网

重庆维普资讯有限公司（简称：维普资讯）成立于 1995 年，前身为中国科技情报研究所重庆分所数据库研究中心，是中国第一家进行中文期刊数据库研究的机构。作为中国数据库产业的开拓者，自主研发并推出的《中文科技期刊篇名数据库》是中国第一个中文期刊文献数据库，也是中国最大的自建中文文献数据库，实现了中文期刊计算机检索。维普资讯网于 2000 年上线，针对全国高等院校、公共图书馆、情报研究机构、医院、政府机关、大中型企业等各类用户的需求，重庆维普资讯有限公司又陆续推出了《中文科技期刊数据库》《中文科技期刊数据库（引文版）》《外文科技期刊数据库》《中国科学指标数据库》以及智立方文献资源发现平台、中文科技期刊评价报告、维普考试资源系统、维普期刊资源整合服务平台、维普论文检测系统等系列产品。维普资讯网（http://www.cqvip.com）主页如图 5 - 54 所示。

《中文科技期刊数据库》诞生于 1989 年，累计收录期刊 14000 余种，现刊 9000 余种，期刊文献总量 6795 8091 篇（2019 年 7 月 19 日数据），是我国数字图书馆建设的核心资源之一，是高校图书馆文献保障系统的重要组成部分，也是科研工作者进行科技查证和科技查新的必备数据库。期刊年限回溯至 1989 年，部分期刊回溯至创刊年。这些数据表明，维普资讯是国内收录期刊最多的公司。随着时代进步，维普的服务领域也在拓展，由原来的单一数字科技期刊服务，扩大到论文检测、考试服务等，数据检索平台由原先的"期刊大全"扩展到"维普期刊资源整合平台"和"中文期刊服务平台"等，这些服务平台主页上都有链接。

图 5-54　维普资讯网主页

维普资讯网上，数字资源的分类按《中国图书馆分类法》，设有“医药卫生、农业科学、机械工程、自动化与计算机技术、化学工程、经济管理、政治法律、哲学宗教、文学艺术”等 35 个学科大类，457 个学科小类。著录标准分别按照《中国图书馆分类法》《文献主题标引规则》（GB/T 3860—2009）、《信息与文献 参考文献著录规则》（GB/T 7714—2015）执行。

2. 维普期刊大全

维普资讯的期刊大全最早是用来浏览查看期刊的一种方法，至今仍为读者保留着浏览查看期刊的功能，栏目名称变成“期刊导航”了，但是基本内容和方法是相同或相似的。点击图 5-54 维普资讯网主页上的“期刊大全”，进入期刊大全页面，如图 5-55 所示。

图 5-55　维普资讯的期刊大全页面

这是最早的数字期刊服务平台，提供查找期刊的途径有“期刊名、ISSN 号（国际标准期刊号）、CN 号（国内统一刊号）”，还提供了按期刊名称的首字母拼音序列查找，也有按照分类法浏览的，后面有专门介绍。

3. 维普期刊资源整合服务平台

点击图 5-54 或图 5-55 中的“高级检索”，进入维普期刊资源整合服务平台页面，如图 5-56 所示。

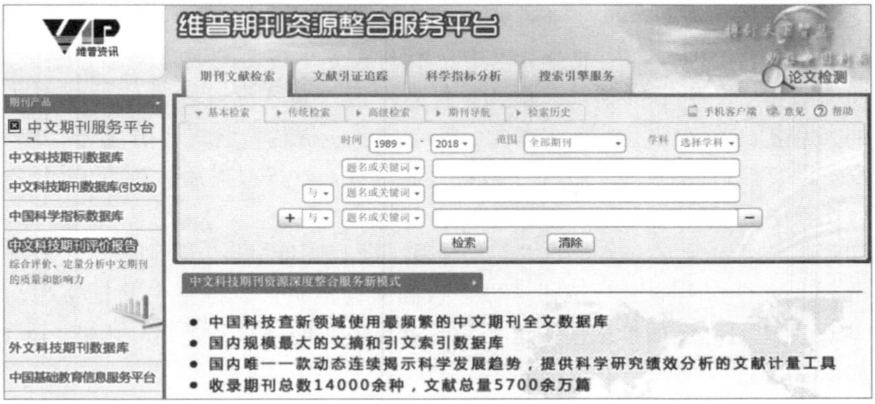

图 5－56　维普期刊资源整合平台页面

维普期刊资源整合服务平台是面向高校图书馆推出的，此平台主要提供期刊检索服务和全文下载，以及与国际期刊评价标准——JCR 期刊引用报告一致的《中文科技期刊评价报告》，这是国内做得最早、较好的，并与国际接轨的期刊评价报告。

维普期刊资源整合服务平台自 2009 年上线，至 2019 年，已累计为用户提供了数十亿次文献检索和文献保障服务。

4. 维普资讯中文期刊服务平台 7

2014 年 10 月，维普资讯中文期刊服务平台 7 正式上线。这是维普期刊资源整合服务平台的升级版本。在维普期刊资源整合服务平台上，有中文期刊服务平台 7 的链接，两个平台同时使用。维普资讯中文期刊服务平台 7，如图 5－57 所示。

图 5－57　维普资讯中文期刊服务平台 7 主页

中文期刊服务平台 7 是以中文期刊资源保障为基础，以数据整理、信息挖掘、情报分析为路径，以数据对象化为核心，面向知识服务与应用的一体化服务平台。

平台上方有“期刊导航、学科导航、地区导航、期刊评价报告、期刊开放获取”，但是这个平台使用起来没有那么方便，高级检索页面设计不太合理，导致读者不太喜欢使用。

5. 维普中文期刊服务平台

2018 年 10 月，维普中文期刊服务平台（qikan. cqvip. com）正式上线，如图 5－58 所示。

图 5－58　维普中文期刊服务平台

维普中文期刊服务平台已经收录期刊文献总量6795 8091篇（2019年7月19日数据）。

维普资讯中文期刊服务平台是维普资讯中文期刊服务平台7的改进版本，最大的改进之处是在检索框前面增加了一个下拉菜单，默认是任意字段。系统设置的菜单内容有“任意字段、题名或关键词、题名、关键词、文摘、作者、第一作者、机构、刊名、分类号、参考文献、作者简介、基金资助、栏目信息”等14个字段供读者选择。这样改进后，读者使用该平台检索文献的目的性就比较明确了，并可提高检索效率。

此中文期刊服务平台上方，提供了“期刊导航、期刊评价报告、期刊开放获取、下载APP”等栏目。单击右边的“高级检索”按钮，可进入高级检索页面。该平台简捷实用，功能完善。维普资讯从2019年1月起全面推广使用这个新的维普中文期刊服务平台。因此，下面将以这个新平台为主加以介绍。

5.3.2　期刊文献检索

1. 期刊基本检索

维普中文期刊服务平台上，默认字段是“任意字段”，此时，只要在检索框中输入任意检索词或符号，就可以检索，并得到与检索词相关的结果。这里的“任意字段”的含义，包括了“题名或关键词、题名、关键词、文摘、作者、第一作者、机构、刊名、分类号、参考文献、作者简介、基金资助、栏目信息”等13个字段内容。如果读者检索目的明确，可选择13个字段之一进行检索，如查某作者的文章，则在下拉菜单中选择作者字段，输入作者姓名，检索就得到该作者所发表的期刊文章。这样目的性更强，效率更高。

【例5-14】查找含有“5G网络”与“5G应用”方面的文章。

我国华为公司在5G通信方面是世界的排头兵，出于想了解或好奇，想查找关于“5G网络、5G应用”方面的文章来看看。

方法一：①采用系统默认的任意字段；②输入检索词“5G网络、5G应用”，两个关键词之间留一个空格；③点击“检索”按钮；④共找到16，246篇文章。

方法二：①选择“题名”字段；②输入关键词“5G网络、5G应用”，两个关键词之间留一个空格；③点击“检索”按钮；④共找到10篇文章，如图5－59所示。

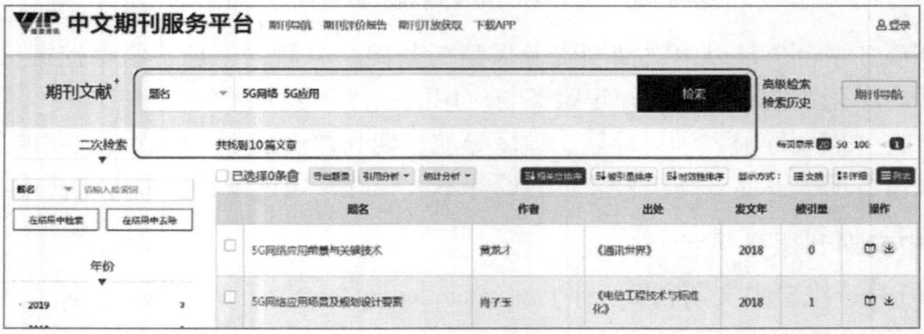

图5－59　期刊基本检索页面

显然，在方法二中，因选择了题名字段，检索结果虽然只有10篇文章，但是题名中都包含了“5G网络”和“5G应用”，搜索到的文章都是与检索词相关度非常高的文章。

在这个基本检索平台上，建议读者分别选择“题名或关键词、题名、关键词、文摘、作者、第一作者、机构、刊名、分类号、参考文献、作者简介”等作为检索字段，输入相应的检索词，试检索一下，看看检索结果怎样。这是熟悉和掌握维普中文期刊服务平台最有效的方法。

2. 期刊高级检索

在图 5－58 中文期刊服务平台主页，点击右边“高级检索”按钮，就进入高级检索页面，如图 5－60 所示。

图 5－60　中文期刊服务平台的高级检索页面

（1）期刊高级检索页面功能说明

①检索字段选择：有“任意字段、题名或关键词、题名、关键词、文摘、作者、第一作者、机构、刊名、分类号、参考文献、作者简介、基金资助、栏目信息”等 14 个字段供读者选择。

②逻辑运算符号选择：前后检索词之间的逻辑关系有“与、或、非”，可选其一。

③如要精确检索请使用检索框后方的“精确”选项。默认模糊。

④检索框数量可以增加或减少（＋或－）：最多可以增加到 5 项，最少可以减少到 3 项。

⑤中英文扩展，同义词扩展是否需要（可复选）。

⑥时间限定：系统默认是“收录起始年～现年”。如果需要有时间限定时，可以从右边箭头展开，通过菜单选择（1989 年～现年）某一起始年；通过菜单选择（现年～1989）某一截止年。还有更新时间（单选）：一个月内、三个月内、半年内、一年内、当年内等。

⑦期刊范围：系统默认是全部期刊。如果需要限定时，可以单击右边箭头展开，选择全部期刊、核心期刊、EI 来源期刊、SCI 来源期刊、CAS 来源期刊、CSCD 来源期刊、CSSCI 来源期刊（后面的 6 种来源期刊可单选或复选）。

⑧学科限定：系统默认是全选。如果需要限定某学科时，可以单击右边箭头展开，在医学、农业、一般工业等 45 个学科中选择。

⑨检索历史，记录了曾经检索过的检索表达式。

（2）期刊高级检索示例

【例 5-15】用高级检索查找题名中包含“5G 网络、5G 应用”方面的文章。

检索过程：①在主页上点击检索框右边的“高级检索”进入高级检索页面；②选择“题名”途径；③可以分为“5G 网络、5G 应用”2 个词；④逻辑关系选择“与”；⑤其他为默认条件。其实这是将做的工作转化为检索式：“题名＝5G 网络”与“题名＝5G 应用”，单击“检索”按钮，得到检索结果，检索页面如图 5－61 所示。

图5-61　高级检索页面

共找到12篇文章，且题名中都包含有关键词“5G网络、5G应用”，因此，虽然文章数量少，但是相关度很高。

（3）检索结果页面信息与操作

1）检索结果页面信息：①检索结果共找到12篇文章；②系统生成检索式：题名=5G网络 AND 题名=5G应用；③每篇文章信息有：题名、作者、出处、发文年、被引量；④操作：在线阅读、下载全文。

2）导出题录：选中检索结果题录列表前的复选框，单击“导出”，可以将选中的文献题录以文本（默认）、参考文献、XML、NoteExpress、Refworks、EndNote的格式导出。导出形式有复制、导出打印等。

3）引用分析：参考文献、引证文献。

4）统计分析：检索结果、已选文献。

5）检索结果排序：相关度排序、被引量排序、时效性排序。

6）显示方式：文摘方式、详细方式、列表方式。

（4）高级检索框支持简单逻辑运算

1）检索框中可支持“并且”（AND）、“或者”（OR）、“不包含”（NOT）三种简单逻辑运算；

2）逻辑运算符AND、OR、NOT必须大写，且前后必须空一格；逻辑运算符优先级为：NOT > AND > OR，且可通过英文半角（ ）进一步提高优先级。

3）精确检索请使用检索框后方的“精确”选项。

【例5-16】验证检索框中可支持“并且”（AND）简单逻辑运算。

验证过程：在一个检索框前面选择“题名”；在后面的检索框中输入“5G网络 AND 5G应用”；检索结果共找到12篇文章；如图5-62所示。

图 5－62　验证检索框中可支持“并且”（AND）简单逻辑运算页面

检索结果与例 5-15 结果相同，说明检索框中可支持“并且”（AND）简单逻辑运算。

【例 5-17】验证检索框中可支持“或者”（OR）简单逻辑运算。

验证过程：在一个检索框前面选择“题名”；在后面的检索框中输入“5G 网络 OR 5G 应用”；检索结果共找到 1373 篇文章，如图 5－63 所示。

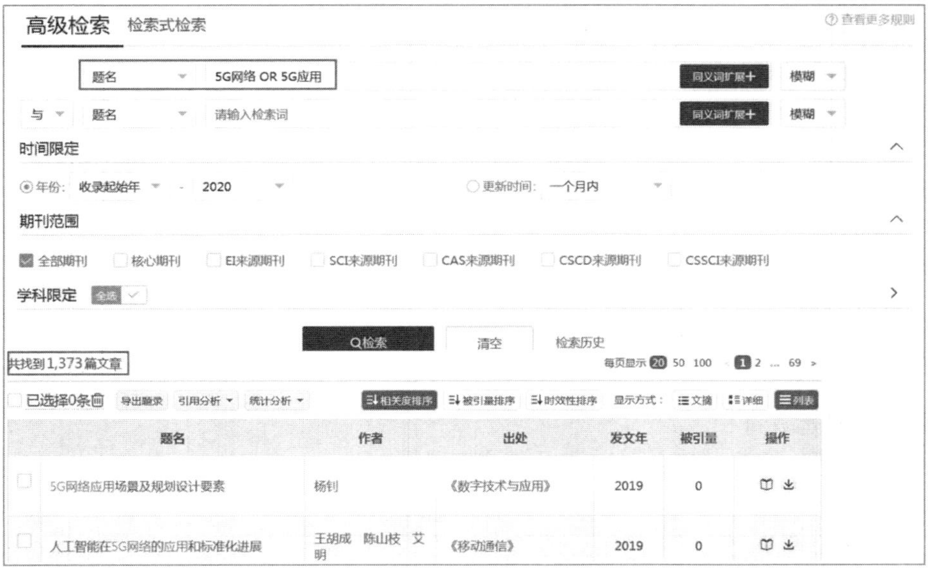

图 5－63　验证检索框中可支持“或者”（OR）简单逻辑运算页面

检索结果说明检索框中可支持“或者”（OR）简单逻辑运算，且逻辑或扩大检索范围。

【例 5-18】验证检索框中可支持“不包含”（NOT）简单逻辑运算。

验证过程：在一个检索框前面选择“题名”；在后面的检索框中输入“5G 网络 NOT 5G 应用”；其含义是检索结果中，题名中只含有“5G 网络”，不包含“5G 应用”的文章；检索结果共找到 1110 篇文章，如图 5－64 所示。

图5-64　高级检索框中支持“不包含”（NOT）简单逻辑运算页面

题名中只含5G网络，不包含5G应用的文章共找到1110篇。

检索结果说明检索框中可支持“不包含”（NOT）简单逻辑运算；“不包含”（NOT）可缩小检索范围。

3. 期刊专业检索

期刊专业检索（检索式检索）是在检索框中直接输入检索表达式进行检索的方法。检索表达式由检索字段标识符、逻辑运算符连接组合而成的，且符合检索意图的一个完整检索表达式。

（1）专业检索步骤

1）正确写入检索表达式　读者可以在检索框中使用正确的检索字段及代码、布尔逻辑运算符对多个检索词进行组配形成检索表达式。

2）检索条件限定　执行检索前，读者可以根据需要，选择合适的时间范围、学科范围、期刊范围等限制条件。

3）调整检索式　每次调整检索策略并执行检索后，均会在检索区下方生成一个新的检索结果列表，方便读者对多个检索策略的结果进行比对分析。使用检索条件限定，可以进一步缩小检索范围，获得更符合需求的检索结果。

（2）专业检索规则

1）关于逻辑运算符

常用3种逻辑运算符对照表，如表5-3所示。

表5-3　逻辑运算符对照表

逻辑关系	并且、与	或者	不包含、非
运算符	AND/ *	OR/ +	NOT/ -

书写规则：逻辑运算符AND、OR、NOT必须大写，逻辑运算符优先级为：（ ）>NOT>AND>OR；所有运算符号必须在英文半角状态下输入，且前后必须空一格，英文半角"" 表示检索词不做分词处理，作为整个词组进行检索，以提高准确性。

2）关于检索字段及代码

检索字段及代码对照表如表5-4所示。

表 5-4　检索字段及代码对照表

代码	字段	代码	字段
U	任意字段	S	机构
M	题名或关键词	J	刊名
K	关键词	F	第一作者
A	作者	T	题名
C	分类号	R	文摘

（3）专业检索示例

【例 5-19】用专业检索查找题名中同时含有“5G 网络、5G 应用”的文章。

检索过程：①选择“题名”字段，检索词分为“5G 网络、5G 应用”2 个词；②逻辑运算符“AND”；③检索框写入的专业检索式：T＝5G 网络 AND T＝5G 应用；④其他为默认条件；⑤点击检索；⑥共找到 12 篇文章。如图 5-65 所示。

图 5-65　专业检索页面

可见，专业检索【例 5-19】与高级检索【例 5-15】的结果是相同的。

【例 5-20】用专业检索查找题名中同时含有“5G 网络、时延”的文章。

检索过程：①选择“题名”途径；②可以分为 2 个词：“5G 网络、时延”；③逻辑关系选择“AND”；④专业检索式：T＝5G 网络 AND T＝时延；⑤其他为默认条件；⑥点击检索；⑦共找到 7 篇文章，如图 5-66 所示。

图 5-66　专业检索页面

【例5-21】查找文摘含有机械，并且关键词含有CAD或CAM，或者题名含有“雷达”，但关键词不包含“模具”的文献。

依题意专业检索式可写为：(K=(CAD OR CAM)OR T=雷达)AND R=机械 NOT K=模具。检索得到5093篇。

此专业检索式也可以写为：((K=(CAD+CAM)*R=机械)+(T=雷达*R=机械))-K=模具。检索得到5093篇文章，可见检索结果是相同的。

4. 期刊导航

在维普资讯中文期刊服务平台主页上，点击上方的“期刊导航”进入期刊导航页面，如图5-67所示。

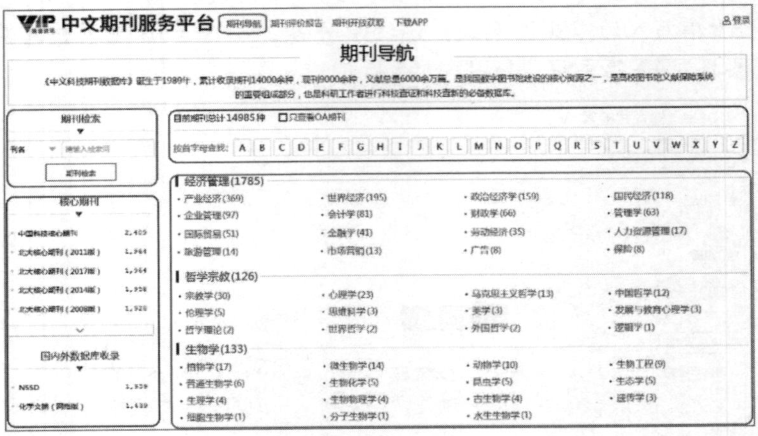

图5-67　期刊导航页面

期刊导航页面显示，目前收录的期刊总计14985种，这是我国数字图书馆建设的核心资源之一，是高校图书馆文献保障系统的重要组成部分，也是科研工作者进行科技查证和科技查新的必备数据库。从期刊导航页面可知，期刊导航分为检索方式和浏览方式两种：

(1) 检索方式　期刊导航页面的左上方是期刊检索区。系统提供的检索途径有“刊名、任意字段、ISSN、CN、主办单位、主编、邮发代号”等7个途径。

通常选择“刊名”途径，例如输入“中国图书馆学报”，点击“期刊检索”按钮，可得《中国图书馆学报》页面，如图5-68所示。

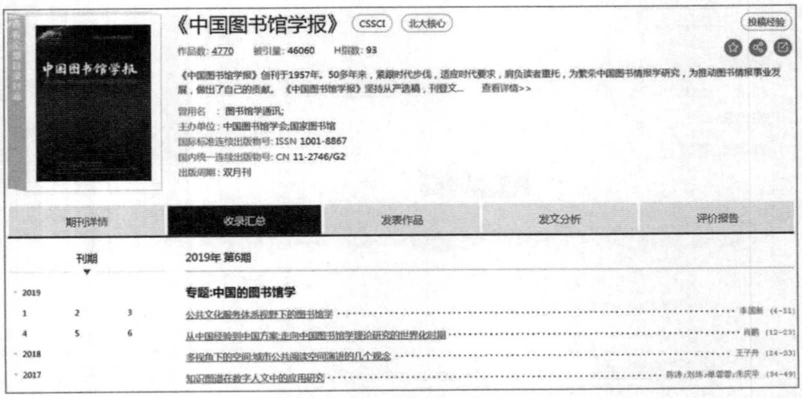

图5-68　《中国图书馆学报》页面

对检索到的期刊，可按年度、期数查看该刊的收录文章，像看合订本一样查看历年的期刊。如果想看点击 2019 年 3 期，进入 2019 年 3 期目录页面，如图 5－69 所示。

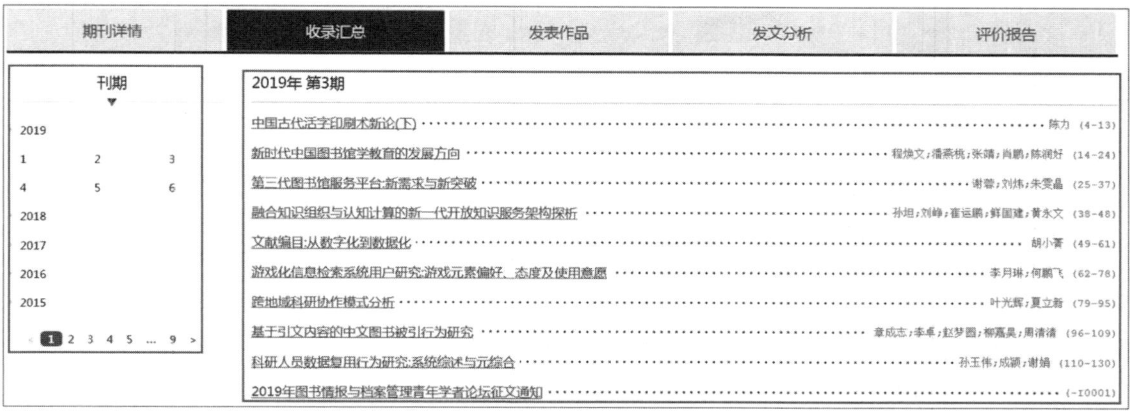

图 5－69　《中国图书馆学报》2019 年 3 期目录页面

这里左上角系统提供的检索框，仅限于查找本刊内历年发表的文章。

2019 年 3 期目录页面显示，本期共有 10 篇文章，如果看第 2 篇文章，点击题名进入文章的详细描述页面，如图 5－70 所示。

图 5－70　文章详细描述页面

文章详细描述页面，相当于 CNKI 的知网节点文献，除了图示的“题名、摘要、作者、机构地区、出处、基金、关键词、分类号、作者简介、相关文献”外，还有“分享、导出”等内容。文章详细描述页面提供了“在线阅读、下载 PDF”。读者可在线阅读，也可下载后阅读。

单击“导出”进入导出页面，文献导出格式有：文本、查新格式、参考文献等 10 种方式可选择，一般以“参考文献”格式导出，如图5－71所示。

图5－71　导出页面

导出的参考文献格式：

[1] 程焕文，潘燕桃，张靖，肖鹏，陈润好．新时代中国图书馆学教育的发展方向 [J]．中国图书馆学报，2019，45（3）：14－24.

（2）浏览方式　系统提供6种浏览方式：“按首字母查找、期刊学科分类、核心期刊、国内外数据库收录、地区、主题”等。

在图5－67期刊导航页面左侧，聚类筛选面板系统提供“核心期刊、国内外数据库收录、地区、主题”多种期刊聚类方式，方便按需进行切换。期刊导航可以多渠道快速定位期刊，可以做年、卷、期的内容浏览及相关期刊或文献的漫游浏览。

1）按首字母查找期刊　这是按期刊名首字拼音字母顺序查找，按刊名首字母查找入口如图5－72所示。

图5－72　按刊名首字母查找入口

2）按学科分类导航查找期刊　这是最传统的方法，读者得先知道查找的期刊归在哪个学科。期刊分类多数是按照《中国图书馆分类法》进行学科分类，因此，熟悉《中图法》的读者会很快找到自己需要的期刊。通过学科分类方式浏览期刊，如图5－73所示。

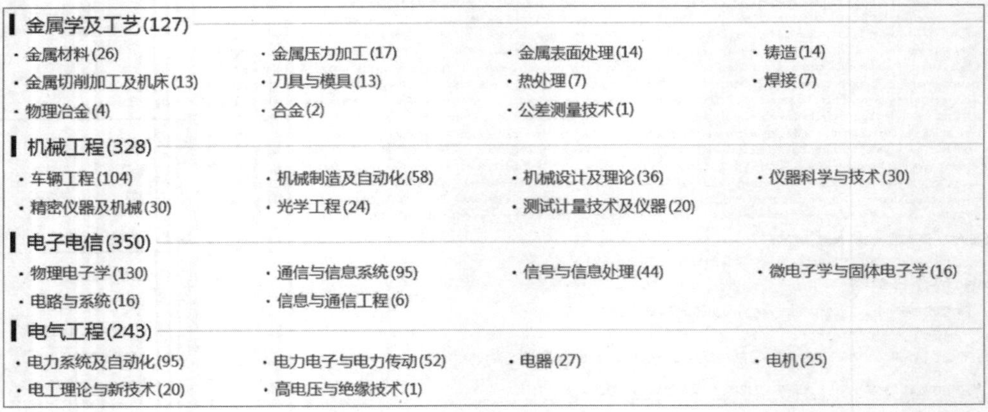

图5－73　按学科分类导航查找期刊页面

每个类目有链接，有期刊数量，可指导读者进入类目浏览期刊。

3）按核心期刊导航查找期刊　上述都是在维普期刊大全的14631种查找期刊，如果读者只想关注高质量的文章，则可从期刊导航主页左边的核心期刊导航进入，方法是选中想要进入的核心期刊库，如选中“北大核心期刊（2017版）”，如图5－74所示。

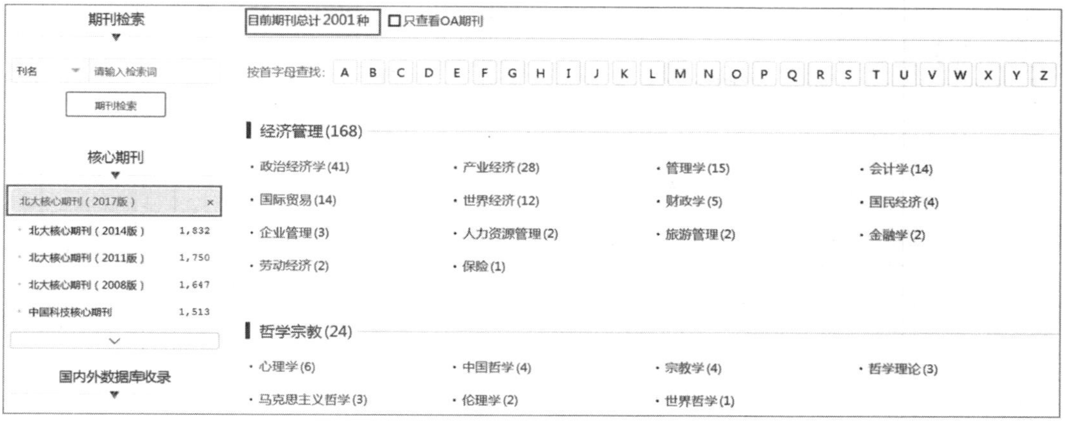

图 5 - 74　核心期刊导航

选中“北大核心期刊（2017 版）”之后，右侧的首字母查找和学科分类导航都缩小到北大核心期刊（2017 版）2001 种范围之内查找，与全部期刊相比查找范围缩小很多，而且都是北大核心期刊。

5.3.3　中文科技期刊评价报告

中文科技期刊评价报告是国内同行业中做的最早，它的指标是与国际指标接轨的，它提供了“被引次数、影响因子、立即指数、被引半衰期、引用半衰期、期刊他引率、平均引文率”等 7 个指标，完全与美国费城的科学信息研究所的期刊引用报告(JCR) 统计方法一致，是读者对期刊进行判断和比较的重要参数。

从维普资讯中文期刊服务平台主页（qikan. cqvip. com），点击上方“期刊评价报告”进入中文科技期刊评价报告页面，如图 5 - 75 所示。

图 5 - 75　中文科技期刊评价报告页面

中文科技期刊评价报告是以 9700 余种期刊作为来源期刊进行引文加工，涉及学科领域包括工业技术综合、医药卫生、农业、数理科学及化学、天文地球、环境安全、交通运输、航空航天、经济、政治法律、文史哲综合等。

页面左边提供了检索框，可直接查找期刊，系统提供了“刊名、ISSN、CN”3 种途径。

【例 5-22】查找《大学图书馆学报》期刊的评价报告。

在中文科技期刊评价报告页面，选择“直接查找”“刊名”后，直接输入刊名“大学图书馆学报”，点击“检索”得到《大学图书馆学报》期刊的评价报告，如图 5－76 所示。

	期刊名	ISSN	被引次数	影响因子	立即指数	发文量	被引半衰期	引用半衰期	期刊他引率	平均引文率
1	大学图书馆学报	1002-1027	2623	2.814672	0.298246	114	3.94	4.23	0.973694	20.46491

图 5－76　《大学图书馆学报》期刊评价报告页面

该刊页面上列出了《大学图书馆学报》期刊 2008 年～2018 年的评价报告，默认是最新（2018 年）的期刊评价报告，报告显示：期刊名、ISSN、被引次数、影响因子、立即指数、发文量、被引半衰期、引用半衰期、期刊他引率、平均引文率等评价参数指标。点击“大学图书馆学报”，展开“影响因子走势”栏目，系统对下列 6 项评价指标的定义和参数计算如下：

1. 影响因子

影响因子是指该期刊近两年文献的平均被引用率，即该期刊前两年发表的论文在评价当年每篇论文被引用的平均次数，用以反映近年该期刊的学术影响力及近期在科学发展和文献交流中所起的作用。

该刊 2017 年的文章在 2018 年的被引次数 340；该刊 2016 年的文章在 2018 年的被引次数 389，总计 729 次。

该刊 2017 年的发文量 129 篇；该刊 2016 年的发文量 130 篇；总计 259 篇。

则该刊 2018 年的影响因子为：

$$\text{影响因子}=\frac{729}{259}=2.81467$$

2. 立即指数

立即指数是表征期刊即时反应速率的指标，即该期刊在评价当年发表的论文，每篇被引用的平均次数。

例如，该刊 2018 年的文章在 2018 年的被引次数 34 次，该刊 2018 年的发文量为 114 篇。

该刊 2018 年的立即指数为：

$$\text{立即指数}=\frac{34}{114}=0.298246$$

3. 被引半衰期

被引半衰期是衡量期刊老化速度快慢的一种指标，指某一期刊论文在某年被引用的全部次数中，较新的一半被引论文发表的时间跨度。

$$\text{被引半衰期}=3+\frac{(0.5-0.3759054517727793)}{(0.5074342356080823-0.3759054517727793)}=3.94$$

4. 引用半衰期

引用半衰期指某种期刊在某年中所引用的全部参考文献中较新的一半是在最近多少年时段

内发表的。

$$\text{引用半衰期}=4+\frac{(0.5-0.48105436573311366)}{(0.5634266886326195-0.48105436573311366)}=4.23$$

5. 期刊他引率

期刊他引率是期刊被他刊引用的次数占该刊总被引次数的比例，用以测度某期刊学术交流的广度、专业面的宽窄以及学科的交叉程度。

$$\text{期刊他引率}=\frac{\text{被他刊引用次数}}{\text{被引用总次数}}=\frac{2554}{2623}=0.973694$$

6. 平均引文率

平均引文率是在给定的时间内，期刊篇均参考文献量，用以测度期刊的平均引文水平，考察期刊吸收信息的能力以及科学交流程度的高低。

$$\text{平均引文率}=\frac{\text{期刊参考文献总数}}{\text{期刊论文总数}}=\frac{2333}{114}=20.46491$$

5.3.4 期刊开放获取

1. 期刊开放获取简介

期刊开放获取（Open Access，以下简称 OA）是指科研人员将论文、专著、图书、演示手稿等研究成果发表在开放式学术期刊或存储在开放式知识库中，以免费的方式提供给读者检索、下载和复制。开放获取是国际学术界为推动科技成果利用网络自由传播而发起的运动，通过网络技术，任何人可以免费获取各类文献。随着开放获取运动的开展，开放期刊、开放知识库和开放论文数量大幅增加，并且有多家知名出版商宣布旗下期刊采用开放获取出版模式。同时开放期刊的质量正在逐步提升，权威性数据库收录的 OA 期刊的数量逐步扩大。

2. 维普期刊开放获取平台简介

从维普资讯中文期刊服务平台主页，点击上方的“期刊开放获取”，进入期刊开放获取页面，如图 5－77 所示。

5－77　开放获取（OA）期刊、期刊开放获取平台页面

维普的期刊开放获取平台资源由两部分组成：

1）开放获取（OA）期刊

位于页面上方的是开放获取（OA）期刊，共找到 963 种期刊，多数是中文期刊。

2）期刊开放获取平台

位于页面下方的是期刊开放获取平台，列出了29个期刊开放获取平台数据库名称和链接。这些期刊开放获取平台都有链接，点击平台名称就链接到期刊开放获取平台。为方便读者获取这些免费的期刊资源，现将部分期刊开放获取平台名称及地址整理如下：

中国科技论文在线（http://www.paper.edu.cn/?from=zk_oaindex）
中国机构知识库联盟（http://www.cspace.org.cn/form=zk_oaindex）
ROAR（http://roar.eprints.org/?from=zk_oaindex）
PLoS（https://www.plos.org/?from=zk_oaindex）
OpenDOAR（http://www.opendoar.org/?from=zk_oaindex）
BioMed Central（https://www.biomedcentral.com/?from=zk_oaindex）
arXiv.org（https://arxiv.org/?from=zk_oaindex）
oasis（http://www.openoasis.org/?from=zk_oaindex）
Open Access Week（http://www.openaccessweek.org/?from=zk_oaindex）
eifl（https://www.eifl.net/?from=zk_oaindex）
OASPA（https://oaspa.org/?from=zk_oaindex）
PubMed Central（https://www.ncbi.nlm.nih.gov/pmc/?from=zk_oaindex）
中国微生物信息网络（http://www.im.cas.cn/?from=zk_oaindex）
开放阅读期刊联盟（http://www.cujs.com/oajs/?from=zk_oaindex）
国际开放知识库联盟
（https://www.coar-repositories.org/about/coar-ev/%E5%85%B3%E4%BA%8Ecoar/?from=zk_oaindex）
澳大利亚研究在线（https://trove.nla.gov.au/?q&adv=y&from=zk_oaindex）
Taylor and Francis Online（https://www.tandfonline.com/?from=zk_oaindex&）
SpringerOpen（http://www.springeropen.com/?from=zk_oaindex）
INASP（https://www.inasp.info/?from=zk_oaindex）
hindawi（https://www.hindawi.com/?from=zk_oaindex）
Frontiers（https://www.frontiersin.org/?from=zk_oaindex）
ELCVIA（http://elcvia.cvc.uab.es/?from=zk_oaindex）
Dove Medical Press（https://www.dovepress.com/?from=zk_oaindex）
cogent oa（https://cogentoa.tandfonline.com/?from=zk_oaindex）
Coernicus Publication（https://www.copernicus.org/?from=zk_oaindex）

3. 部分开放数据库简介

（1）中国科技论文在线　中国科技论文在线是经教育部批准，由教育部科技发展中心主办，利用现代信息技术手段，打破传统出版物的概念，针对论文发表困难，学术交流渠道窄，不利于研究成果快速、高效地转化为现实生产力等问题而创建的科技论文网站。该网站给科研人员提供了一个方便、快捷的交流平台，一条及时发表科研成果和新观点的有效渠道，从而使新成果得到及时推广，科研创新思想得到及时交流。

在线学术期刊免费全文库是国内唯一免费的全文期刊库，由中华人民共和国教育部主管，中国科技论文在线发起，期刊上网工程历时多年，得到广大学术期刊的支持，目前已收录近千家科技期刊、逾130万篇各领域科技论文全文，全部提供给广大科研工作者及爱好者进行免费下载。目前，首发论文库 97847 篇，期刊论文库 1299547 篇。

（2）国际开放知识库联盟　开放获取知识库联盟（COAR）是一个年轻的、迅速成长的知识库联盟。COAR 成立于 2009 年 10 月，联合了全球 100 多家机构。它的使命是通过开放获取知识库的全球网络，扩大研究成果的可见度，促进研究成果的广泛应用。

（3）SpringerOpen　进入 SpringerOpen 后，有这样介绍："SpringerOpen 项目组合自 2010 年推出以来，发展迅猛，因此我们现在为来自科学、技术、医学、人文和社会科学所有领域的研究人员提供一个在期刊和书籍方面发布公开访问的平台。使用 SpringerOpen 进行发布可以让您的作品在发布后立即免费在线提供给每个人，并且我们的高水平专业评审和生产过程保证了作品的质量和可靠性。"

5.4　万方期刊检索

万方数据知识服务平台（http://www.wanfangdata.com.cn），如图 5－78 所示。

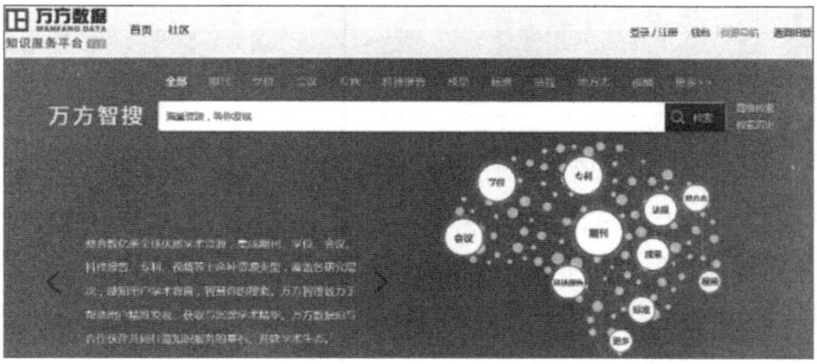

图 5－78　万方数据知识服务平台页面

万方数据知识服务平台上，万方智搜可实现一站式检索。万方资源频道分为：全部、期刊、学位、会议、专利、科技报告、成果、标准、法规、地方志、视频等，读者要检索哪种文献，就先点击相应的频道，然后在检索框中输入检索词，点击"检索"按钮就可找到相应的文献。

检索框下面的有多个圆圈，与检索框上的频道是一一对应的，点击对应的圆圈就进入相应的文献频道。如点击"期刊"圆圈可进入期刊导航页面。

5.4.1　万方数据知识服务平台简介

1. 万方数据文献资源

从万方数据主页右上角"资源导航"进入，可查到万方数据文献类型与数量，如表 5－5 所示。

表 5－5　万方数据文献类型与数量（2019 年 7 月 19 日摘录）

序号	数据库名称	数据量（条）
1	中外期刊论文	13354 8748
2	学位	612 5417
3	会议	1385 9042

（续）

序号	数据库名称	数据量（条）
4	专利	10442 0684
5	科技报告	117 5441
6	科技成果	91 1456
7	标准	230 1748
8	法律法规	117 3556
9	地方志	771 9380
10	视频	2 6075

2. 万方数据知识服务平台

万方数据知识服务平台，如图 5－79 所示。

图 5－79　万方数据知识服务平台

万方数据知识服务平台提供的文献种类很多，有期刊论文、学位论文、会议论文、专利、科技报告、成果、标准、法规、地方志、视频等资源。新版平台的美观性和易操作性都有明显提高，并且平台向全社会免费开放，提供免费检索服务，但下载全文是不免费的。目前，做到这步的还只有 CNKI 和万方数据两家。

5.4.2　期刊文献检索

1. 期刊导航

在图 5－78 中点击检索框下面的“期刊”圆圈进入期刊导航页面，如图 5－80 所示。

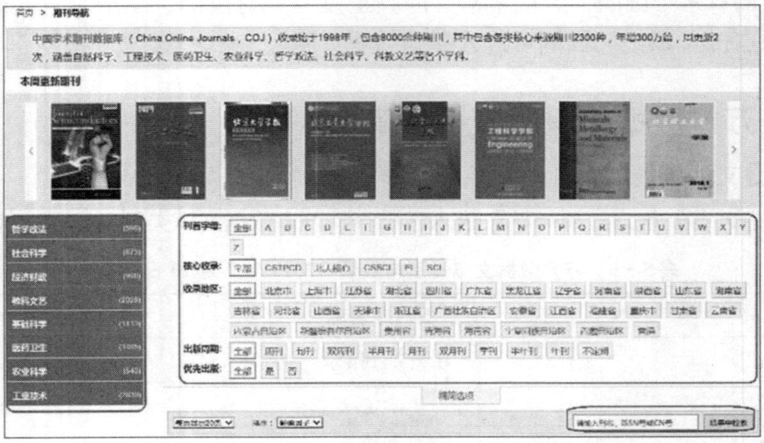

图 5－80　万方数据期刊导航页面

中国学术期刊数据库，期刊资源包括中文期刊和外文期刊，其中中文期刊共 8000 余种，核心期刊 2300 种左右，涵盖了哲学政法、社会科学、经济财经、教科文艺、基础科学、医药卫生、农业科学、工业技术等 8 个大类；外文期刊主要来源于 NSTL 外文文献数据库以及牛津大学出版社等国外出版机构，收录了 1995 年以来世界各国出版的 20900 种重要学术期刊。

从图 5－80 所示的万方数据期刊导航页面可知，左侧显示系统提供了学科分类；页面中部提供了按“刊首字母、核心收录、收录地区、出版周期、优先出版”检索期刊，右下方还可按照刊名、ISSN 号或 CN 号检索期刊。

（1）按学科分类导航　左侧学科分类将所有期刊分为：哲学政法（596）、社会科学（873）、经济财经（998）、教科文艺（2028）、基础科学（1113）、医药卫生（1485）、农业科学（643）、工业技术（2839）等 8 个大类，每个大类的括号内显示了本学科收录的期刊数量，又按《中国图书馆分类法》细分若干个小类。浏览查看时，一级一级单击进入，在相关类目下找到所需刊物名称。

（2）按刊首字母导航　该检索方式是按刊名首汉字的汉语拼音的第一个字母排序和查找期刊的一种方法。如图 5－81 所示。

图 5－81　刊首字母导航页面

读者可以按系统提供的刊名首字母排序进入，查找需要的期刊，进行阅读浏览、下载等操作。

（3）按核心收录导航　可选择“全部、CSTPCD、北大核心、CSSCI、EI、SCI”，默认是全部。

（4）按收录地区导航　期刊所属地域查询在“收录地区”栏，可选其中所列任一省市，便可看到本系统所收录的该省市出版的期刊名录。

（5）按出版周期导航　读者可以选择“全部、周刊、旬刊、双周刊、半月刊、月刊、双月刊、季刊、半年刊、年刊、不定期”，默认是全部。

2. 期刊文献检索

在万方智搜检索框中，期刊频道提供的检索途径有：“题名、作者、作者单位、关键词、摘要、刊名、基金”，如图 5－82 所示。

图 5－82　期刊频道提供的检索途径页面

读者可以选择这七种途径之一进入检索。输入检索词后，后面有两个选项：搜论文、搜期刊。如果是搜索论文，就点击“搜论文”按钮，搜索期刊就点击“搜期刊”按钮。

（1）从题名途径搜索

【例 5-23】查找题名中含有“电磁炮设计”的文章。

检索过程：①选择“题名”途径搜索；②输入“电磁炮设计”；③点击“搜论文”按钮，检索找到15条结果，如图5－83所示。

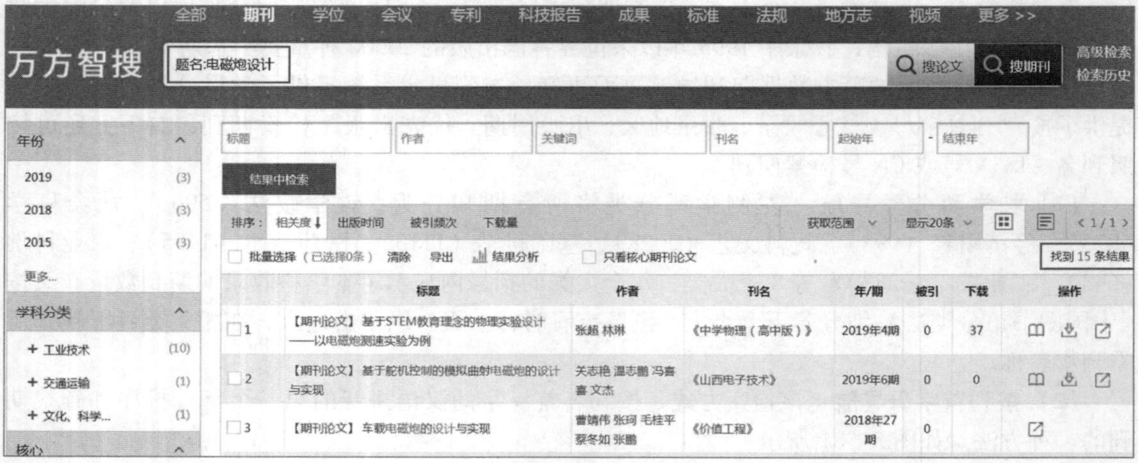

图5－83　从题名途径搜索页面

按相关度排序，并且题名中都含有“电磁炮设计”，后有“作者，刊名、年/期、被引、下载、在线阅读、下载、导出”等项供读者选择。

（2）从作者途径查找文章

【例5-24】从作者途径查找作者饶宗政公开发表的文章。

检索过程：①选择“作者”途径搜索；②输入检索词“饶宗政”；③点击“搜论文”按钮，找到11条结果，如图5－84所示。

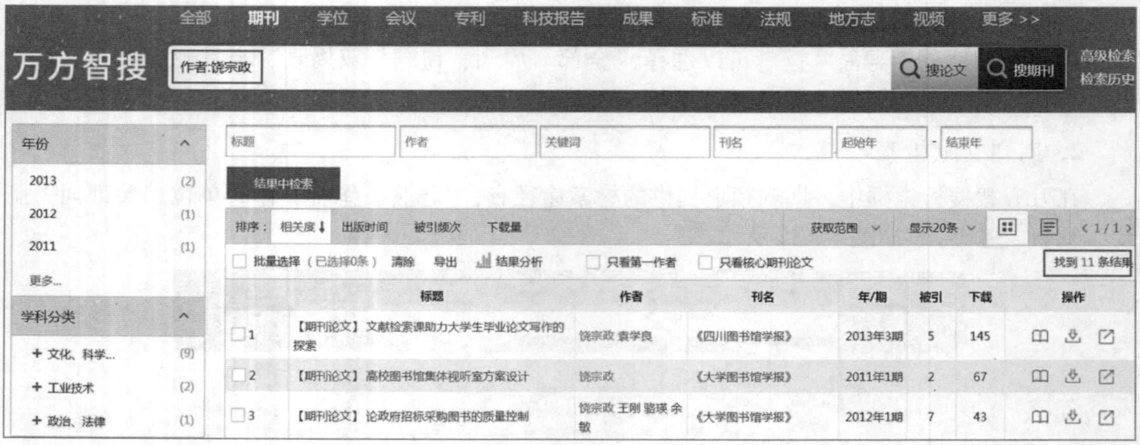

图5－84　从作者途径搜索页面

（3）从关键词途径查找文章

【例5-25】从关键词途径查找“电磁炮功率”的文章。

检索过程：①选择“关键词”途径搜索；②输入检索词“电磁炮功率”；③其他条件为默认；④点击“搜论文”按钮，找到5条结果，如图5－85所示。

图 5-85　从关键词途径搜索页面

（4）从刊名途径查找期刊

【例 5-26】从刊名途径查找刊登有“电子对抗”内容的期刊

检索过程：①选择“刊名”途径搜索；②输入检索词“电子对抗”；③点击“搜期刊”按钮，找到 3 条结果，如图 5-86 所示。

图 5-86　从刊名途径搜索页面

找到 3 种期刊，分别是：1）《电子信息对抗技术》，主办单位：中国电子科技集团公司第 29 研究所信息综合控制国家重点实验室；2）《航天电子对抗》，主办单位：中国航天科工集团公司 8511 研究所；3）《舰船电子对抗》，主办单位：中国船舶重工集团公司第 723 研究所。

3. 高级检索

在万方数据知识服务平台主页，点击检索框右边的高级检索，便进入万方数据高级检索页面，如图 5-87 所示。

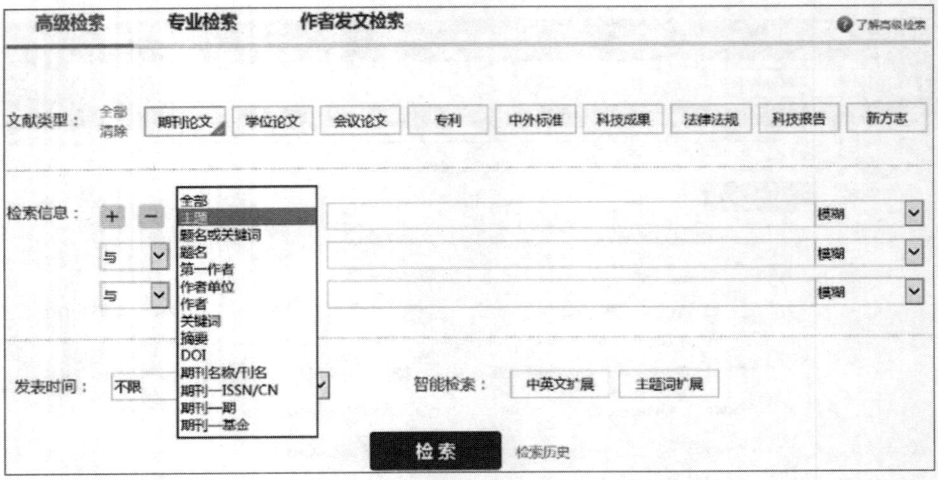

图5－87　万方数据高级检索页面

(1) 高级检索步骤

①选择文献类型：文献类型有“全部”，选择“全部”即选择全部文献类型，选择不当可以“清除”重新选择，也可选择一个或多个文献进行检索。

②选择检索途径：在期刊论文的高级检索中，检索途径有“全部、主题、题名或关键词、题名、第一作者、作者单位、作者、关键词、摘要、DOI、期刊名称/刊名、期刊—ISSN/CN”等，检索框可以增加或减少，默认是3个，最多可增加到6个，即高级检索可以同时用6个检索条件去确定检索内容，使其精确定位检索结果。

③输入检索词：输入与检索途径相关度很高的检索词。

④选择逻辑关系：各个检索途径之间的逻辑关系“与、或、非”。

⑤选择发表时间：不选择就是默认时间，从“不限—至今”，如选择近5年的期刊论文，则选择“2015—至今”。

⑥单击检索：找到满足检索条件的结果。

(2) 从题名途径查找相关文章

【例5-27】从题名途径查找“激光武器照射”的相关文章。

检索过程：①从期刊频道进入高级检索页面，选择“期刊论文”；②选择“题名”途径搜索；③分解输入检索词“激光、武器、照射”；④在题名之间选择逻辑“与”；⑤发表时间默认；检索信息设置页面，如图5－88所示；⑥点击“检索”按钮，找到1篇题名中同时含有“激光、武器、照射”的文章，如图5－89所示。

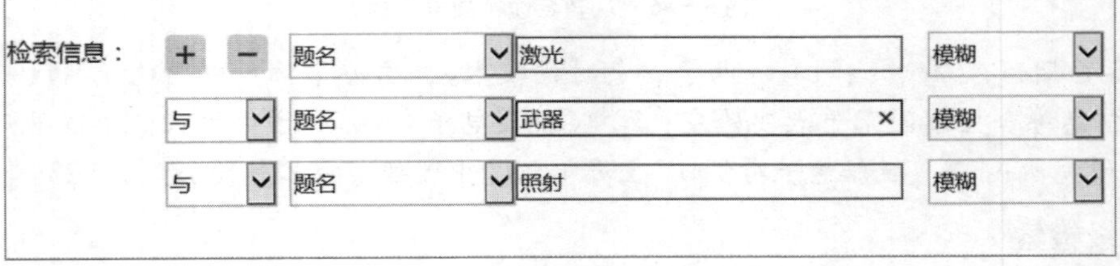

图5－88　检索信息设置页面

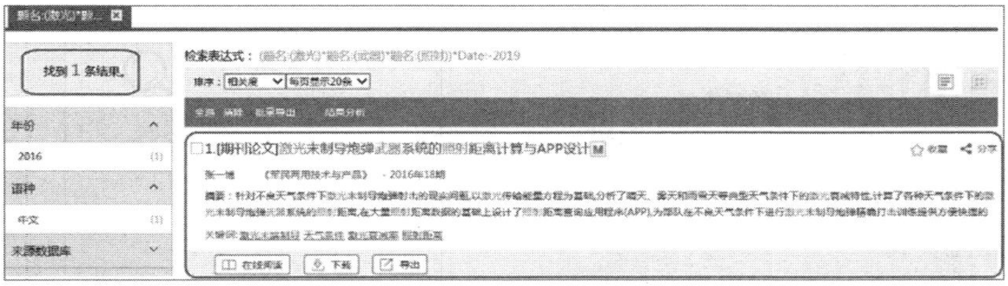

图 5－89　高级检索结果页面

本例提示：选择“题名”途径，关键词之间选择逻辑“与”，这些条件决定检索结果的题名中同时含有检索词“激光、武器、照射”，这是提高检准率和文章相关度的一种技巧。

4. 专业检索

万方数据专业检索支持逻辑运算符、双引号以及特定符号的规则，如表 5－6 所示。读者可以使用如下运算符构建检索表达式。

表 5－6　专业检索支持逻辑运算符

运算符	检索与含义	检索举例
AND/and/ *	逻辑与运算，同时出现在文献中	题名：（激光） * 题名：（武器） * 题名：（照射）
OR/or/ +	逻辑或运算，其中一词或两词同时出现在文献中	题名：（信息素养） + 题名：（文献检索）
NOT/not/^	逻辑非运算，后面的词不出现在文献中	题名：（电子 * 对抗） not 题名：（电子通信）
“ ”	精确匹配，引号中词作为整体进行检索	题名：（量子纠缠）
( )	限定检索顺序，括号内容作为一个了查询	题名：((卫星) * (纠缠) * 量子)

注：运算符优先级：( ) > not / ^ > and / * > or / +，运算符建议使用英文半角形式。

【例 5-28】试用专业检索查找题名中同时含有“激光、武器、照射”的文章。

检索过程：①依题意检索式可写为：题名：（激光） * 题名：（武器） * 题名：（照射）；或题名：((激光) * (武器) * (照射))；②在万方数据高级检索页面上，点击“专业检索”；③在检索框中输入“题名：((激光) * (武器) * (照射))”；④其他条件默认；⑤点击“检索”按钮，找到 1 条结果，与【例 5-27】高级检索结果相同，如图 5－90 所示。

图 5－90　专业检索页面

5.5　超星期刊检索

5.5.1　超星期刊简介

1. 超星期刊资源

据超星资料显示，到2019年，超星期刊授权收录情况是：已签约授权期刊数量7438种，核心期刊1397种，获得独家授权期刊734种。超星公司依靠电子图书在全国高校图书馆发展的优势和网络物理条件，收录了很多期刊文献元数据，到2019年7月，中文收录了124568377条，外文收录284572268条，外文收录是中文收录的2.28倍。中外文合计收录409140645条元数据，外文期刊达88000余种，内容涉及理学、工学、农学、社科、文化、教育、哲学、医学、经管等各学科领域。所以，超星期刊元数据（期刊目录数据）收录还是很齐全的，在超星期刊平台上对期刊文献的检全率是很高的。更重要的超星期刊(qikan.chaoxing.com）向公众网络开放元数据检索，部分文章可以在公众网络上免费获取，不仅提供传统PDF版式文件的下载，更创新性地实现了流式媒体的全文直接阅读，构建了全终端全过程多渠道的传播神经网络，最大限度地提高了读者精准获取文献的速率。

2. 超星期刊检索平台

超星公司在读秀学术检索的基础上，专门推出了超星期刊检索平台。超星期刊打破传统数据库封闭性的壁垒，像CNKI和万方数据一样，把全部元数据放在公众网上，面向全社会提供无偿元数据检索服务。超星期刊高校版网址是qikan.chaoxing.com，超星期刊检索平台页面如图5－91所示。

图5－91　超星期刊检索平台页面

超星期刊平台把检索途径设计成频道，从什么途径去检索，就选择什么频道，然后输入检索词，点击检索，期刊检索就完成了。读者平时可以通过超星期刊练习检索，使用并熟悉超星期刊检索平台的各种功能（CNKI平台、万方平台都开放了元数据检索功能，可供读者练习检索）。平时的练习很重要，“闲时练兵急时用”是一种有效的学习方法。

5.5.2　超星期刊检索

1. 期刊检索

超星期刊检索页面，如图5－92所示。

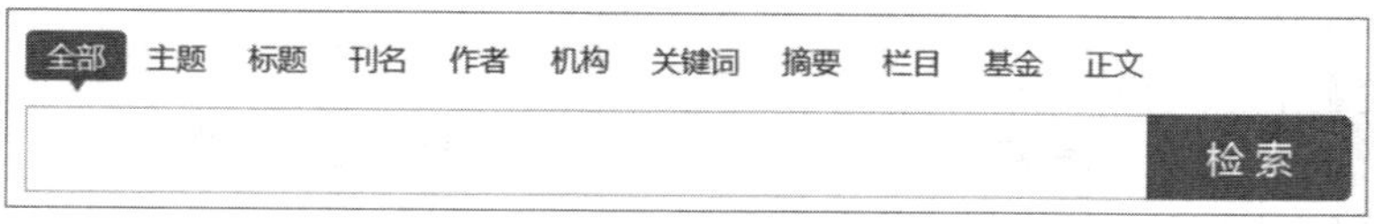

图 5-92　超星期刊检索页面

检索途径有：全部、主题、标题、刊名、作者、机构、关键词、摘要、栏目、基金、正文。

(1) 超星期刊检索步骤

①选择频道（检索途径），②输入检索词，③检索。

从图 5-92 看出，超星期刊检索默认是全部，即包含了全部检索途径。读者可以不选择频道，直接在检索框中输入“主题、刊名、作者、机构、关键词、摘要、栏目、基金、正文”等内容的检索词，系统可以进行检索，但是这样检索得到的检索结果准确度不高。

【例 5-29】利用超星期刊查找，目前全世界最热的词“华为 5G 标准”。

检索过程：①在检索框中输入“华为 5G 标准”；②不选择频道（默认全部）；③单击“检索”，得到 282 个结果，如图 5-93 所示。

图 5-93　不选择频道（默认全部）检索结果页面

【例 5-30】利用超星期刊查找仅出现在标题中的“华为 5G 标准”。

检索过程：①在检索框中输入“华为 5G 标准”；②再选择“标题”频道；③其他条件默认；④单击“检索”，得到 16 条结果。检索结果由 282 条缩小到 16 条，文章的相关度更高了，检索词“华为 5G 标准”全部包含在标题之中，如图 5-94 所示。

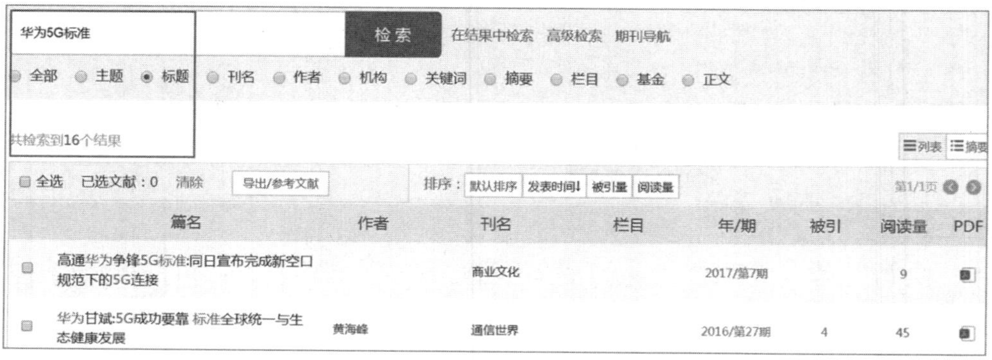

图 5-94　选择“标题”频道后的检索结果页面

因此，检索时选择检索途径（频道）这步不能少。显然，选择频道与不选择频道相比较，选择了频道的检索结果中检准率是很高的。本例再次证明：从标题途径去检索文献的重要性是不言而喻的。

（2）对检索结果页面，可进行以下操作和选择

①检索页面有“列表、摘要”显示供读者选择。

②排序有：默认排序、发表时间、被引量、阅读量。

③若要导出某文章的参考文献，先在标题前勾选，点击“导出/参考文献”。

④若阅读量后面的PDF栏中有红色的图标，表示该文章可以下载PDF格式的全文。

（3）超星期刊的引文网络页面　超星期刊知识图谱有点类似CNKI的知识节点与知识网络，引文网络图基本相同。

同样有：引文网络、参考/引证文献、引文图谱、相似文献、读者推荐、基金文献、关联作者。还多了全国馆藏、影响因子趋势。其中，超星期刊的引文网络页面，如图5-95所示。

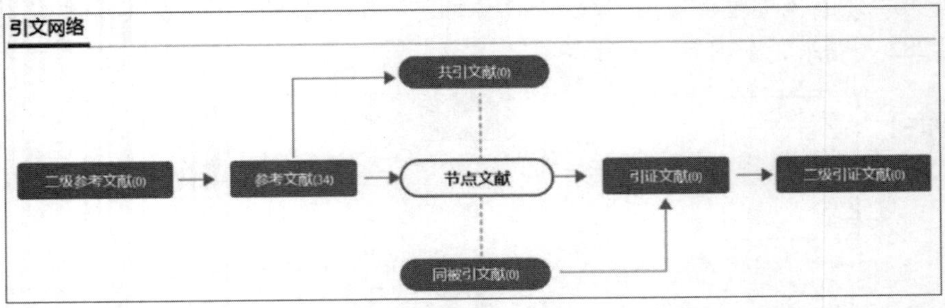

图5-95　超星期刊的引文网络页面

超星期刊的引文网络页面与CNKI的知网节点文献基本一致。

2. 高级检索

点击超星期刊主页下方的“高级检索”，就进入超星期刊的高级检索页面，如图5-96所示。

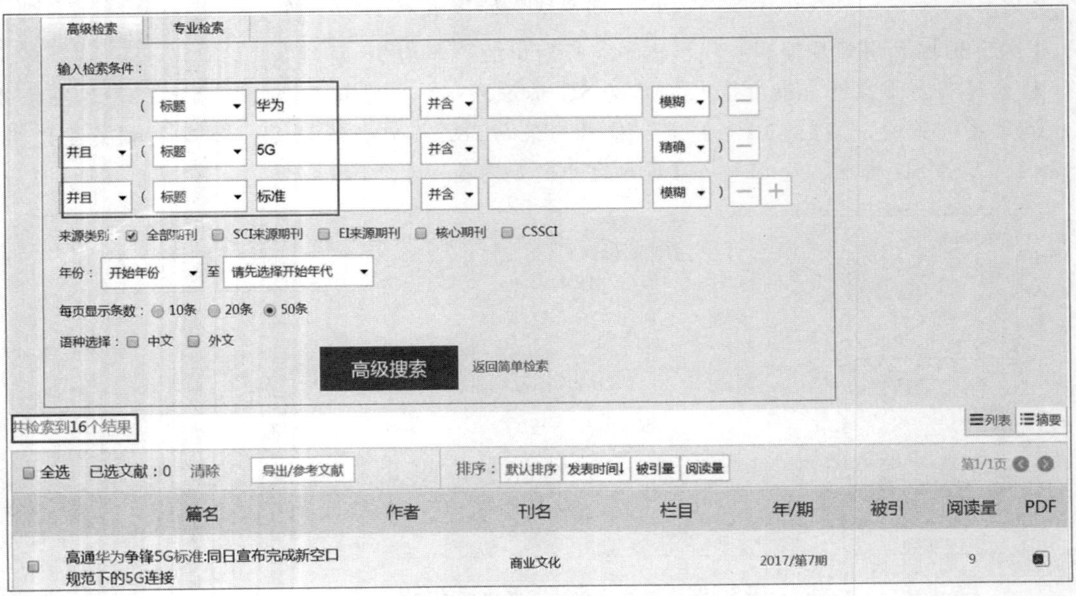

图5-96　超星期刊的高级检索页面

这个高级检索页面上半部分，类似 CNKI 的高级检索页面。页面布局和内容设置都相似，但比 CNKI 页面更加简练些。

默认检索框是 3 行，点击检索框右边的“ + ”号可增加检索框，最多可增加到 5 行，点击“ – ”号可减少检索框，最少可减至 1 行。

检索字段有 12 个：全部字段、主题、标题、刊名、作者、机构、关键词、摘要、DOI、栏目、基金、正文。可根据需要选择。

另外，来源类别、年份、每页显示条数、语种（中文、外文）均可供读者选择。不选就默认选项。

【例 5-31】试用高级检索查找标题中包含“华为 5G 标准”的期刊文章。

检索过程：①依题意选择“标题”途径；②在检索框输入检索词“华为、5G、标准”；③其他条件默认；④点击“高级检索”，找到 16 篇文章。检索结果与【例 5-30】相同。

3. 专业检索

专业检索是专业人员经常使用的检索方法，它把复杂的检索用“特定含义的字段符号 + 逻辑符 + 数学符号”组合成检索表达式，直接写进检索框，进行检索。

对于专业检索规则，各系统都有自己的定义，读者使用专业检索时，需要阅读系统的使用说明。超星系统的专业检索的使用说明如下：

1）通用字段

T = 标题（书名），A = 作者（责任者），K = 关键词，S = 文摘（摘要、视频简介），O = 作者单位（学位授予单位），Su = 主题（标题、关键词、摘要），Z = 全部字段，Y = 年（出版发行年、学位年度、会议召开年、专利申请年、标准发布年），Clc = 中图分类号。

2）文献类型

BK = 图书，JN = 期刊，DT = 学位，CP = 会议，PT = 专利，ST = 标准，VI = 音视频，NP = 报纸，TR = 科技成果

非通用字段（需要加上文献标识才能检索）：

图书：BKs = 丛书名；期刊：JNj = 刊名；学位：F = 指导老师，DTn = 学位，Tf = 英文标题，DTa = 英文文摘；会议：CPn = 会议名称；报纸：NPn = 报纸名称；专利：PTt = 专利类型，F = 专利申请人；标准：STd = 起草单位。

3）检索规则说明

①所有符号和英文字母，都必须使用英文半角字符；

②"" 代表精确匹配，‘’ 代表模糊匹配；

③同一字段运算规则：* 代表并且，| 代表或者，– 代表不包含；

④不同字段间逻辑检索规则：AND（与）、OR（或）、NOT（非）。关系符号间空一个字节并且只能用大写字母；

⑤逻辑运算优先级：不同字段间 NOT > AND > OR；同一字段间 – > * > |，若要改变组合的顺序，请使用英文半角括号“ ( )”括起。

【例 5-32】试用专业检索查找标题中包含“华为 5G 标准”的期刊文章。

检索过程：依题意专业检索表达式可写为：T = 华为 AND T = 5G AND T = 标准；在超星期刊专业检索框中写入表达式“T = 华为 AND T = 5G AND T = 标准”；其他条件默认；检索得到 16 条检索结果，如图 5 – 97 所示。

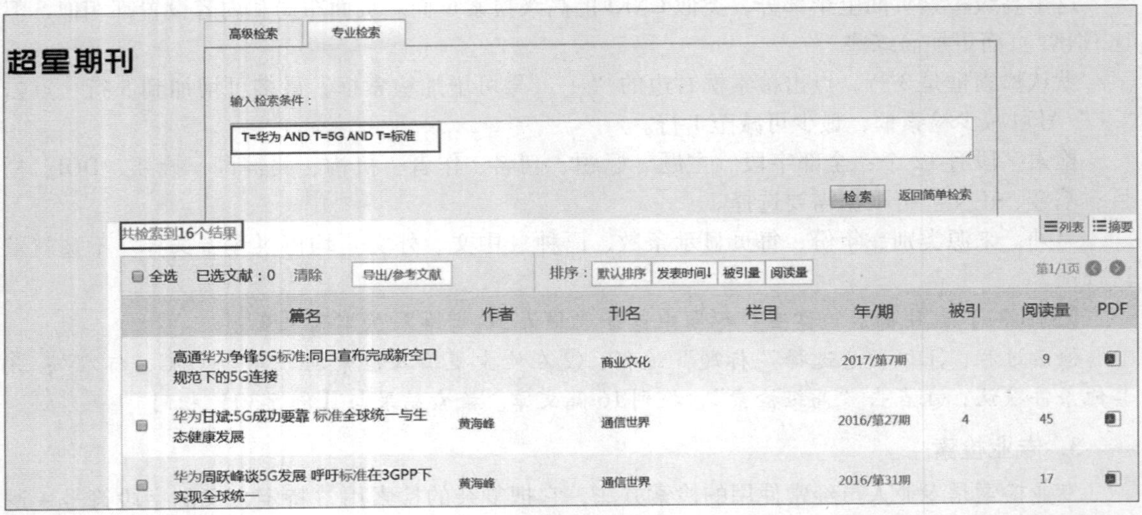

图 5－97　超星期刊的专业检索页面

由此可见，专业检索结果与【例 5-31】高级检索结果是相同的。

4. 期刊导航

点击超星期刊主页下方的“期刊导航”，就进入期刊导航页面，如图 5－98 所示。

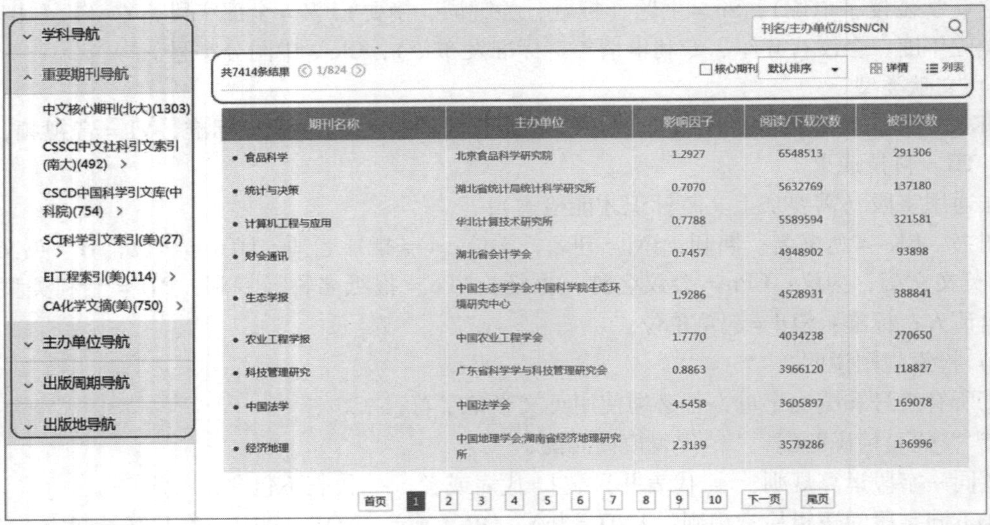

图 5－98　超星期刊的期刊导航页面

期刊导航有检索框，可以从刊名、主办单位、ISSN、CN 进行检索。

期刊导航页面显示超星收录的期刊数量 7414 种。页面期刊排序有：默认排序、影响因子排序、阅读/下载次数排序、被引次数排序等。

页面显示有详情显示、列表显示。详情显示有期刊封面、刊名、是否核心、影响因子等内容。列表显示有期刊名称、主办单位、影响因子、阅读/下载次数、被引次数等内容。

页面左边列出了 5 种导航，它们分别是：

1）学科导航　每个学科下有期刊数量显示。

2）重要期刊导航　有中文核心期刊（北大）（1303）、CSSCI 中文社科引文索引（南大）（492）、CSCD 中国科学引文库（中科院）（754）、SCI 科学引文索引（美）（27）、EI 工程索引（美）（114）、CA 化学文摘（美）（750）。

3）主办单位导航　有出版社（51）、211 高校（580）、学会（116）、科研院所（241）。

4）出版周期导航　有年刊（129）、半年刊（109）、季刊（1101）、双月刊（2662）、月刊（2439）、半月刊（394）、旬刊（201）、周刊（48）。

5）出版地导航（略）

5. 分类导航

点击超星期刊主页下方的“分类导航”就进入分类导航页面，如图 5－99 所示。

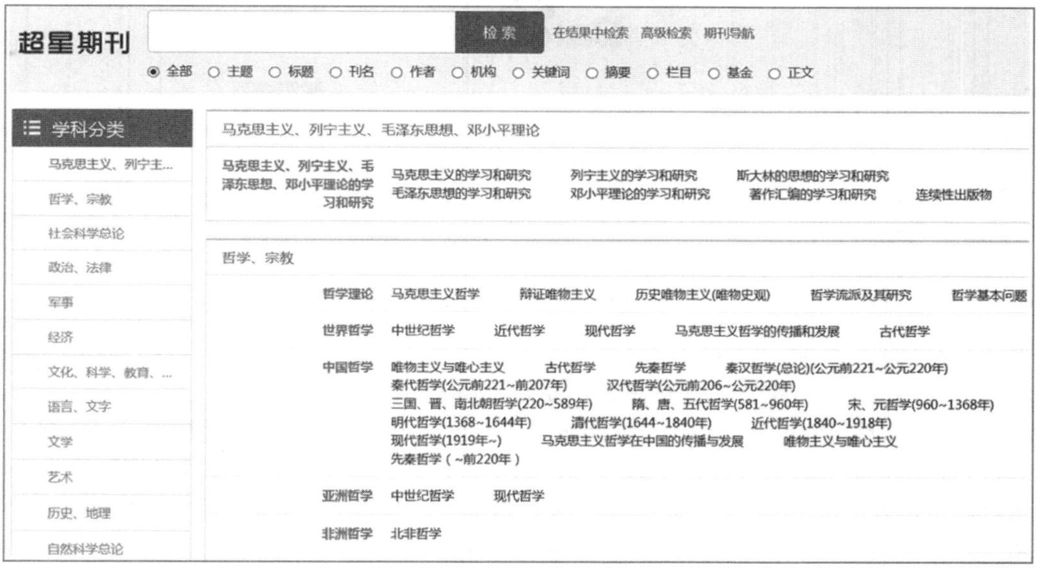

图 5－99　超星期刊的分类导航页面

从页面可知，超星期刊的分类导航是按照《中国图书馆分类法》分类的，熟悉《中图法》的读者会很容易找到自己需要的期刊和文章。

5.6　百度学术期刊检索

5.6.1　百度学术期刊简介

百度学术成立于 2014 年 6 月，目前已经与中国科学院、中国科协、北大等 300 多所国内高等院校、近 3000 多家学术期刊建立了良好合作关系。百度学术目前收录的文献资源主要是期刊元数据（期刊目录），到 2019 年 7 月，百度学术期刊库已收录中文期刊 11161 种，收录了包括知网、维普、万方、Springer 等的 120 多万个国内外学术站点，索引了超过 12 亿全文文献链接，建设了包括学术期刊、会议论文、学位论文、专利、图书等类型在内的 4 亿多中外学术文献元数据，成为全球文献覆盖量最大的学术检索平台。

1. 百度学术检索平台主页

百度学术（http://xueshu.baidu.com）是百度旗下的免费学术资源检索平台（即期刊元数据检索是免费的，也有部分开放了的期刊文献可以免费得到全文），致力于将资源检索技术和大数据挖掘分析能力贡献于学术研究，优化学术资源生态，引导学术价值创新，为海内外科研工作者提供最全面的学术资源检索和最好的科研服务体验。在百度学术主页上，百度学术的频道设置在主页下面，有“期刊频道、学者主页、订阅、论文查重、开题分析、单篇购买、文献互助、关于我们”等频道，如图5-100所示。这里主要介绍期刊频道。

图5-100　百度学术检索平台主页

期刊开放获取平台受读者欢迎，而百度学术的部分期刊文献可以免费获取。因此，国内越来越多的读者把百度学术检索平台列为重要的期刊文献获取源之一。

特别指出：“开题分析”频道是百度学术集成海量学术资源，融合人工智能、深度学习、大数据分析等技术，结合检索关键词生成并推送的报告，成为百度独有的特色，使写论文也有捷径，为科研工作者提供了全面快捷的学术服务。这部分内容将会在第8章的8.3.5百度学术APP中介绍。

2. 百度学术提供的服务

百度学术目前提供百度学术检索（免费）和学术服务两大类服务（要求真名注册并严格认证通过后可使用）。

（1）百度学术检索　提供文献检索、期刊检索、学者检索3类内容的检索。

（2）百度学术服务内容　支持用户“订阅”感兴趣的关键词、“收藏”有价值的文献、进行“论文查重”、对所研究的方向做“开题分析”、通过“单篇购买”或者“文献互助”的方式获取所需文献、在首页设置常用数据库方便直接访问等。

5.6.2　百度学术期刊检索

1. 百度学术期刊频道

在图5-100所示百度学术主页左下方，点击“期刊频道”进入百度学术期刊频道主页，如图5-101所示。

从百度学术期刊频道主页可知，系统为读者提供了5种途径查找期刊：

（1）从期刊分类途径　期刊分类有：哲学、教育学、经济学、法学、军事学、文学、艺术学、历史学、信息工程、理学、工业工程、医学、管理学、农学。

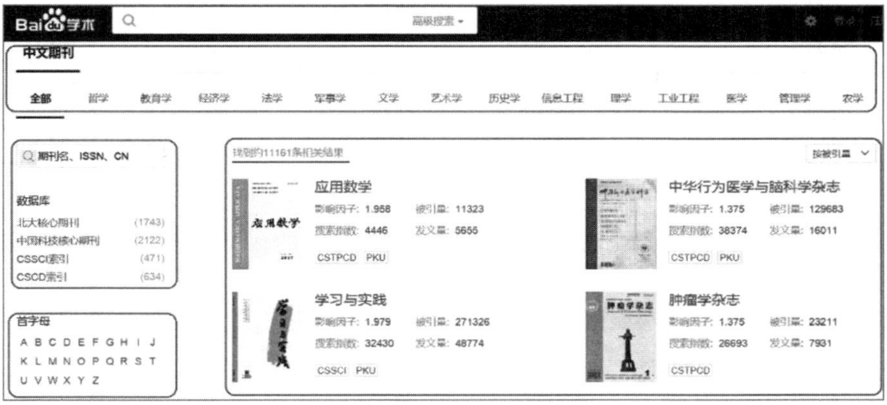

图 5－101　百度学术期刊频道主页

（2）从期刊快速查找途径　系统提供了“期刊名、ISSN、CN”途径查找。

（3）从数据库途径　系统提供了北大核心期刊（1743）、中国科技核心期刊（2122）、CSSCI 索引（471）、CSCD 索引（634）。

（4）从期刊首字母途径　ABCDEFGHIJKLMNOPQRSTUVWXYZ。

（5）从期刊直接查找途径　直接在 11161 种期刊中浏览查找。

2. 百度学术期刊检索

百度学术文献检索库中目前主要是期刊文献。期刊文献检索是很多学者和科研人员需求最多、使用频率最高的功能，百度学术能够识别并且满足多种不同表达方式的检索需求。

当读者在百度学术主页检索框中，输入主题词、关键词、作者、期刊名称等时，点击“百度一下”，搜索系统会综合分析文献的相关性、权威性、时效性等多维度指标，提供与输入词最相关的多篇文献。

【例 5-33】试用百度学术查找“反卫星激光武器”方面的文章.

检索过程：①打开百度学术主页；②在百度学术主页检索框中输入“反卫星激光武器”；③点击“百度一下”，找到 179 篇相关文献（没有选择检索途径，相当于在全部字段内检索），如图 5－102 所示。

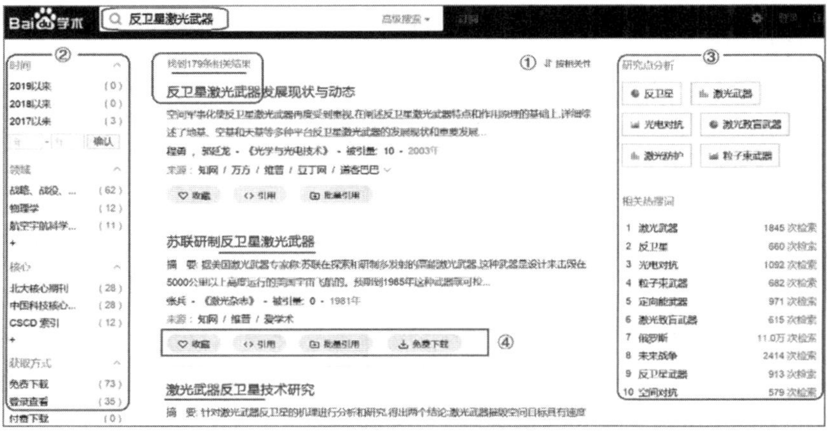

图 5－102　百度学术的文献检索结果页面

百度学术的文献检索结果页面上，提供了如下功能：

①排序：页面中部右上边，支持“按相关性、按被引量、按时间降序”三种方式将文献进行排序，默认为按相关性排序。

②筛选：页面左边，支持按“发表时间、研究领域、核心期刊数据库、获取方式、关键词、文献类型、发表期刊、发表机构”8 种方式将文章进行筛选，缩小搜索范围，找到所需文献。

③研究点分析：页面右边，提取出与所检索文献最相关的多个研究点进行深度分析，用户点击后即可查看可视化分析。

④功能区：每篇文献均在功能区提供“收藏、引用、批量引用、免费下载”4 种功能。

3. 百度学术期刊高级检索

在百度学术检索框右边，有一个“高级检索”按钮，如图 5 - 103 所示。

图 5 - 103　百度学术期刊“高级检索”按钮

点击“高级检索”按钮，进入高级检索页面，如图 5 - 104 所示。

高级检索使用说明：

①包含全部检索词：输入全部检索词；

②包含精确检索词：多个检索词以逗号，分隔；

③包含至少一个检索词：多个检索词以逗号，分隔；

④不包含检索词：多个检索词以逗号，分隔；

⑤出现检索词的位置：文章任何位置，位于文章标题，二选一；

⑥作者：请输入作者名字；

⑦出版物：期刊：输入期刊名称；会议：输入会议名称；

⑧发表时间：××年 - ××年，默认全部；

⑨语言检索范围：不限（默认），英文，中文，三选一。

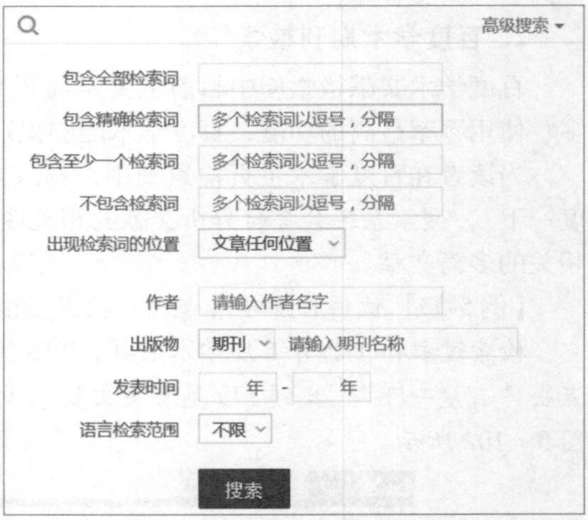

图 5 - 104　百度学术期刊高级检索页面

【例 5-34】利用高级检索查找“反卫星激光武器”方面的文章，要求检索词位于文章标题中。

检索过程：①进入百度学术主页面；②点击主页左下方“期刊频道”；③点击百度学术检索框右边的“高级检索”进入百度学术高级检索页面；④在第 1 个框“包含全部检索词”中输入“反卫星激光武器”；⑤在第 5 个框“出现检索词的位置”选择“位于文章标题”，如图 5 - 105 所示；⑥点击“搜索”按钮，满足检索设定条件“出现检索词的位置，位于文章标题”的只有 11 条相关结果（相当于在题名途径内检索），如图 5 - 106 所示。

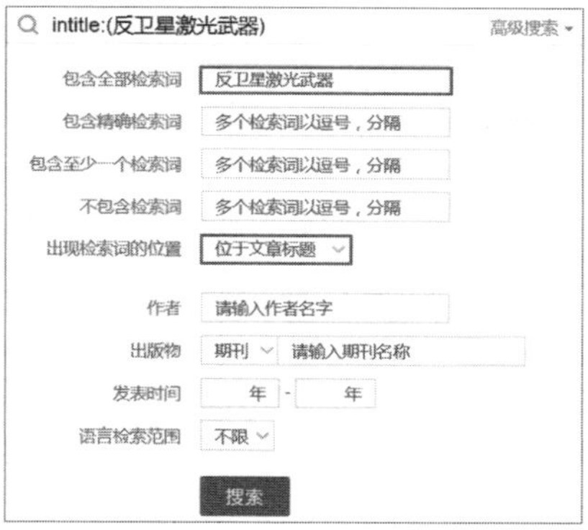

图 5－105　高级检索及条件设定

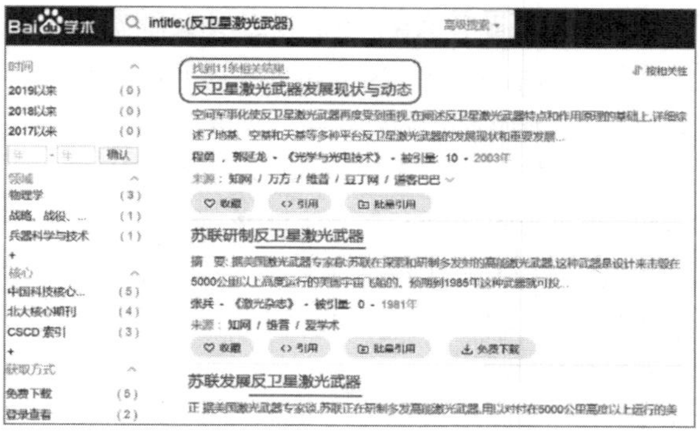

图 5－106　高级检索结果页面

由此可见，在高级检索中，合理设定检索条件，会使检索结果更加精确。读者可以尝试更多的条件设定，使百度高级检索更加精准。

5.7　其他数字期刊简介

5.7.1　国家科技图书文献中心

国家科技图书文献中心（National Science and Technology Library，简称 NSTL）是科技部联合财政部等六部门，经国务院领导批准，于2000 年6 月12 日成立的一个基于网络环境的科技文献信息资源服务机构。由中国科学院文献情报中心、中国科学技术信息研究所、机械工业信息研究院、冶金工业信息标准研究院、中国化工信息中心、中国农业科学院农业信息研究所、中国医学科学院医学信息研究所、中国标准化研究院标准馆和中国计量科学研究院文献馆九个文献信息机构组成。

国家科技图书文献中心以构建数字时代的国家科技文献资源战略保障服务体系为宗旨，按照“统一采购、规范加工、联合上网、资源共享”的机制，采集、收藏和开发理、工、农、医各学科领域的科技文献资源，面向全国提供公益的、普惠的科技文献信息服务。发展目标是建设成数字时代的国家科技文献信息资源的保障基地；国家科技文献信息服务的集成枢纽；国家科技文献信息服务发展的支持中心。

国家科技图书文献中心主页（https://www.nstl.gov.cn），如图 5－107 所示。

图 5－107　国家科技图书文献中心主页

1. 国家科技图书文献中心的主要文献资源

国家科技图书文献中心的文献检索平台，实现了“期刊、会议、专利、报告、文集、图书、标准文献、计量规程”等文献的一站式检索。

1）国家科技图书文献中心的文献浏览资源：期刊共23870条；会议共47946条；报告共37444条；文集15808条；图书61105条；学位论文4632514条；专利85625182条；标准185563条；计量规程3756条（数据统计时间2019年8月23日）。

2）国家科技图书文献中心的特色资源：外文回溯数据库、外文现刊数据库、开放获取资源、外文科技图书等。

3）国家科技图书文献中心的特色服务项目：国际科技引文服务、元数据标准服务、预印本等。其中，国际科技引文数据库的服务能力——文献检索范围为NSTL文献库的所有来源期刊的文献，当前记录数为38031841条；引文库收录文献检索范围为国际科学引文数据库中收录的来源期刊的文献，当前记录数为10713070条；参考文献检索范围为国际科学引文数据库中收录的来源期刊的文献的参考文献，当前记录数为349232940条（数据统计时间2019年7月4日）。

2. 期刊频道检索

点击“文献浏览”中的“期刊”，进入了期刊频道，如图5－108所示。

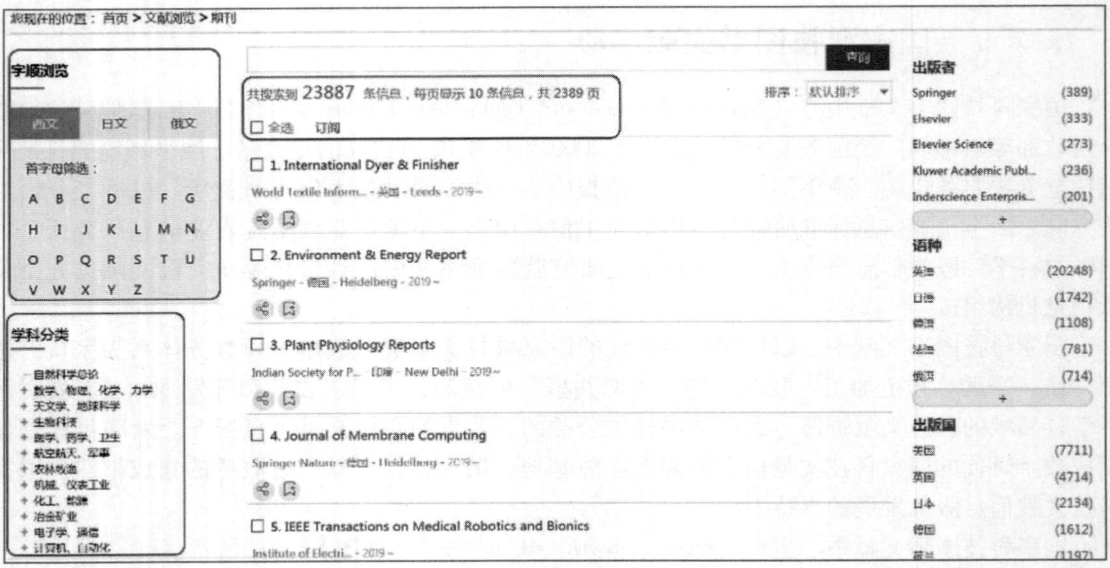

图5－108　国家科技图书文献中心期刊频道

期刊频道共搜索到23887条信息，这个期刊频道与其他的期刊频道类似，左边有刊名首字母筛选导航和学科分类导航，右边有出版者、语种、出版国等信息，方便读者选择使用。

3. 期刊高级检索

在国家科技图书文献中心首页上，点击检索框右边的“高级检索”进入高级检索页面，选择“期刊”频道，如图5－109所示。

此页面与众多数据库的高级检索页面相同基本，读者可以自己进行检索练习。

图 5-109　国家科技图书文献中心期刊高级检索页面

5.7.2　中国科学院文献情报中心

中国科学院文献情报中心（http://www.las.ac.cn/）主页上的电子期刊页面，如图 5-110 所示。

图 5-110　中国科学院文献情报中心电子期刊页面

读者可以登录中国科学院文献情报中心主页，了解文献信息和进行检索练习。

5.7.3　中国国家图书馆

中国国家图书馆（http://www.nlc.cn/）主页，如图 5-111 所示。

据国家图书馆年鉴2018统计资料显示：截至2017年底，电子期刊55882种，电子报纸3164种，学位论文7064178篇，会议论文6573228篇。外购数据库共计255个，包括中文数据库127个、外文数据库128个。读者可以登录中国国家图书馆主页，了解文献信息和进行检索练习。

图5-111　中国国家图书馆主页

5.7.4　期刊资源检索网站

1）中国知网CNKI，其网址为http://www.cnki.net
2）维普中文期刊服务平台，其网址为http://qikan.cqvip.com/
3）万方数据，其网址为http://www.wanfangdata.com.cn/
4）超星期刊，其网址为http://qikan.chaoxing.com
5）百度学术，其网址为http://xueshu.baidu.com
6）读秀学术搜索，其网址为http://edu.duxiu.com
7）百链云图书馆，其网址为http://edu.blyun.com
8）全国图书馆参考咨询联盟，其网址为http://www.ucdrs.superlib.net/
9）国家科技图书文献中心，其网址为http://www.nstl.gov.cn
10）中国科学院文献情报中心，其网址为http://www.las.ac.cn
11）中国国家图书馆，其网址为http://www.nlc.cn/
12）CALIS高等教育数字图书馆，其网址为http://www.cadlis.edu.cn

习　题　5

1. 简述ISSN号的含义。
2. 简述核心期刊及其含义。
3. 简述影响因子及其意义。
4. 简述SCI的含义。
5. 简述CNKI的含义，它提供了哪些数字文献资源？
6. 试用CNKI平台检索几篇本专业的期刊论文。
7. 什么是知网节点文献？它的意义何在？
8. 试用维普中文期刊服务平台检索几篇期刊论文。
9. 试用万方数据知识服务平台检索几篇期刊论文。
10. 试用超星期刊平台检索几篇期刊论文。
11. 试用百度学术平台检索几篇期刊论文。
12. 简述维普中文科技期刊评价报告用了哪几个指标。
13. 列出几种你常用的检索中外期刊论文的数据库名称和网址。

Chapter Six

第 6 章 数字特种文献及检索

本章概要

特种文献是指除普通图书、期刊之外出版发行的，获取途径比较特殊的科技文献。它包括学位论文、会议文献、科技报告、专利文献、标准文献、科技档案、政府出版物、产品资料等。本章将系统地介绍数字特种文献资源的检索平台、检索方法、全文获取等实用技巧。

学习目的

- 了解特种文献常用检索工具。
- 熟悉特种文献数据库。
- 学会特种文献的检索方法。
- 了解原文获取的各种途径。

内容框架

数字特种文献及检索
- 使用读秀平台检索特种文献
- 使用CNKI平台检索特种文献
- 使用万方平台检索特种文献
- 其他特种文献资源检索平台
- 特种文献查询网站

6.1 使用读秀平台检索特种文献

超星公司经过多年的元数据搜集之后，元数据应该是最全的，因此，首先推荐使用读秀学术搜索平台检索特种文献；另外一个原因是读秀学术搜索平台非常简单。

6.1.1 读秀学术搜索简介

读秀学术搜索是一站式搜索平台，其网址为 http://edu.duxiu.com，如图 6-1 所示。

图 6-1　读秀学术搜索平台

从图 6-1 可知，所有中文的特种文献，在这个平台上都可以进行一站式检索。

利用读秀学术搜索查找到的文献，想要得到全文有 3 种方式：① 图书馆购买了数据库，文献后面有链接，通过链接可直接得到全文；② 图书馆没有购买数据库而超星数据库有收藏的，通过文献传递方式，由后台服务器自动发送到读者的邮箱；③ 如超星数据库没有收藏的，由参考咨询员根据读者需求信息查找到文献并发送到读者的邮箱，得到全文的时间在 0~48 小时内。

6.1.2　读秀学位论文检索

学位论文（Dissertation）是指高等院校、科研机构的毕业生和研究生，为获得相应学位，在导师指导下完成的科学研究、科学试验成果的书面报告，或者所提交的学术论文。其一般具有一定的独创性，内容系统详尽，是启迪思路、开创新领域的重要研究资料。学位论文根据所申请的学位不同，可分为学士论文、硕士论文、博士论文三种。学位论文在格式等方面有严格要求。学位论文是学术论文的一种形式，有较高的学术参考价值。

1. 检索途径

读秀学位论文检索提供了全部字段、标题、作者、授予单位、关键词、导师等 6 种途径。系统默认全部字段，全部字段的含义是包括标题、作者、授予单位、关键词、导师等字段，此时，可以在检索文本框中输入标题、作者、授予单位、关键词、导师都可以检索出满足条件的结果。在实际检索过程中，多数情况从题名的关键词去检索文献效果会更好。

2. 检索步骤

检索步骤为：① 选择“学位论文”频道；② 选择途径；③ 输入检索词；④ 单击“中文搜索”按钮，即可得到结果。

【例 6-1】从作者途径检索某作者的文章（了解某人发表哪些文章时常用）。

检索过程：选择“学位论文”频道；默认全部字段（也可选择“作者”途径）；输入作者姓名；单击“中文搜索”按钮得出结果。在不重名的情况下，一个人的学位论文最多有一到两篇。学位论文检索页面如图 6-2 所示。

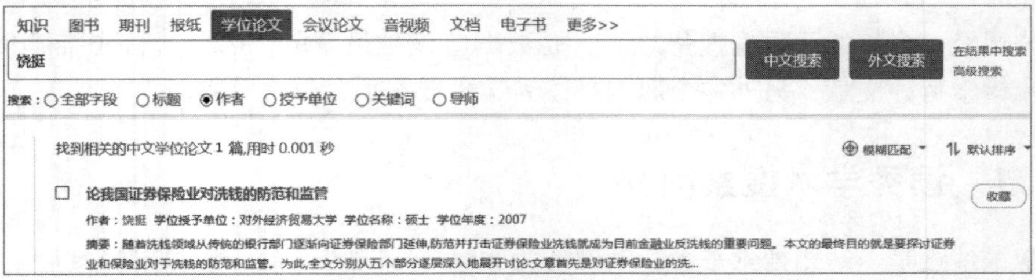

图 6-2　学位论文检索页面

点击论文标题进入论文详细目录页面，如图 6－3 所示。

图 6－3　论文详细目录页面

在论文详细目录页面右上角，系统提供了“邮箱接收全文、相似文档、文献互助”三种获取途径供读者选择。本例“相似文档”下载的就是原文。

6.1.3　读秀会议论文检索

会议文献（Conference Literature）是指在学术会议上和专业学术会议上宣读或交流的论文、材料、讨论记录、会议纪要等。会议文献是报道最新科技动向的一次文献，其特点是反映某些学科或领域的最新研究进展和成就，具有较高的研究价值；一般是经过挑选的，质量较高，能及时反映科学技术中的新发现、新成果、新成就以及学科发展趋向，是一种重要的情报源。

1. 检索途径

会议论文检索提供了全部字段、标题、作者、关键词、会议名称 5 种途径。默认全部字段。

2. 检索步骤

检索步骤：① 选择“会议论文”频道；② 选择途径；③ 输入检索词；④ 单击“中文搜索”按钮，即可得到结果。

【例 6-2】查找“中美贸易摩擦”方面的会议论文。

检索过程：选择“会议论文”频道；选择“标题”途径；输入关键词“中美贸易摩擦”；单击“中文搜索”按钮，检索到题名中包含了：“中美贸易摩擦”的中文会议论文 31 篇。会议论文检索页面如图 6－4 所示。

图 6－4　会议论文检索页面

选择时间降序排列，如果想选择时间最近的，则选择第1篇《中美贸易摩擦相关WTO争端解决案述评》，点击论文标题进入论文详细目录页面，如图6-5所示。

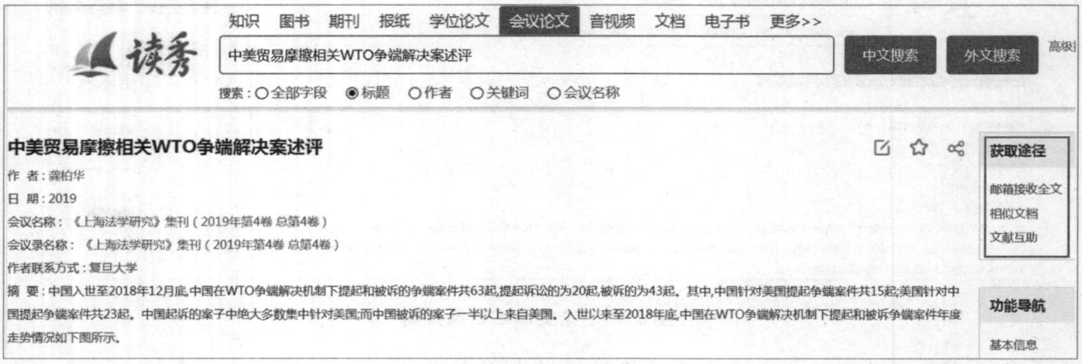

图6-5　论文详细目录页面

在会议论文详细目录页面右上角，系统提供了“邮箱接收全文、相似文档、文献互助”三种获取途径供读者选择。本例单击“邮箱接收全文”，进入“全国图书馆参考咨询服务平台”，如图6-6所示。

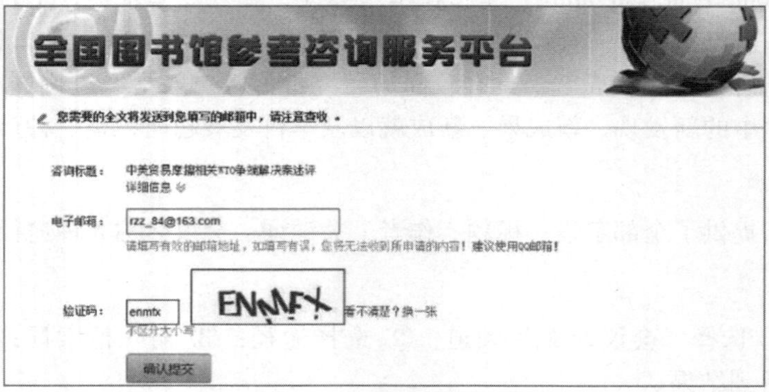

图6-6　全国图书馆参考咨询服务平台

正确填写接收电子邮箱和验证码，确认提交，即可在0~48小时内收到文献。

6.1.4　读秀专利文献检索

专利文献（Patent Literature），广义的专利文献是指一切与专利制度有关的文献，如专利说明书、专利公报、分类表、索引、专利的法律文书等。狭义的专利文献是指专利说明书。我国专利的种类有发明专利、实用新型专利和外观设计专利。

1. 检索途径

专利文献检索提供了全部字段、专利名称、申请号、发明人、申请人、IPC号等6种检索途径。默认是全部字段。

2. 专利文献检索步骤

专利文献检索步骤：① 选择“专利”频道；② 选择途径；③ 输入检索词；④ 单击“中文

搜索”按钮，即可得到结果。

【例 6-3】查找“大功率开关电源”方面的专利文献。

检索过程：选择“专利”频道；选择“专利名称”字段；输入检索词“大功率开关电源”；单击“中文搜索”按钮，即可得到结果。找到相关中文专利 243 篇，如图 6－7 所示。

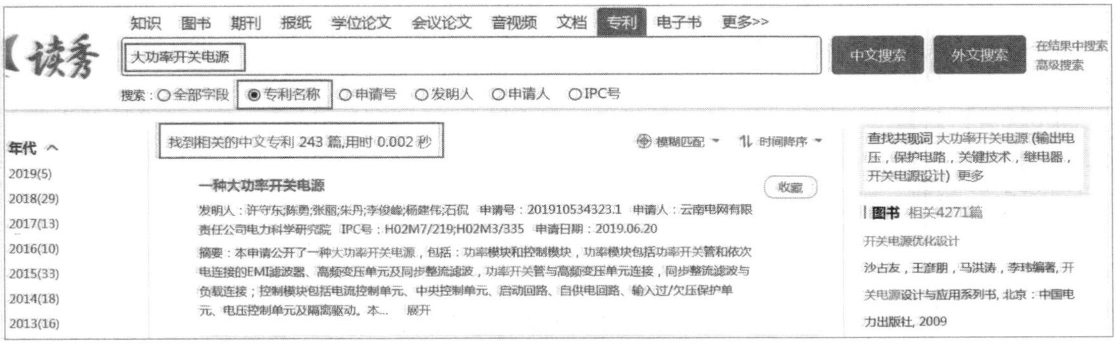

图 6－7　专利文献检索

单击专利文献名称，进入专利目录页面，可看到此专利的详细信息，这里没有全文链接，但有“图书馆文献传递”和“文献互助”获取链接，可以通过图书馆文献传递方式获取全文，如图 6－8 所示。

图 6－8　专利的详细信息

可通过图书馆文献传递方式获得该专利文献，方法是单击“图书馆文献传递”链接，进入全国图书馆参考咨询服务平台，填写有效的邮箱地址（建议用 QQ 邮箱），正确填写接收邮箱之后，确认提交，即可在 0～48 小时内收到文献。

6.1.5　读秀标准文献检索

标准文献（Standard Literature）是对工农业和工程建设的质量、规格、基本单位及其检验方法等方面由有关权威部门批准的技术规定，其反映的技术工艺水平及技术政策，是从事生产建设和管理的一种共同规范或依据，是促进提高社会产品质量的三次文献。标准分为：国际标准（ISO）、国家标准（GB）、行业标准、企业标准。某些标准还具有法律约束力，对了解各国经济、技术政策、生产水平以及分析预测发展动向和促进现代管理具有重要的参考价值。

1. 检索途径

标准文献检索提供了全部字段、标准号、标准中文名、标准英文名、发布单位5种检索途径。

2. 标准文献检索步骤

标准文献检索步骤：① 选择“标准”频道；② 选择途径；③ 输入检索词；④ 单击“中文搜索”按钮，即可得到结果。

【例6-4】已知《文后参考文献著录规则》标准号GB/T 7714—2005，查该标准最新的版本。

检索过程：选择“标准”频道；选择“标准号”途径；输入标准号“GB/T 7714”；单击“中文搜索”按钮，即可得到结果，找到相关的中文标准3篇，如图6-9所示。

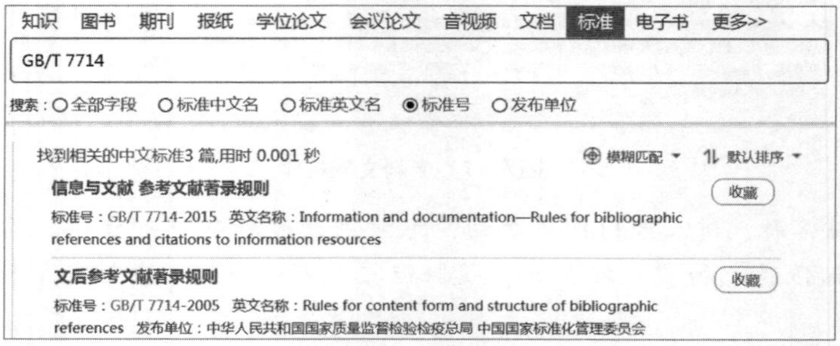

图6-9 标准文献检索结果页面

从检索结果可知，排第1位的是GB/T 7714—2015标准，中文名《信息与文献 参考文献著录规则》；排第2位的是GB/T 7714—2005标准，中文名《文后参考文献著录规则》。单击首条标准题名得到该标准的详细信息，如图6-10所示。

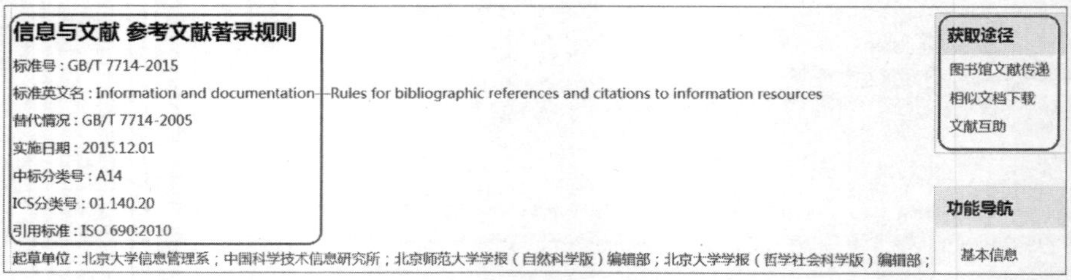

图6-10 标准文献的详细信息及获取途径页面

《信息与文献 参考文献著录规则》GB/T 7714—2015的详细页面显示了替代情况：标准GB/T 7714—2015替代标准GB/T 7714—2005。获取途径有“图书馆文献传递、相似文档下载、文献互助”3种，比较可靠的是通过图书馆文献传递获得。

6.2 使用CNKI检索特种文献

6.2.1 CNKI学位论文检索

1. CNKI学位论文全文数据库简介

《中国优秀博硕士学位论文全文数据库》是经国家新闻出版总署批准、清华控股有限公司主办的国家级硕士学位论文综合性学术刊物，主要刊载自然科学、社会科学各领域基础研究和应用研究方面具有创新性的、高水平的、重要意义的研究成果，由《中国学术期刊（光盘版）》电子杂志社编辑出版，国内外公开发行。该数据库是目前国内相关资源最完备、高质量、连续动态更新的中国优秀博硕士学位论文全文数据库。到 2019 年 8 月，该数据库已经收录博硕士学位论文全文文献 4194471 篇，来源于全国 474 家培养单位的博士学位论文和 755 家硕士培养单位的优秀硕士学位论文，收录了从 1984 年至今的博硕士学位论文。

2. CNKI 学位论文检索

CNKI 的博士、硕士学位论文检索，可合并检索，也可按博士、硕士学位论文分库检索，两者检索方法相同，这里以系统默认的博硕士学位论文高级检索页面为例介绍，如图 6－11 所示。

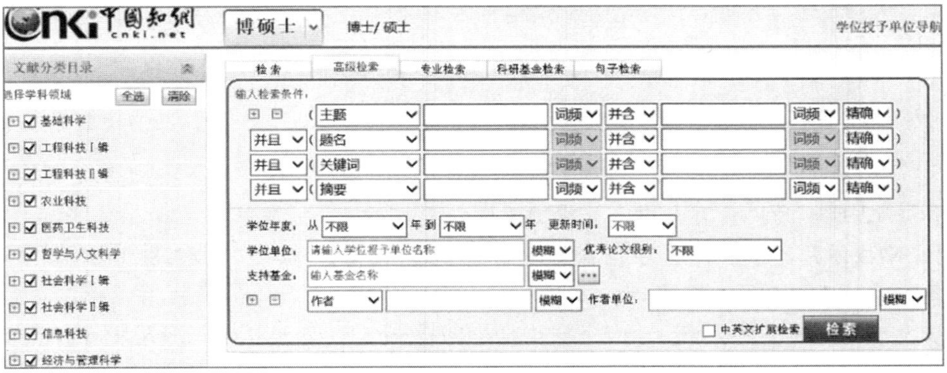

图 6－11　CNKI 博硕士学位论文高级检索页面

CNKI 学位论文高级检索步骤：

在系统默认的高级检索页面上，与检索相关的全部内容都可以在这个页面上实现，现将高级检索过程规范为 4 个步骤：

①选择文献分类目录：默认是全选，有特殊需要时可以选择。

②输入内容检索条件：选择检索途径，如主题、题名、关键词等，选择逻辑关系（并含、或含、不含）。

③输入检索控制条件：学位年度、学位单位、支持基金、作者等。

④筛选检索结果：分组排序检索结果，反复筛选修正检索式得到最终结果。

【例 6-5】查找有关“特高压输电”的学位论文。

检索过程：①在 CNKI 主页（http：//www. cnki. net）上，点击“高级检索”进入高级检索页面，选择“博硕士”频道。CNKI 博硕士学位论文高级检索页面看上去比较复杂，要填写的内容比较多，系统说明也比较多，但可简化使用；②默认检索控制条件（采用默认的学位年度、学位单位、支持基金等）；③采用系统默认的“主题”途径；④输入“特高压输电”；⑤单击“检索”，找到 711 条结果。若换“关键词”途径会检索到 61 条结果；换“题名”途径会检索到 138 条结果，如图 6－12 所示。

从“题名”途径初步检索，找到 138 条相关记录。

如果觉得检索结果太多了，可在检索词前加“交流”等限定词语，即选择“题名”途径，输入“交流特高压输电”，检索到 3 条结果。进行二次检索（结果中检索），也得到 3 条结果。

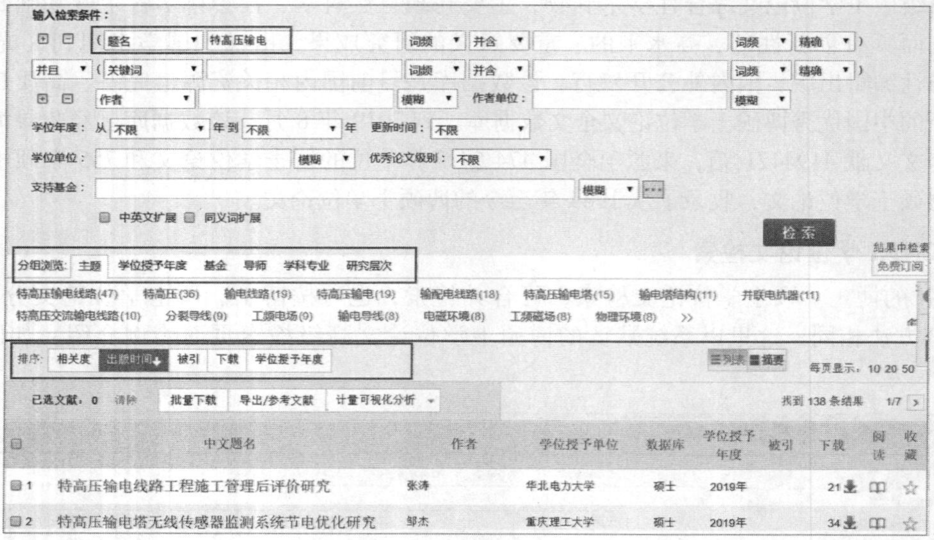

图 6－12　CNKI 博硕士学位论文检索页面

在图 6－12 所示的检索页面中，分组浏览默认是“主题”；如选择“学位授予年度”，系统将 138 篇文章按学位授予年度排序，如想看 2018 年的文章，就单击“2018（16）”即可，2018 年的 16 篇文章页面如图 6－13 所示。

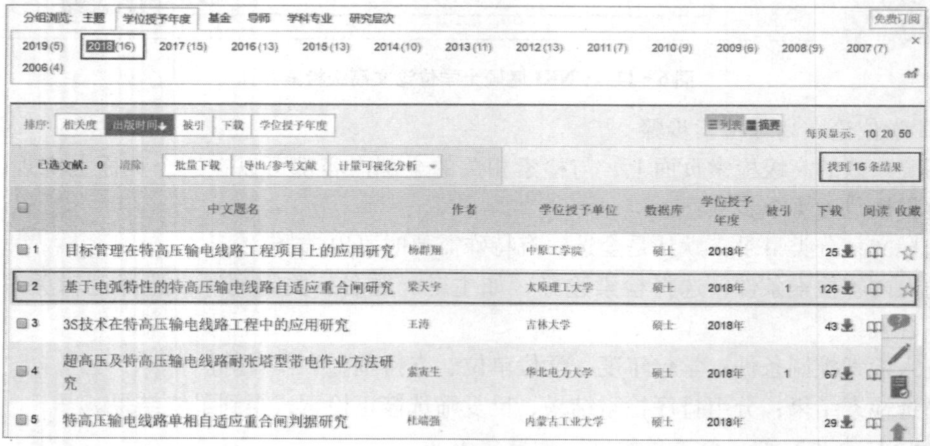

图 6－13　2018（16）年度的 16 篇学位论文页面

如第 2 篇文章“基于电弧特性的特高压输电线路自适应重合闸研究”是想要的文章，单击题名进入节点文献页面，如图 6－14 所示。

在文献详细信息页面中，系统提供了“整本下载、分页下载、分章下载、在线阅读”4 种选择。

如果单击“分章下载”，就进入分章下载页面。如需下载第一章绪论，就单击标题“第一章绪论”，系统自动弹出“新建下载任务”对话框，选择保存到“桌面”，单击“下载”，系统弹出“下载管理器”对话框，显示第一章绪论 6.74MB，已下载 5.07MB，一般系统默认存放在桌面（可选其他地点存放），如图 6－15 所示。

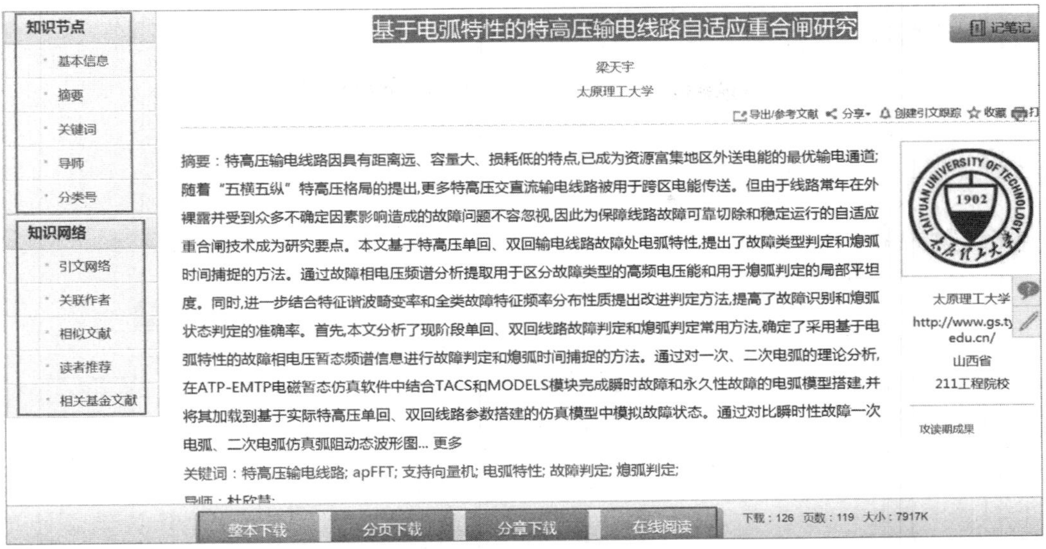

图 6－14　学位论文节点文献页面

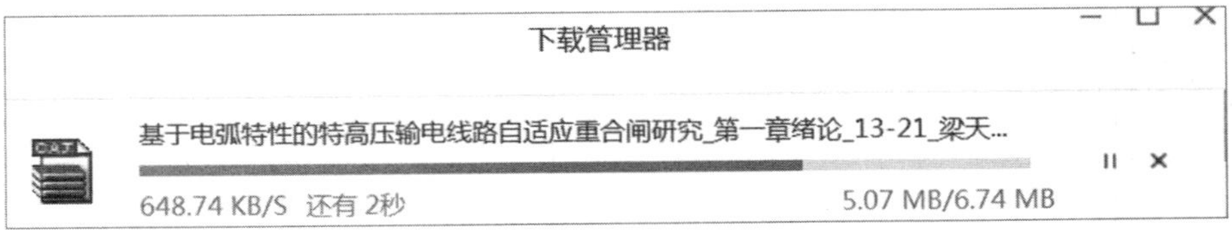

图 6－15　CNKI 学位论文分章下载管理器页面

下载完成后，回到桌面，就可阅读该章内容（前提是已安装 CNKI 的 CAJViewer 浏览器）。

6.2.2　CNKI 会议论文检索

1. CNKI 会议论文简介

CNKI 会议论文来源于国内外重要会议论文全文数据库，是由国内外会议主办单位或论文汇编单位书面授权并推荐出版的重要会议论文。CNKI 论文库是由《中国学术期刊（光盘版）》电子杂志社编辑出版的国家级连续电子出版物专辑。重点收录 1999 年以来，中国科协系统及国家二级以上的学会、协会、高校、科研院所、政府机关举办的重要会议以及在国内召开的国际会议上发表的文献。其中，国际会议文献占全部文献的 20% 以上，全国性会议文献超过总量的 70%，部分重点会议文献回溯至 1953 年。到 2019 年 8 月，已收录出版国内外学术会议论文集文献总量 6015199 篇。收录了 1953 年至今的会议论文集。

2. CNKI 会议论文检索

【例 6-6】查找有关“风力发电技术”方面的会议论文。

检索过程：①在 CNKI 主页上，点击“高级检索”进入高级检索页面，选择“会议”频道；②默认检索控制条件；③在默认的“主题”字段文本框输入“风力发电技术”6 个字，其他为系统默认条件；④单击“检索”按钮，找到 233 条结果；若把检索途径换成“篇名”，则检索到 20 条结果。CNKI 会议论文检索页面如图 6－16 所示。

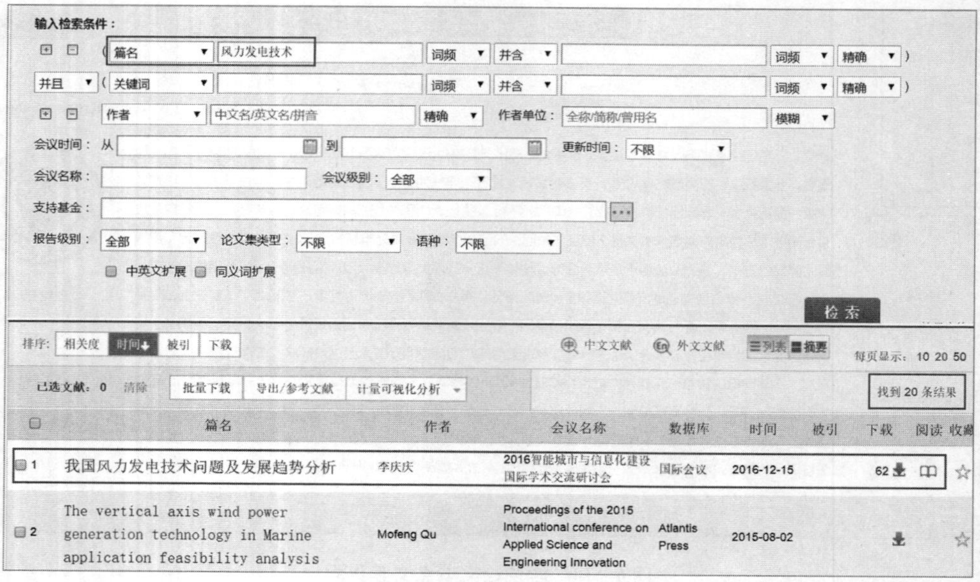

图6-16　CNKI会议论文检索页面

如想了解“我国风力发电技术问题及发展趋势分析”，就单击“题名”进入节点文献页面，如图6-17所示。

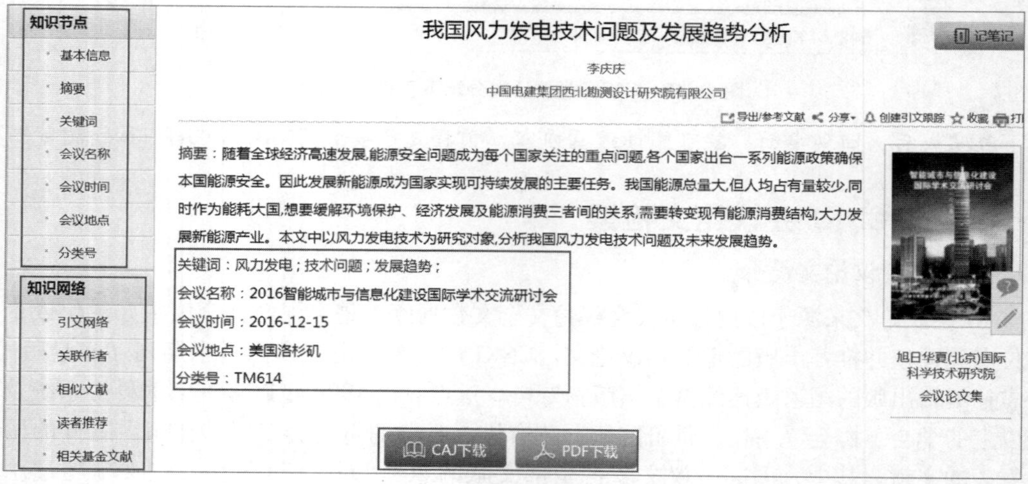

图6-17　会议论文节点文献页面

在会议论文节点文献页面，系统提供了CAJ下载、PDF下载，读者可选择下载全文。

6.2.3　CNKI专利文献检索

1. CNKI专利文献简介

CNKI专利数据库包含《中国专利全文数据库（知网版）》和《海外专利摘要数据库（知网版）》。专利相关的文献、成果等信息来源于CNKI各大数据库。可以通过主题、关键词、专利名称、摘要、申请号、公开号、分类号、主分类号、申请人、发明人、代理人、同族专利项、优先权，共 13 个检索途径进行检索，国内专利可直接下载专利说明书全文，国外专利说明书全文链接到欧洲专利局网站。

CNKI 每条专利的知网节集成了与该专利相关的最新文献、科技成果、标准等信息，可以完整地展现该专利产生的背景、最新发展动态、相关领域的发展趋势，可以浏览发明人与发明机构更多的论述以及在各种出版物上发表的文献。

中国专利按照专利种类分为发明专利、外观设计和实用新型三个类型，其中发明专利和实用新型采用国际专利分类法（IPC 分类）和 CNKI 168 学科分类，外观设计采用国际外观设计分类和 CNKI 168 学科分类。海外专利采用国际专利分类（IPC 分类）和学科分类。

目前，《中国专利全文数据库》共计收录专利 23598406 条。《海外专利数据库》共计收录专利 98976079 条；全部专利 122574485 条（2019 年 7 月 23 日空检数据）。文献来源于国家知识产权局知识产权出版社。

2. CNKI 专利文献检索

【例 6-7】查找有关“风力发电机防水”方面的专利文献。

检索过程：①在 CNKI 主页上，点击“高级检索”进入高级检索页面，选择“专利”频道；②选择“专利名称”途径；③在检索框中输入“风力发电机、防水”；④默认逻辑“并含”；⑤单击“检索”按钮，找到 6 条结果，如图 6-18 所示。

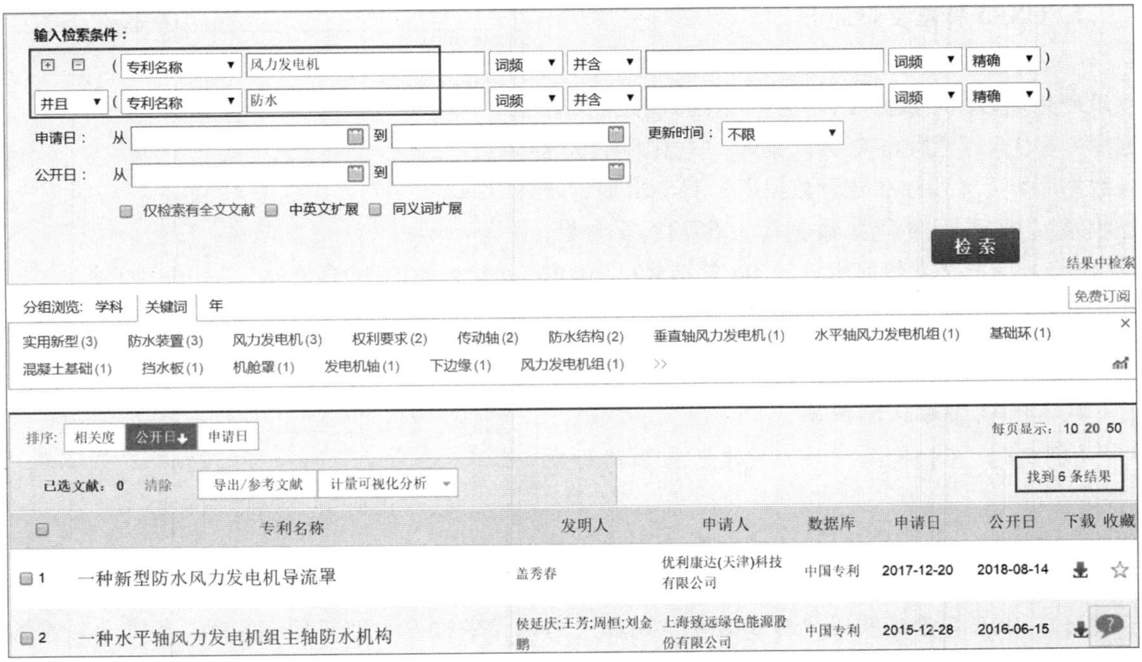

图 6-18　CNKI 专利文献检索页面

如想了解“一种新型防水风力发电机导流罩”，就单击“题名”进入专利知网节页面，如图 6-19 所示。

在专利知网节页面，系统提供了“推荐下载阅读 CAJ 格式全文”链接，单击链接就可以下载全文。下载之后可以阅读专利文献全文，如图 6-20 所示。

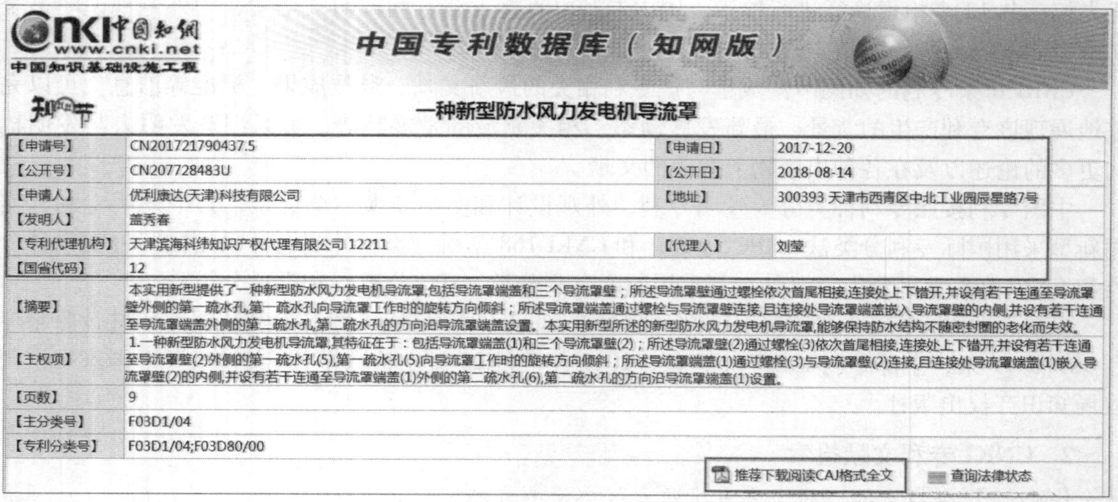

CNKI中国知网 www.cnki.net 中国知识基础设施工程

中国专利数据库（知网版）

知网节

一种新型防水风力发电机导流罩

【申请号】	CN201721790437.5	【申请日】	2017-12-20
【公开号】	CN207728483U	【公开日】	2018-08-14
【申请人】	优利康达(天津)科技有限公司	【地址】	300393 天津市西青区中北工业园辰星路7号
【发明人】	盖秀春		
【专利代理机构】	天津滨海科纬知识产权代理有限公司 12211	【代理人】	刘莹
【国省代码】	12		
【摘要】	本实用新型提供了一种新型防水风力发电机导流罩,包括导流罩端盖和三个导流罩壁；所述导流罩壁通过螺栓依次首尾相接,连接处上下错开,并设有若干连通至导流罩壁外侧的第一疏水孔,第一疏水孔向导流罩工作时的旋转方向倾斜；所述导流罩端盖通过螺栓与导流罩壁连接,且连接处导流罩端盖嵌入导流罩壁的内侧,并设有若干连通至导流罩端盖外侧的第二疏水孔,第二疏水孔的方向沿导流罩端盖设置。本实用新型所述的新型防水风力发电机导流罩,能够保持防水结构不随密封圈的老化而失效。		
【主权项】	1.一种新型防水风力发电机导流罩,其特征在于：包括导流罩端盖(1)和三个导流罩壁(2)；所述导流罩壁(2)通过螺栓(3)依次首尾相接,连接处上下错开,并设有若干连通至导流罩壁(2)外侧的第一疏水孔(5),第一疏水孔(5)向导流罩工作时的旋转方向倾斜；所述导流罩端盖(1)通过螺栓(3)与导流罩壁(2)连接,且连接处导流罩端盖(1)嵌入导流罩壁(2)的内侧,并设有若干连通至导流罩端盖(1)外侧的第二疏水孔(6),第二疏水孔的方向沿导流罩端盖(1)设置。		
【页数】	9		
【主分类号】	F03D1/04		
【专利分类号】	F03D1/04;F03D80/00		

推荐下载阅读CAJ格式全文　查询法律状态

图6-19　专利知网节页面

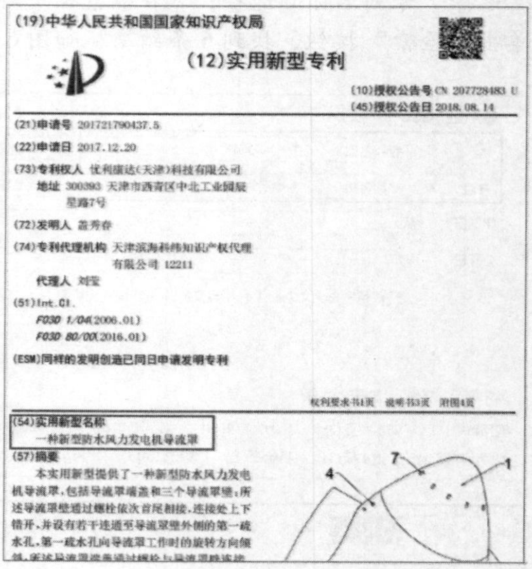

(19)中华人民共和国国家知识产权局

(12)实用新型专利

(10)授权公告号 CN 207728483 U
(45)授权公告日 2018.08.14

(21)申请号 201721790437.5

(22)申请日 2017.12.20

(73)专利权人 优利康达(天津)科技有限公司
地址 300393 天津市西青区中北工业园辰星路7号

(72)发明人 盖秀春

(74)专利代理机构 天津滨海科纬知识产权代理有限公司 12211
代理人 刘莹

(51)Int.Cl.
F03D 1/04(2006.01)
F03D 80/00(2016.01)

(ESM)同样的发明创造已同日申请发明专利

权利要求书1页　说明书3页　附图4页

(54)实用新型名称
一种新型防水风力发电机导流罩

(57)摘要
本实用新型提供了一种新型防水风力发电机导流罩,包括导流罩端盖和三个导流罩壁;所述导流罩壁通过螺栓依次首尾相接,连接处上下错开,并设有若干连通至导流罩壁外侧的第一疏水孔,第一疏水孔向导流罩工作时的旋转方向倾斜

图6-20　专利文献原文

6.2.4　CNKI标准文献检索

1. CNKI标准文献简介

CNKI《标准数据总库》是国内数据量最大、收录最完整的标准数据库，分为《国家标准全文数据库》《中国行业标准全文数据库》《中国标准题录数据库》《国外标准题录数据库》等。目前，已经收录《国家标准全文数据库》55725条结果；《中国行业标准全文数据库》22506条结果；《国内外标准题录数据库》546356条结果；全部共计624587条结果（2019年7月23日空检数据）。

2. CNKI标准文献检索

【例6-8】查找有关“风力发电”方面的标准文献。

检索过程：①在CNKI主页上，点击“高级检索”进入高级检索页面，选择“标准”频道（或在主页上单击“标准”，直接进入标准高级检索页面）；②采用系统默认“标准名称”途径（系统提供检索途径有标准名称、标准号、关键词、摘要、全文、发布单位、出版单位、起草单位、中国标准分类号、国际标准分类号、起草人等）；③在检索框输入“风力发电”，其他条件为系统默认；④单击“检索”按钮，找到67条相关标准，如图6-21所示。

如想查看第1个标准“节能评估技术导则　风力发电项目”，就点击标题进入标准知网节页面，如图6-22所示。

知网节页面提供了“下载PDF版全文”链接，单击它就可以下载全文。

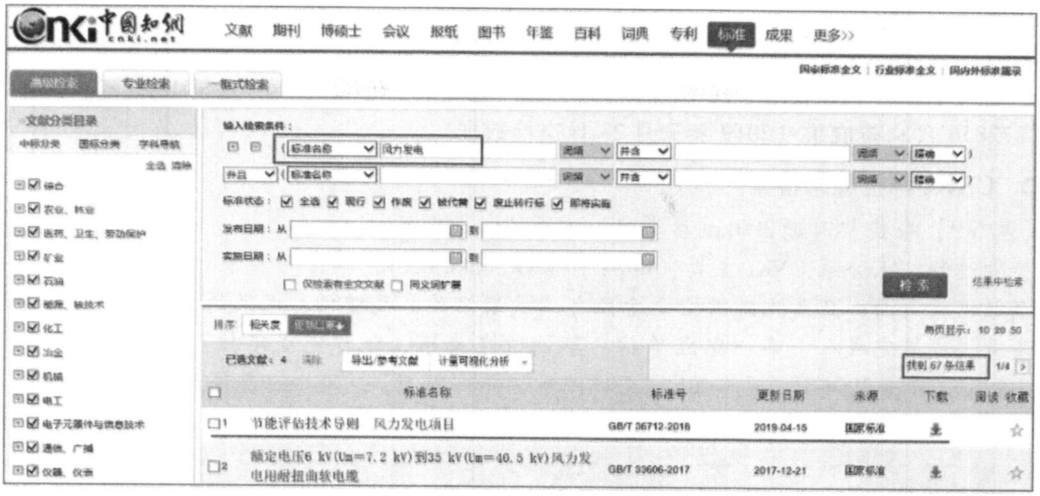

图 6－21　标准文献检索页面

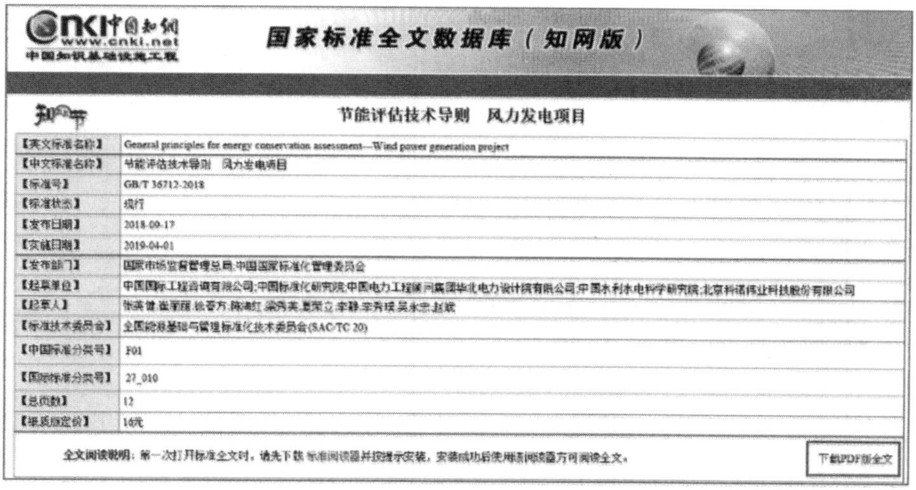

图 6－22　标准文献详细信息（知网节）页面

6.2.5　CNKI 科技成果检索

1. CNKI 科技成果简介

《中国科技项目创新成果鉴定意见数据库（知网版）》主要收录正式登记的中国科技成果，按行业、成果级别、学科领域分类。每条成果信息包含成果概况、立项、评价，知识产权状况及成果应用，成果完成单位，完成人等基本信息。

CNKI 科技成果数据库具有显著优势，即是唯一收录专家组对该项成果的推广应用前景与措施、主要技术文件目录及来源、测试报告和鉴定意见等内容的鉴定数据。与通常的科技成果数据库相比，《中国科技项目创新成果鉴定意见数据库（知网版）》每项成果的知网节集成了与该成果相关的最新文献、科技成果、标准等信息，可以完整地展现该成果产生的背景、最新发展动态、相关领域的发展趋势等，可以浏览成果完成人和成果完成机构更多的论述以及在各种出版物上发表的文献。

科技成果分类按照《中国图书资料分类法》（第四版）和 GB/T 13745—2016《学科分类与代码》进行学科分类。收录了从 1978 年至今的科技成果，部分成果回溯至 1920 年。目前，已收录 872856 项科技成果（2019 年 7 月 23 日空检数据）。

2. CNKI 科技成果检索

【例 6-9】查找“时速 300km 动车组”方面的科技成果。

检索过程：①登录 CNKI 主页（http：//www. cnki. net），单击“成果”“高级检索”，进入成果高级检索页面；②系统提供检索途径有“成果名称、关键词、成果简介、中图分类号、学科分类号、成果完成人、第一完成单位、单位所在省市、合作完成单位”等，选择“成果名称”，输入“时速 300KM、动车组”，逻辑关系选择“并且”；③其他条件为默认；④点击“检索”，找到 2 条结果，如图 6－23 所示。

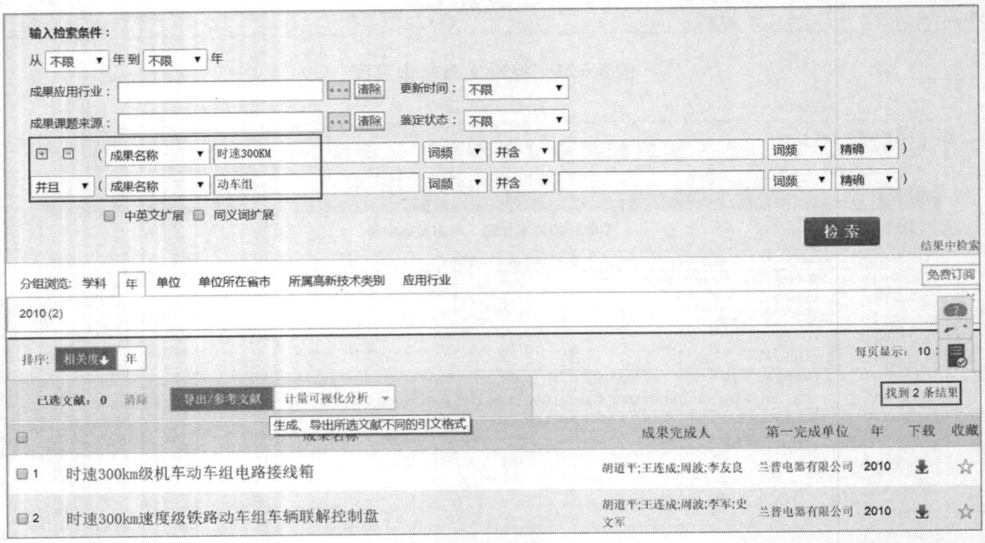

图 6－23　科技成果检索页面

单击标题，进入科技成果知网节页面，如图 6－24 所示。

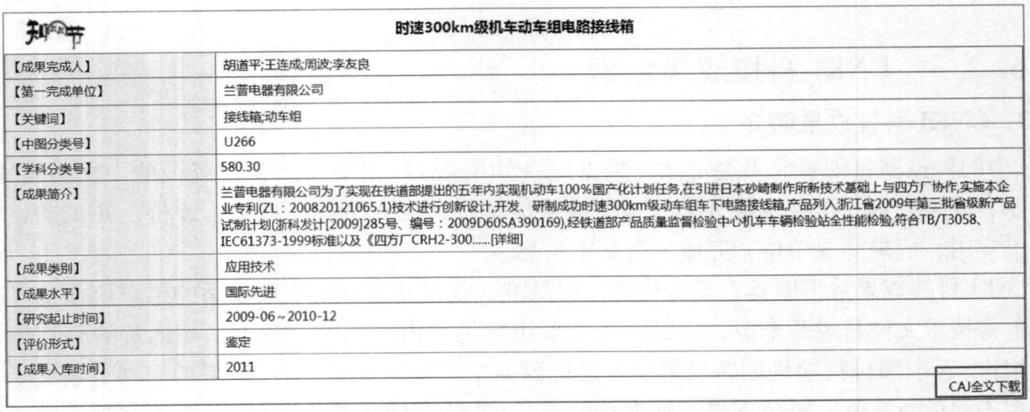

知网节	时速300km级机车动车组电路接线箱
【成果完成人】	胡道平;王连成;周波;李友良
【第一完成单位】	兰普电器有限公司
【关键词】	接线箱;动车组
【中图分类号】	U266
【学科分类号】	580.30
【成果简介】	兰普电器有限公司为了实现在铁道部提出的五年内实现机动车100%国产化计划任务,在引进日本砂崎制作所新技术基础上与四方厂协作,实施本企业专利(ZL：200820121065.1)技术进行创新设计,开发、研制成功时速300km级动车组车下电路接线箱,产品列入浙江省2009年第三批省级新产品试制计划(浙科发计[2009]285号、编号：2009D60SA390169),经铁道部产品质量监督检验中心机车车辆检验站全性能检验,符合TB/T3058、IEC61373-1999标准以及《四方厂CRH2-300......[详细]
【成果类别】	应用技术
【成果水平】	国际先进
【研究起止时间】	2009-06～2010-12
【评价形式】	鉴定
【成果入库时间】	2011

CAJ全文下载

图 6－24　科技成果知网节页面

知网节页面提供了“CAJ 全文下载”链接，单击它就可以下载全文。

6.3 使用万方平台检索特种文献

万方数据知识服务平台（http：//www. wanfangdata. com. cn），如图 6 – 25 所示。

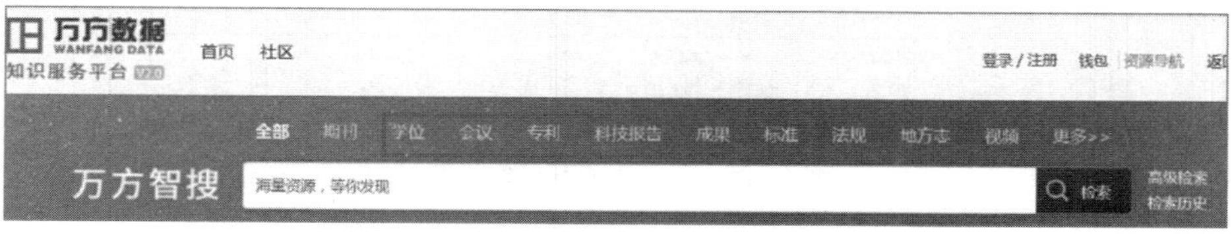

图 6 – 25　万方数据知识服务平台

在万方数据知识服务平台上，特种文献有学位论文、会议论文、专利、科技报告、成果、标准等，万方特种文献种类与数量，如表 6 – 1 所示。

表 6 – 1　万方特种文献种类与数量（2019 年 7 月 23 日数据）

序号	数据库名称	数据量（条）
1	学位论文	6125417
2	会议论文	13859042
3	专利	104420684
4	标准	2301748
5	科技报告	1175441
6	成果	911456

6.3.1 万方学位论文检索

1. 万方学位论文简介

万方数据库收录的学位论文是全文资源。它收录自 1980 年以来我国自然科学领域各高等院校、研究生院以及研究所的硕士、博士以及博士后论文，共计约 612 多万篇。

万方数据知识服务平台升级后，功能和外观的进步较大，因此，学位论文检索将介绍普通检索、高级检索、专业检索等 3 种方法。

2. 万方学位论文普通检索

【例 6-10】查有关“太阳能光伏发电”方面的学位论文。

1）检索过程：①进入万方数据主页（www. wanfangdata. com. cn）；②选择“学位”频道；③学位论文普通检索途径有“题名、作者、中图分类法、专业、关键词、摘要、导师、学位授予单位”等 8 项，本例选择“题名”途径；④输入检索词“太阳能光伏发电”；⑤单击“检索”按钮，在学位论文库中找到 149 条相关结果，如图 6 – 26 所示。

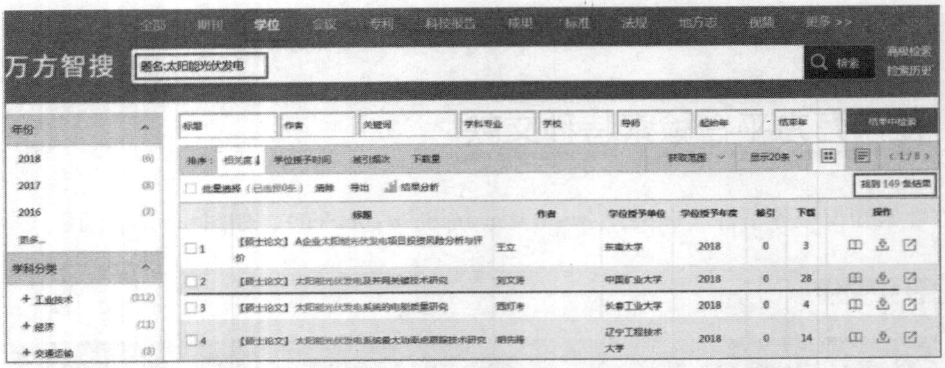

图6-26　学位论文普通检索页面

2）对检索结果排序与选择：系统默认是相关度优先排序，也可选择“发表时间、被引频次、下载量”等排序；系统提供论文信息有：标题、作者、来源、时间、下载、被引、操作等项。读者可根据检索到的信息确定选择论文，如果想看第2篇论文，就点击标题进入该论文的详细信息（目录）页面，如图6-27所示。

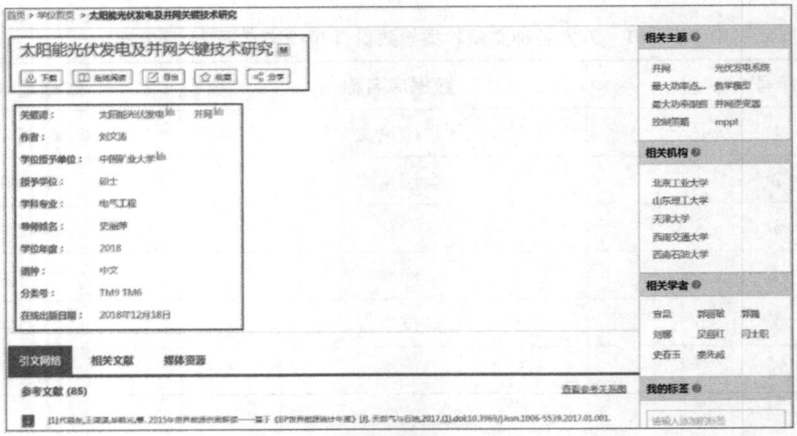

图6-27　学位论文详细信息（目录）页面

3）论文阅读和下载：在该论文详细信息（目录）页面上，列出了论文相关信息：标题、关键词、作者、学位授予单位、授予学位、学科专业、导师姓名、学位年度、语种、分类号、在线出版日期等；此外，还有引文网络、相关文献、媒体资源等。

在论文标题下方，提供了“下载、在线阅读、导出、收藏、分享”等，如单击“下载”按钮，就可以下载全文。单击“导出”，进入该论文的导出页面，如图6-28所示。

图6-28　学位论文导出参考文献页面

导出参考文献有 8 种格式可选择，其中参考文献格式著录标准选用 GB/T 7714—2015。

例如，本例参考文献格式为：

[1] 刘文涛. 太阳能光伏发电及并网关键技术研究 [D]. 江苏：中国矿业大学，2018.

3. 万方学位论文高级检索

高级检索是一种按规定导向的填空式检索，输入更多限制条件，使得检索结果更加准确的一种方法。

学位论文检索途径有“全部、主题、题名或关键词、题名、作者单位、作者、关键词、摘要、DOI、专业、中图分类号、学位授予单位、导师、学位”等 14 项。读者在进行具体检索时，不一定每项都填写，只填写几项主要的信息就可以检索了。如果检索结果比较多，可经过二次检索来筛选。

按特例考虑，假如某人很优秀，完成了两篇硕士论文和两篇博士论文。因此，输入作者就能检索此人的学位论文，如果有同名，再加一个或者两个限制条件就足够区分了。高级检索页面虽然复杂，但只要途径和关键词找准了，一般都可以检索到相关度较高的文献，获得较好的检索效果。

【例 6-11】利用高级检索查找“太阳能光伏发电”方面的学位论文。

检索过程：①进入万方数据主页；②点击检索框右边的“高级检索”进入高级检索页面；③选择“学位论文”频道；④本例选择“题名”途径；⑤输入关键词“太阳能”和“光伏发电”；⑥逻辑关系默认“与”；⑦点击“检索”，高级检索页面如图 6－29 所示。

图 6－29　学位论文高级检索页面

其实，在高级检索页面，我们所做的工作就只是选择“题名”，输入“太阳能”“光伏发电”，选择逻辑“与”，单击“检索”按钮。之后，系统在学位论文库中找到 149 条相关结果，与普通检索结果相同，高级检索结果页面如图 6－30 所示。

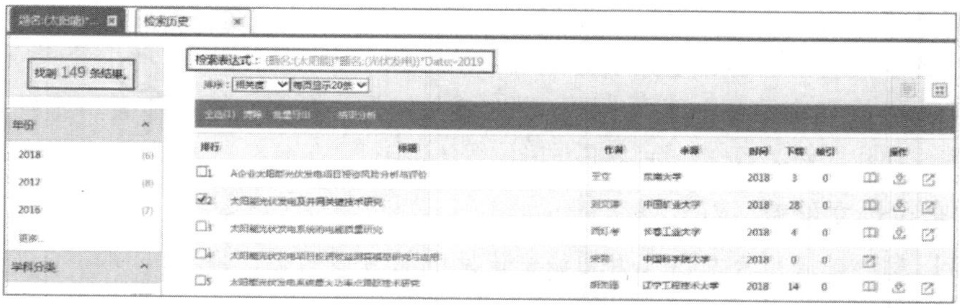

图 6－30　高级检索结果页面

4. 万方学位论文专业检索

专业检索是直接在检索框中，填写由“检索字段和逻辑符号”共同组成的检索表达式，对于专业检索表达式，不同的系统基本原理是相同的，只是个别细节略有不同。一般系统都有说明和示例。

【例6-12】利用专业检索查找“太阳能光伏发电”方面的学位论文。

检索过程：①选择“学位论文”频道；②单击“高级检索”，再单击“专业检索”；③根据本例题意，专业检索表达式可写成“题名：太阳能 * 题名：光伏发电”，如图6－31所示。④单击“检索”按钮，找到149条检索结果，如图6－32所示。

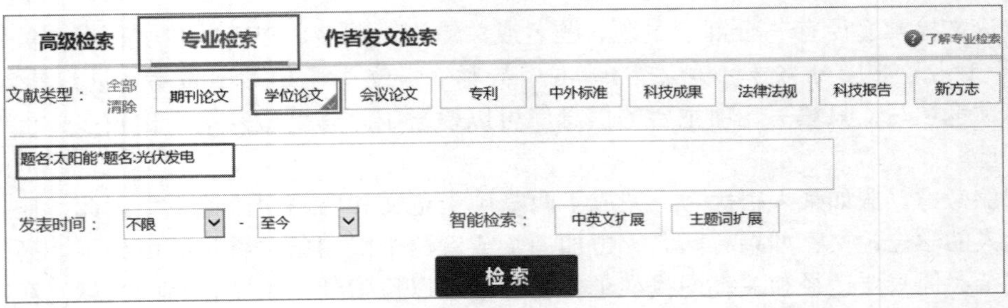

图6－31　专业检索页面

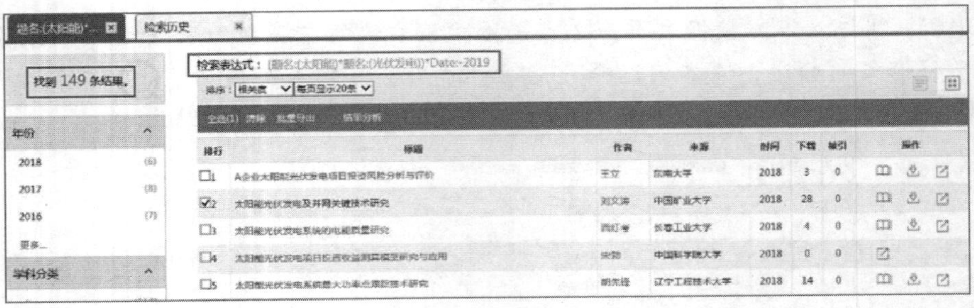

图6－32　专业检索结果页面

可见专业检索与高级检索结果是相同的。找到需要的学位论文，根据需要选择“下载、在线阅读、导出、收藏、分享”等项。

6.3.2　万方会议论文检索

1. 万方会议论文简介

在万方数据知识服务平台主页上，会议论文频道提供的检索途径有“题名、作者、作者单位、关键词、摘要、会议名称、主办单位”等7项。

会议论文高级检索途径有全部、主题、题名或关键词、题名、第一作者、作者单位、作者、关键词、摘要、DOI、会议名称、会议主办单位等12项。

2. 万方会议论文检索

【例6-13】利用普通检索查找“太阳能光伏发电”方面的会议论文。

检索过程：①进入万方主页，选择“会议”频道；②选择“题名”途径，在检索框输入“太阳能光伏发电”；③单击“搜论文”得到如图6－33所示页面。

在会议论文检索页面中找到128篇相关论文，单击第2篇会议论文题目，得到该论文的详细信息，如图6－34所示。

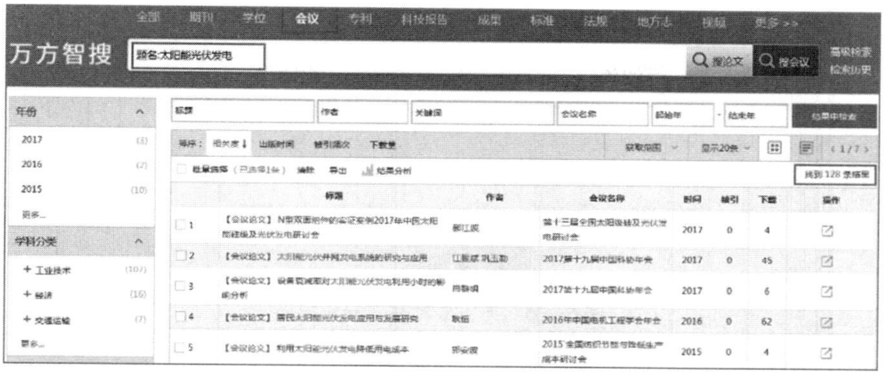

图 6-33　万方会议论文检索页面

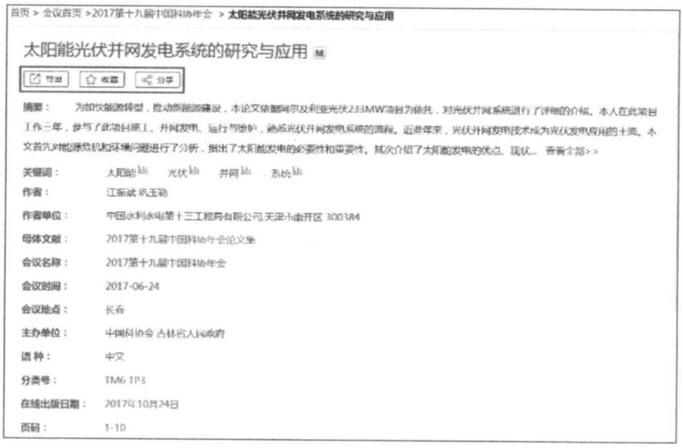

图 6-34　会议论文详细信息

6.3.3　万方专利文献检索

1. 万方专利文献简介

万方数据主页上，专利频道普通检索途径有“题名、摘要、申请/专利号、分开号/公告号、申请人/专利权人、发明人/设计人、主分类号、分类号”等 8 项。专利文献的普通检索方式简单易用，高级检索方式专业且功能强大。专利高级检索的检索途径有“全部、主题、题名或关键词、题名、作者、作者单位、摘要、申请/专利号、申请/专利权人、公开/公告号、主权项、优先权、申请日、公开日、主分类号、分类号、代理人、代理机构”等 18 项，为读者提供了丰富的途径选择。

2. 万方专利文献检索

【例 6-14】利用万方高级检索查找“太阳能光伏发电”方面的专利文献。

检索过程：①选择“专利”频道；②单击右边“高级检索”进入高级检索页面；③选择“题名”途径；④输入“太阳能”“光伏发电”；⑤逻辑关系默认“与”，高级检索页面，如图 6-35所示。

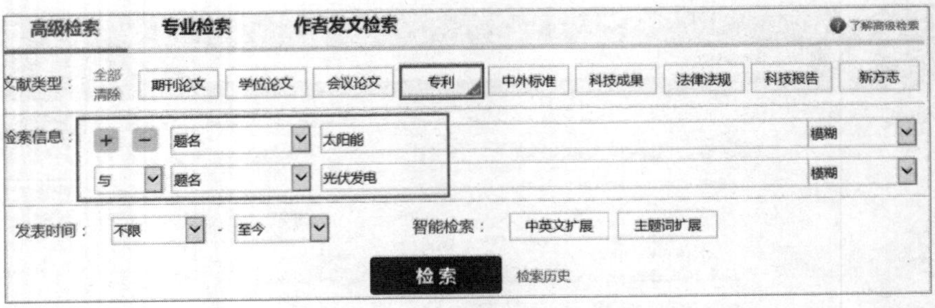

图 6 - 35　万方专利高级检索界面

对于初次使用的读者，可以试着先输入一些关键词，进行初步检索。这是对专业术语不确定时经常用的方法，初步检索之后，再从结果中复制更准确的专业术语，去检索更加精确的专业文章，这也是一种检索技巧。对于专业人员，他会非常准确地输入检索词，因此专业人员一旦学会了使用方法，他们的检准率会更高。

这里选择“题名”途径，把检索内容分成“太阳能、光伏发电”两个关键词，默认逻辑“与”，意思是检索结果中，标题中同时包括了这两个词，点击“检索”按钮，得到专利检索结果页面，如图 6 - 36 所示。

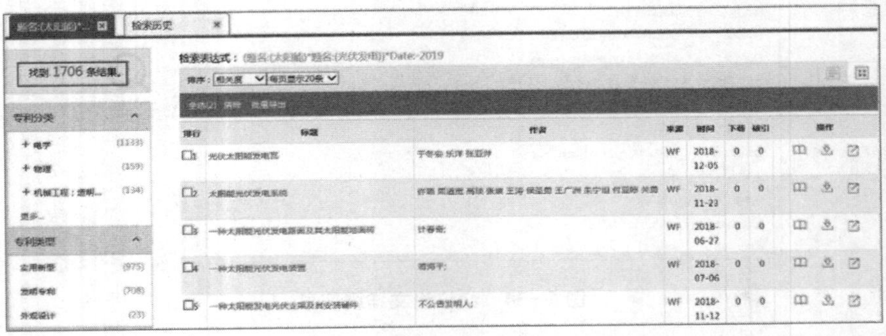

图 6 - 36　万方专利文献检索结果页面

从检索结果页面可知，本次检索找到 1706 条专利结果，如果结果太多了，可以加限定词“系统”，并设置发表时间为“2017 年—至今”，检索结果页面如图 6 - 37 所示。

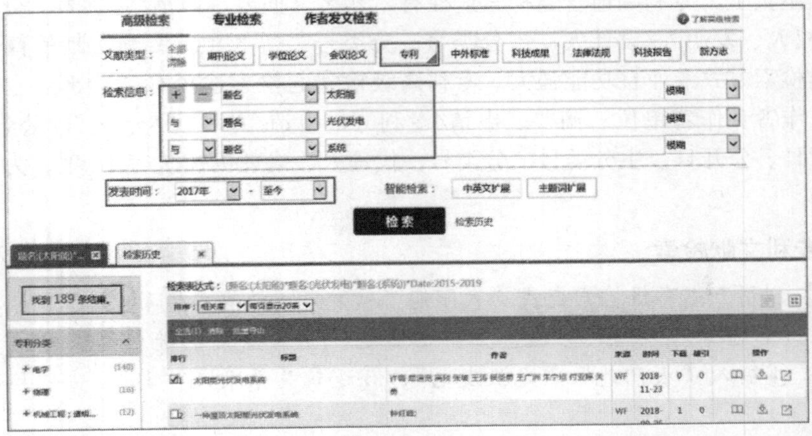

图 6 - 37　加限定词“系统”后检索结果页面

设置发表时间与加限定词“系统”后，检索结果由1706条减少到189条，标题中都包括了检索词“太阳能光伏发电系统”。如果想看第2个专利，点击该专利标题进入专利详细信息页面，如图6－38所示。

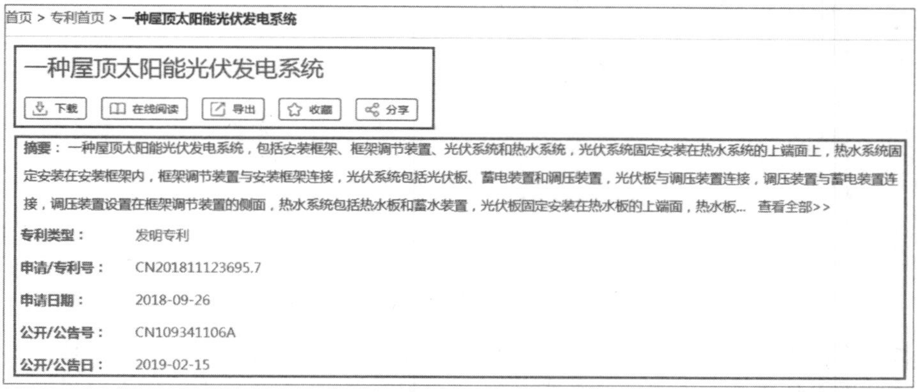

图6－38　万方专利详细信息页面

在图6－38中，系统提供了“下载、在线阅读、导出、收藏、分享”等选项，供读者根据需要选择。

6.3.4　万方标准文献检索

1. 万方标准文献简介

在万方数据知识服务平台上，万方标准文献普通检索途径有“题名、关键词、标准编号、起草单位、发布单位”等5项。万方标准高级检索途径有“全部、主题、题名或关键词、题名、作者单位、关键词、标准编号、发布单位、中国标准分类号、国际标准分类号”等10项。读者可根据实际情况选择使用。

2. 万方标准文献检索

【例6-15】利用万方高级检索查找“太阳能光伏发电”方面的标准文献。

检索过程：①选择“标准”频道；②单击检索框右边“高级检索”，进入标准文献的高级检索页面；③用选择“题名”途径；④输入“太阳能”“光伏发电”，选择逻辑关系“与”，发表时间条件不限，万方标准文献高级检索页面如图6－39所示；⑤单击“检索”按钮，找到9条结果，如图6－40所示。

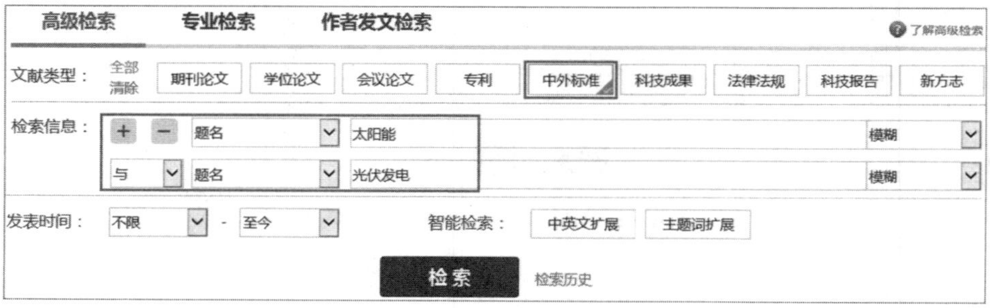

图6－39　万方标准文献高级检索页面

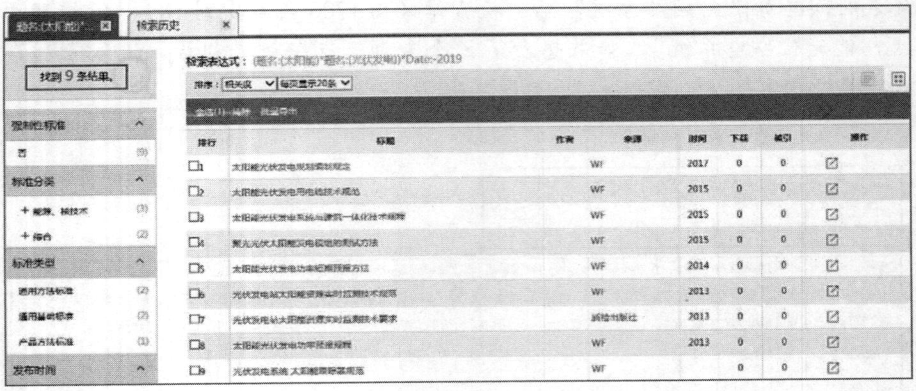

图 6－40　标准检索结果页面

借用机械设计的原理：在满足相同功能的情况下，设计越简单越好，环节越少越好。文献检索也一样，检索环节应少而精。“只有精通专业同时又懂得搜索技巧的人才是检索高手”㊀。本例在整个高级检索过程中虽然只输入 7 个字“太阳能光伏发电”，但就可找到满意的答案。

6.3.5　万方科技成果检索

1. 万方科技成果简介

在万方数据知识服务平台上，万方科技成果普通检索途径有“题名、完成人、完成单位、中图分类号、关键词、摘要”等 6 项。万方科技成果高级检索途径有“全部、主题、题名或关键词、题名、作者、作者单位、关键词、摘要、省市、类别、成果水平、成果密级、获奖情况、行业分类、鉴定单位、申报单位、登记部门、联系单位、联系人”等 19 项。

2. 万方科技成果检索

【例 6-16】利用万方高级检索查找“太阳能光伏发电”方面的科技成果文献。

检索过程：①进入万方数据知识服务平台，选择“成果”频道；②单击检索框右边“高级检索”，进入高级检索页面；③选择“题名”途径；④输入“太阳能”“光伏发电”；⑤其他项系统默认，如图 6－41 所示；⑥单击“检索”按钮，共找到 34 条成果，如图 6－42 所示。

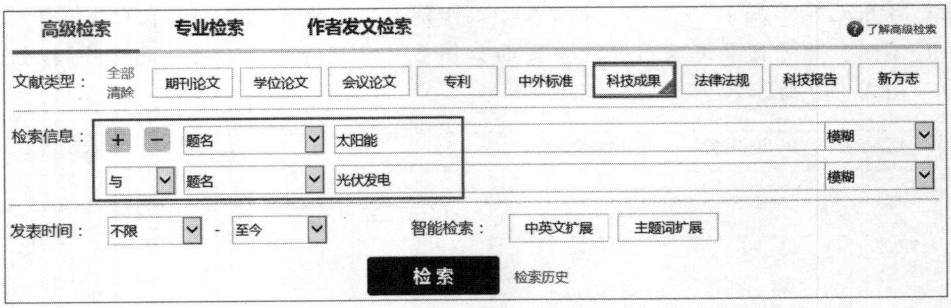

图 6－41　万方科技成果高级检索页面

㊀ 陈沛．搜商：人类的第三种能力［M］．北京：清华大学出版社．2006.

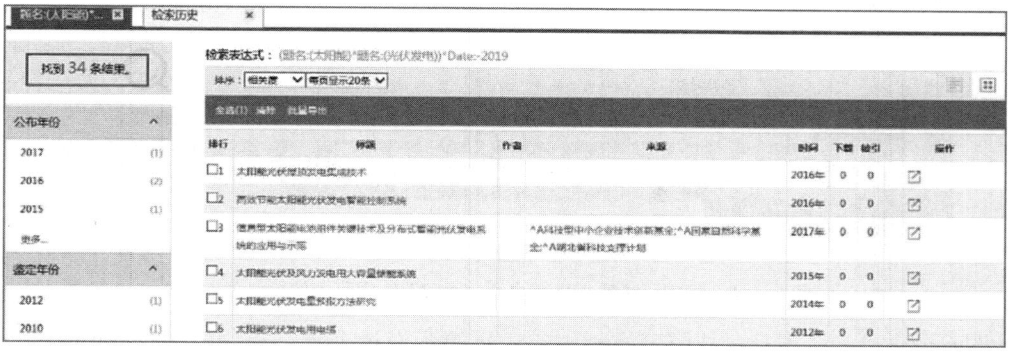

图 6-42　科技成果高级检索结果页面

通过浏览，点击第 1 条成果标题，进入科技成果详细信息页面，如图 6-43 所示。

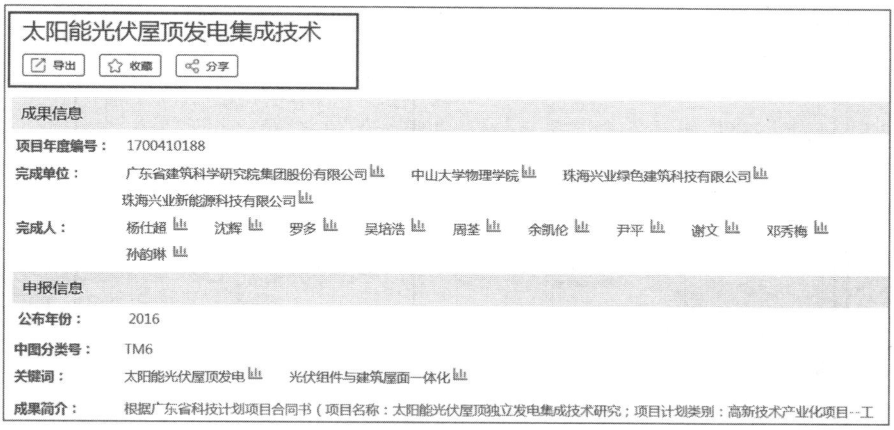

图 6-43　科技成果详细信息页面

6.4　其他特种文献资源检索平台

6.4.1　国家科技图书文献中心

国家科技图书文献中心（National Science and Technology Library，简称 NSTL）是经国务院批准，于2000 年6 月12 日成立的一个基于网络环境的科技信息资源服务机构。该中心由中国科学院文献情报中心、中国科学技术信息研究所、机械工业信息研究院、冶金工业信息标准研究院、中国化工信息中心、中国农业科学院农业信息研究所、中国医学科学院医学信息研究所、中国标准化研究院标准馆和中国计量科学研究院文献馆组成。中心设有信息资源专家委员会和计算机网络服务专家委员会，对中心的有关业务工作提供咨询指导。

1. NSTL 特种文献资源简介

国家科技图书文献中心主页网址为 http://www.nstl.gov.cn，主页上的特种文献如图 6-44 所示。

图6－44　国家科技图书文献中心（NSTL）主页上的特种文献

从图6－44可知，国家科技图书文献中心主页检索设计合理，简捷实用，界面友好。特种文献有：①会议论文；②学位论文；③专利；④标准；⑤报告。

2. NSTL特种文献普通检索

NSTL特种文献普通检索步骤：① 选择频道，NSTL主页上的特种文献频道有“会议论文、学位论文、专利、标准、报告”等5项，可选择其中一个频道；②输入检索词；③ 单击“检索”按钮。

【例6-17】利用NSTL普通检索，查找有关“漏电保护装置”的学位论文。

检索过程：① 选择“学位论文”频道；②输入检索词“漏电保护装置”；③ 单击“检索”按钮，找到171条信息，如图6－45所示。

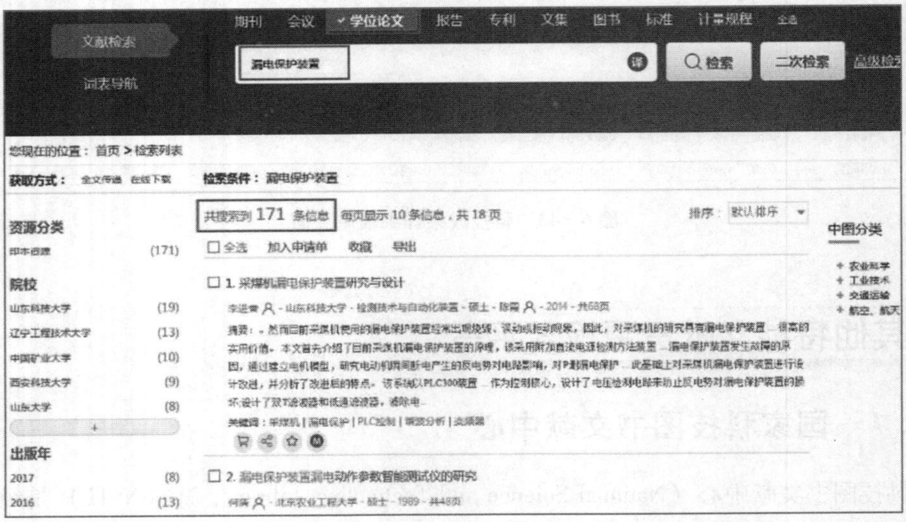

图6－45　NSTL主页上的学位论文检索页面

3. NSTL特种文献高级检索

【例6-17】中，用NSTL的普通检索，找到中文学位论文171条，显然结果太多，现改为高级检索进行筛选；选择“题名”途径；输入检索词“漏电保护”“装置”，如图6－46所示。

单击“检索”按钮，找到17条信息。通过题名筛选，检索结果由171条缩减为17条，并且题名中都包含了检索词“漏电保护装置”，得到相关度很高的17篇学位论文，如图6－47所示。

图 6－46　学位论文高级检索页面

图 6－47　NSTL 学位论文高级检索结果页面

页面左边提供了这 17 篇学位论文的院校“山东科技大学（4 篇）、辽宁工程技术大学（4）、中国矿业大学（3）、河北工业大学（2）、北京农业工程大学（1）、山西矿业学院（1）、西安科技大学（1）、阜新矿业学院（1）”。院校后括号内的数字表示论文数量。如果想看第 1 篇论文，点击该论文题目进入论文详细信息页面，如图 6－48 所示。

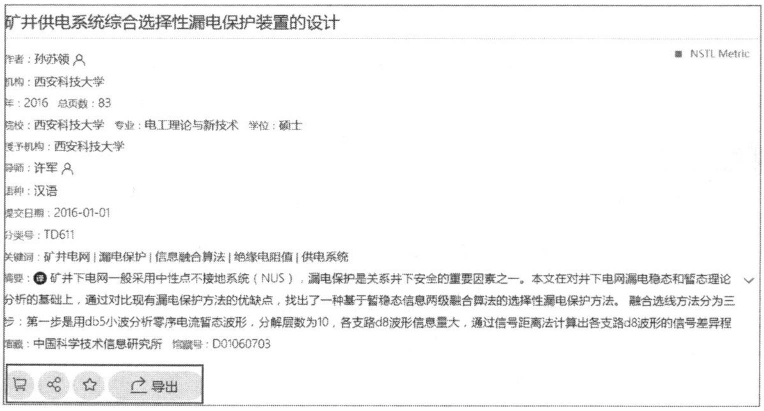

图 6－48　学位论文详细信息页面

在学位论文详细信息页面提供了“题名、作者、机构、年、总页数、院校、授予机构、导师、语种、提交日期、分类号、关键词、摘要、馆藏、馆藏号”等信息；还有“申请单、分享、收藏、导出”等操作按钮；还有“相关推荐、引文网络、统计分析、关系发现、评价”等信息。

如果想导出该论文的参考文献，就点击“导出”进入参考文献导出页面，如图6－49所示。

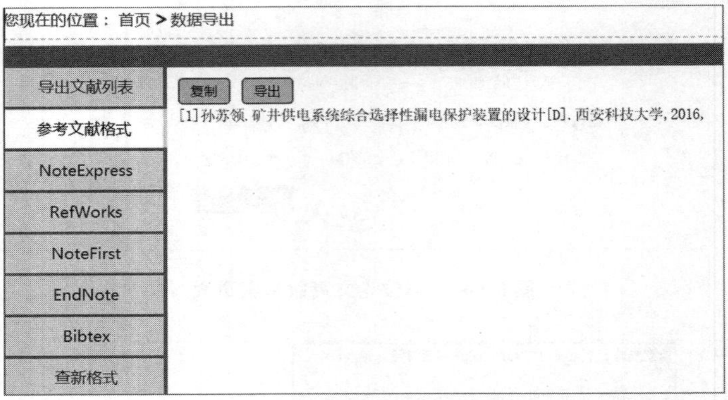

图6－49　参考文献导出页面

系统提供了多种参考文献格式供读者选择，以满足不同期刊出版社对稿件参考文献著录的需要。国内常用的是列表中“参考文献格式”，可以直接复制保存下来备以后引用时使用。

［1］孙苏领．矿井供电系统综合选择性漏电保护装置的设计［D］．西安科技大学，2016．

其他特种文献的检索方法类似，读者可自己检索练习。

6.4.2　中国国家图书馆

1．中国国家图书馆特种文献资源简介

中国国家图书馆网址为http：//www.nlc.cn，数字资源网址为http：//dportal.nlc.cn：8332/zylb/zylb.htm，如图6－50所示。

图6－50　中国国家图书馆资源列表页面

特种文献有：学位论文、会议论文、专利文献、标准文献等。据中国国家图书馆2018年年鉴统计资料显示：到2017年底，学位论文7064178篇，会议论文6573228篇。

从图书馆资源列表页面可知：

中文数据库有：电子图书、全文期刊、电子报纸、学位/会议论文、专利/标准、数值事实、

索引/文摘、工具类、音视频、特色资源等。

外文数据库有：电子图书、全文期刊、电子报纸、学位/会议论文、专利/标准、数值事实、索引/文摘、工具类等。

2. 中国国家图书馆学位论文检索

进入中国国家图书馆资源列表页面，单击“数字资源门户”进入数字资源门户的整合检索页面，如图 6－51 所示。

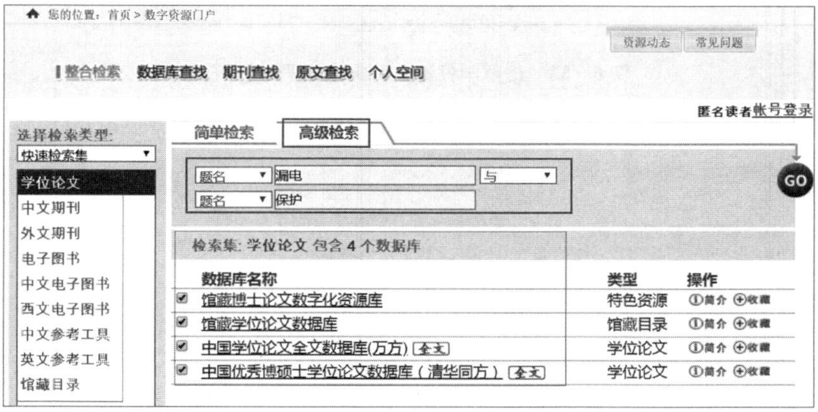

图 6－51　数字资源门户的整合检索页面

该整合检索页面整合了“学位论文、中文期刊、外文期刊、电子图书、中文电子图书、西方电子图书、中文参考工具、英文参考工具、馆藏目录”等数字资源。系统默认“学位论文”检索页面，该平台可实现“简单检索”和“高级检索”。

如果单击“高级检索”切换为高级检索页面，系统提供“任意字段、主题词、题名、作者、ISSN、ISBN、年份”等 7 种检索途径可选择，默认“任意字段”。这里选择“题名”途径，输入检索词“漏电”与“保护”，即检索“题名 = （漏电） 与　题名 = （保护）”的学位论文，点击“GO”按钮检索，在馆藏学位论文数据库命中 20 篇，在中国学位论文全文数据库（万方）命中 99 篇，合计命中 119 篇学位论文，如图 6－52 所示。

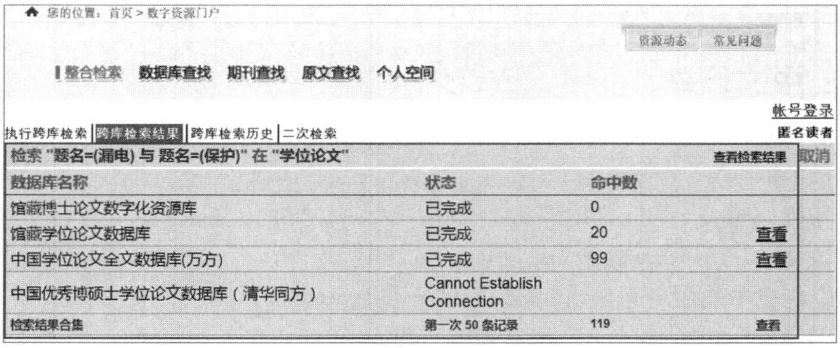

图 6－52　学位论文检索结果页面

如果想看“馆藏学位论文数据库”中检索到的 20 篇学位论文，则单击“查看”，进入馆藏学位论文数据库检索结果页面，如图 6－53 所示。

图6-53　馆藏学位论文数据库检索结果页面

系统还提供了检索结果的“简略格式”和“完整格式”，完整格式如图6-54所示。

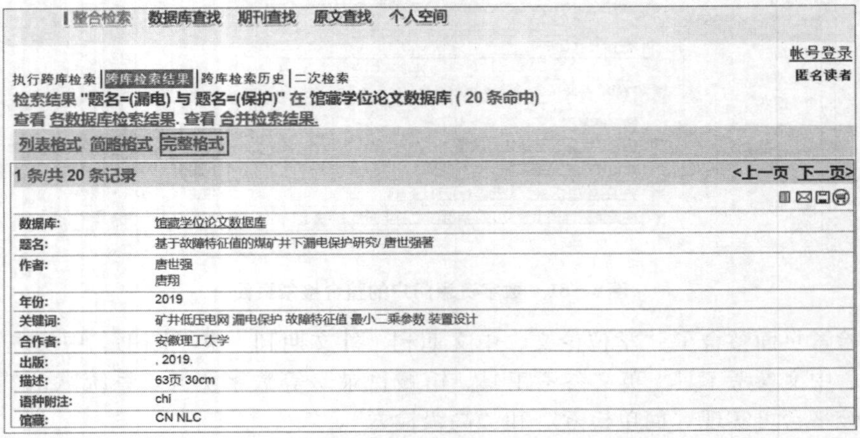

图6-54　学位论文的完整格式页面

注册读者可通过“国家图书馆文献传递系统”请求文献传递服务。

6.5　特种文献查询网站

6.5.1　中文网站

1. 学位论文网站

中国优秀博/硕士论文全文数据库（http://www.cnki.net）

读秀学术搜索（http://edu.duxiu.com；http：//www.duxiu.com）

万方学位论文（http://www.wanfangdata.com.cn）

CALIS学位论文中心服务系统（http://etd.calis.edu.cn）

国家科技图书文献中心学位论文检索系统（http://www.nstl.gov.cn）

中国国家图书馆论文资源库（http://www.nlc.cn/dsb_zyyfw/lw/lwzyk/）

2. 会议文献网站

CNKI会议论文全文数据库（http://www.cnki.net）

读秀学术搜索（http://edu.duxiu.com；http：//www.duxiu.com）

万方会议论文（http://www.wanfangdata.com.cn）
中国科技论文在线（http://www.paper.edu.cn）
中国科学院国家科学图书馆（http://www.las.ac.cn）
中国国家图书馆（http://www.nlc.cn）
上海图书馆（http://www.library.sh.cn）
清华大学图书馆（http://lib.tsinghua.edu.cn/dra）

3. 标准文献网站

百链云图书馆（http://edu.blyun.com）
CNKI 国家标准全文数据库（http://dbpub.cnki.net/Grid2008/Dbpub/Brief.aspx? ID = SCSF）
万方标准全文数据库（http://www.wanfangdata.com.cn）
国家科技图书文献中心（http://www.nstl.gov.cn）
标准网（http://www.standardcn.com）

4. 专利文献网站

万方专利（http://g.wanfangdata.com.cn）
CNKI 中国专利数据库（http://dbpub.cnki.net/grid2008/dbpub/brief.aspx? ID = scpd）
国家知识产权局（http://www.sipo.gov.cn/）
中国知识产权网（http://www.cnipr.com）
中国专利信息网（http://www.patent.com.cn）
浙江省科技文献共建共享平台（http://www.kjwx.zj.cn）

5. 科技成果网站

万方科技成果（http://www.wanfangdata.com.cn）
CNKI 中国科技项目创新成果鉴定意见数据库（知网版）（http://dbpub.cnki.net/Grid2008/Dbpub/Brief.aspx? ID = SNAD）

6.5.2 外文网站

1. 学位论文网站

百链云图书馆（http://edu.blyun.com）
国家科技图书文献中心外文学位论文（http://www.nstl.gov.cn）
中国国家图书馆外文资源（http://dportal.nlc.gov.cn：8332/zylb/zylb_ww.htm）
香港大学学位论文（http://sunzi1.lib.hku.hk/hkuto）
NDLTD 学位论文库（http://www.ndltd.org/ndltd/find）

2. 会议文献网站

百链云图书馆（http://edu.blyun.com）
国家科技图书文献中心（http://www.nstl.gov.cn）
中国国家图书馆外文会议论文（http://www.nlc.gov.cn）
IEEE Xplore Digital Library（IEL）（http://ieeexplore.ieee.org/xpl/aboutUs.jsp）
AIP Conference Proceedings（美国物理联合会会议录）（http://proceedings.aip.org）

3. 标准文献网站

万方中外标准数据库（http://www.wanfangdata.com.cn）

国家科技图书文献中心外文标准（http://www.nstl.gov.cn）
中国国家图书馆 http://www.nlc.gov.cn）
国际原子能机构（http://www-ns.iaea.org/standards）
IEEE（美国电气与电子工程师协会）标准（http://ieeexplore.ieee.org/xpl/standards.jsp）
美国国家标准机构（ANSI）（http://www.ansi.org）
美国国家标准与技术研究院（NIST）（http://www.nist.gov）
IEC 国际电工委员会（http://www.iec.ch/；http://webstore.iec.ch）
国际电信联盟（ITU）（http://www.itu.int/ITU-T/index.html）
加拿大标准协会（CSA）（http://www.csa.ca/Default.asp?language=English）

4. 专利文献网站

国家科技图书文献中心外文专利（http://www.nstl.gov.cn）
中国国家图书馆外文专利（http://www.nlc.gov.cn）
IEEE Xplore Digital Library（IEL）（http://ieeexplore.ieee.org/Xplore/guesthome.jsp）
德温特世界专利索引数据库（http://www.derwent.com）
加拿大知识产权局网站数据库（http://opic.gc.ca）
世界知识产权组织网站数据库（http://www.wipo.int）
加拿大专利（http://brevets-patents.ic.gc.ca）
德国专利全文（http://depatisnet.dpma.de）
欧洲专利局（EPO）（http://ep.espacenet.com）
美国专利 USPTO Patent Full-Text and Image Database（http://www.uspto.gov）
日本特许厅（http://www.jpo.go.jp）
世界知识产权组织知识产权数字图书馆（http://www.wipo.int/wipogold/en）
国际专利分类表（http://www.wipo.int/ipcpub/#lang=en&refresh=page）

5. 科技报告网站

NTIS 美国国家技术情报局网站（http://www.ntis.gov）
惠普实验室技术报告检索（http://www.hpl.hp.com/techreports/index.html）
美国斯坦福大学计算机科学技术报告（http://infolab.stanford.edu/TR）

习　题　6

1. 特种文献包括哪些文献？
2. 目前检索特种文献的平台有哪些？
3. 试用 CNKI 检索博士学位论文。
4. 试用 CNKI 检索硕士学位论文。
5. 试用 CNKI 检索会议论文。
6. 试用 CNKI 检索专利文献。
7. 试用 CNKI 检索标准文献。
8. 试用 CNKI 检索科技成果。
9. 试用读秀学术搜索找到并获取特种文献。
10. 试用其他途径找到并获取特种文献。

Chapter Seven

第 7 章 云图书馆

本章概要

本章将介绍云计算概念，云计算技术在高校图书馆的应用——CALIS 云服务，百链云图书馆，超星发现及远程访问系统。通过外文图书、期刊、学位论文、会议论文、专利、标准的检索，掌握云图书馆中查找和获取文献的方法。通过本章学习，读者查找文献的范围，将拓展到全国上千家图书馆，中外文文献都可以在云图书馆中轻松找到并获得。

学习目的

- 了解云计算的定义。
- 了解 CALIS 的云服务。
- 会使用百链云图书馆检索中外文献，获取各种学术文献资源。
- 会使用超星发现——云资源搜索引擎获取文献资源。
- 会使用远程访问系统实现有互联网的地方都可以方便地利用图书馆的资源。

内容框架

云图书馆
- 云计算概述
- CALIS云服务
- 百链云图书馆
- 超星发现——云资源搜索引擎
- 远程访问图书馆数字资源

7.1 云计算概述

随着多核处理器、虚拟化、分布式存储、宽带互联网和自动化管理等技术的发展，产生了一种新型的计算模式——云计算，它能够按需部署计算资源，用户只需要为所使用的资源付费。从本质上来讲，云计算是指用户终端通过远程连接，获取存储、计算、数据库等计算资源。云计算在资源分布上包括“云”和“云终端”。“云”是互联网或大型服务器集群的一种比喻，由分布的互联网基础设施（网络设备、服务器、存储设备、安全设备等）构成，几乎所有的数据和应用软件，都可存储在“云”里。“云终端”，如PC、手机、车载电子设备等，只需要拥有一个功能完备的浏览器，并安装一个简单的操作系统，通过网络接入“云”，就可以轻松地使用“云”中的计算资源。

7.1.1　云计算简介

1. 云计算的概念

计算机的应用模式大体经历了以大型机为主体的集中式架构（数据中心1.0）、以PC为主体的客户/服务器分布式计算架构（数据中心2.0）、以虚拟化技术为核心面向服务的体系结构（SOA）及基于Web2.0应用特征的新型架构（数据中心3.0）。计算机的应用模式、技术架构及实现特征的演变是云计算发展的时代背景。

云计算是由英文Cloud Computing翻译而来的。然而这样一个通俗的技术术语，却难以找到业界统一的定义。随着云计算术语的流行和广泛使用，有必要对云计算的由来及其核心概念进行简略介绍，以方便理论分析和讨论。

云计算中的“计算”是一个简单而明确的概念。“计算”是指计算应用，在产业和市场中，可以指一切IT应用。随着网络技术的融合，一切信息、通信和视频应用也都整合在统一的平台上。由此推而广之，云计算中的“计算”可以泛指一切信息通信技术（ICT）[㊀]的融合应用。所以，云计算术语的关键特征并不在于“计算”，而在于“云”。

应该说，云概念这个术语的诞生和使用纯属偶然。在互联网技术发展的早期阶段，技术人员都习惯性地将互联网画成一朵“云”来表示，因为这样一来，人们可以简化网络内部的技术细节和复杂机制来方便讨论新技术。随着互联网技术的飞速发展，互联网应用的全面普及和广泛深入，互联网技术使ICT应用架构发生了深刻和根本性的改变，于是采用云计算来代表和体现新型的网络计算特征和技术趋势就变得非常自然。因此，云计算这一术语很容易就在业界流行起来。

互联网技术成为ICT应用的基础，层出不穷的互联网应用需求也要求ICT理念进行重新思考和设计。这种改变不仅带来ICT应用平台的更新换代，而且也带来ICT应用实现和商用模式的创新。这种变化的影响是如此巨大而鲜明，以至于人们可以从多个角度和视角来描述这些新的特征和现象。

2. 云计算的定义

维基百科认为，云计算是一种基于互联网的计算新方式，通过互联网上异构、自治的服务为个人和企业用户提供按需即取的计算。云计算的资源是动态、易扩展而且虚拟化的，通过互联网提供，终端用户不需要了解“云”中基础设施的细节，不必具有相应的专业知识，也无须直接进行控制，只关注自己真正需要什么样的资源，以及如何通过网络来得到相应的服务。

美国加州大学伯克利分校发表了一篇关于云计算的报告，该报告认为，云计算既指在互联网上以服务形式提供的应用，也指在数据中心中提供这些服务的硬件和软件，而这些数据中心中的硬件和软件则被称为云。

IBM认为，云计算是一种计算风格，其基础使用公有或私有网络实现服务、软件及处理能

㊀　信息通信技术：Information and Communication Technology（ICT）。

力的交付。云计算也是一种实现基础设施共享的方式，云计算的使用者看到的只有服务本身，而不用关心相关基础设施的具体实现。

中国云计算专家咨询委员会秘书长刘鹏教授对云计算做了长短两种定义。长定义是：“云计算是一种商业计算模型。它将计算机任务分布在大量计算机构成的资源池上，使各种应用系统能够根据需要获取计算能力、存储空间和信息服务”。短定义是：“云计算是通过网络按需提供可动态伸缩的廉价计算服务”，这种资源池称之为“云”。

刘鹏教授对云计算的定义比较专业和难懂，通俗的来讲，就是把计算机资源和应用程序集中起来，形成资源池，然后放到网上供用户使用，就形成了“云计算”。㊀

“为了理论和讨论的严谨性，本文给云计算更为明确而严格的定义：云计算是在整合的架构之下，基于 IP 网络的虚拟化资源平台，提供规模化 ICT 应用的实现方式。”㊁

云计算的实质是网络下的应用，是由 IP 和 IT 技术共同构建的。从发展的角度来看，“云”的技术和目标是一个逐步演化的过程。例如，Web 技术出现时，就具备了云计算的应用特征，有了统一界面的雏形。随着服务器应用平台上的虚拟化技术的成熟和 Web 统一界面的推出，虚拟化和 Web 走向结合，使得云计算可以在一个整合的架构上统一实现。

7.1.2　云计算的模型

比较熟悉的早期云计算实践来自于国际上以亚马逊（Amazon）和 Saleforces. com 等为代表的公司，并且都提供了具有显著特征，但又代表着不同模式的成功云业务。

1. 基云系（IaaS）

基云系指把 IT 基础设施作为一种服务资源，通过网络对外提供，并根据用户对资源的实际使用量或占用量进行计费的一种服务模式。基云的用户可以是个人，也可以是企业、集体和行政单位。基云系的英文缩写是 IaaS（Infrastructure as a Service），也称基础设施即服务。典型例子：亚马逊（Amazon）是业界通过其弹性计算云（EC2）最早实施基云的运营商。基云的 IT 业务将计算、存储、网络、安全等原始 IT 资源以出租形式租给用户。用户可以通过操作系统和应用软件（如数据库和 Web 服务软件）使用租来的 IT 资源。

2. 平云系（PaaS）

平云系是指将应用开发环境作为业务平台，将应用开发的接口和工具提供给用户用于创造新的应用，并利用互联网和提供商来进行业务实现的“云”。平云可以利用其他基云平台，也可以用平云运营商自己的基云平台。简单说：平云系指把服务器平台作为一种服务提供的商业模式。平云系的英文缩写是 PaaS（Platform as a Service），也称平台即服务。典型例子有 windows 等。

3. 软云系（SaaS）

软云系是指基于基云或平云开发的软件。与传统的套装软件不同，软云是通过互联网的应用来进行业务的实现。软云业务可以利用其他的基云和平云平台，也可以利用软云运营商自己的基云和平云环境。简单说：软云系指通过网络提供软件服务。软云系的英文缩写是 SaaS

㊀ 花降如雪秋风锤. 对于云计算你了解多少？［BE/OL］（2022 - 02 - 08）［2022 - 08 - 02］https：//cloud. it168. com/a2022/0208/6619/000006619814. shtml.

㊁ 殷康. 云计算概念、模型和关键技术［J］. 中兴通讯技术，2010（4）：18 - 22.

(Software-as-a-Service)，也称为软件即服务。典型例子有 MS Office 等。

Saleforces. com 是最著名的软云运营商之一，提供企业资源规划（ERP）应用服务。软云为用户省去了套装软件安装、维护、升级和管理所带来的麻烦，因为应用程序完全由软云运营商集中管理。

云计算按照层次可将业务模式划分为 3 层，最顶层是软云，中间层是平云，底层是基云。在基云之下是构建云计算的基础技术。

7.1.3 云计算技术

云计算发展除了需求驱动以外，也需要技术的支撑。云计算的主要支撑技术体现在以下 5 个方面。

1. 虚拟化技术

(1) 硬件虚拟化　可使一台计算机或服务器虚拟为多台计算机或服务器，也可将分散的计算机资源动态整合为一个强大的虚拟计算机并实现动态负载均衡。

(2) 存储虚拟化　可使分散的存储资源集中到一个大容量的存储池，统一管理并实现数据多份备份，提高可行性。

(3) 网络虚拟化　既可将一个物理网络节点虚拟成多个节点增加连接数量，又可通过网络交换机或网络虚拟化减少网络设备数量。

(4) 应用或服务的虚拟化　可按实际需求调配资源、快速部署应用。

(5) 云端设备虚拟化　可实现云端设备集中管理，支持丰富的云端设备随时随地可用并相互同步。

总之，虚拟化技术是一个重大的技术进步。虚拟化可使物理资源与服务需求之间的对应关系变得非常灵活，实现 1→N，N→1，N→M，…的任意映射关系，达到计算资源可变、可伸缩、高利用率和高可用性等要求。

2. 海量分布式存储技术

世界范围内产生、获取和复制的数字信息量迅速增加。存储器性价比急剧提高。这种需求和技术进步促进了海量分布式存储技术的发展，它采用大量分布的存储单元，以高可靠软件技术（包括冗余存储、虚拟化等）实现了低成本、高性能、高可靠性、高伸缩性的海量数据存储。

传统的关系数据库对于管理结构化数据是很有效的，但当需要处理海量的结构化和非结构化数据时，就需要发展新的数据管理技术。一些公司也开发了专门的技术，使用户可以将现有的、分散的存储资源整合为适应云计算的统一调度的海量分布式存储资源。

3. 高效的分布式处理

采用大量通过网络连接的低成本计算机或计算机集群，实现高效的分布式事件和事务处理。运用动态的负载均衡、群组管理调配和容错技术，充分发挥这些计算机或计算机集群的计算能力并达到高可用性。云计算的分布式处理继承和发展了网格计算（Grid Computing）和效用计算(Utility Computing）技术。为了便于开发支持这类分布式处理的应用服务，已发展出了一些并行编程模式，如基于开源 Hadoop 的 HDFS 和 MapReduce 就是一种流行的模式。这种技术的一个明显效益是使低成本的 PC 服务器集群可取代昂贵的小型机。

4. 自动管理监控技术

云计算系统可能包含数以万计或十万计的服务器，它们分布在异地的多个数据中心中，运行着许多不同的应用。按统计规律，经常会发生某个硬件出错或失效的情况，因此系统应当具有自动管理监控能力，能快速发现故障并自动恢复，以提供不间断的服务，并能按照业务需求，方便地调整部署，使系统具有很好的可维护性。

数据表明，云计算的自动管理监控技术可以大大提高管理效率。例如，一般数据中心的人均维护服务器小于 100 台，而有的云计算公司的人均维护服务器可达 3000 台，效率高出 30 倍。随着自动管理监控技术的发展，云计算的运行维护将越来越简单，成本也将越来越低。

5. 云计算信息安全技术

云计算除了有一般信息系统的信息安全问题以外，还有特殊问题。一方面，规模巨大产生的新问题，包括计算资源、用户数量、网络结构、应用或服务种类等，云计算都比一般信息系统有几个数量级的增加，对这样的复杂系统如何保障信息安全是一个难题。另一方面，计算模式变化产生的新问题，由于计算资源和数据已经不受用户的直接控制（对公共云），这就涉及如何保障用户隐私权的问题。与此相关的还有法规和观念等问题，还有待于在今后的实践中逐步解决。

7.1.4　云计算的基本特征

1. 动态的高度可扩展性

云技术使用户可以随时随地根据应用的需求动态地增减 IT 资源。由于应用运行在虚拟平台上，没有事先预订的固定资源被锁定，所以云业务量的规模可以动态伸缩，以满足特定时期、特定应用及用户规模变化的需要。

2. 虚拟化的超大规模

云业务的需求和使用与具体的物理资源无关，IT 应用和业务运行在虚拟平台上。云计算支持用户在任何有互联网的地方、使用任何上网终端获取应用服务。用户所请求的资源来自于规模巨大的云平台。

3. 高可用性

云平台使用数据多副本复制容错、计算节点同构可互换技术来保障服务的高可用性。任何单点物理故障发生，应用都会在用户完全不知情的情况下，转移到其他物理资源上继续运行，使用云计算比使用其他计算手段的可用性更高。

4. 按需使用，按用付费

云业务是一个庞大的资源池，用户按需购买，如同自来水、电、煤气那样计费。无论是短期还是长期，云计算的商业模型都按使用量付费。

5. 资源复用，成本廉价

由于云计算采用资源的统计复用技术，所以 IT 物理资源的利用率大为提高，从而使云的业务成本大大降低。

6. 云服务角色

（1）软硬件平台提供商　云计算的实现依赖于能够实现虚拟化、自动负载平衡、随需应变的软硬件平台。

（2）系统集成商　帮助用户搭建云计算的软硬件平台，尤其是企业私有云。

（3）服务提供商　这一部分涵盖了为企业和个人用户提供计算和存储资源的IaaS公司，是云计算的核心领域之一。

（4）应用开发商　即应用服务商（SaaS）。

7.2　CALIS的云服务

云计算是云服务的基础支撑，而云服务才真正让云计算落地。在教育领域，要更多地明确“云服务”而非“云计算”；在云计算的概念中，更多的是计算资源、平台，是科研路线；而云服务则是从用户需求着眼，为用户提供技术支持，提供服务，这是两种不同的路线。在教育领域，对于云服务的实践，图书馆走在了前面㊀。

7.2.1　CALIS云计算技术与应用研讨会

1. 云计算技术与应用研讨会概况

2011年10月24～26日，由中国高等教育文献保障系统（CALIS）主办的“2011全国高校图书馆云计算技术与应用研讨会”㊁，在西安交通大学召开。

在这次大会上，来自190个CALIS成员馆、8个其他系统图书馆的300多名与会者，以及国内外知名厂商，对近年来发展迅猛的云计算技术在高校图书馆的应用实践进行热烈的讨论，并在CALIS云服务平台推广到30个省共享域中心的背景下，共同研究如何更好地规划和建设本地云图书馆，同时无缝整合CALIS两级云服务，以及高校图书馆云服务的整合和发展模式。研讨会上，专家、合作伙伴和高校图书馆界的代表围绕“高校图书馆云计算技术与应用实践”这一主题，共同交流、探讨云计算相关技术和应用实践经验，探讨高校图书馆云服务的整合和发展模式。

近年来，云计算技术发展迅猛，相关产品和解决方案日渐丰富，国内已陆续建立起多个国家级云计算基地或服务中心，高校图书馆界在云计算技术应用和实践方面也取得了一定的经验。CALIS在2009年就正式将云计算技术作为CALIS三期项目的核心技术之一。CALIS三期项目本着“以信息化带动教育现代化，构建具有国际先进水平的高等教育公共服务平台”为总目标，在2010年9月正式向全国高校图书馆推出了基于云计算技术的两级云数字图书馆共享服务平台——国家级云服务中心和省级云服务中心，致力于为1800所高校图书馆提供普遍云服务。到目前为止，CALIS云服务平台已推广到30个省级共享域中心，越来越多的高校图书馆开始整合和使用CALIS两级云服务。

为了使高校图书馆全面了解和掌握CALIS云数字图书馆及国内外知名厂商提供的云计算解决方案，了解国内高校图书馆在云计算技术应用方面的实践经验，以便使图书馆能更好地规划和建设本地云图书馆，同时能无缝整合CALIS两级云服务，更好地推动云计算技术在全国高校图书馆的应用。CALIS技术中心的有关专家，分别介绍了CALIS已推出的服务以及整

㊀ 中国教育技术协会．“云”到校园［EB/OL］．(2011－04－01)［2019－11－08］．http://xiehui.ncist.edu.cn/article/2011－4－1/art2545.html.

㊁ 谢晓丹．2011全国高校图书馆云计算技术与应用研讨会［J］．中国教育网络，2011（11）：12－13.

合技术的解决方案。联想集团、Oracle 公司、Dell 公司等厂商，也带来了各自云服务解决方案。

2. 专家对云计算在图书馆应用的观点

在互联网时代，创新带来技术的变革，技术的变革又改变了服务的模式。云计算技术的出现，使图书馆的服务模式正在发生改变。云计算的本质是计算共享，云计算的应用重点是提升图书馆的服务能力。

（1）王小力（西安交通大学校党委常务副书记） 王小力在开幕式的致辞中表示：当“云”飘进图书馆时，它革命性的举措，给图书馆带来颠覆性的变化。他认为，在云时代，图书馆再也无须配置庞大的机房和其他基础设施，完全可以将资源分布在“云”上，实现整合、组织、关联、导航，甚至可视化服务。以互联互通的图书馆网作为支撑环境，整个行业就是一片“云海”。CALIS 是云计算在我国图书馆的典型应用，CALIS 三期建设的进程和成果，受到普遍关注。王小力认为，正在进行的 CALIS 三期建设将使图书馆的发展步上新台阶。

（2）朱强（CALIS 管理中心副主任、北京大学图书馆馆长）

1）云计算的优点与价值。云计算有诸多优点，云计算给图书馆信息资源共建共享带来了一种新的思路。云计算的价值在于能让图书馆快速建立和完善自己的数字图书馆平台，降低数字图书馆系统的管理难度和维护成本。通过软件租用，图书馆可以摆脱设备、软件以及技术的制约，从而专注于图书馆业务和服务，开展服务创新。并且，“云计算”的价值不仅在于其先进的技术本身，更体现在技术应用理念方面。云计算可以将庞大的异构资源更好地整合起来，通过统一的平台提供给用户，这样就打破了异构系统的限制，消除了资源共建、共享的技术障碍，进一步扩大资源共建、共享范围，快速提升我国高等教育图书馆的整体服务水平。通过云计算实现的整合，还可以形成学科性、区域性和全国性不同层次、不同范围的协作和共享，共建、共享的范围和形式变得灵活而多样。

2）CALIS 云服务实践。自从 2009 年 CALIS 推出了第一个云服务（馆际互借与文献传递系统 SaaS 服务）以来，到 2011 年 7 月，31 个省、直辖市、自治区和特别行政区已建成了省级云中心并开通服务。CALIS 提供的云图书馆解决方案实现了国家中心、省中心、图书馆之间的三级互联互通，各个省中心或区域图书馆联盟既能够利用 CALIS 平台很容易地构建区域性数字图书馆，又能与 CALIS 国家中心和成员馆实现相互集成，形成全国范围内互联互通的高校数字图书馆服务体系。CALIS 已初步实现了高校图书馆之间的数据共享、文献共享、知识共享、软件共享、设备共享、人力资源共享和服务共享。CALIS 以为读者服务为目标，建设的资源包括中外文图书、中外文期刊、中外文学位（会议）论文、高校古籍等。CALIS 已经可以为 1251 所高校提供服务。到三期结束时，成员馆将增加到 1800 所以上。

3）CALIS 三期的任务。CALIS 管理中心从 CALIS 三期的任务即云服务平台、3e 云服务（e 搜、e 得、e 问）、个性化云门户、CALIS 云服务接口和图书馆本地门户整合、云盘服务、云数据同意交换、高校使用 CALIS 服务的方式等方面，多角度对 CALIS 进行全面而系统的介绍。CALIS 接下来将推出个性化中心门户，面向图书馆、读者等，开发各类移动应用，其统一认证将与 Shibboleth 无缝集成。面向读者的 CALIS 文献提供服务门户，以及 e 问的共享版门户，开通 CALIS 联合问答和 CALIS 业务咨询台。下一步的工作重点包括省级中心评优与模式研究、示范馆计划、标准规范、深化服务预研等一些项目建设。

（3）俞炳丰（CALIS 西北地区中心副主任、西安交通大学图书馆馆长） 云经历了概念的讨论和基础架构的实验，目前正处于部分云应用阶段。西安交通大学图书馆的自动化管理在云服务应用方面进行了一些尝试，该馆采用虚拟化技术和SAN存储技术，将近20个业务整合到虚拟平台中，学术资源探索与发现平台的引进，为师生提供了广泛的云服务。图书馆云服务正处于起步阶段，市场广阔，需要创新精神去开拓新应用，以便为读者提供更优质的服务，同时将图书馆信息化转变为社会化服务方式，即云服务方式，去迎接新一轮的社会信息化。

(4) 苟文选（陕西高校图工委副主任、西北工业大学图书馆书记） 云计算是互联网革命以来IT产业最深刻的变革，它对技术、存储、软件、计算、管理、网络、信息等各类资源的服务进行创新，提供灵活、低成本、个性化的新型服务模式，满足各类用户的现实需求。

(5) 杨新涯（CALIS重庆市中心负责人、重庆大学图书馆副馆长） 云是图书馆的一种思行合一的案例，在关心读者的年代，“云图书馆”要体现的是服务共享。它应具备的关键词是服务、性能、资源、共享、技术。图书馆要实现“云中漫步”，应具备三个条件：①云图书馆服务，使用、租用CALIS中心平台提供的软件或数据服务，从共享域平台租用至少一个应用软件，在本馆部署至少一个CALIS软件，本地系统改进，其集成关键：是否支持联合认证、是否上传馆藏数据、是否开放部分API等，不同技术实力和层次的学校可以有不同整合模式的选择，重庆大学采取本地+租用模式，联合认证；②云之联系，单击登录+WebService，只有采用统一身份认证，才能打破不同系统，让用户无缝获取服务，使CALIS云服务真正成为本地服务的一部分；③图书馆的云适应，图书馆对CALIS云服务进行本地化，以适应本馆的需求。

(6) 张智雄（中国科学院国家科学图书馆馆长助理） 云计算模式的出现，给网络环境下图书馆的发展带来机遇。但云计算在图书馆的应用应该说还是一个新的课题。我们无法预料它所有可能的应用领域以及可能遇到的问题。云计算面临六“化”尴尬境地：虚化、池化、泛化、神化、概念化和缥缈化，因此人们应该理智地对待云计算，从自身的能力条件、应用水平、管理成本等多方面考虑，清醒而不盲从。让厂商去解决一系列的主机、存储、操作系统层面的事情，将人力部署到去解决很多厂商不能解决的应用性问题，将重点放在云计算的最后一公里之上，即对于购买来的“云”，如何形成图书馆的服务能力，需要图书馆自行解决。

7.2.2 CALIS的云服务

1. CALIS简介㊀

中国高等教育文献保障系统（China Academic Library & Information System，CALIS）是教育部“九五”“十五”和“三期”“211工程”中投资建设的面向所有高校图书馆的公共服务基础设施，通过构建基于互联网的共建共享云服务平台——中国高等教育数字图书馆、制定图书馆协同工作的相关技术标准和协作工作流程、培训图书馆专业馆员、为各成员馆提供各类应用系统等，支撑着高校成员馆间的“文献、数据、设备、软件、知识、人员”等多层次共享，已成为高校图书馆基础业务不可或缺的公共服务基础平台，并担负着促进高校图书馆整体发展的重任。

CALIS从1998年11月正式启动建设，至2012年，国家累计投资3.52亿元建设资金，建成以CALIS联机编目体系、CALIS文献发现与获取体系、CALIS协同服务体系和CALIS应用软件

㊀ 中国高等教育文献保障系统，CALIS简介［EB/OL］.（2018-01-13）［2019-08-04］. http://www.calis.edu.cn/pages/list.html? id=6e1b4169-ddf5-4c3a-841f-e74cea0579a0.

云服务（SaaS）平台等为主干，各省级共建共享数字图书馆平台、各高校数字图书馆系统为分支和叶节点的分布式“中国高等教育数字图书馆”。目前注册成员馆达 1800 多家，覆盖除台湾省外中国 31 个省（自治区、直辖市）和港澳地区，成为全球最大的高校图书馆联盟。

CALIS 由设在北京大学的 CALIS 管理中心负责运行管理。CALIS 的骨干服务体系，由 4 大全国中心（文理中心—北京大学，工程中心—清华大学，农学中心—中国农业大学，医学中心—北京大学医学部）、7 大地区中心（东北—吉林大学，华东北—南京大学，华东南—上海交通大学，华中—武汉大学，华南—中山大学，西南—四川大学，西北—西安交通大学）、除港澳台之外的 31 个省级（省、自治区、直辖市）中心和 500 多个服务馆组成。这些骨干馆的各类文献资源、人力资源和服务能力被整合起来支撑着面向全国所有高校的共享服务。

CALIS 于 2012 年 5 月通过教育部对三期建设的验收，2013 年 1 月通过国家发改委委托中国国际工程咨询公司对项目建设成果的评估。从 2013 年开始，CALIS 在教育部高教司领导下开始进行管理架构、运行机制与发展模式的优化调整，从以项目建设为主的发展阶段转向以持续运维服务和新一代图书馆服务平台研发为主的发展阶段。

2. CALIS 发展和建设历程

CALIS 发展和建设历程是一个与时俱进的过程，在不同阶段解决了当时社会急需解决的问题。

（1）CALIS 一期建设　CALIS 一期建设，1998—2001 年建成联机编目与联合目录服务体系；建成全国中心 - 地区中心 - 成员馆三级文献保障体系。即把全国各高校的图书目录统一组建成联合目录，读者在这个全国最齐全的联合目录中检索自己需要的图书，并通过馆际互借方式解决了借书需求，做到了成员馆三级文献保障体系。

（2）CALIS 二期建设　CALIS 二期建设，2004 ~ 2006 年解决了分布式高等教育数字图书馆的几个问题：建成数字图书馆标准规范体系；建成分布式文献传递网；启动名称规范库建设；启动省级中心建设。

（3）CALIS 三期建设　CALIS 三期建设，2010 ~ 2012 年建成了“云上的”信息服务协作网络。具体如下：

1）建成云上的普遍服务体系　三期建设，CALIS 以“普遍服务”为指导方针，以“云计算”为技术手段，以“多级保障体系”为服务骨干，建成覆盖全国各类高校的图书馆信息服务协作网络。项目成功地将三期建设的各项成果部署到全国，并嵌入到众多高校图书馆本地服务的流程之中，大大提升了高校图书馆的整体服务能力，成为众多高校图书馆自身服务链中不可缺少的一环，成为真正意义上的“高等教育公共服务设施”之一。

2）建成协同服务网络基础架构　全国高校三级统一认证体系：CALIS 以分布式统一认证系统（Unified Authentication System，UAS）为核心，采用基于云计算的两级分布式架构（统一认证中心系统、统一认证系统共享版），通过与成员馆本地认证系统集成，构成全国高校三级读者统一身份认证体系，实现高校读者在 CALIS 两级云平台和成员馆本地系统之间的跨域单点登录以及基于成员馆的统一用户管理和统一授权，从而实现“一个账号，全国漫游”。

3）建成以资源调度和服务调度为核心的分布式原文获取体系　CALIS 以资源调度和服务调度为核心，以 CALIS 文献传递网为依托，通过整合文献传递、馆际借书、按篇订购 PPV、电子书租借、电子原文链接形成了一套完整的分布式的具有多馆协作和多资源商支持的原文获取系统——e 得云平台，旨在帮助读者快速、准确、便捷地获取原文，从而实现“一个账号，全国获取”。

4）开始跨系统、跨国界的文献传递合作　在跨系统合作方面，CALIS与上海图书馆于2011年11月正式启动上海图书馆面向全国高校的馆际借书服务。2012年3月，CALIS与国家科技图书文献中心（NSTL）签署了服务合作协议，同期开通“NSTL文献传递服务（高校版）”。在国际合作方面，2009年11月，CALIS与韩国KERIS正式开通馆际互借服务。2012年3月正式开始与OCLC（Online Computer Library Center，即联机计算机图书馆中心，总部设在美国的俄亥俄州，是世界上最大的提供文献信息服务的机构之一）开展双向的文献传递服务。

至此，CALIS基本实现建设初期的宗旨：在教育部的领导下，把国家的投资、现代图书馆理念、先进的技术手段、高校丰富的文献资源和人力资源整合起来，建设以中国高等教育数字图书馆为核心的教育文献联合保障体系，实现信息资源共建、共知、共享，以发挥最大的社会效益和经济效益，为中国的高等教育服务。

3. CALIS各级平台之间的统一认证、馆际互借调度与结算

全国高校三级统一认证体系：CALIS以分布式统一认证系统（UAS）为核心，采用基于云计算的两级分布式架构（统一认证中心系统、统一认证系统共享版），通过与成员馆本地认证系统集成，构成全国高校三级读者统一身份认证体系，实现高校读者在CALIS两级云平台和成员馆本地系统之间的跨域单点登录以及基于成员馆的统一用户管理和统一授权，从而实现“一个账号，全国漫游”。

CALIS通过建立国家级馆际互借调度与结算中心，并由各馆部署CALIS馆际互借与文献传递系统，实现全国高校范围内文献资源的自动调度和结算，即调度中心能根据需求馆对文献的实际要求，自动寻找合适的文献服务提供馆，将文献自动发送给最终读者，同时自动完成结算，形成智能化的CALIS全国文献传递服务网络。

对于高校数字图书馆服务体系而言，云计算的最大价值在于能让CALIS各类共享域和成员单位快速建立和完善自己的数字图书馆平台，降低数字图书馆系统的管理难度和维护成本，专注于图书馆业务和服务，开展服务创新，方便整合各类云服务，形成学科性、区域性和全国性的协作和共享，大大提高中国高等教育数字图书馆整体服务水平，为用户提供更好的资源个性化定制和推送服务，提高资源利用率，共同为高校师生提供更优质的资源和服务。

4. CALIS资源云服务的两个平台

CALIS门户网站是中国高等教育数字图书馆（www.cadlis.edu.cn），是面向全国高校的一站式服务平台，以全方位、个性化方式提供综合信息服务、统一用户管理、在线应用培训、电子资源导航、门户个性化定制工具、集成化服务接口等。

（1）CALIS的e读学术搜索引擎　e读学术搜索引擎是CALIS门户搜索引擎，网址http://www.yidu.edu.cn/，名称为“开元知海·e读”，于2015年3月25日正式上线与读者见面，它是CALIS和方正联合开发的学术资源发现系统，用于检索、发现国内高校图书馆的馆藏资源。它可与CALIS馆际互借系统配套使用，在一站式发现本馆资源的同时还可通过馆际互借、文献传递的形式获取外馆文献。e读学术搜索引擎如图7-1所示。

图7-1　e读学术搜索引擎

e 读学术搜索引擎旨在全面发现全国高校丰富的纸本和电子资源，它与 CALIS 文献获取（e 得）、统一认证、资源调度等系统集成，打通了从“发现”到“获取”的“一站式服务”链路，为读者提供全新的馆际资源共享服务体验。

e 读学术搜索引擎整合全国高校纸本资源和电子资源，揭示资源收藏与服务情况，通过一站式检索服务，读者可以检索全国高校图书馆的海量资源㊀：1100 万种中文图书，375 万种外文图书；6388 万篇中文期刊论文，8892 万篇外文期刊论文；5800 万篇报纸文章；286.9 万篇中文学位论文，189.1 万篇外文学位论文；工具书 1070 万种，年鉴 602.2 万种。在尊重知识产权的基础上，e 读平台为高校师生提供全文学术资源，实现了本馆纸本资源可直接链接至图书馆 OPAC 查阅在架状态，电子资源可直接在线阅读，提供章节试读；本馆没有馆藏的资源可通过文献传递获取。

e 读平台免费检索，通过 e 读的文献传递服务获取全文时，需开通 CALIS 馆际互借与文献传递系统，该系统可提供免费的检索，但因馆际互借与文献传递服务产生的费用由文献申请方承担。

（2）CALIS 的 e 得文献获取平台　CALIS 资源池各种文献资源的元数据信息庞大，所以检全率还是很高的，与非 CALIS 成员馆读者相比，加入 CALIS 成员馆的读者多了一条获取文献资源的途径。

CALIS 的 e 得（易得）文献获取（www.yide.calis.edu.cn）是 CALIS 资源整合的又一个更大的综合服务检索平台，e 得文献获取主页，如图 7－2 所示。

图 7－2　e 得文献获取主页

e 得门户集成了电子原文下载、文献传递、馆际借书、单篇订购、电子书租借等多种原文获取服务。由专业馆员提供的代查代检服务，可在 CALIS 各类检索工具覆盖的文献资源之外，帮

㊀ 中国教育装备采购网．CALIS“开元知海·e 读”上线［EB/OL］．（2015－4－14）［2018－11－29］．http://www.caigou.com.cn/news/2015041455.shtml.

助读者在全国乃至全世界范围查找并索取包含中外文的图书、期刊、学位论文、会议论文、专利标准等各种类型的电子或纸本资源全文。

支撑e得全文服务的不仅有850多家CALIS高校成员馆，还有中国国家图书馆、国家科技图书文献中心、上海图书馆等资源，都已经开通资源共享项目和联合服务；以及以方正阿帕比、同方知网、维普资讯、万方数据等为代表的国内资源数据库商。

CALIS成员馆的读者用户均可获得e得所提供的如下文献获取服务：

1）CALIS联合目录　检索范围包括CALIS联合目录中心数据库的所有中文、外文数据。目前包含书目记录7445756条（2019年8月26日数据）。选择检索途径，输入检索词，然后点击按钮，或直接回车。系统按照题名默认排序，也可以在结果列表页面选择责任者或出版信息排序。目前CALIS成员馆可提供图书的部分章节复印服务。

2）CALIS外文期刊论文数据库　CALIS外文期刊网（http：//ccc.calis.edu.cn）是外文期刊综合服务平台，它全面揭示了高校纸本期刊和电子期刊，为用户提供一站式期刊论文检索及获取全文服务。目前已有1200多家成员馆开通了CCC服务。服务开通方式：成为CALIS成员馆，提交学校IP段，即可访问CCC平台。

外文期刊网的特点：获取外文期刊论文的最佳途径；为馆际互借员提供强大的基础数据源；图书馆人员管理期刊的服务平台。

据CALIS外文期刊网介绍，CALIS外文期刊网资源到2018年9月有：10万多种纸本期刊和电子期刊；4万多现刊篇名目次每周更新；近1亿条期刊论文目次数据；160多个全文数据库链接及OA全文链接；30个文摘数据库链接；300个图书馆提供的纸本期刊馆藏信息；530多个图书馆提供的电子期刊信息。CALIS外文期刊网的主要功能：期刊导航；期刊论文检索；与图书馆购买的数据库无缝链接；图书馆未购买的期刊论文，可通过CALIS馆际互借与文献传递服务网获得全文。

3）CALIS学位论文数据库　CALIS学位论文数据库（http：//etd.calis.edu.cn）收集了国内高校学位论文、高校从2002年开始联合采购的PQDT学位论文数据，以及NDLTD学位论文数据，涉及文、理、工、农、医等多个领域，是学术研究中十分重要的信息资源。该系统面向用户提供学位论文的检索与全文获取。据CALIS学位论文网介绍，截止到2018年9月，CALIS学位论文数据已有资源：中文学位论文：3240687篇；外文学位论文：2231211篇。

CALIS学位论文数据库可实现的主要功能：学位论文检索；与图书馆购买的学位论文数据库无缝链接；图书馆未购买的学位论文，可通过CALIS馆际互借与文献传递服务网获得全文。

学位论文数据库免费访问。通过学位论文数据库的文献传递服务获取全文时，需开通CALIS馆际互借与文献传递系统，该系统可免费使用，但因文献传递服务产生的费用由文献申请方承担。

4）CALIS全文资源　为读者提供360000种中文图书和3000多册外文图书的在线阅读和电子书借还服务。

5）中国国家图书馆资源服务　CALIS与中国国家图书馆的合作服务已经开通，高校读者通过本馆的图书馆用户账号，即可获得国家图书馆丰富的馆藏资源。据中国国家图书馆2018年年鉴统计资料显示：截至2017年底，中国国家图书馆馆藏总量为37686187册/件。资源内容主要包括电子图书3787588种4268332册，电子期刊55882种，电子报纸3164种，学位论文7064178篇，会议论文6573228篇，音频资料1137907首，视频资料161276小时。外购数据库共计255个，包括中文数据库127个、外文数据库128个。

6）国家科技图书文献中心（NSTL）文献传递服务　NSTL 拥有丰富的科技类外文文献资源，印本外文文献 26000 多种，其中外文期刊 17000 多种，外文会议录等 8000 多种。高校读者可通过部署在本校的 CALIS 馆际互借系统，利用本校的图书馆用户账号，即可获得 NSTL 拥有的文献资源。

7）上海图书馆文献提供服务　上海图书馆馆藏丰富，门类齐全，拥有图书、报刊和科技资料近 5200 万册（件），其中外文期刊近 6000 种，外文图书 160 万册。通过 CALIS 与上海图书馆合作，高校读者可通过 CALIS 获得上海图书馆的馆藏资源。

在 CALIS 云服务平台上资源很丰富，它把“全国高校图书馆、中国国家图书馆、国家科技图书馆文献中心、上海图书馆”文献资源和“韩国 Keris 文献信息服务”都集中在同一平台上，读者在这里可以一站式检索并获得这么多大型图书馆的文献资源，真正享受到时代科技进步带来的好处。

7.3　百链云图书馆

云数字图书馆（Cloud Digital Library）是云计算技术在图书馆应用而产生的成果，也称为第三代图书馆。它的出现确实给读者带来了前所未有的好处：一站式检索、范围宽广、获取全文快、路径多。

超星数字图书馆史超董事长将图书馆进行了清晰的断代。

第一代：传统图书馆，以纸刊、纸书为主。

第二代：数字图书馆，以电子期刊、电子图书为特征。

第三代：云图书馆，为读者提供所有图书的找到和得到服务。

他认为云图书馆带来的转变：①从本馆资源到全部资源的转变；②从数据库列表到一站式检索的转变；③从本地服务器到云端服务器的转变；④从购买资源到协同服务的转变。

云的特点：①云可以没有地域性；②各种云可以汇集在一起；③云是模糊的，读者不必关心谁为我服务；④公告板的抢答方式保证服务质量；⑤免费为主。云图书馆的本质是从一个馆为读者服务变为多个馆为读者服务。

7.3.1　百链云图书馆概述

百链是超星公司推出的新一代图书馆资源解决方案及共建、共享方案，它内置丰富的全文资源，同时也是一套智能的整合系统。针对各数据库资源和用户自建资源，预先对检索内容进行整合索引，并建立全面、海量的元数据仓储；通过对元数据仓储与用户本地资源分布建立定位链接，能够完成学术资源的一站式检索，能够实现本馆与其他馆互联互通、共建共享。百链最早实现基于元数据搜索的应用模式，在行业中成长最快，全国已建立联合分中心 70 多个，已经实现云图书馆技术的接入服务方式，每天超过 100 万人在这里寻找学术资源。百链是图书馆的应用平台，从普通读者角度看，读者希望通过图书馆能方便、快捷地获取尽可能多的文献资源，因此，在检索文献、判断文献价值以及获取全文的整个过程中，图书馆的检全率高、获取全文方便快捷是关键。

1. 百链的发展历程

1）Medalink　由于各高校经费有限，许多图书馆购买外文数据库较少，因此很多图书馆更加关心外文资源的获得问题。超星将读秀的思想扩展到外文，首先提出利用元数据方式对本馆外文资源实现一站式搜索。

2）区域图书馆　传统意义上的图书馆联盟，工作重点放在纸质文献上，图书馆互相协作，超星利用 Medalink 搭建各种区域性图书馆，实现区域内多个成员馆的读者可以在更广的范围内搜索资源，并通过更多的服务者提供资源；各成员馆通过区域图书馆共享数字资源。

3）百链云图书馆　2011 年，超星公司在区域图书馆 Medalink 的基础上，增加了自己数字化的外文图书 30 万种和中文期刊 1200 万篇，发展为百链云图书馆，直接为个体单馆服务，利用多个区域图书馆的服务实现本馆没有购买的文献的补缺服务。

2. 百链是图书馆服务的变革

(1) 从馆藏部分内容到全部出版文献　百链预先索引国内外出版的各种学术元数据，实现了读者同时检索来自不同国家和数据库的文章，读者的检索范围从本馆馆藏扩展到了全部出版文献。

(2) 从分散的多个数据库到统一调度　百链帮助图书馆实现资源的整合与利用，将图书馆购买的各种数据库和开放资源进行准确链接，特别是图书馆各种特色数据库的整合，使得每个数据库不再是信息孤岛。

(3) 从本馆服务到区域联合服务　百链实现区域内多个图书馆资源联合检索，文献获取途径向导，互联互通，共同协作，共享服务。

(4) 从提供资源到提供服务　百链通过对图书馆资源、应用系统、人员的整合，帮助图书馆从为读者提供资源转变为提供服务，满足读者的个性化需求。

(5) 从本地资源建设到云计算存取　百链基于云计算技术，联合国内外图书馆及读者，为每个加入百链的用户提供相互协助及交流存储的空间。

3. 百链的文献频道分类及检索途径

(1) 百链的文献分类　百链是超星公司在读秀成功的基础上，将读秀的原理扩展到外文文献，实现了对全部、图书、期刊、报纸、学位论文、会议论文、专利、标准、音视频、信息咨询等 10 多种文献频道进行一站式检索，使以前传统的、深奥的检索，在这个平台上变得非常简单，读者一看就明了，百链一站式学术搜索平台如图 7－3 所示。

图 7－3　百链一站式学术搜索平台页面

(2) 百链频道与检索途径的关系表　百链一站式学术搜索平台，各文献频道与检索途径（也称字段）对应关系见表 7－1。

表 7－1　百链文献频道与检索途径对应关系表

文献频道	检索途径						
	途径 1	途径 2	途径 3	途径 4	途径 5	途径 6	途径 7
全部（默认）							
图书	全部字段	书名	作者	主题词	丛书名	目次	
期刊	全部字段	标题	作者	刊名	关键词	作者单位	ISSN
报纸	全部字段	标题	作者	来源	全文	关键词	副标题
学位论文	全部字段	标题	作者	授予单位	关键词	导师	
会议论文	全部字段	标题	作者	关键词	会议名称		
专利	全部字段	专利名称	申请号	发明人	申请人	IPC 号	
标准	全部字段	中文名称	英文名称	标准号	发布单位		
音视频	全部字段	视频名称	简介	字幕	主题词	主讲人	主讲机构

表 7－1 看似复杂，在实际使用中是比较简单的，先选择文献频道，再单击选择检索途径（推荐用书名或标题途径）。或者各种频道都使用系统默认的全部字段，全部字段的含义是包含后面的各字段，因此，根据文献类型不同，它包含的内容不一定相同。最后，在百链检索框输入检索词，单击“中文搜索”或“外文搜索”就完成检索。

4. 百链一站式检索平台原理

超星公司非常重视一站式检索，因为各高校的馆长们都是行家，非常希望图书馆的学术搜索平台也能像百度一样简单、实用；再者，过去的跨库检索方案已经走入末路，一个标志是，国外厂商已经纷纷采用元数据检索。超星的读秀和百链两个学术搜索引擎，在资源的频道分类和检索途径方面，基本达到像百度一样简单、实用，读者只需要像运用互联网搜索引擎一样，简单地输入关键词即可进行检索，一看明了，无师自通。百链是继百度之后，出现的较优秀的搜索引擎。百度是对网页的搜索，搜索到的文章多是未经正式出版发行的，学术观点是没有经过专家把关的，所以可利用的学术观点和价值有待考证；而且最新的学术论文是搜索不到的，即使在百度上搜索到一个标题，也是无法下载的。这些学术文章只能到图书馆去检索和下载。所以，百链就成为目前学术搜索引擎中较出色的一站式检索平台。

（1）百链一站式检索平台原理图　百链一站式检索平台是建立在元数据库索引基础上进行检索的，检索速度非常快，完成一次全库检索体验时间非常短，并且检索结果没有重复的；检索结果可根据多种因素进行综合排序，如出版日期、学术价值、相关度等，能帮助读者用最少的时间找到所需的资源；对检索的结果还可以按各种条件，如出版年代、期刊等进行聚类，快速缩小检索范围。百链一站式检索平台原理如图 7－4 右边所示。

（2）百链元数据逻辑结构图　如图 7－4 左边所示①检索途径决定检索词，二者有对应关系，因此，检索途径是最先决定的，排第一；②检索词由检索途径决定的，排第二；③文献分类（也称文献频道）：全部、图书、期刊、报纸、学位论文、会议论文、专利、标准等，排第三；④语种分类：中文搜索、外文搜索；⑤到“元数据资源池”搜索。

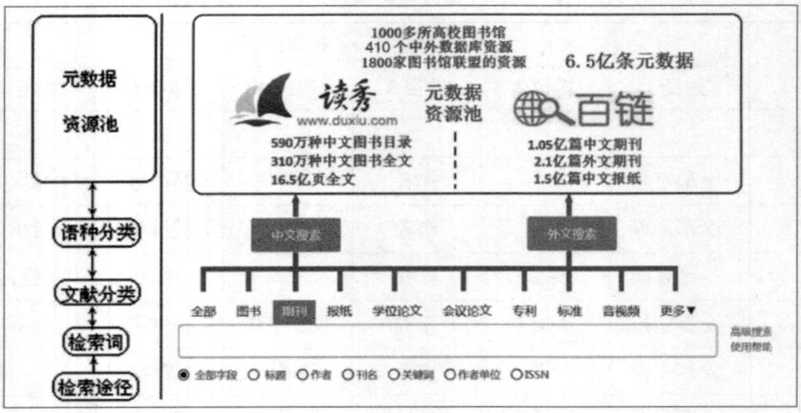

图7-4　百链元数据逻辑结构图和一站式检索平台原理

百链一站式资源搜索平台功能强大，它整合本馆纸质与电子资源、区域联盟资源以及云图书馆资源，提供所有资源一站式全文服务。

(3) 百链和读秀的分工

1）读秀学术搜索是图书的一站式检索服务，是由海量图书资源组成的庞大知识系统。目前，读秀现收录739万种中文图书题录信息，可以对415万种中文图书进行文献传递。读秀能提供知识点服务，指的是将所有图书打碎，以章节目录为基础。目前，可搜索的信息量超过16.7亿页，为读者提供深入到图书内容的全文检索，读者可以根据任何一句话、任何一句诗词找到出自哪一本书。读秀学术搜索也可以进行中文的期刊、学位论文、会议论文、专利、标准等文献的检索和全文获取，但重点是图书的检索与全文获取。

2）百链是除了中文图书以外的学术资源一站式检索系统，以此解决图书馆服务与读者需求之间的矛盾。百链学术搜索可以进行中外文的期刊、学位论文、会议论文、专利、标准等文献的检索和全文获取，但重点是外文文献检索与全文获取。

3）百链和读秀的异同之处　两个平台的底层技术是一样的，中文的期刊、学位论文、会议论文、专利、标准等中文文献，读秀和百链两个检索平台都可以检索并得到全文。但是，检索中文图书时系统自动转到读秀搜索平台，检索外文时系统自动转到百链搜索平台。

5. 百链云图书馆资源结构

到2019年8月，百链资源池里电子资源云共享联盟的图书馆达到1800个，中外数据库410个，已经收录中外文献6.5亿条元数据，可实现对期刊、标准、专利、论文、视频等各种文献类型的统一检索。6.5亿条元数据包含中文期刊1.252亿篇、中文报纸1.5亿篇、外文期刊2.844亿篇，并可以查询到每篇文章的馆藏信息、每篇文章在数据库的链接地址等，此外，百链搭建了图书馆云服务架构，实现了从单馆服务到多馆协同服务模式的转变。

百链的目标是帮助读者找到、得到所有的资源。为实现这样的目标，基于百链技术构建的数千家图书馆电子资源云共享联盟通道，包括全国多个区域图书馆、行业图书馆、CALIS、NSTL、CASHL等，接入电子资源云共享联盟的图书馆达到1800个，中外数据库410个。全国各地主要高校图书馆都加入其中。百链云图书馆资源结构图[⊖]，如图7-5所示。

⊖　资料来源：超星公司，2018年四川高校图书馆工作会议宣传资料。

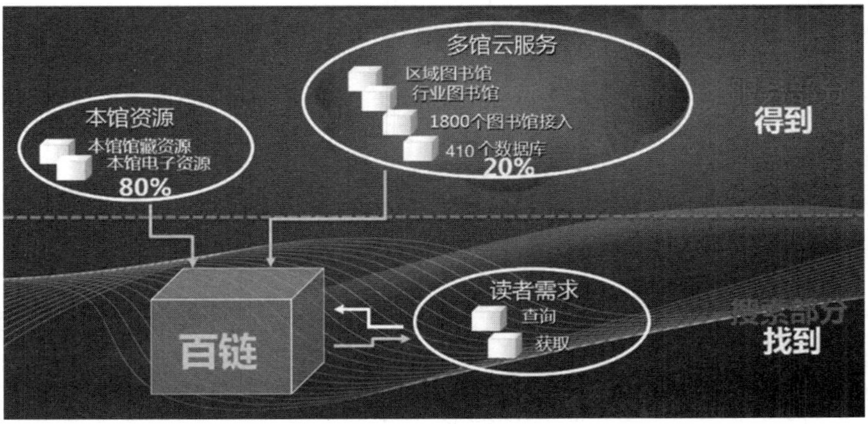

图 7-5　百链云图书馆资源结构图

帮助读者找到、得到所有的资源，实现方法有如下两个模块。

（1）搜索模块　读者在百链平台上，可检索的元数据多达 6.5 亿条，元数据数据库中，包括了中文期刊 1.252 亿篇、中文报纸 1.5 亿篇、外文期刊 2.844 亿篇等，读者可以查询到每篇文章的馆藏信息、每篇文章在数据库的链接地址，查到文章及馆藏信息。

从读者搜索方面来说，百链首先保证了读者能检索到丰富的文献资源。没有百链时，读者只能检索本馆的资源。有了百链后，读者可查询百链中 1800 家图书馆的馆藏及电子资源，可查询传递 410 个中外文数据库资源，包括北大、清华、上海交大等双一流重点院校图书馆丰富的电子文献全文资源都可以共享。

（2）服务模块　百链服务模块向读者提供全文服务。但是，百链云架构的服务模式是：

1）对于本馆已购买的资源，读者可以通过百链一站式检索获取到所需的大部分资源全文。

2）对于本馆没有购买的资源，读者可以通过百链提供的多馆云服务，以文献传递方式获取到所需资源全文，保证读者的文献需求得到最大程度的满足。在全国图书馆参考咨询联盟上，众多文献互助员参与多馆云服务，使中文文献传递满足率达到 96%，外文文献传递满足率达到 90%，百链云共享服务平台，每天传递量 6 万篇文献。

百链联合多馆组成一个云资源架构服务的好处是：从前一个馆为读者服务，现在变为多个馆为读者服务，不仅搜索到文章及馆藏信息，并能向读者提供全文服务。至此，百链云服务实现了帮助读者找到、得到所有的文献资源的目标。

6. 百链云图书馆提高了图书馆的服务能力

超星的读秀学术搜索是基于中文图书的，超星认为要做好学术服务，仅仅中文图书是不够的，为此，超星开始了元数据的采集工作，希望为读者实现所有文献的一站式检索。2009 年年底，超星将元数据产品发展为百链云图书馆，只要单馆购买百链服务，就相当于加入全国联盟的多馆云服务，直接享受来自全国 1800 多家图书馆的云传递服务。这对于任何一个图书馆来说，数字资源一下扩大数百倍。使用百链云后，图书馆的文献服务能力大大地提高了，其服务能力对比见表 7-2。

表 7-2　使用百链云图书馆前后文献服务能力对比

原　来	现　在
搜索本馆馆藏	搜索所有出版文献
多个库检索	一站式检索
搜索结果形式多样	结果统一，格式统一，完整不重复，可作学科趋势分析
本馆服务	本馆服务 +多馆云服务（全国的图书馆共同为其服务）
本馆文献资源有限	文献资源扩大很多倍
文献保障率低	中文文献满足率达到 96%，外文文献满足率达到 90%

7. 百链云图书馆特点

(1) 元数据搜索引擎　有 6.5 亿条元数据，几乎涵盖国内外所有的中外文数据库，其文献类型：中外文图书、中外文期刊、中外文学位论文、会议论文、专利、标准等，并且数据量每年还将不断增加。

(2) 检索速度快、检索结果无重复、格式统一　通过预先的元数据排序处理，在提供统一检索的同时，提供全文获取的准确定位，利用百链云图书馆整合技术，可以完整地揭示图书馆的各种馆藏资源和购买的商用数据库资源。

(3) 搜索平台简单　一般读者都能无师自通，解决了由于图书馆数据库种类繁多，各种数据库资源的格式不同、访问方式不同、检索界面不同，导致读者在使用中的困惑，可节省图书馆人员重复培训环节，指点使用即可。

(4) 百链高效、便捷的文献传递　百链提供的文献传递平台，让读者从此不必重复输入账号信息，从烦琐的填表中解脱出来，简单地填写电子邮箱地址就可以完成文献传递，非常方便。为读者提供了互联网搜索引擎方式的检索体验。百链云图书馆的目标是：帮助读者找到、得到所有的资源。从一个馆为读者服务，变为多馆云服务。

8. 百链的三个重要功能

(1) 一站式检索　先进的元数据检索和先进的组合结构，构成先进的一站式检索平台。超星的两个学术搜索引擎产品读秀和百链，在资源的频道分类和检索途径方面都安排得非常合理，基本达到像百度一样简单实用，是目前学术搜索引擎中较出色的一站式检索平台。

(2) 云图书馆服务能力　因为图书馆人员会花费大量时间研究什么数据库是读者最需要的，所以大部分常规需求都可以在已经采购的资源中得到满足。但是图书馆的经费是有限的，图书馆不可能购买所有的数据库。因此一定还存在一些不太常用的需求，难以得到满足。比如，工科院校的读者会不会需要一篇美术设计作品？读者会不会需要一个乐谱，这种情况下该怎么办？百链的第二个重要功能就是云图书馆服务能力，提供了满足这些稀缺需求的渠道。百链的全名叫百链云图书馆。很多行业图书馆、区域图书馆都是用百链平台建设的，可以通过协调运作，利用云图书馆的优势，将读者的这些个体需求送到这些平台上得以满足。

(3) 掌握云内数据库的动态变化情况　通过百链读者可以非常清楚地知道网上哪些数据库的内容和数字变化了；不但可以知道同方、万方、维普数据库的变化情况，还可以掌握云图书馆中数百个数据库的动态变化情况。

9. 百链五项服务

(1) 外文电子图书　提供超星数字化的外文图书全文服务，外文图书资源会逐年增加，发展速度为每年更新 3 万种。支持读者在线试读图书；支持读者邮箱传递得到全文。服务方式类似读秀的即时文献传递与搜索服务。

（2）中文稀缺期刊　超星数字化的大量稀缺期刊全文的传递服务；百链收录文章达 6700 万篇；独家收录稀缺期刊文章 1200 万篇；从清朝以来所有出版过的期刊内容；提供类似“读秀”的搜索服务和文献传递服务；百链搜索到的其他数据库未收录的稀缺期刊，则通过邮箱直接传递全文。

（3）通过多馆云服务获取本馆没有的资源　利用百链技术在全国范围内构建的资源共享图书馆已经达到 1800 多家，中外文期刊数据库 410 个，随着加入馆增加，这些文献资源还会增加。通过百链云服务，可使中文文献满足率达到 96%，外文文献满足率达到 90%。本馆没有的文献通过超星云图书馆——“全国图书馆参考咨询联盟”获得。

（4）利用百链进行本馆资源整合　百链整合是元数据整合，百链在国内最早实施元数据整合架构，经过多年的积累，到目前为止其元数据系统是最完整的，实现了图书、期刊、报纸、学位论文、会议论文、专利、标准、音视频、信息资讯等中外文文献一站式整合，对中外文文献的整合无疑是最好的。目前为止，百链是唯一一个有云服务架构，并实际形成强大云服务能力的纸本与电子资源整合的平台。

（5）文献传递　①超星有全文文献的，由机器自动进行文献传递服务。②超星没有全文文献的，则由多馆云服务完成，原理是由该文献的图书馆馆员通过百链传递平台处理读者请求，百链跟踪 1800 多家图书馆、410 个中外文数据库元数据变化，并收集存储文献元数据，因此，百链的用户可查询到 1800 家图书馆的馆藏及电子资源，可查询传递 410 个中外文数据库资源。随着加入的区域图书馆和数据库增多，百链云图书馆中文文献、外文文献的满足率还会有所提高。百链云图书馆节点分布全国各地，需要其他图书馆资源时，申请云服务进行传递全文。传递过程：读者填写邮箱→收到邮件→单击邮件的全文链接→阅读全文。③特别推荐：超星技术构建的云图书馆——“全国图书馆参考咨询联盟”，网址 http：//www. ucdrs. superlib. net/，有很多图书馆的专家在线抢答全世界读者的咨询，并且对全世界读者都是开放的、免费的。

7. 3. 2　外文学术文献检索

百链云图书馆集成 410 个中外文数据库的元数据，其中外文期刊库包括：SpringerLink、ProQuest、EBSCO、Wiley、JSTOR、OSA、SAE、SIAM 等，还包括英国机械工程师协会（IMechE）、International Institute of Anticancer Research、IEEE、Emerald、Wiley InterScience、Science、IEEE Computer Society 等外文库，还有中国学术期刊、万方、维普等中文库元数据。对全部资源提供一站式检索服务，缩短检索用时，提高获取资料效率。当读者检索到的文献本馆没有购买，不能提供下载时，可以通过 Email 获取，文献全文将在 24 小时内发送至读者邮箱内。

百链一站式检索平台页面，如图 7 - 6 所示。

检索步骤：①频道选择；②选择检索途径；③输入检索词；④选择语种（兼搜索）。

进入百链，默认是期刊频道及全部字段，这样搜索时和百度一样，只需输入检索词，单击“搜索”按钮就可以出结果。其他频道，在系统默认的都是全部字段，只需选择一个频道，输入检索词，单击“搜索”按钮就可以出结果。

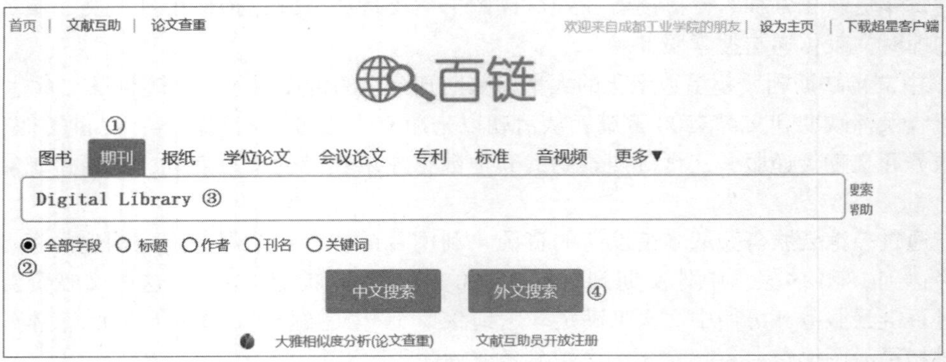

图 7－6　百链一站式检索平台页面

1. 外文图书检索

外文图书检索步骤：①选择“图书”频道；②选择途径，默认“全部字段”；③输入检索关键词“Digital Library”；④单击“外文搜索”按钮，进入外文图书检索页面，如图 7－7 所示。

图 7－7　外文图书检索页面

本次检索，找到与 Digital Library 相关的外文图书 4031 种，根据需要，读者可以选择浏览、阅读和下载。如果选择“书名”途径，单击“外文搜索”按钮，则找到与 Digital Library 相关的外文图书 1303 种，如图 7－8 所示。

1）页面左边聚类筛选：左边显示外文图书的年代（种）的分布，按降序排列，显示结果为 2019（1）、2018（6）、2017（10）、2016（18）、2015（10）、2014（24）、2013（27）等。每个聚类均提供链接，单击可以进入阅读和浏览。

2）页面右边相关信息：右边是本次检索到的除图书以外的其他相关文献信息，如外文期刊 96258 篇，外文学位论文 6073 篇等。提供相关网页链接，单击可以进入阅读和浏览。

3）页面中间图书信息：中间是“书名”途径检索到的 1303 种图书信息的默认排序。

单击第 2 本书名，进入图书书目信息页面，如图 7－9 所示。

图 7－8　书名途径检索结果页面

图 7－9　图书书目信息页面

页面中部有一个“试读”按钮，单击就可试读。另外，在“获取途径”处也可根据需要选择“试读：版权页 | 前言页 | 目录页 | 正文 5 页”，试读正文页面如图 7－10 所示。

在图 7－9 书目信息页面右方，系统提供的获取途径还有图书馆文献传递。

单击“图书馆文献传递”进入咨询表单页面，如图 7－11 所示。

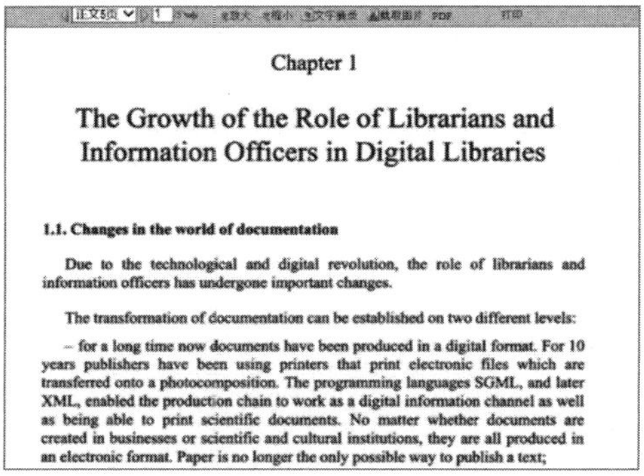
Chapter 1

The Growth of the Role of Librarians and Information Officers in Digital Libraries

1.1. Changes in the world of documentation

Due to the technological and digital revolution, the role of librarians and information officers has undergone important changes.

The transformation of documentation can be established on two different levels:

– for a long time now documents have been produced in a digital format. For 10 years publishers have been using printers that print electronic files which are transferred onto a photocomposition. The programming languages SGML, and later XML, enabled the production chain to work as a digital information channel as well as being able to print scientific documents. No matter whether documents are created in businesses or scientific and cultural institutions, they are all produced in an electronic format. Paper is no longer the only possible way to publish a text;

图 7－10　试读正文页面

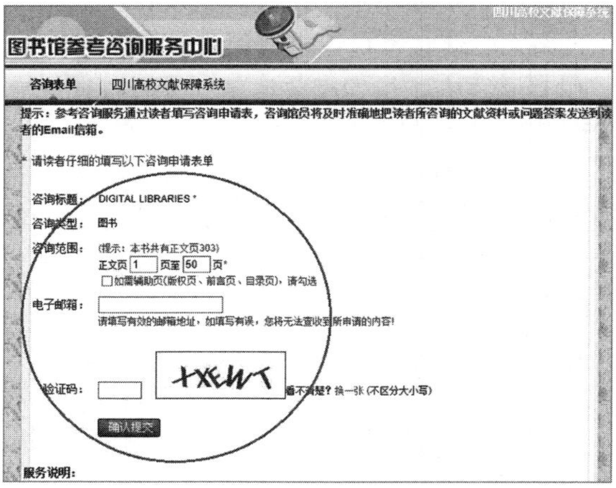

图 7－11　咨询表单页面

邮箱接收全文步骤：①单击“图书馆文献传递”，进入咨询表单页面；②确定起始页码和终止页码；③填写“电子邮箱”，输入验证码；④单击“确认提交”，系统会提醒核对邮箱，单击“确认”后去接收邮件，通过链接去阅读全文。

提示读者：参考咨询服务通过读者填写咨询表单，咨询馆员将及时准确地把读者所咨询的文献资料或问题答案发送到读者的电子邮箱。为了保护知识产权，防止过度下载，特别进行了服务说明：①每本图书单次咨询不超过 50 页，同一图书每周的咨询量不超过全书的 20%；②所有咨询内容有效期为 20 天；③回复邮件可能会被当作未知邮件或垃圾邮件，若没有收到回信，需查看不明文件夹或垃圾邮件箱等。

2. 外文期刊文献检索

外文期刊检索步骤：①“期刊”频道是系统默认频道，不用选择；②选择检索途径，系统提供了“全部字段、标题、作者、刊名、关键词、作者单位、DOI”8 种途径，系统默认“全部字段”；③输入检索词，如“Digital Library”；④单击“外文搜索”按钮，就得到图 7－12 所示的检索结果页面。

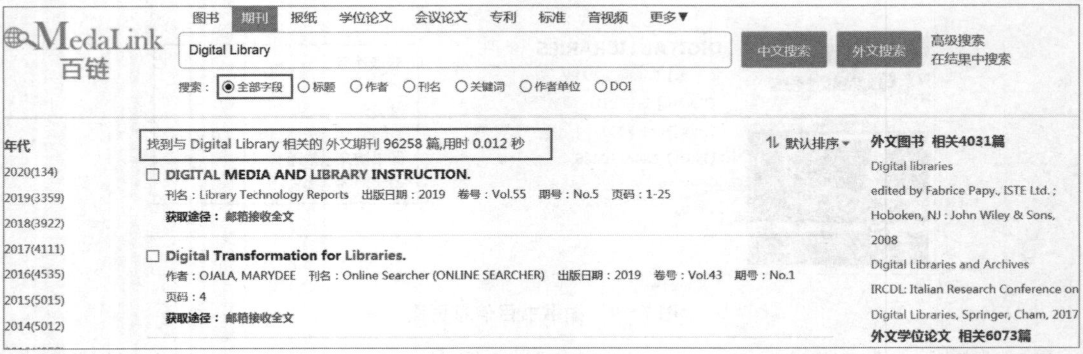

图 7－12　外文期刊全部字段检索结果页面

找到与 Digital Library 相关的外文期刊 96258 篇，检索结果页面分左、中、右三部分：

（1）页面左边检索结果自动聚类筛选信息　页面左边部分是搜索到 96258 篇外文期刊论文分布情况，分别按“年代、学科、来源、期刊刊种”归类统计，这些聚类都提供了链接，单击左边的每一个链接都可以进入相关的页面浏览。

（2）页面右边检索相关信息　页面右边是检索到的除期刊之外的其他文献信息，如外文图书 4031 篇，外文学位论文 6073 篇等。单击链接可进入文献类目中。

（3）页面中间检索到的主体信息　页面中间是找到与 Digital Library 相关的外文期刊目录。可以通过浏览方式查找需要的文章。因为文章太多，为了提高查准率，我们要进一步缩小检索范围，方法是选用“标题”途径重新检索，或增加限定词二次检索，或增加限定词“在结果中搜索”。

1）选择“标题”途径检索。选“标题”途径，在框中输入“Digital Library”，单击“外文搜索”按钮，找到与 Digital Library 相关的外文期刊 16921 篇。数量太多了，增加限定词检索。

2）“标题”途径增加限定词二次检索。选择“标题”途径，在框中输入“Cloud Digital Library”，单击“外文搜索”按钮，找到与 Cloud Digital Library 相关的外文期刊 92 篇。

3）“标题”途径增加限定词“在结果中搜索”。选“标题”途径，在框中输入“Cloud Digital Library”，单击“在结果中搜索”，找到与 Cloud Digital Library 相关的外文期刊 92 篇。可见 2）和 3）的检索结果是相同的，如图 7－13 所示。

图 7－13　“标题”途径增加限定词的检索结果页面

可见选择“标题”途径，是提高检索相关度和减少文献数量的有效办法。在图 7－13 中第 2 篇文章是“Digital libraries in the cloud.”（云端数字图书馆）。

4）单击标题进入到该文章的目录信息页面，如图 7－14 所示。

图 7－14　文章的目录信息页面

5）获取途径。系统提供两种获取途径：“本馆全文链接”和“图书馆文献传递”。

本馆全文链接是系统整合了本馆的相关数据库，当本馆购买了相关数据库的数据，直接提供数据库链接，获取全文。单击“EBSCO（asp/bsp）（包库）”链接，进入外文期刊目录信息页面，如图 7－15 所示。

图 7－15　外文期刊目录信息页面

该外文期刊目录信息页面右边工具栏提供了“Print（打印），Save（保存），Cite（引用），Export（输出）”等供读者选择。页面左边有 PDF 全文按钮。

6）单击左边“PDF Full Text”链接，打开阅读或下载全文。文章全文页面如图 7－16 所示。

NEWS IN BRIEF

Bel in Madeira

Portugal's state broadcaster RTP has installed several of Bel Digital Audio's 3G, HD and SD multi channel Dolby R E audio confidence monitor and de-embedders in its Madeira facility. It follows on from the first batch installed in the broadcaster's Lisbon facilities. The units were supplied via the Bel distributor for Portugal, Auvid Cientifico also based in Lisbon and were part of the upgrade to HD broadcasting throughout RTP's facilities. The BM-A2-E8SHD+ accepts two SDI and two AES sources and automatically identifies between 3G, HD or SD video. Video format is then provided on the LCD display. Up to eight de-embedded audio channels can be selected directly from its front panel rotary controls and visually displayed on eight individual LED bar graphs. Each channel can then be routed to either, or both, left and right speakers. Dolby R E bitstreams can be decoded (with metadata) for monitoring purposes, while all eight decoded channels are available on the rear panel for connection to external speakers. www.beldigital.com

Grass Valley scores

Digital libraries in the cloud

UltraViolet is the first serious attempt to get consumers to switch from physical media to owning content as files stored remotely, reports **Adrian Pennington**

DRM Analysis

Later this year the digital rights system UltraViolet will begin to roll out, first in the US and by the end of the year in Canada and the UK. The UltraViolet name and logo UVVU will brand online ecommerce film and TV listings and badge Blu-ray and DVD discs. From 2012 a range of consumer electronics UV-compliant hardware will debut.

Administered by Digital Entertainment Content Ecosystem (DECE), a consortia which includes virtually all the major studios plus leading CE manufacturers and technology giants, UV is intended to facilitate the interoperable and secure ownership of digital content.

“Consumers are increasingly confused by the multitude of file formats available and the rights management systems (DRM) that manage their consumption,” explains Mark Deitell, executive director of DECE. “This lack of choice and freedom not only reduces the perceived value of the content and the delivery platform but also inhibits general consumer adoption and consumption.”

authentication service and account management hub has been built by Neustar. Each household will be able to create an account for up to six members with registered titles playable on up to 12 UV-enabled devices. This could allow users to stream movies or TV shows encoded with UltraViolet, but it may also allow users to burn DVDs with the encoding. It should also give people lifetime content ownership rights, instead of having to repurchase the work if it gets lost or wears out.

BSkyB has signed up and is taking a watching brief on developments before possible implementation into its set-top boxes. Other UK members are Amazon-owned film rental service LoveFilm, Tesco and Red Bee Media.

Red Bee fulfills media services for ITV Player, iPlayer, 4oD and Five's VoD catch-up and is readying itself for when these and other content owners join the UV scheme.

“UltraViolet is an interesting evolution of the retail channel for studio content and episodic TV,” says Red Bee's Steve Plunkett, director of Customer Innovation.

more for in-home distribution. DTLA (the consortium behind DTCP-IP) has just five controlling members — all CE companies.

DECE may gain traction because of its breadth as an industry consortium. “Assuming that license fees are reasonable there is nothing preventing a device from supporting both UVVU and DTCP-IP,” says Stephen Froehlich, senior analyst at IMS Research's consumer electronics research group.

The Apple factor

However the concept faces some big obstacles, not least in getting consumers to understand and buy into it.

Michael Comish, co-founder of VoD site Blinkbox, says, “Rights holders can get carried away deploying complex DRM systems. If consumers want to pirate a copy of film there are a host of illegal sites they can go to steal the title quickly and easily. No one actually cracks the DRM to steal it. A simple DRM is all that's required. The complex ones only make the consumer experience worse and are expensive to deploy.”

ULTRA VIOLET

while keeping the UI simple. The challenge is not insignificant.”

Previous attempts to impose digital rights management have generally failed because they have been too restrictive or obstructive for consumers, for instance limiting them to particular types of devices.

However, the failure to court Apple is a potentially more significant barrier. Having achieved a sterling business in music, apps and video retail hooked into its own device ecosystem, Apple is naturally disinclined to unlock that with more universal access. That means that owners of iPads, iPhones, iPods, Apple TVs, perhaps even Macs, may not be able to use

图 7－16　文章全文页面

7）摘录。在阅读过程中，可以随时利用上方的箭头（文本选择工具），选择摘录相关文字，复制、粘贴到 Word 中，以便以后引用。

8）注明文章来源。摘录时要注明文章来源，这是看书学习的良好习惯，以便以后引用时方便。详见图 7－15 记录的文献来源，题名：Digital libraries in the cloud. 作者：Pennington，Adrian 刊名：TVB Europe 出版日期：2011 年等信息。

9）如果没有“本馆全文链接”显示，说明本馆没有购买相关数据库，这种情况下，读者可以通过图书馆文献传递获取全文。单击“图书馆文献传递”按钮，进入申请表单页面（期刊短文不用确定起始页码和终止页码）。填写读者的电子邮箱，输入验证码，单击“确认提交”按钮即可。

或者，复制标题去 EBSCO 数据库或者其他数据库获取全文。

3. 外文学位论文检索

外文学位论文检索步骤：①选择“学位论文”频道；②选择检索途径，系统提供了“全部字段、标题、作者、授予单位”4 种途径，默认“全部字段”；③输入检索词“Digital Library”；④单击“外文搜索”按钮。

找到与 Digital Library 相关的外文学位论文 6073 篇。如果文献数量太多，可以换成“标题”途径，找到与 Digital Library 相关的外文学位论文 886 篇。外文学位论文检索页面，如图 7－17 所示。

图 7－17　外文学位论文检索页面

页面左边、中间和右边的相关信息如下：

（1）页面左边聚类筛选信息　显示年代筛选信息，即年代（种数），如 2019（1）、2018（8）、2017（61）、2016（34）、2015（22）、2014（40）、2013（38）、2012（27）等，单击链接可以浏览详细信息。

（2）页面中间检索到的主体信息　是找到与 Digital Library 相关的外文学位论文 886 篇的目录信息，有标题、作者、学位授予单位、学位名称、学位年度、关键词、获取途径等信息。单击标题可以进入详细信息页面。

（3）页面右边相关信息　是与检索词相关的除学位论文以外的其他文献信息，如相关外文图书 4031 篇，相关外文期刊 96258 篇等，都有相关网页链接。

4. 外文会议论文检索

外文会议论文检索步骤：①选择“会议论文”频道；②选择检索途径，有“全部字段、标题、作者、关键词、会议名称”5 项途径，系统默认“全部字段”；③输入与检索途径相符的关键词，如“Digital Library”；④单击“外文搜索”按钮。

找到与 Digital Library 相关的外文会议论文 41667 篇；如果把检索途径换成“标题”，找到 Digital Library 相关的外文会议论文 11147 篇；如果把检索词换成“Cloud Digital Library”，找到与 Cloud Digital Library 相关的外文会议论文 113 篇，页面信息如图 7－18 所示。

图 7－18　外文会议论文检索页面

(1) 页面左边聚类筛选信息　页面左边信息是这些会议论文的年代分布，如 2019 (1)、2017 (6)、2016 (4)、2015 (7)、2014 (24)、2013 (22)、2012 (5) 等，单击链接可以查看具体内容。

(2) 页面中间检索到的主体信息　页面中间是找到与 Cloud Digital Library 相关的外文会议论文 113 篇的目录，有标题、作者、会议名称、会议时间、摘要等信息。单击标题可以查看详细信息。

(3) 页面右边相关信息　是与检索词相关的除会议论文以外的其他文献信息，如相关外文图书 18 篇等信息。

5. 外文专利文献检索

外文专利文献检索步骤：①选择“专利”频道；②选择检索途径，系统提供了“全部字段、专利名称、申请号、发明人、IPC 号、国家代码”等 6 项检索途径，选择“专利名称”途径；③输入关键词，如“Digital Library”；④单击“外文搜索”按钮。

找到与 Digital Library 相关的外文专利 453 篇，外文专利检索页面，如图 7－19 所示。

图 7－19　外文专利检索页面

(1) 页面左边聚类筛选信息　页面左边是这些专利的年代分布，如 2018 (2)、2017 (1)、2016 (22)、2015 (26)、2014 (8)、2013 (20)、2012 (19)、2011 (26) 等，单击可以查看具体专利文献。

(2) 页面右边相关信息　页面右边是与检索词相关的除专利以外的其他文献信息，如外文图书 4031 篇，外文期刊 96258 篇等信息。

(3) 页面中间检索到的主体信息　找到与 Digital Library 相关的外文专利 453 篇，系统提供的专利信息有“专利名称、发明人、申请号、申请日期、IPC 号、公开号、公开日期”等信息。可以通过浏览主体信息查找需要的专利文献，如单击第 3 篇专利的标题链接，查看更加具体的专利内容，如图 7－20 所示。

(4) 获取途径

1) 通过图书馆文献传递。该文献只能通过“图书馆文献传：邮箱接收递全文”，单击“邮箱接收全文”，填写有效的电子邮箱，确认提交，就可以收到全文。

图 7－20　专利信息页面

2）在万方平台上利用“网络来源”获取。方法是在万方平台专利频道检索“SYSTEMS AND METHODS FOR DIGITAL LIBRARY CHANNEL CREATION”（数字图书馆频道创建系统与方法），如图 7－21 所示。

图 7－21　万方平台上专利检索页面

单击“网络来源”，进入欧洲专利局检索平台页面，原始文件的公开号为 US2016007066（A1）—2016－01－07，如图 7－22 所示。

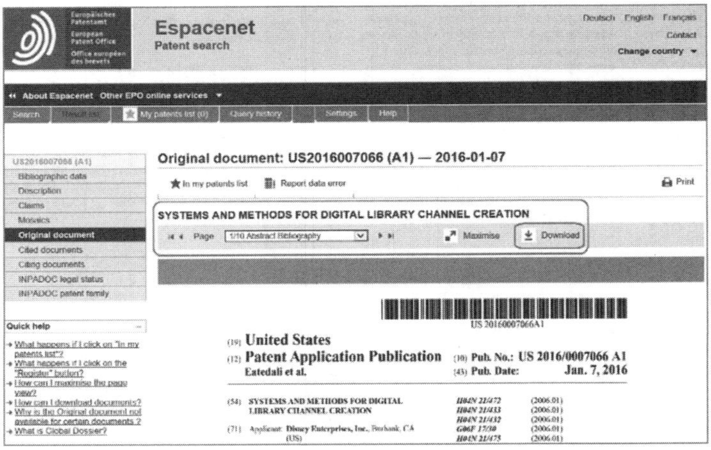

图 7－22　欧洲专利局检索平台页面

点击下载，全文是 PDF 文件（643KB），下载后就可以阅读文件了，首页是专利申请公布信息页面，如图 7－23 所示。

US 20160007066A1

(19) **United States**
(12) **Patent Application Publication**
Eatedali et al.

(10) **Pub. No.: US 2016/0007066 A1**
(43) **Pub. Date: Jan. 7, 2016**

(54) **SYSTEMS AND METHODS FOR DIGITAL LIBRARY CHANNEL CREATION**

(71) Applicant: **Disney Enterprises, Inc.**, Burbank, CA (US)

(72) Inventors: **Josiah Eatedali**, Los Angeles, CA (US); **Mark Arana**, West Hills, CA (US)

(73) Assignee: **DISNEY ENTERPRISES, INC.**, Burbank, CA (US)

(21) Appl. No.: **14/322,471**

(22) Filed: **Jul. 2, 2014**

Publication Classification

(51) **Int. Cl.**
H04N 21/262 (2006.01)
H04N 21/2668 (2006.01)
H04N 21/45 (2006.01)
H04N 21/63 (2006.01)
H04N 21/472 (2006.01)
H04N 21/433 (2006.01)
H04N 21/432 (2006.01)
G06F 17/30 (2006.01)
H04N 21/475 (2006.01)

(52) **U.S. Cl.**
CPC ***H04N 21/26258*** (2013.01); ***G06F 17/30864*** (2013.01); ***H04N 21/2668*** (2013.01); ***H04N 21/4532*** (2013.01); ***H04N 21/4755*** (2013.01); ***H04N 21/47217*** (2013.01); ***H04N 21/433*** (2013.01); ***H04N 21/4325*** (2013.01); ***H04N 21/632*** (2013.01)

(57) **ABSTRACT**

The present disclosure provides for systems and methods for digital library channel creation. The disclosed methods and systems utilize a user's digital media library to create and/or simulate one or more broadcast channels for viewing by the user. Channels may be created randomly or according to particular preferences set by the user. In a further aspect, the disclosed methods and systems allow users to broadcast or share their channels with other users.

图 7－23　专利申请公布信息页面

专利公开号：US2016/0007066A1 正文第 1 页，如图 7－24 所示。

US 2016/0007066 A1　　　　Jan. 7, 2016

1

SYSTEMS AND METHODS FOR DIGITAL LIBRARY CHANNEL CREATION

TECHNICAL FIELD

[0001] The present disclosure relates generally to digital media, and more particularly to systems and methods for creation of digital library channels.

SUMMARY OF THE INVENTION

[0002] The present disclosure may be embodied in a method comprising populating a digital library channel with a plurality of digital media assets from a user's digital media library arranged in a particular order and scheduled to play on a user device at scheduled times, the plurality of digital media assets and scheduled times defining a broadcast schedule; and presenting a current digital media asset according to the broadcast schedule.

[0003] In one aspect of this embodiment, the method may further comprise receiving one or more digital library channel settings on the user device, wherein the plurality of digital media assets populating the digital library channel are selected according to the one or more digital library channel settings. The one or more digital library channel settings may be pre-loaded by a service provider. Alternatively, the one or more digital library channel settings may be one or more breadth, scope, or applicability of the disclosure. For clarity and ease of illustration, these drawings are not necessarily to scale.

[0008] FIG. 1 provides a digital media distribution network in accordance with an aspect of an embodiment of the present disclosure.

[0009] FIG. 2 provides an exemplary digital library channel lineup in accordance with an aspect of an embodiment of the present disclosure.

[0010] FIG. 3 provides a flow chart for a digital library channel creation method in accordance with an embodiment of the present disclosure.

[0011] FIG. 4 illustrates a sample computing module that may be used to implement certain features and embodiments of the present disclosure.

DETAILED DESCRIPTION

[0012] The disclosure provided herein describes systems and methods for digital library channel creation.

[0013] With the increasing availability and cost-effectiveness of non-volatile memory, users are able to buy and amass very large collections of digital media. Digital media may include any digital content that can be viewed, heard, or otherwise experienced by a user, including audio content, images, videos, games, or the like.

图 7－24　专利正文第 1 页

6. 外文标准文献检索

外文标准频道检索步骤：① 选择“标准”频道；② 选择检索途径，系统提供了“全部字段、标准号、标准名称”3 项途径，默认“全部字段”；③ 输入检索关键词，如“Digital Library”；④ 单击“外文搜索”按钮。

找到与 Digital Library 相关的外文标准 620 篇；如检索途径选择“标准名称”，则找到与

Digital Library 相关的外文标准 585 篇，如图 7－25 所示。

图 7－25 外文标准检索页面

（1）页面左边聚类筛选信息 页面左边信息是这些标准的年代分布情况，如 2008（2）、2005（24）、2002（27）、2001（21）等，单击年度可以查看具体标准文献。

（2）页面右边是相关信息 是本次检索到的除标准以外的其他文献信息，如相关外文期刊 96258 篇，外文图书 4031 篇等，单击链接可以查看具体内容。

（3）页面中间是检索到的标准信息 找到与 Digital Library 相关的外文标准 585 篇，包括“标准名称、标准号、发布日期”等，单击第 1 个标准标题，可查看更加具体的标准内容，如图7－26所示。

右边“获取途径”显示，只能通过“图书馆文献传递：邮箱接收递全文”，单击“邮箱接收全文”，填写有效的电子邮箱地址，确认提交，就可以收到全文。

图 7－26 标准的详细信息

7.4 超星发现——云资源搜索引擎

超星发现是利用数据库的查询功能，在数据库中搜索出相关有用的信息报告推送给使用者。

超星发现是超星公司继读秀、百链之后，新推出的一个知识服务和检索平台。它们的功能和用法基本相同，但是，它们各自服务的重点有所区别：读秀学术搜索平台的服务重点是解决图书馆目录体系（OPAC）整合、图书补缺、图书馆的资源检索和传递；百链搜索平台的服务重点是解决除中文图书以外的资源补缺，包括全国联网图书馆的文献资源共享、期刊文献补缺等；超星发现平台的服务重点是解决知识发现、知识点之间的关联问题。

超星发现的检索更简单，降低了检索者的信息素养门槛，不需要很多检索知识，就能搜索到来到全国 1800 家图书馆的文献资源，超星发现的元数据有 947608139 条（2019 年 7 月 22 日数据）：其中，中文数据 469471228 条，外文数据 478136911 条。具体文献类目包括：

图书32374681条，期刊409140645条，报纸197053689条，学位论文14840897条，会议论文36230004条，标准3807423条，专利138679188条，音视频14566311条和科技成果5246617条。

超星发现以数亿条各类文献及网络学术资源海量元数据为基础，充分利用数据仓储、资源整合、知识关联、文献统计模型等相关技术，通过引文分析、分面筛选、可视化图谱等手段，使读者从整体上掌握学术发展趋势，洞察知识之间错综复杂的交叉、支撑关系，发现高价值学术文献。超星发现系统除了具有一般搜索引擎的信息检索功能外，还提供了深达知识内在关系的强大知识挖掘和情报分析功能。

超星发现网址为http：//www.zhizhen.com，http：//www.chaoxing.com/。超星发现检索页面极其简捷，快速检索功能帮助读者方便快捷地检索学术资源，超星发现页面如图7－27所示。读者可根据前面的知识自行学习，这里不再赘述。

图7－27　超星发现页面

7.5　远程访问图书馆数字资源

全国各高校图书馆为了满足本单位教学和科研工作对文献的需要，通过政府招标方式从数据商处购买数字文献资源，但是，一般数据商基本上都限制在校园网某些网段内访问。这种限制对高校图书馆的合法读者来说是不便捷的，读者希望在有互联网的地方全天24时都可以使用数字资源。数字资源远程访问系统就较好地解决了这个矛盾，合法读者在互联网的任一角落都可以访问这些数字资源。目前，远程访问图书馆数字资源的方案通常有应用程序式和基于Web的数字资源远程访问系统两种。

7.5.1　应用程序式的数字资源远程访问系统

应用程序式的数字资源远程访问系统，就是专门针对数字资源远程访问而开发的应用软件，这里介绍一种iReader数字资源远程访问管理系统。

1. iReader数字资源远程访问管理系统简介

iReader数字资源远程访问管理系统，是北京瑞德宏图信息技术有限公司专门为数字图书馆用户量身定制的、用于读者远程访问图书馆数字资源的软件系统。该系统能帮助读者在校外复杂的网络情况下访问校内图书馆的电子资源，让全校师生能在家里和宿舍方便快捷地访问学校图书馆的数字资源。

iReader数字资源远程访问管理系统具有使用便捷、安全稳定、维护简便的特点，并特别针对国内图书馆用户的特定需求进行研发，已成为国内高校及科研机构图书馆读者远程（校外）访问系统的理想产品。iReader 数字资源远程访问管理系统如图 7 - 28 所示。

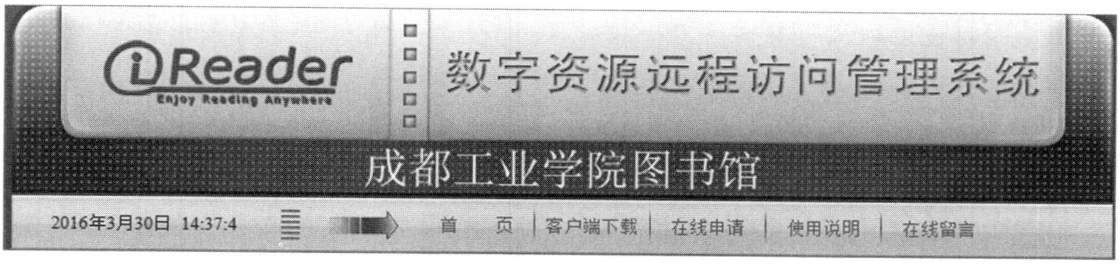

图 7 - 28　iReader 数字资源远程访问管理系统

本校教职工及学生，在校园外访问本馆的数字资源时，先要在图书馆主页上，单击“远程访问资源”进入，并按要求进行个人账户申请，下载、安装客户端，运行客户端等。

2. 用户使用步骤

（1）申请个人账户　需要使用远程访问的读者要先申请个人账户，申请时单击“iReader 数字资源远程访问管理系统”，进入 iReader 界面。再单击“在线申请”，出现在线申请表单后，必须真实填写表单所有项目，以便图书馆审查是否为本馆读者。

（2）下载、安装客户端　在线申请提交后，点击“客户端下载”，应用程序下载完成后，在本机上安装，安装成功后桌面生成 iReader 的快捷方式图标。

（3）运行客户端　登录 iReader 数字资源远程访问管理系统，读者可根据自身需要选择“保存密码”“开机后自动加载本程序”“自动连接”等登录方式。修改密码时，点选“设置”→“修改密码”，输入原密码及新密码后点选“确定”按钮即可；读者根据自身要求也可更改选项。

（4）再次使用时一键使用　读者只要在设置中完成了自动运行、自动认证登录等设置，再次运行客户端时，iReader 将自动打开浏览器、进入图书馆主页，实现一键使用。

现在很多高校图书馆都为读者提供了数字资源远程访问服务，并且承诺本校毕业的学生读者长期免费使用，校外读者也可以申请免费使用。读者不妨在本校图书馆申请一个数字资源远程访问账号。

7.5.2　基于 Web 的数字资源远程访问系统

基于 Web 的数字资源远程访问系统，与应用程序式的数字资源远程访问系统相比，省去了安装应用程序的麻烦，在 IE 浏览器中直接输入地址，登录统一身份认证网页平台，凭合法的用户名、密码直接登录远程访问系统，就可以使用学校图书馆的数字文献资源。

这种基于 Web 的远程数字资源访问系统，同样解决了以往受 IP 地址限制——只能在校园网查阅、下载电子资源的问题。该系统将现有局域网上基于 Web 的数字图书馆，通过 Internet 网络拓展到世界的任何一个角落，读者无论在家里或是出差都可以通过远程访问使用图书馆的数字文献资源，再通过读秀学术搜索或者百链检索引擎去搜索全国数千个图书馆的文献资源，找到并得到自己需要的文献。下面是成都工业学院图书馆电子资源校外远程访问系统登录页面，如图 7 - 29 所示。

图7－29　校外远程访问系统（2019年9月6日截图）

读者在校外访问图书馆数字资源，只需在图书馆主页上点击“校外访问”或输入 http：// 125. 71. 217. 214：9050/login. fds，进入用户登录页面，输入用户名和密码，即可远程免费使用学校的所有电子资源，不再受IP限制，也不需要个人通过申请、图书馆批准等手续。成都工业学院图书馆校外远程访问系统可以访问的数字资源，如图7－30所示。

图7－30　成都工业学院图书馆校外远程访问的数字资源

随着现代科技进步，读者可以在有互联网的地方方便地访问图书馆的数字文献资源，这是多么先进和美好的时代啊！

习　题　7

1. 试述云计算的概念。
2. 试述 CALIS 云服务的内容。
3. 试述百链云图书馆原理。
4. 试述百链云图书馆资源。
5. 试述百链与读秀的服务分工。
6. 试用百链找到并获取外文图书全文。
7. 试用百链找到并获取外文学术期刊论文全文。
8. 试用百链找到并获取外文特种文献全文。
9. 试述其他途径找到并获取各种外文学术文献。

Chapter Eight

第 8 章

移动图书馆

本章概要

本章将介绍移动图书馆的概念、原理，国内外移动图书馆的发展历程，重点介绍目前比较成熟的超星移动图书馆的原理及文献检索。通过本章学习，读者会对实现数字图书馆的梦想：任何人在任何时间、任何地点，获取任何图书馆的任何文献资源有一个新的认识。

学习目的

- 了解移动图书馆的概念和原理。
- 了解超星移动图书馆的服务项目及内容。
- 熟悉手机上下载电子书的流程和学术资源的检索、下载和获取方法。

内容框架

移动图书馆
- 移动图书馆概述
- 世界移动图书馆
- 中国移动图书馆
- 移动图书馆文献检索

8.1 移动图书馆概述

现代意义上的移动图书馆是利用移动终端设备获取数字图书馆里文献资源的一种服务方式，它是图书馆阅读服务的延伸和补充模式，是移动通信技术和数字图书馆相结合的产物。移动图书馆是指依托目前比较成熟的无线移动网络、国际互联网以及多媒体技术，使人们不受时间、地点和空间的限制，通过使用各种移动设备（如手机、掌上计算机、E-book、平板计算机等）方便、灵活地进行图书馆各类数据信息的查询、浏览与获取。

随着移动互联网时代的到来，使人们对包括数据库、电子图书、音像资料等在内的众多媒体的需求日益增大，传统图书馆服务更多地局限于为读者提供图书及内容检索等单一功能上。因此，图书馆数字化、移动化成为未来图书馆发展的一种必然趋势。

8.1.1 移动图书馆定义

1. 无线应用协议

无线应用协议（Wireless Application Protocol，WAP）是一个开放式的标准协议，可以把网络上的信息传送到移动电话或其他无线通信终端上。WAP 是由爱立信、诺基亚、摩托罗拉等通信业巨头在 1997 年成立的无线应用协议论坛（WAP Forum）中制定的。它使用一种类似于 HTML 的标记式语言 WML（Wireless Markup Language），并可通过 WAP Gateway 直接访问一般的网页。通过 WAP，用户可以随时随地利用无线通信终端来获取互联网上的即时信息或公司网站的资料，真正实现无线上网。CMWAP 多用于浏览 WAP 开头的网站。CMNET 可以浏览 WWW 开头的网站。

2. 手机上网

手机上网是指利用支持网络浏览器的手机通过 WAP 同互联网相连，从而达到上网的目的。手机上网具有方便性、随时随地性，已经越来越广泛，逐渐成为现代生活中重要的上网方式之一。据中国互联网络信息中心（CNNIC）第 44 次《中国互联网络发展状况统计报告》显示，截至 2019 年 6 月，我国手机网民规模达 8.47 亿。

手机通过 WAP 上网利用互联网信息，是传统计算机上网的延伸和补充。

WML 是以可扩展的标记语言（Extensible Markup Language，XML）为基础的标记语言，用于规范窄频设备（如手机、呼叫器等）的显示内容和使用者接口的语言，因为窄频使得 WML 受到部分限制，如有限的使用者输入设备、窄频网络联机、有限的内存和资源等。

通过 WAP 这种技术，就可以将互联网的大量信息及各种各样的业务引入到移动电话、PALM 等无线终端之中。无论在何时何地只要需要信息，打开 WAP 手机，用户就可以享受无穷无尽的网上信息或者网上资源，如综合新闻、天气预报、股市动态、商业报道、当前汇率等。电子商务、网上银行也都逐一实现。

3. 移动图书馆定义

用户使用手机通过 WAP 利用互联网信息就是手机上网，用户通过手机上网利用图书馆的电子资源就产生一个新应用领域——移动图书馆。移动图书馆是移动通信技术的应用之一，是图书馆跟随现代移动通信技术发展的步伐，将图书馆的数字资源与移动通信技术相结合，使读者通过智能手机、Kindle、iPad、MP3/MP4、PSP 等移动终端设备，在任何时间、任何地点访问图书馆主页，进行查询、阅读、获取图书馆数字文献资源的一种服务方式。

8.1.2 移动图书馆的基本原理

移动图书馆是利用移动终端设备获取数字图书馆文献的一种服务方式。移动图书馆是图书馆阅读服务的延伸模式，是移动通信技术和数字图书馆相结合的产物。用公式表示为：

移动图书馆=数字图书馆服务+移动通信技术

1. 移动图书馆的基本原理

移动电话或者其他手持设备（iPad）通过 WAP 技术，就可以将网络上的大量信息及各种各样的业务引入到移动电话、PALM 等无线终端之中，无论读者在何地、何时，只要需要打开手机上的“移动数据”，就可以通过浏览器查询网上信息或者网上资源。将这一原理与数字图书馆相结合，就产生一种新的应用领域——移动图书馆。

下面以一个实际例子来说明移动图书馆的原理。

清华大学无线移动数字图书馆系统（Tsinghua University Wireless and Mobile Digital Library System，TWIMS）是清华大学基于2008年获得的教育部人文社科研究基金项目“基于无线广域网的移动数字图书馆实现和服务机制的若干关键问题”开始建设的。其目标是探索以手机作为信息展示和获取的工具，以无线广域网作为信息传播途径，实现图书馆的异构信息资源和异质服务的整合、重构和推送。清华大学无线移动数字图书馆系统原理设计方案如图8-1所示。

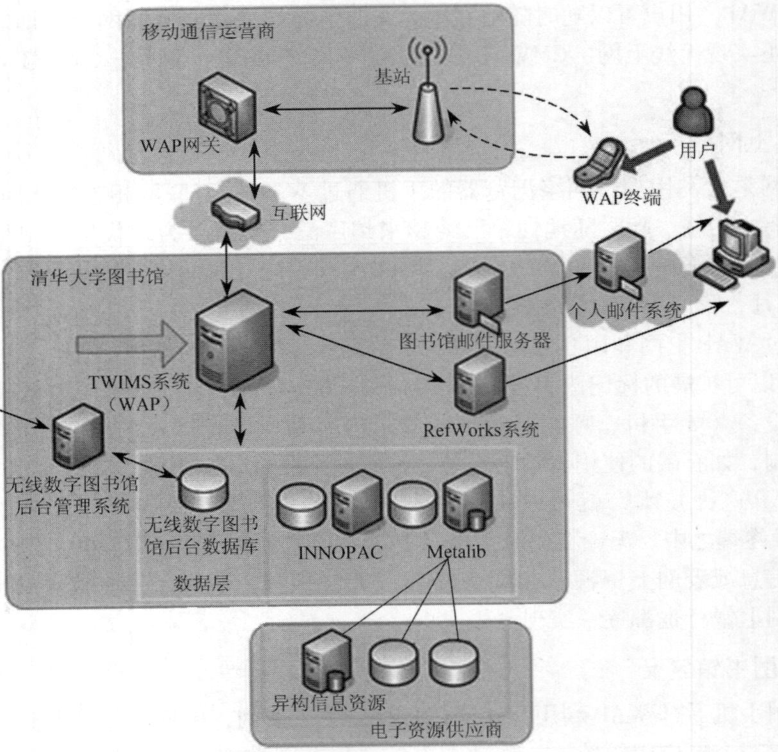

图8-1　清华大学无线移动数字图书馆系统原理设计方案

TWIMS按功能划分，主要包括应用服务子系统和系统管理子系统两部分[⊖]。应用服务子系统运行于前台，与底层数据存储交互，获取异构信息资源，呈现给用户可伸缩的信息应用视图，包括基于WAP的图书馆服务系统，以及基于交互短信和彩信的服务系统等。系统管理子系统运行于后台，应为易于拓展的资源和服务的管理平台。

在WAP图书馆服务系统中，系统按照三层体系结构设计：WAP展示层、业务逻辑层和数据访问层。WAP展示层直接面向读者用户，提供基于WML的数据显示，并用于接收手机用户输入的数据，为用户提供交互式的操作界面；业务逻辑层主要实现图书馆的各种服务功能；数据访问层用来与联机公共目录查询（Online Public Access Cataloge，OPAC）系统、资源整合与链接系统以及TWIMS的后台数据库交互数据。

⊖ 张成昱，王茜，远红亮，方玮. 清华大学：手机图书馆聚焦用户体验［EB/OL］.（2011-05-18）［2019-10-10］. http://www.edu.cn/info/zyyy/szzy/201503/t20150331_1242632_2.shtml.

TWIMS 面向手机用户提供基于 WAP 的服务。服务内容主要包括图书馆传统的读者服务以及电子资源检索服务等。TWIMS 在图书馆现有资源的基础上，整合一部分异构信息资源，提供了基于图书馆 OPAC、电子资源整合链接等系统的读者服务，把图书馆的各种资源以 WAP、电子邮件等方式提供给用户，把互联网、移动通信网络有机结合起来，为用户提供了便捷的信息获取和保存途径。清华大学移动图书馆服务内容框架如图 8－2 所示。

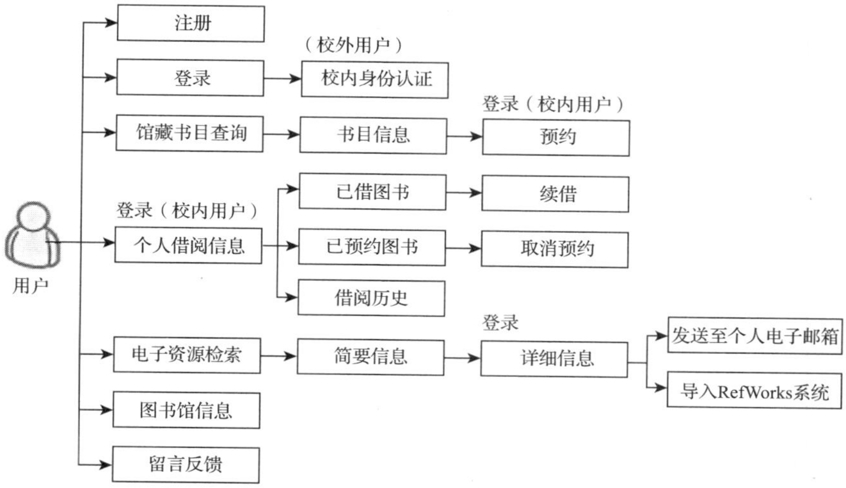

图 8－2　清华大学移动图书馆服务内容框架

2. 移动图书馆的应用模式

由于手机的信息应用模式多样化，以手机为信息终端设备的移动图书馆系统也必然是一个整合多种应用环境的服务体系，而非一个单一的软件系统。目前常见的手机信息应用模式有 4 种（不包括语音通信功能）：

（1）基于 WAP 的手机上网服务　移动图书馆系统作为移动互联网上的手机网站，以 XHTML 或 WML 页面作为提供服务的对外视图，具有不过分依赖手机终端特性的高兼容性特点，是移动图书馆的主要形式。

（2）基于 SMS 的实时和交互服务　利用短信和彩信实现信息浏览、检索和主动推送，具有实现和运行成本低，以及使用方便的优点，也是目前移动图书馆的所有功能中使用得最频繁的一部分。

（3）手机终端软件　针对不同手机开发的手机端应用程序可以提供适合手机的物理特性，充分发挥手机硬件功能的服务。目前基于 Android 等手机系统和其他手持式数字设备的应用开发可以提供在 WAP 上不易实现的功能，如视频播放、地图漫游等。

（4）基于 OTA 的 SIM 应用　OTA 是通过移动通信系统对 SIM 卡数据及应用程序进行远程管理的技术，可以把新服务直接运行在用户手机的 SIM 卡中供其使用，适合移动图书馆相关资源的定制服务等的实现。

3. 移动图书馆的基本功能

为满足上述多种应用环境下读者的需要，移动图书馆功能需求应包括以下几个部分：

（1）系统设计和基本功能　系统结构设计和实现模式，系统运行可靠性保障设计，手机兼容性设计，访问统计和控制。

（2）服务功能　基于OPAC的服务，电子资源整合服务，信息推送服务（新刊、新书、新论文），通知服务（图书到期、讲座），全文服务，手机报，馆藏地图漫游和资源定位，条码识别，实时短信发送。

（3）用户界面设计　手机图书馆界面整体设计，用户检索行为的导引，用户获得信息的预处理；手机界面对不同型号手机的自适应。

（4）内容迁移　Web向WAP的迁移，全文数据格式（.doc、.pdf等）向手机格式的迁移。

（5）用户管理　用户注册，用户库建设和维护，用户认证模式，用户调查和意见反馈。

8.1.3　移动图书馆服务内容

目前，由于移动图书馆是移动运营商的平台，是按流量计费的，或者是由图书馆与移动运营商签订合同，产生的流量费用由图书馆支付。读者的移动流量多是包月流量或临时购买流量。所以，移动图书馆服务的内容是满足读者在无法通过计算机上网的情况下，使用图书馆数字文献资源的需求。

早期移动图书馆提供的服务是短信通知，包括一些活动通知、新书到馆的通知以及图书状态的查询等。

1）OPAC服务。OPAC系统的增值和开发服务，包括国图在内的多家国内图书馆也都有此项服务，如个人借阅信息、个人预约信息、查阅书、预约、续借、取消预约等。

2）短信参考咨询。

3）读者指南，包括图书馆新闻、介绍、到馆路线等。

4）搭建面向移动设备的专有网站。

5）图书馆的常规搜索，可以提供检索、注册、登记、认证等。

随着智能手机和WIFI技术的应用，现在移动图书馆服务的内容和质量已经有了很大的提高。

8.2　世界移动图书馆

8.2.1　世界移动图书馆的发展进程

1. 世界移动图书馆会议

第1届国际移动图书馆会议于2007年11月在英国召开。该会议致力于探索和交流工作，并给用户提供移动资源以及移动服务，来自世界各地的研究人员、技术开发者、图书馆的工作人员等相互交流经验、心得，并为图书馆的未来发展献计献策。

2007年以后，世界科技较发达国家的图书馆界对移动图书馆会议的关注度逐步提高，移动图书馆服务发展迅速，渐成潮流。

第2届国际移动图书馆会议于2009年6月在加拿大召开。

2009年7月，OCLC（Online Computer Library Center，联机计算机图书馆中心）的“移动在线编目联合目录”（WorldCat Mobile）扩展到欧洲，继美国、加拿大之后，开始在英国、德国、法国、荷兰试用一年。

第3届国际移动图书馆会议于2011年5月11～13日在澳大利亚布里斯班市召开。大会发言人主要关注移动技术和移动服务等问题，如利用移动设备阅读数字馆藏，利用移动技术开展网络教育和参考咨询服务、短信服务等。每届国际移动图书馆会议，都对世界图书馆的发展产生很大影响。

第 4 届国际移动图书馆会议于 2012 年 9 月 24 ~ 26 日在英国米尔顿凯恩斯开放大学召开。会议讨论了 3 方面的内容：图书馆如何使用移动网；如何为移动网做设计；如何开始使用移动网。可移动的资源有 10 个方面：①图书馆网站与移动 OPAC（包括 apps）；②移动馆藏（包括 apps）；③图书馆指引（主要为播客）；④移动数据库（包括 apps、发现系统）；⑤移动导引；⑥短信提醒；⑦短信参考咨询；⑧二维码；⑨移动社会网络；⑩其他。

第 5 届国际移动图书馆会议于 2014 年 5 月 27 ~ 30 日在中国香港举行。由英国公开大学和香港中文大学联合主办。此次会议再次成为移动图书馆领域一个盛大的交流和学习平台，来自 5 大洲 24 个国家和地区的 243 名与会专家和代表，围绕“移动图书馆：从设备到人”的主题，对图书馆采用移动技术所面临的挑战和策略、图书馆移动技术的最佳实践、可穿戴技术对于图书馆未来的影响、利用移动技术提升全民信息获取等方面进行了深入分析和讨论。分享用户需求、了解移动设备、跟踪技术发展、探索用户驱动的泛在服务等内容在会议上进行了讨论。

2. 手持图书馆员联机会议

2009 年 7 月 30 日，图书馆联盟系统（Alliance Library System）、教育社区（Learning Times）和 Infoquest 机构举办了第 1 届“手持图书馆员联机会议”（Handheld Librarian Online Conference），又称为“2009 年移动图书馆员会议：关于移动图书馆服务的联机会议”。本次网络研讨会上，美国大学图书馆和公共图书馆领域的专家学者，针对移动图书馆服务交流经验与心得，即如何使用移动设备将通信、网络访问、短信通知等功能运用到图书馆服务中，重点针对图书馆短信通知、目录查询通知、虚拟参考咨询、Kindle 借阅等方面进行深入研究。

8.2.2　新设备改变人们的阅读习惯

图书馆拓展移动阅读服务需要设备、技术以及内容等相关要素的整合。设备是载体，内容是基础，技术是平台，服务是方向。在移动设备研制方面，亚马逊公司、苹果公司的作用功不可没。

1. 亚马逊公司的 Kindle 电子书阅读器

2007 年 11 月，亚马逊公司推出电子书阅读器 Kindle，开创了移动阅读的新时代。2009 年，电子书阅读器产业结合内容、服务与通信，不断走向成熟，电子书阅读产品已经开始面向大众市场。2010 年 8 月 25 日，Amazon 公司推出新的 Kindle 无线阅读设备，推广质地更轻、阅读更快、售价更低、对比度更高、无线接入的营销理念。目前 Kindle 电子阅读器 6 英寸分辨率达 300ppi，内存 8G，存储 32G。

2. 苹果公司的 iPhone 和 iPad

苹果公司（Apple. Inc.）首席执行官史蒂夫·乔布斯（Steve Paul Jobs）在 2007 年 1 月 9 日举行的 Macworld 宣布推出 iPhone，2007 年 6 月 29 日 iPhone 在美国上市。iPhone 同时具有移动电话、可触摸宽屏 iPod 和上网功能（电子邮件、网页浏览、搜索和地图），突破性地把“移动电话、宽屏 iPod 和上网装置”三种产品完美地融为一身，真正实现了移动技术的新应用㊀。

㊀ 百度百科. iPhone [EB/OL]. (2019 - 10 - 09) [2019 - 10 - 16]. http://baike.baidu.com/item/iPhone.

2010年是美国移动阅读设备如火如荼开展的一年。北京时间2010年1月28日凌晨2点，苹果公司正式发布了平板电脑iPad。iPad的发布和热销，是高科技的一次划时代的革命。目前，Apple iPhone XS 6.5英寸存储容量达512GB；Apple iPad Pro 12.9英寸平板电脑存储容量达1TB。

3. 华为的崛起

华为公司经过多年的努力追赶，特别是在5G专利技术方面领先世界后，成为通信行业领跑者。从华为Mate30 RS 5G全网通手机参数可知，华为手机已经是世界上最先进的手机之一。据Counterpoint公布的2019年全球智能手机销售量数据：三星排名世界第一，出货量为2亿9650万部，占比20%；华为排名世界第二，出货量为2亿3850万部，占比16%；苹果排名世界第三，出货量为1亿9620万部，占比13%。

4. 新设备改变人们的阅读习惯

美国华尔街日报（The Wall Street Journal）曾发表文章称，新设备正在改变美国人的阅读习惯，人们随时随地可以阅读。美国市场营销与研究资源公司（Marketing and Research Resources）针对1200名电子阅读器拥有者进行的调查显示，目前用户拥有的阅读设备主要有三种：亚马逊的Kindle、苹果的iPad和索尼的Sony Reader。调查公司Harris Interactive曾发表报告称，美国人拥有电子阅读器的比例已从1年前的8%提高到15%[一]。

8.3 中国移动图书馆

8.3.1 中国移动图书馆概况

从2003年开始，国内部分高校图书馆尝试开展手机图书馆服务，内容包括新书到馆、预约、超期、续借、催还、检索、发布消息等，初期主要是通过短信发送信息。2008年以来，更多的图书馆开始尝试手机图书馆服务，服务类型和服务层次也不断增加。特别是清华大学移动数字图书馆在2010年升级后，推出了“短信服务（OPAC查询、书目自助推送）、电子期刊信息推送服务、基于WAP的服务”，把手机图书馆的概念提升到移动图书馆的概念。

上网移动设备正在重塑人们的个人生活和职业活动。随着移动设备的应用迅速增长，用户访问互联网的方式发生巨变，工作和生活之间的界线更模糊。任何人在任何地方、任何时间都可以通过网络和手机联系某个人、获取某些信息、使用某方面应用。其中，互联网和移动互联网的发展是两个不可阻挡的关键因素。

从2007年年底至今，是移动网络应用增长最为迅速的时期。这个时期的互联网与相关技术的飞速发展，给移动图书馆的发展带来机遇。国内的上海图书馆、重庆大学图书馆、清华大学图书馆、北京大学图书馆、国家图书馆等先后开通了手机移动信息服务并建起“移动图书馆”。而国际移动图书馆的建设也处在起步阶段[二]。

[一] 199IT. 调查显示15%美国人使用电子阅读器[EB/OL].(2011-09-20)[2019-11-09]. http://www.199it.com/archives/15952.html.

[二] 谢晓丹. 移动图书馆——创造读者需求[J]. 中国教育网络，2011(2)：22.

在移动互联网环境中，图书馆的某些服务随之发生了改变：

（1）图书电子架位导航服务　例如，北京邮电大学图书馆推出了基于物联网的手机服务，该项目于 2009 年 12 月启动，与北邮网络技术研究院合作开发。通过 WIFI 和 RFID 技术，用手机作为读者卡为读者提供实时架位导航服务，同时在网络上提供图书电子架位导航服务㊀。

（2）馆藏书目自助推送功能　例如，清华大学移动图书馆系统的新颖之处是馆藏书目自助推送功能。读者检索到打算借阅的图书书目信息时，读者可以自助选择推送服务，经过页面分析技术自动抽取 OPAC 页面上的基本书目信息，读者自行填写接收手机号码后图书馆系统将书目信息发至手机，改变了过去读者手工抄写“馆藏所在地和索书号”的方法，增强了获取书目信息的便利性。在电子资源、数据库检索方面，利用图书馆现有的电子资源整合及其接口，实现异构资源库的定制与检索。以 E-mail 的形式，为用户传递学术资源的全文地址链接和摘要信息。

下面介绍目前移动图书馆的几种典型应用。

8.3.2　上海图书馆的手机图书馆

上海图书馆是 2005 年开展手机图书馆应用服务的公共图书馆，当初开展的服务内容有开馆信息、书目检索、参考咨询、读者信箱、讲座预订等。到 2018 年 10 月，上海图书馆的手机图书馆服务内容提升为三大应用：我的图书、活动、发现。

1. 我的图书

上海图书馆的读者，可以通过手机获得移动图书馆个性化服务，关注上海图书馆微信号后，通过微信登录上海图书馆，在“我的图书”栏目中，有图书查询、已借图书、图书续借、微阅读、手机借书公测等内容。

（1）图书查询　在图书查询页面上，有一个检索框，输入书名/作者，可检索馆藏目录情况；也可以扫描图书的 ISBN 号条码进行查询，查询按钮右侧有一个扫描二维码启动按钮，单击该按钮可以很方便地启动手机的扫一扫应用程序，形成了手机上的 OPAC（联机公共目录查询系统）。

（2）已借图书　注册登记成为上海图书馆的读者才能使用这个功能。通过微信可以查询自己在上海图书馆已借图书的情况。

（3）图书续借　这个功能也是只有注册读者才能使用。手机上可以查询自己的借书情况（什么时候到期等），也可以在手机上办理续借手续。

（4）微阅读　微阅读里面有 26 万种电子图书，1600 多种电子期刊，11000 多种网络文学，这里的一切都是免费的。目前有 2 万种电子书，600 多种期刊支持在手机和平板上阅读，读者可以根据自己的移动设备，扫描二维码后，按照提示进行安装。微阅读页面底部提供 iPhone、iPad、安卓三种阅读平台。为方便读者手机利用图书馆，上图微阅读页面提供的栏目有：①提供了网上办证登录窗口；②提供图书检索框，通过书名/作者两个途径，检索上图的馆藏书目信

㊀ 移动图书馆技术讨论会会议纪要［EB/OL］.（2010 - 10 - 15）［2019 - 11 - 09］. http://blog.sina.com.cn/s/blog_4c683f990100mm9k.html.

息；③提供少儿英文、悦视频、听书馆，④提供每周推荐、图书分类、微期刊、其他资料等。

2. 活动

活动栏目有“我的预订、上图展览、上图讲座、读者培训、知识分享人”等内容。

3. 发现

发现栏目有“咨询 & 反馈、悦读账单 2018、绑定 & 解绑、二维码读者证”等内容。

上图手机图书馆的这些功能，目前仅限于注册登记成为上海图书馆的读者才能使用。

8.3.3 中国国家图书馆的掌上国图

中国国家图书馆的掌上国图与几年前的掌上国图相比，无论是实用性还是实际内容都有了较大的进步。现在，读者只需到国家图书馆网页上用手机扫描安装了一个国图 APP——掌上国图，通过掌上国图，读者可以随时、随地、随身地了解、使用国家图书馆资源。该服务目前包括“资源推介、最新资讯、读者服务”。

1. 资源推介

（1）移动阅读　有分类、发现、资讯、排行、专题、分站等栏目。

①分类：有图书、期刊、音频、图集等栏目（每个栏目下还有进一步的分类）。

②发现：有图书、听书、期刊、专题、文津诵读、图片、公开课（每个栏目下又有小类）。

③资讯：有全部、数图推广工程、新闻、公告等栏目（每个栏目下又有小类）。

④排行：有阅读榜、收藏榜、点赞榜等。

⑤专题：有我心向党初心永挚；体育强国，奋斗有我；保护文化遗产传承人类文明；放飞梦想快乐童年；科技强国科普惠民；五一致敬劳动者；节约资源保护环境；以科幻为伴与经典同行；走进三月弘扬雷锋精神；探索太空聚焦月球等。

⑥分站：是全国范围内各省市区的图书馆名称及首页的连接。可见，该平台以中国国家图书馆为中心，全国省市公共图书馆为节点，已经构建成全国移动图书馆网络。

（2）国图公开课　在“课程列表”中又分“专题课程”和“学科课程”。

专题课程：百部经典、专题课程、读书推荐、特别活动、馆员课堂、典籍鉴赏、名著品读、非遗漫谈、走进名城、养生智慧、父母课堂、名人故事、抗战风云、音乐之声、阅读之旅等。

学科课程：哲学、宗教、社会学、民族与民俗学、政治学、法学、军事学、经济学、文化教育体育、信息管理学、语言文字学、文学、艺术学、史学、考古学、科学技术。

还有最新课程、最热课程、推荐课程等栏目。

（3）国图听书　有评书、中外小说、戏曲、国学启蒙、欧美经典、中外童话、世界名著、相声、英语有声名著、幽默笑话、音乐名家专辑、少儿故事、中外寓言、中国名曲等。还有听书推荐、最新听书等内容。

（4）学术文章

①文献检索：可对文献、期刊、博士、硕士、报纸、会议、工具书进行检索。

②出版物：可对期刊、博硕士授予单位、会议论文集、工具书、报纸进行检索。
③高级检索：可对文献、期刊、博士、硕士、报纸、会议、工具书进行高级检索。
④我的图书馆：可查阅自己收藏的或者订阅的学术文章。

2．最新资讯

有国图新闻、最新公告、讲座预告、书刊推介等栏目。

3．读者服务

有手机门户、国图 APP、书目检索、我的借阅、联系我们等栏目。

8.3.4　百度学术 APP

1．百度学术 APP 简介

百度学术搜索是百度旗下的提供海量中、英文文献检索的学术资源搜索平台。百度学术的宗旨是上下求索，海纳百川，保持学习的态度。百度学术是 2014 年 6 月初上线，它涵盖了各类学术期刊、会议论文，旨在为国内外学者提供最好的科研体验。2016 年 3 月百度学术又推出论文助手，主要的内容有学术搜索、论文查重、开题分析、学者主页。百度学术搜索可检索到收费和免费的学术论文，并通过时间筛选、标题、关键字、摘要、作者、出版物、文献类型、被引用次数等细化指标提高检索的精准性。百度学术搜索频道还是一个无广告的频道，页面简洁大方保持了百度搜索一贯的简捷风格。百度学术把这些内容移植到手机 APP 上，只要在手机上安装一个百度 APP 就能使用。

百度学术的服务内容有的是免费的，有的是收费的，百度学术实行严格的实名制注册：上传身份证正反面照片、本人电话等真实信息注册后等待审查，并要安装百度 APP，捆绑百度学术账号，在“我的”页面关注百度学术后系统会在两天时间内审查，审查通过后百度学术会在手机百度 APP 上发送一个私信：“感谢您关注百度学术！如果您要搜索论文，请点击前往百度学术首页，输入需要检索的标题或关键词。更多学术服务，请在电脑端查看百度学术主页，祝您学术路上一路顺风。”通知上面有一个“百度学术首页”链接。获取链接后手机上的百度 APP 就和京东、微信一样，是一个与私人信息相关的百度 APP，个人的百度学术信息全在个人的账户上，以后的拓展业务应用都在上面。此时的百度 APP 有“百度、好看视频、语音输入、小视频、我的”等栏目。

重要的个性的内容都在“我的”栏目里面，关注的内容就是“百度学术”，点开后上面有 4 项内容“学术搜索、论文查重、开题分析、学者主页”，如图 8－3 左图所示。

1）学术搜索：如图 8－3 中图所示，就是百度学术的搜索页面，输入一个标题或关键词，如“移动图书馆”，点击“百度一下”按钮，就可以检索到全部 41800 条相关的结果，期刊论文 30800 条相关结果、会议论文 192 条相关结果、学位论文 7510 条相关结果。

2）论文查重：可以把自己写的论文通过这个通道去查重，也叫论文检测（将在本书第 9 章中介绍）。

图8-3　百度学术主页、学术搜索、学术平台的内容

3）开题分析：输入标题、关键词。并用“;”隔开，最多输入15个，检索后，系统会帮助读者做“研究领域可视化分析，相关文献深度挖掘”的工作，并推送图示信息“研究走势、关联研究、学科渗透、相关学者、相关机构”等，还推送“经典论文、最新发表、综述论文、学位论文”等参考文章若干篇。

4）学者主页：我的学者主页，可以看到“我”发表的文章数、被引数、G指数、H指数，“进入我的学者主页”，还有更多内容：学者的学科领域、单位、学者发表论文的列表。论文列表有论文标题、作者、发表期刊名称、被引量等。点击论文标题后，进入论文详细信息页面，有论文标题作者、摘要出版源信息（期刊名称、年期页码）、被引量等信息。提供了获取文献的途径：“全部来源、免费下载、求助全文”。除了提供有该文章的参考文献和引证文献，还有与该文章相似的文献等。

5）学术订阅：栏目的内容有管理订阅、查看主页、添加主页、联系我们。

6）学术平台：栏目的内容有学者频道、论文助手、合作平台，关于我们，如图8-3右图所示。

其中，百度学术论文助手是比较新的东西，现特别列出重点介绍。

2. 百度学术论文助手

百度学术论文助手应用示例：进入百度学术页面，单击图8-3左图下方的“学术平台”，再单击“论文助手”，输入关键词“移动图书馆”如图8-4左图所示。

输入关键词后单击“前往”，百度学术利用它强大的系统分析和推送功能，自动将与关键词相关的“研究走势、关联研究、学科渗透、相关学者、相关机构、推荐论文”6个方面的开题分析报告推送到读者的面前，如图8-4中间图所示。

1）研究走势：“移动图书馆”从2004年开始出现相关研究，2015年达到最热，至今共有1336篇相关论文，如图8-4右图所示。

2）关联研究：随着研究的不断深入，出现了越来越多与“移动图书馆”相关的研究点，形成了庞大的研究网络，以下是高相关的研究点及其研究走势，如图8-5左图所示。

图 8-4　百度学术的开题分析、分析报告、研究走势

3）学科渗透："移动图书馆"的跨学科研究也发展迅猛，已深入到图书馆、情报与档案管理、信息与通信工程等多个学科，并衍生出多个交叉学科主题，图 8-5 中间图是多个渗透学科及对应的研究主题。

4）相关学者："移动图书馆"研究进程中，大量优秀文献源自于以下学者，他们推动并引领着学科的发展与进步，如图 8-5 右图所示。

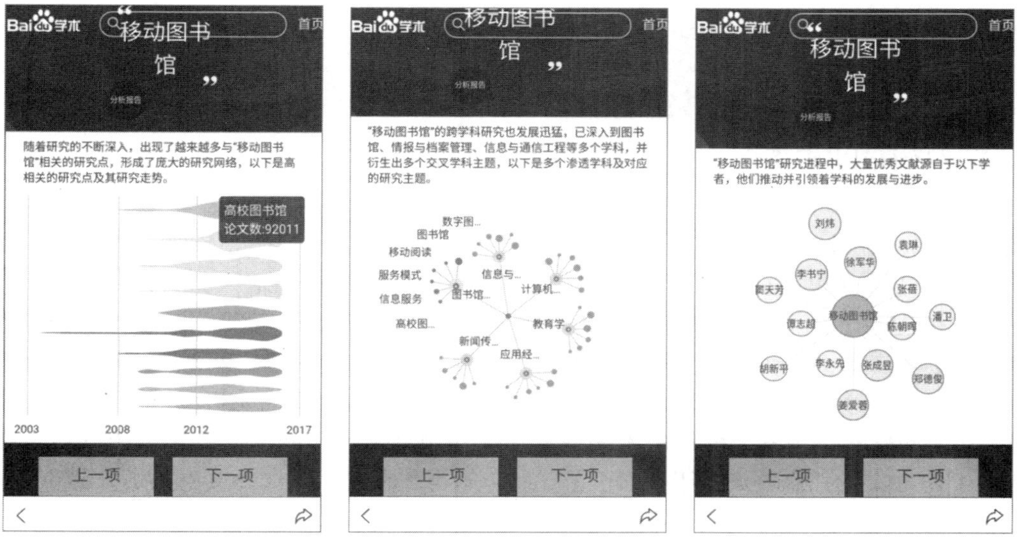

图 8-5　关联研究、学科渗透、相关学者

5）相关机构：众多研究机构在"移动图书馆"领域成果斐然，图 8-6 左图所示的机构为高发文量的研究机构，共 151 篇相关论文。

6）推荐论文：有"经典论文、最新发表、综述论文、学位论文"4 类文献若干篇。推荐的经典论文，如图 8-6 中间图所示。推荐的学位论文，如图 8-6 右图所示。

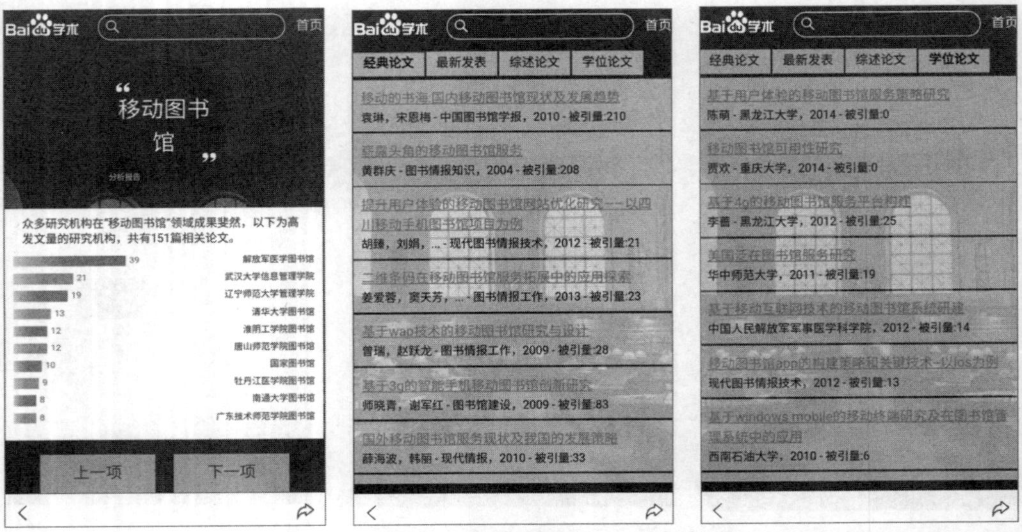

图 8-6　相关机构、推荐经典论文、推荐学位论文

论文助手的功能：帮助学者进行开题分析；输入论文的关键词，点击搜索按钮，系统会自动将读者需要的各种信息推送到面前。

对于初次写论文的人来说，论文助手具有一种辅助的示范作用，能帮助写作者认知和掌握写论文要考虑的因素，或者可以从论文助手提供的参考文献去找文献资源，但决不能依靠论文助手去写自己的学术论文或学位论文，论文必须要经过自己的深度思考、分析和过滤才能完成，写作者也必须经过这种历练才能成才。真正要写学位论文时，还是要踏踏实实的按照本书第 9 章的方法去做，否则，论文可能无法通过检测。

8.3.5　超星移动图书馆

1. 超星移动图书馆简介

(1) 概述　数字图书馆发展到今天，从根本上改变了人们的信息观念和学习习惯，为人类科学技术进步、经济社会发展和人类文明做出了巨大贡献。随着智能手机、无线上网的实现，像苹果公司的 iPhone 和 iPad 等，各种新的手持设备可以随时随地阅读，高科技正在改变人们的阅读习惯。在这种背景下，人们不断地探索，移动图书馆从最初的手机查询（书目、借阅）、信息发布，到移动咨询、移动阅读，我们可以称之为手机图书馆或移动图书馆 1.0，这是最初的手机图书馆。但是，这还不是真正意义上的移动图书馆，因为能直接供手机阅读的数字化文献资源十分有限，也没有解决各类资源的统一检索、统一调度和全文阅读等数字资源的使用问题。据估计，大约 80% 的信息查询始于搜索引擎，20% 始于图书馆；图书馆可以满足大约 80% 的学术需求，而互联网只能满足 20% 。第三代图书馆=图书馆+城市街区 24 小时图书馆+移动图书馆。“在这个信息时代，图书馆只有主动嵌入人们的日常生活之中，才不会成为恐龙，才会具有旺盛的生命力。图书馆精神不可移动，图书馆服务必须移动。移动图书馆是趋势，更是潮流，不潮则 out。”㊀

㊀ 程焕文. 风动·幡动·心动·移动：在移动图书馆的应用与技术创新研讨会暨西安交通大学移动图书馆启动仪式上的讲话［EB/OL］.（2016－10－26）［2019－11－09］. http://blog.sina.com.cn/s/blog_4b04e3970102drh9.html.

通信网络无处不在，即“泛在网络”。“泛在网络”有两层重要含义：第一层含义就是随时随地的网络，这是大家所理解的；第二层重要含义，即网络的应用，网络的通信超越了人与人的通信，所以就出现了人与物的通信、物与物的通信等。从这两个层面延伸，才可以看到“泛在网络”通信技术在现在和未来应用的真正前景。

“泛在”来源于拉丁语的 Ubiquitous，是指无所不在之意，又称“U 网络”。最早提出 U 战略的日本、韩国给出的定义是：无所不在的网络社会将是由智能网络、最先进的计算技术以及其他领先的数字技术基础设施武装而成的技术社会形态。根据这样的构想，U 网络将以“无所不在”“无所不包”“无所不能”为基本特征，即在任何时间、任何地点、任何人、任何事物都能顺畅地通信。

超星集团副总经理叶艳鸣认为：当我们能想象到网络是无所不在的时候，我们现在的哪些行为是可以应用到网络去发挥更大的价值？在基于“泛在网络”这样的机遇下，超星公司想到了把它的全部数字资源与“泛在网络”（通信网络）相结合——超星移动图书馆就这样诞生了。

（2）超星移动图书馆原理　移动电话或者其他手持设备（如 iPad）通过 WAP 技术，就可以将网络的大量信息及各种各样的业务引入到移动电话、掌上电脑等无线终端之中，无论在何地、何时，只要读者需要查询信息，就可以打开自己的 WAP 手机，享受无穷无尽的网上信息或者网上资源。

移动图书馆技术本身的科技含量并不高，通过 WAP 把网络上的信息传送到移动电话或其他无线通信终端上，但是，作为现代数字图书馆发展的一种崭新的服务系统，应该是完整的图书馆应用服务，除了移动 OPAC 和针对小屏幕的门户站点外，最核心的是要充分发挥各种无线电移动设备不受时间、地点和空间限制的优势，依托目前比较成熟的无线移动网络、国际互联网以及云计算技术，在手持设备上解决图书馆和云图书馆各类馆藏和数据库资源的统一检索、统一导航和资源调度，让用户随时随地、方便灵活地查询、浏览与获取所需的文献资源。

超星移动图书馆是以移动通信网络为支撑，以图书馆集成管理系统平台和基于元数据的信息资源为基础，以适应移动终端一站式信息搜索应用为核心，以云共享服务为保障，通过手机、iPad 等手持移动终端设备，为图书馆用户提供搜索和阅读数字资源，自助查询和完成借阅业务，随时随地获得全面信息服务的现代图书馆移动服务平台，真正实现数字图书馆最初的梦想：任何人在任何时间、任何地点获取所需的任何知识。

移动图书馆的核心且难点的技术是解决移动环境下的一站式检索，手机访问图书馆的障碍是操作界面、格式和资源只能在图书馆 IP 内访问等问题。超星移动图书馆实现了与 OPAC 系统的集成，实现纸质馆藏文献的移动检索与自助服务；与数字图书馆门户集成，实现电子资源的一站式检索与全文移动阅读；与全国共享云服务体系集成，实现馆内外资源联合检索与文献传递服务；与人们的个性化应用集成，实现公告信息发布与读者个性化服务定制。

超星移动图书馆=超星数字图书馆+“泛在通信”网络=超星资源+超星元数据整合+超星云服务+超星技术+超星服务+“泛在通信”网络。由这种思想构建的超星移动图书馆原理如图 8 －7 所示。

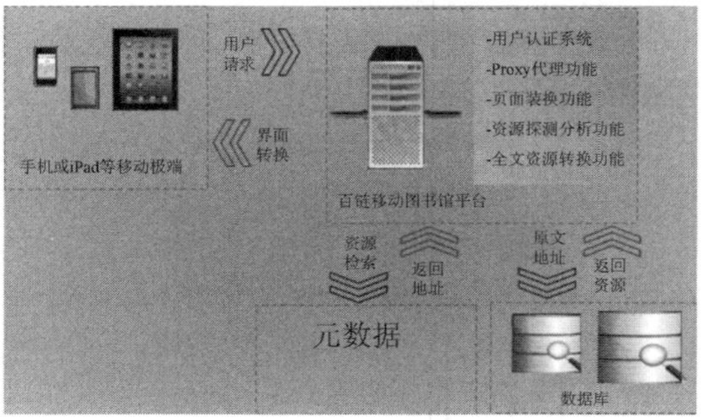

图 8 －7　超星移动图书馆原理

2. 超星移动图书馆的主要功能

超星移动图书馆主页分为资源统一检索、资源导航、我的中心和信息发布四大板块。为了满足不同终端的应用，平台分别给出了手机、手持阅读设备、OPAC 等多种终端注册、登记窗口。

(1) 基于元数据的资源统一检索　在超星移动图书馆检索平台，以频道方式分别提供知识、图书、期刊、学位论文、会议论文、标准、专利等各类文献的一站式检索体验。在统一检索中，参考互联网搜索引擎的经验，尝试将中外文检索词输入同一检索窗口，当输入中文词检索时，结果为中文文献，并优先显示中文出版文献。而当输入外文词检索时，结果为外文文献，并优先显示国外出版的文献。除了强大的搜索功能，在搜索到资源后，可以管理和发送资源到自己的邮箱中，手机变成了信息采集工具。碎片化阅读也是一大特色，读者可以查到并阅读所有图书关于某个主题的章节。平台还提供一批在形式上适合手机方式阅读，在内容上有价值，有品位，适宜读者利用碎片时间阅读的图书。

(2) 先进高效的云服务共享　超星移动图书馆接入强大的云共享体系，目前，超星电子资源云共享联盟的图书馆达到1800个，共享中外数据库410个。单个图书馆的数字资源总是有限的，但是，引入超星移动图书馆系统后，可以利用超星先进的文献共享云服务模式解决本馆馆藏资源不足的问题。系统会提供共享服务体系和其他馆的馆藏信息，并按地区寻找合适收藏馆，发出互助请求，获得全文服务。该平台还提供24小时云图书馆文献传递服务，无论是电子图书章节，还是论文都可以通过邮箱接收到电子全文。移动图书馆的文献传递请求的满足率：中文文献96%以上，外文文献92%以上。

(3) 传统与数字服务集成　超星移动图书馆与图书馆 OPAC 系统对接，实现了借阅证挂失、馆藏查询、个人借阅历史查询、图书续借、咨询、移动图书馆检索历史记录、浏览历史记录等个性化自助服务。

平台还充分发挥终端的信息交流功能，开辟了新闻发布、公告（通知）、新书推荐、热门书排行、借书到期提醒、预约取书通知等信息发布通道。

(4) 移动图书馆的资源　超星移动图书馆是依托集成的海量信息资源与云服务共享体系，为移动终端用户提供资源搜索与获取、自助借阅管理和信息服务定制的一站式解决方案，具有十分突出的特点与技术优势。目前，移动图书馆主页上提供的移动阅读资源有“书架、报纸、馆藏查询、学术资源、有声读物、视频、公开课”等栏目和内容。读者可根据自己的喜好添加“热门报纸、头条、科技、财经、文史、人文、体育、娱乐、军事、外文资讯”等内容。

移动图书馆主页上“学术资源”可检索和获取“图书、章节、期刊、报纸、视频、学位论文”等资源，是移动图书馆的核心内容。

(5) 资源检索与获取　数字图书检索、查看摘要、全文；数字期刊检索、查看摘要、全文；报纸的检索、查看摘要、全文。

(6) 不受校园网 IP 的限制　移动图书馆已解决校园外无法阅读校内资源的问题，无论是在家、在路上、在车上都可以轻松访问校内资源。

(7) 适合手机阅读的信息资源丰富　到2019年8月，超星移动图书馆的资源有：图书百万包库、中文期刊元数据7800万篇；中文报纸元数据8700篇；外文期刊元数据15478万篇；学位论文元数据386万篇；外文学位论文106万篇。300种报纸，每天实时更新，原风原貌，图文立体呈现供手机用户阅读使用。

(8) 访问设备　支持各种移动终端：各种型号手机、苹果 iPad、超 PAD、PSP 等设备（并且也支持台式计算机）。

至此，超星移动图书馆基本达到了数字图书馆的梦想：任何用户（Any user），在任何时间（Anytime）、任何地点（Anywhere），获取任何图书馆（Any Library）的任何信息资源（Any Information Resource）。一个人人拥有，无处不在，无时不在的知识世界基本得以实现。

3. 应用实例

移动图书馆应用前景：移动图书馆是新时代图书馆的创新服务领域，是移动环境下的服务创新，可实现本馆的移动服务，建立移动图书馆联盟、个人的移动图书馆。

（1）西安交通大学移动图书馆　西安交通大学移动图书馆的网址为 http://wap. lib. xjtu. edu. cn，其主页如图 8－8 所示。

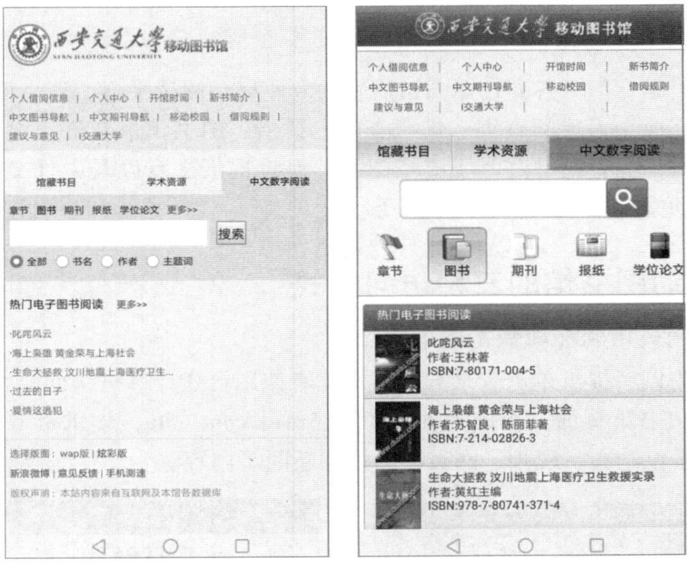

图 8－8　西安交通大学移动图书馆主页（2019－7－30 截图）

西安交通大学移动图书馆于 2011 年 7 月 19 日正式开通，在宪梓堂举行的移动图书馆应用与创新技术研讨会上，数十所著名高校图书馆负责人按下启动按钮，宣布西安交通大学移动图书馆正式开通。700 余所高等院校的近千名图书馆负责人出席会议，共同探讨中国移动图书馆的发展与未来。西安交通大学图书馆馆长俞炳丰主持会议。

超星集团副总经理叶艳鸣提到：数字图书馆的梦想是任何人在任何时间、任何地点可以享受任何图书馆的任何信息资源。并提出移动图书馆需要解决的两个问题：解决手机不能访问图书馆 IP 内资源问题，以及提供一套适合手机应用的操作界面问题。他还说，移动图书馆需要实现四大功能——与 OPAC 系统集成、与数字图书馆门户集成、与全国共享云服务体系集成、构建读者信息交流互动平台。现已建成的移动图书馆有层次清晰、功能强大的平台架构，馆藏文献自助借阅服务，个性化信息服务定制，能在手机终端实现一站式检索，并支持多种移动终端设备的应用[㊀]。

㊀ 杨丹. 西安交大开通移动图书馆：知识触手可及［EB/OL］.（2011－07－19）［2019－11－07］http://xjtunews. xjtu. edu. cn/zhxw/2011－07/1311069956d33201. shtml.

(2) 北京航空航天大学移动图书馆　北京航空航天大学移动图书馆，通过接入网络的手机、平板计算机等移动终端，可让读者享受移动图书馆带来的便捷体验，为读者呈现一种更方便、快捷地获取文献资源和服务的方式。服务的内容有：①馆藏书目查询；②在线阅读超 100 万册电子图书；③在线阅读超 7800 万篇报纸文章；④在线检索阅读超 3 亿篇中、外文期刊文献；⑤使用文献传递到邮箱功能轻松获取文献资源。㊀

(3) 使用超星移动图书馆的高校　到 2019 年 2 月底，超星移动图书馆在全国正式用户 1600 家，试用用户 1700 家，可见它很具代表性，并有很高使用率。这也证明了超星移动图书馆更接近“移动图书馆”的称谓，得到了众多高校图书馆的认可和使用。

8.4　移动图书馆文献检索

超星移动图书馆是专门为各高校图书馆研发的专业移动阅读平台，读者可通过手机、Pad 等移动设备上网自助完成个人借阅查询、馆藏查阅、续借、图书馆最新资讯浏览、学术资源搜索与下载等服务。同时，拥有超过百万册电子图书，海量报纸文章以及中外文献元数据，为读者提供方便快捷的移动阅读服务和移动检索服务。

8.4.1　移动图书馆的三种访问方式

1. 基于 Web 网页访问移动数字图书馆

Web 网页访问为读者提供单点登录方式，供读者使用台式计算机访问。图 8－9 所示是成都工业学院移动数字图书馆页面，网址为 http://m.5read.com/cdtu，学术资源可以搜索章节、图书、期刊、报纸、学位论文、视频、网页、图片和新闻等内容。

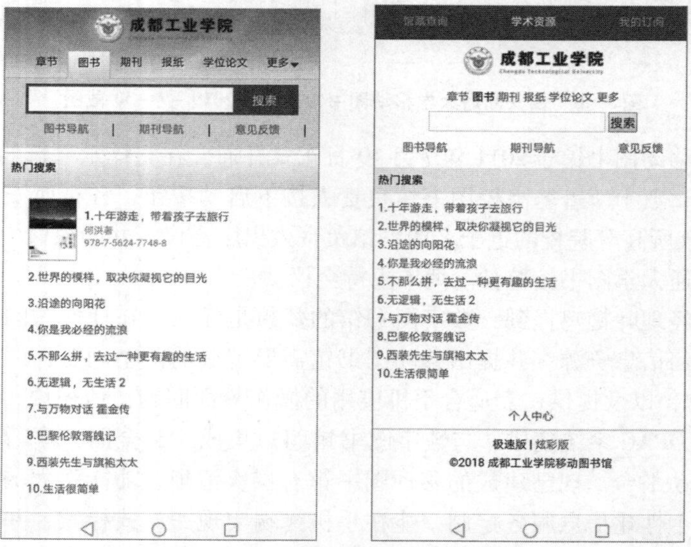

图 8－9　成都工业学院移动图书馆页面

㊀ 北京航空航天大学移动图书馆．欢迎试用移动图书馆［EB/OL］．(2012－02－19)［2012－03－22］．http://mc.m.superlib.com/news/showNews.jspx? pcataid＝470.

2. 基于 APP 访问的超星手机图书馆

APP 是“应用程序”英文 Application 的缩写，通过 APP 访问手机图书馆突破了时间、地域的限制，为读者提供了 24 小时不间断服务。读者可在手机上实现个人借阅查询、馆藏查阅、学术资源检索与获取等移动图书馆的服务功能。

3. 歌德电子借阅机

约翰·沃尔夫冈·冯·歌德（Johann Wolfgang von Goethe，1749 ~ 1832 年），德国诗人、剧作家、自然科学家和思想家。《少年维特之烦恼》是歌德在 25 岁时创作的处女作，晚年更是通过阅读许多的中国作品，对东方文学有了全新的认识，进而提出了“世界文学”的概念。歌德的临终遗言：“给我更多的灯吧!”更是道出了读书的本质，读书正是照亮人生的明灯。因此，超星公司以歌德命名超星电子借阅机，希望读者阅读更多的书。

歌德电子书借阅机是超星公司为移动图书馆配套的应用程序，目前程序支持 Android 版和 iPhone 版。歌德电子书借阅机内置 3000 册独家授权的经典畅销书电子版图书，且每月更新 150 本电子图书，图书与出版社纸书同步发行。内容涵盖精品推荐、经典名著、生活保健、经管理财、成功励志、小说传记、历史军事、文学艺术、人文社科、社会法律、人生哲学、亲子育儿等 12 个类别。读者需要下载、安装超星移动图书馆客户端，才能把电子图书轻松“装”进手机里阅读。

8.4.2　手机下载电子书的流程及阅读设置

这里以普通 4G 智能手机——华为 Mate 9 手机为例，说明手机下载电子书的流程，其他手机用户进行相似操作即可。

华为 Mate 9 手机配置：主屏尺寸 5.9 英寸，分辨率 1920 × 1080 像素，CPU 主频率 2.4GHz，1.8GHz，八核，RAM 容量 6GB，ROM 容量 64GB + 64GB。基本参数并不比某些计算机差，特别是像素指标超过很多计算机，比主流网页分辨率 1366 × 768 像素或 1024 × 768 像素还高，因此，用此手机直接打开 Web 网页浏览已经没有一点问题。

1. 在手机上下载安装超星移动图书馆 APP 客户端

读者调用手机中的扫描程序（如微信中的“扫一扫”，或 QQ 中的“扫一扫”），对准图 8 - 10 所示的“超星移动图书馆二维码”扫描，根据手机系统选择 Android 或 iPhone，手机自动下载安装客户端（超星移动图书馆：版本 6.3.4，大小 24.7MB，2019 年 8 月数据）。

图 8 - 10　超星移动图书馆二维码——选择安卓或苹果系统安装客户端

如果扫描二维码找不到程序时，也可打开手机浏览器，在地址栏中输入“m.5read.com”，进入“移动图书馆”网站，再点击右下方的“客户端”，也同样可以下载安装超星移动图书馆客户端。安装完成后，您的手机上将出现“移动图书馆”APP图标，如图8-11左图所示。

图8-11　移动图书馆APP图标、移动图书馆主页

单击“移动图书馆”图标，进入到图8-11右图所示的“成都工业学院”移动图书馆主页。如果没有登录，馆藏查询和学术资源等功能则暂时不能正常使用。

2. 用借阅证账号和密码登录客户端

单击图8-11右图页面中“馆藏查询”或“学术资源”后，系统弹出一个登录框，填入图书馆借阅证账号（一卡通卡号）和密码，只有登录客户端成功之后，才是本馆的合法读者，才能使用移动图书馆中的各种资源、功能和服务。

3. 扫描书面二维码完成电子书下载

读者可以单击图8-11右图页面左下方“扫一扫”，启动二维码扫描程序，对准扫描歌德借书机图书封面上的二维码（或图8-12中的二维码）。

手机会自动聚焦和扫借阅机图书封面上的二维码，并将这本电子书自动下载到手机的“书架”上，如图8-13所示。

图8-12　扫描图书封面上的二维码

4. 打开书架阅读已下载的电子图书

返回到移动图书馆主页，单击书架，如图8-13左图所示。

刚才下载的《史蒂夫·乔布斯管理日志》已经在书架上了，如图8-13中间图所示。单击图书封面就可以阅读了。

5. 通过在线书城下载电子图书

现在给书架添加图书，除了上面介绍的在歌德借阅机上扫二维码下载图书外，还可以点击在图8-13中间图“书架”页面右上角图标添加图书，点击后出现“在线书城、wifi传书、本地导入”3种方式，读者根据自己的需要选择其中之一，这里选择“在线书城”，如图8-13右图所示。

图 8－13　移动图书馆主页、书架页面、在线书城链接

点击“在线书城”进入在线书城页面后，有很多栏目：书香歌德、书库、爱看书苑、热门图书、书友上传、推荐专辑等。每个栏目都有很多电子版图书，且都可以下载到手机书架上去阅读。这里选择“书香歌德”，如图 8－14 左图所示。

图 8－14　在线书城、书香歌德、下载图书放到书架

“书香歌德”的内容与“歌德电子借阅机”的内容基本一致，如书香歌德栏目有经管理财、历史军事、文学艺术、亲子育儿、成功励志、小说传记、经典名著、哲学宗教、科学技术、生活保健、人文社科、政治法律、人生哲学、政史军事 14 个类别，如图 8－14 中间图所示。每个栏目下面都有很多电子版图书，都是可以下载到手机书架上去阅读的。

例如，点击“经典名著”进入经典名著页面，如图 8－14 右图所示。最上面一本是《歌德谈话录（英文）》，点击下载后，出现提示“图书已放到书架了，快去看看吧！”通过这种方式可随时下载需要的电子书籍。

6. 阅读电子图书设置

通过移动图书馆APP，读者可以获得很多热门、畅销电子图书，且阅读页面字迹清晰。

进入阅读页面后，右上方显示一个工具条，阅读电子图书设置就是通过这个工具条完成，如图8－15所示。

1）左边是本书的目录按钮：点击后可以看到正在阅读书的目录，点击书目可直达阅读页面。

2）右边是阅读设置按钮：有阅读字体大小的调整A＋、A－；有日间阅读、夜间阅读选项；有屏幕亮度左右滑动调节；还有仿真书卷、左右平滑等阅读方式可选择。设置成仿真书卷阅读，读者会有阅读纸质图书一样的感觉；默认是左右平滑阅读。

图8－15 阅读电子图书设置页面

3）最右上方添加书签：设置好开始阅读时，工具条隐藏不影响阅读页面。

这些都可根据自己的阅读喜好设置。设置完成再点一次设置按钮退出。

现代科技的进步，给读者带来的阅读体验是前所未有的，真正实现了读者不进图书馆，一样可以享受图书馆的优质服务。

8.4.3 手机移动图书馆的服务项目

在手机上点击移动图书馆APP后，系统登录到移动图书馆主页如图8－16左图所示。

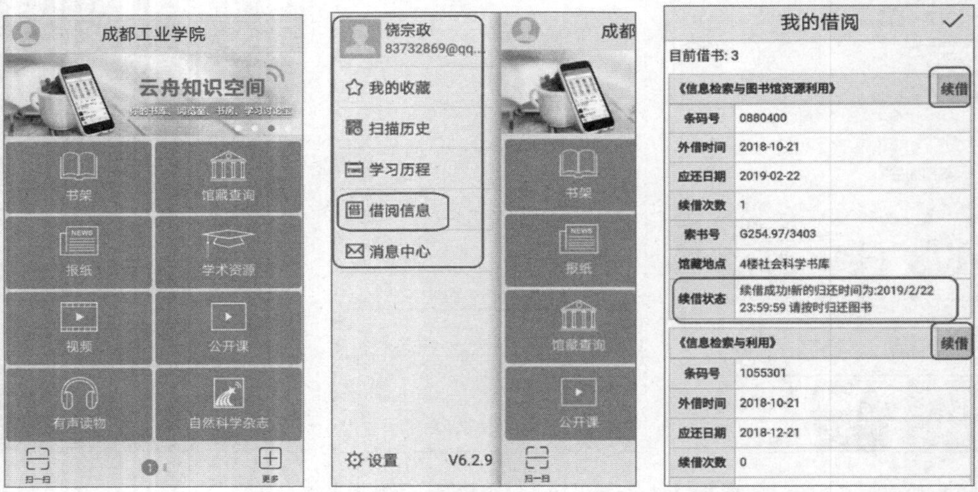

图8－16 移动图书馆主页、借阅信息、续借

1. 移动图书馆主页

从图8－16左图可知，手机移动图书馆为读者提供的主要服务项目有：

1）书架：是读者的收藏书架之意，里面收藏了根据自己喜好下载的电子书。

2）学术资源：提供了图书、章节、期刊、报纸、视频、学位论文等元数据检索服务；对检索到的内容提供原文阅读或文献传递服务。对于查询文献资源的读者来说，这是读者最需要和最重要的部分，也是移动图书馆的精华部分。

3）报纸：提供青年报、环球时报、中国国防报、当代生活报、中国消费者报等，还可以根据自己的喜爱添加各地区的各种报纸，报纸资源非常丰富。

4）有声读物：有科幻文学、儿童故事、英语听力、有声小说、风云人物、文学名著、对话大师、历史军事、科普百科等栏目。每个栏目下有很多有声读物，点击就可以听到普通话语音播放的读物，类似电台播放的听书。

5）馆藏查询：可查询本馆的文献资源，提供“题名、责任者、出版社、索书号”途径查找本馆藏书。并提供图书书目信息与馆藏信息（馆藏地、是否在架等）。

6）视频：提供的视频按内容分类，有治学方法、医学、农学、工业技术、教育社科、经济管理、政治法律、哲学、历史、文学、艺术、基础科学 12 个类目。每个类目下有很多视频，根据需要可打开播放。

7）公开课：提供了推荐课程、讲堂、下载、播放记录等栏目。特别是进入讲堂栏目后有很多讲座视频。点击就可以播放观看。

8）科普集锦：介绍科普短文章，碎片化阅读。

9）添加应用：系统为读者提供了“添加应用”栏目，添加内容有几十种热门报刊、头条、教育、科技、财经、文史、人文、体育、娱乐、军事、外文资讯等。读者可根据自己的喜爱选择并“添加”项目的快捷方式到移动图书馆页面。

读者可以根据自己的阅读爱好添加栏目。

2. 借阅信息和续借

将图 8 - 16 左图桌面向右滑动，出现如图 8 - 16 中间图所示页面，由此可见，移动图书馆提供的服务内容还有“我的收藏、扫描历史、学习历程、借阅信息和消息中心”。

单击“借阅信息”后，移动图书馆通过访问图书馆管理系统的 Web 页面，获取并显示本人实时借书信息数据：目前借书册数、书名、条码号、外借时间、应还时间、索书号、馆藏地点等，如图 8 - 16 右图所示，读者可以在这里完成“续借”操作，只需单击一下书名右边的“续借”按钮，就完成了续借操作。续借次数由各馆定义，成都工业学院图书馆读者可续借 2 次。

8.4.4　手机移动图书馆的学术资源检索方法

在移动图书馆中，最关键的是学术资源的检索和获取实现了移动服务。读者无论在任何时间、任何地点都可以检索到全国 1800 多家图书馆的数字资源，包括图书、章节、期刊、报纸、视频、学位论文等，前面讲的“读秀学术搜索”和“百链”的全部内容都可以在移动图书馆实现，这是科技信息进步给读者带来的方便，是中国最大的资源共享案例。下面结合读者最常搜索的文献资源为例，说明移动图书馆上学术资源的检索方法。

1. 图书检索及全文获取

对于电子书的获取，除了少量社会科学的电子书可通过二维码扫描获取外，其他绝大多数专业电子图书，还是要通过这里介绍的方法进行检索和获取。

在图 8 - 16 左图中，单击“学术资源”，进入学术资源页面的图书频道（系统默认），如图 8 - 17 左图所示。

图 8－17　学术资源页面、图书频道输入框、检索到的图书

图书频道提供了书名、作者、主题词3个检索途径。

在检索文本框中，输入“现代文献检索”（或点麦克风用语音输入），如图8－17中间图所示。单击“搜索”按钮，共36条搜索结果，如图8－17右图所示。单击排在首位的图书，得到如图8－18左图所示书目信息。

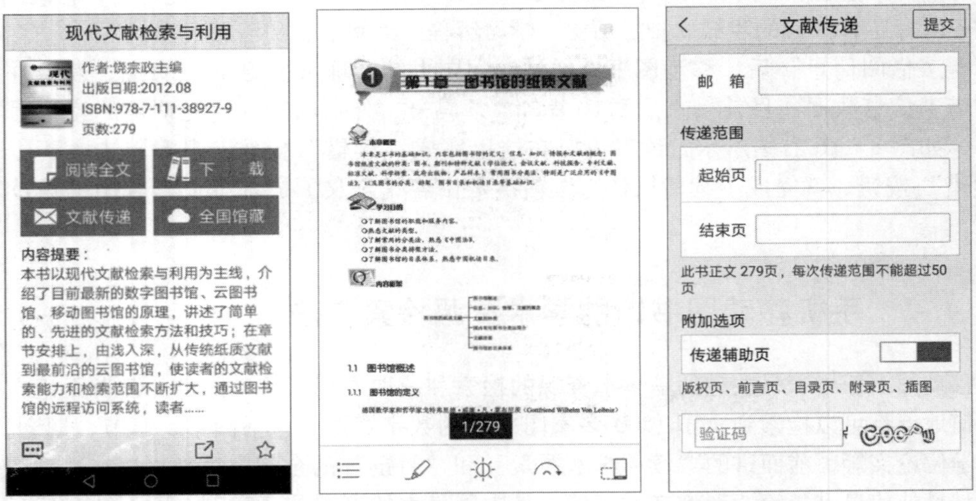

图 8－18　图书书目信息页面、阅读全文页面、文献传递页面

系统在书目信息页中，提供了书名、作者、出版日期、ISBN号、页数和内容提要等内容；还提供了获取此书的4种途径：阅读全文、下载、文献传递、全国馆藏，如图8－18左图所示。

1）点击“阅读全文”，就进入第1页，该书共有279页。在阅读全文页面下方，提供了5种人性化阅读辅助功能，从左到右依次是章节目录、批注笔、亮度调节、快速翻页、纵向/横向阅读选择，如图8－18中间图所示。

①在阅读过程中想看章节目录，就单击图书的各章节目录。想进入哪个章节，就单击哪个

章节进入阅读，非常方便。

②在阅读过程中想批注，只需单击“批注笔”，选择“墨水颜色”就可进行。

③阅读背景的亮度可根据需要进行调节（手机屏幕过亮是要多耗电的）。

④快速翻页功能可以像平常翻书一样快速到达需要的页面。

⑤系统还为读者提供了纵向/横向阅读选择功能，使阅读非常方便。

2）点击“下载”，此书就被下载到书架上，可以随时翻阅。

3）点击“文献传递”，如果所在的图书馆没有购买此电子书，读者可选择文献传递获取全文，如图 8－18 右图所示，需填入邮箱、起始页、结束页和验证码，然后点击“提交”按钮，就可以在邮箱中收到传递范围的图书章节，每次传递范围不能超过 50 页。

4）点击“全国馆藏”，可看到全国各省市高校图书馆对此书的收藏情况。

2. 通过图书分类导航查找图书

读者也可以在学术资源页面，点右上方“导航”进入图书分类页面，这里的图书分类是按照《中国图书馆分类法》进行的，熟悉中图法 22 个大类的读者，很容易找到所需图书。

如查找《电工电子技术》方面的书，就单击“导航”进入图书分类页面，选择“工业技术”进入工业技术类图书页面如图 8－19 左图所示，

图 8－19　中图法图书分类页面、工业技术类图书页面、图书书目信息页面

工业技术类共 347985 条搜索结果，如图 8－19 中间图所示。读者可通过上下滑动页面选择图书，或点查询符号，输入检索词进行检索。如想看页面上第 1 本《电工电子技术工程训练实用教程》图书，单击书名进入此书的书目信息页面，该页面提供了书名、作者、出版日期、ISBN 号、页数和内容提要等内容，还提供了获取此书的 4 种途径：阅读全文、下载、文献传递、全国馆藏，如图 8－19 右图所示。

点击“阅读全文”就可以进入阅读页面，从第 1 页开始直接阅读全文；或点击“下载”，几秒后，页面显示此书已经放到书架上，那么打开书架就可以阅读了。

3. 期刊检索及全文获取

期刊检索与全文获取是读者最常用的，在手机上是如何实现的？

1）选择学术资源页面的“期刊”频道，如图 8－20 左图所示。在期刊检索文本框中，可以选择输入标题、作者、刊名、关键词 4 种途径的检索词，进行期刊论文检索。

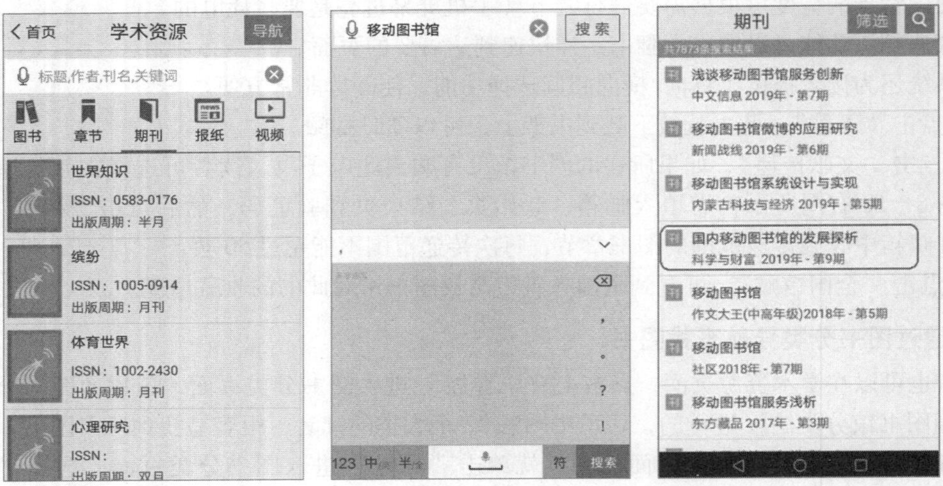

图 8－20　期刊频道页面、搜索页面、搜索结果页面

2）单击检索文本框，进入图 8－20 中间图所示页面，在文本框中输入“移动图书馆”，单击“搜索”按钮，共有 7873 条搜索结果。首页上第 4 条信息是“国内移动图书馆的发展探析”，如图 8－20 右图所示。单击标题，进入这篇文章的信息页面，如图 8－21 左图所示。该页面提供了获取此文章的 2 种途径：原文阅读、文献传递。

图 8－21　文章信息页面、原文阅读页面、文献传递页面

文章信息页面的内容有：标题、作者、刊名、出版日期、期号、关键词和内容提要等内容。

3）单击“原文阅读”，就进入文章第 1 页，该文章共有 2 页，如图 8－21 中间图所示，在原文阅读页面提供了 5 种阅读辅助功能，从左到右依次是章节目录、批注笔、亮度调节、快速翻页、纵向/横向阅读选择。

4）如果没有全文，可在图 8－21 左图页面上，单击“文献传递”，进入图 8－21 右图所示的“文献传递”对话框，询问“是否要传递文献到邮箱?”只需填入“邮箱、验证码”（如果打开了 QQ，QQ 邮箱自动填入），单击“提交”按钮，就可以在邮箱中收到文献传递的文章。

4. 学位论文检索及全文获取

学位论文检索与全文获取也是本科生最常用的，在手机上是如何实现的?

1）选择学术资源的“学位论文”频道，如图 8－22 左图所示，系统提供了标题、作者、授予单位 3 种检索途径。

图 8－22　学位论文频道页面、搜索框页面、搜索结果页面

2）点击搜索框，进入图 8－22 中间图所示页面，在文本框中输入“移动图书馆”，单击“搜索”按钮，共有 794 条搜索结果，如图 8－22 右图所示，如想看第 2 篇“基于微信公众平台的高校图书馆移动服务研究”的学位论文。

点击文章标题后，出现提示信息：“该文献暂时不提供在线阅读，是否要传递文献到邮箱?”如图 8－23 左图所示。

图 8－23　学位论文文献传递页面、邮箱接收、CAJ 浏览器信息页面

3）提交文献传递，根据提示信息，填入“邮箱、验证码”，点“提交”按钮就完成了文献传递。

4）打开QQ邮箱（手机需要安装QQ邮箱APP），如图8－23中间图所示，找到申请用文献传递过来的论文“基于微信公众平台的高校图书馆移动服务研究”。

5）单击邮件得到回复：“您需要的资料已找到，请注意查收，感谢您的咨询!”

页面显示“基于微信公众平台的高校图书馆移动服务研究”的发件人、收件人、时间、附件等信息，附件是一个.caj格式的文件，如图8－23中间图所示。在手机上需要下载安装中国知网的CAJViewer浏览器才能阅读。

6）利用手机助手等工具，搜索、下载、安装CAJViewer浏览器后，点开CAJViewer浏览器，查找到邮箱收到的.caj格式的学位论文“基于微信公众平台的高校图书馆移动服务研究”，如图8－23右图所示。点开该篇学位论文，就可以阅读了，如图8－24所示。

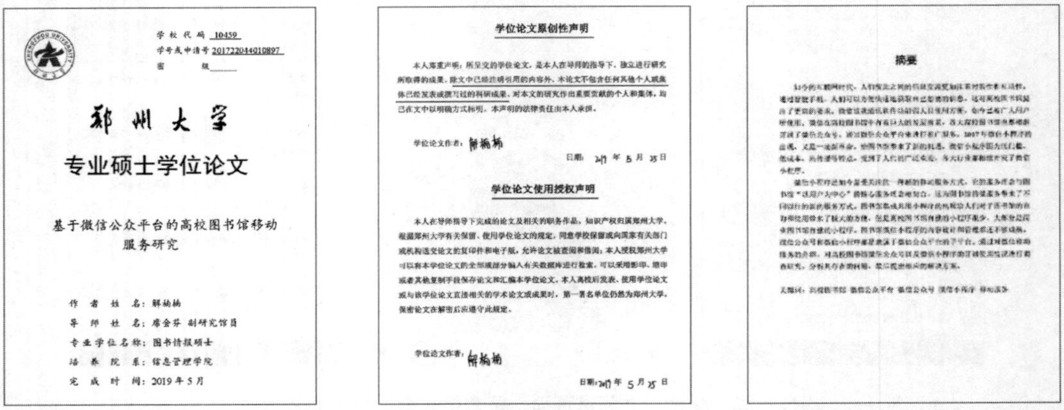
学校代码 10459
学号或申请号 201722044010897
密　级

郑州大学
专业硕士学位论文
基于微信公众平台的高校图书馆移动服务研究

作者姓名：解柄楠
导师姓名：席金芬 副研究馆员
专业学位名称：图书情报硕士
培养院系：信息管理学院
完成时间：2019年5月

学位论文原创性声明

学位论文使用授权声明

摘要

图8－24　学位论文封二、学位论文独创性声明、中文摘要页

图8－24左图是学位论文封二信息有“大学的logo、学校代码、学号或申请号、密级、郑州大学专业硕士学位论文、题名、作者姓名、导师姓名、专业学位名称、培养院系、完成时间”等信息。图8－24中间图是学位论文独创性声明是学位论文必须有的，声明哪些内容是引用的，哪些内容是自己的。“除文中标注引用的内容外，本论文中不包含其他人或集体已经发表或撰写过的科研成果。”这条内容已经成为声明的标准用句。图8－24右图是中文摘要页。

之后是学位论文的英文摘要页、目录页和正文页，如图8－25所示。

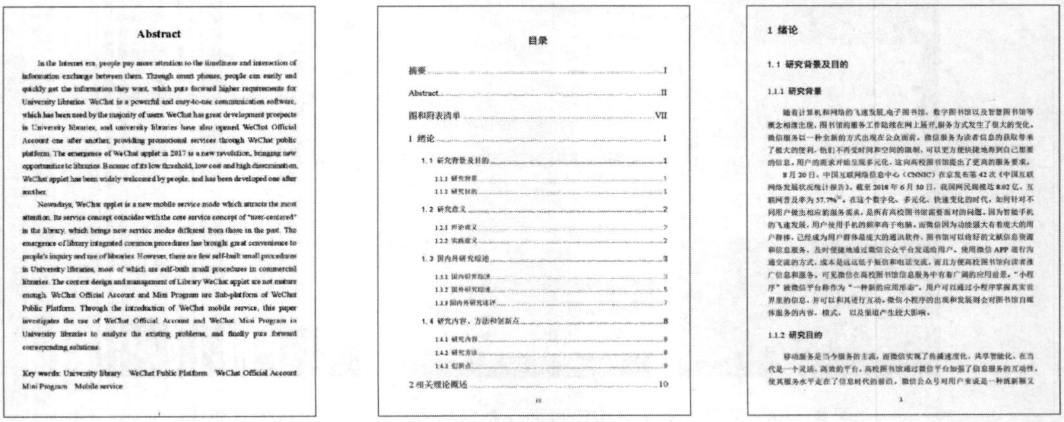
Abstract

目录

1 绪论
1.1 研究背景及目的
1.1.1 研究背景
1.1.2 研究目的

图8－25　学位论文英文摘要页、目录页、正文页

其他文献的检索和下载读者可自行尝试。

8.4.5　移动图书馆的升级版本——超星学习通

1. 超星学习通简介

超星移动图书馆是专门为各高校图书馆研发的专业移动阅读平台，读者可在智能手机、iPad 等移动设备上自助完成馆藏查阅、借阅查询、续借等操作；同时可在超过百万电子图书、海量报纸文章以及数亿条中外文献元数据池里检索需要的文献资源，为读者提供移动图书馆业务服务。超星公司在此基础上又增加了小组广场、培训课程、尔雅资讯、直播广场、学习档案、四六级英语、课程广场、超星阅读本、示范教学包等内容，开发了超星学习通 APP。

超星学习通是基于微服务架构打造的课程学习、知识传播与管理分享平台。它利用超星多年积累的海量图书、期刊、报纸、视频、原创等资源，集知识管理、课程学习、专题创作，办公应用为一体，为读者提供方便快捷的移动学习服务。

超星学习通 APP 版本 4.2.1，大小 87.8MB（2019 年 7 月 31 日数据），下载网址 https://app.chaoxing.com。读者既可以在超星学习通客户端上自助完成图书馆藏书借阅查询、电子资源搜索下载，资源共享云服务；又可以有私人化读书空间，个性化订阅体验，多样化的学术交流，完成学校专业课程学习或进行小组讨论等活动。

2. 超星学习通页面简介

超星学习通的首页、资源、微应用页面，如图 8－26 所示。

图 8－26　超星学习通首页、资源、微应用页面

图 8－26 左图是学习通的首页，首页上有检索框和“课程、资源、微应用”3 个频道。

1）课程频道：可以选择和规划自己的课程，选中的课程就放在此，要学习课程就点击进入。

2）资源频道：如图 8－26 中图所示，设有“专题、课程、图书、期刊、讲座”等栏目。可以点击进入。

①专题：专题栏目可以直接进入，也可以导航进入，需要的文献可以收藏成“私有文献”或“公开文献”。

②课程：点击“课程”栏目后，有很多类型课程，如“财务管理、商务英语翻译技巧、材料力学、汽车发动机构造与维修”等。可自主选择报名，报名成功后，课程频道里面就多了一门课程，点开后就有讨论，作业1～作业N，还有测验等。

③图书：“图书”栏目可以直接进入，也可以导航进入，可浏览查看更多的图书文献，看中的文献可以收藏成“私有文献”或“公开文献”。

④期刊：“期刊”栏目可以直接进入，也可以导航进入，可浏览查看更多的期刊文献，看中的文献可以收藏成“私有文献”或“公开文献”。

⑤讲座：“讲座”栏目可以直接进入，也可以导航进入，可浏览查看更多的讲座，看中的文献可以收藏成“私有文献”或“公开文献”。

3）微应用频道：如图8－26右图所示，设有“推荐、移动图书馆、移动博物馆、创作工具、小程序、互动工具、招生就业”7个栏目。

①推荐：设置了“小组广场、培训课程、尔雅资讯、直播广场、学习档案、四六级英语、课程广场、超星阅读本、示范教学包、活动”等内容。

②移动图书馆：设置了“下载、期刊、图书、报纸、公开课、学术资源、有声读物、视频”等内容。

③移动博物馆：设置了“金色名片、展览推荐、国家宝藏”等内容。

④创作工具：设置了“专题创作、速课制作、会议速记”等内容。

⑤小程序：设置了“知识挑战、数独、能力测评、读书报告、请假、外出签到、表单采集”等内容。

⑥互动工具：设置了“发签到、发投票、视频会议、直播”等内容。

⑦招生就业：设置了“找实习、找兼职、校招、看未来、简历诊断”等内容。

总体上说，超星学习通是在移动图书馆基础上，加入了一些学习相关的内容构成的。超星学习通是移动图书馆与移动学习计划相结合的产物。学习是一种信仰，人活到老学到老，学习是伴随人一生的事，利用移动图书馆学习适合各个年龄段的人群。

习　题　8

1. 试述移动图书馆的概念。
2. 试述移动图书馆的原理。
3. 试述超星移动图书馆的3种访问方式。
4. 试述超星移动图书馆的“学术资源”频道可检索的文献资源类型。
5. 试着在手机上安装超星移动图书馆APP，登录查看自己的借书信息，并自助办理图书续借。
6. 试用移动图书馆APP下载几本电子图书在手机上阅读。
7. 试用移动图书馆检索图书、期刊论文、学位论文，并得到全文。

Chapter Nine

第 9 章

论文写作指南

本章概要

论文写作是文献检索的综合利用。文献检索的目的是为了写论文、查资料，把二者结合起来，通过论文写作去实践和应用前面各章节的文献检索方法，检索出满足论文需求的若干相关文献，并使论文格式标准化和参考文献著录规范化。通过论文写作去掌握文献检索、掌握论文格式和著录规则，对提高论文质量都是非常有帮助的，避免论文抄袭是学术规范最基础的内容，是应该知道的常识。

学习目的

- 了解论文写作要求。
- 论文写作需要大量文献检索，通过论文写作去掌握文献检索。
- 掌握写论文的标准格式和参考文献著录规则，从而提高论文质量。
- 知道什么是抄袭以及怎样避免。

内容框架

论文写作指南
- 论文写作要求
- 论文写作需要检索大量文献
- 学位论文格式与参考文献著录规则
- 论文抄袭与论文检测

9.1 论文写作要求

论文写作，就要了解课题的来龙去脉，就意味着要检索相当多的参考文献，在论证过程中要引用他人的观点、方法和结论，就要遵守引用必须著录的原则。为了规范论文格式，我国专门出台了相关国家标准。如 GB/T 7713.1《学位论文编写规则》、GB/T 7713.3《科技报告编写规则》。

GB/T 7713.1—2006《学位论文编写规则》[⊖]是学位论文的执行标准。为了达到资源共享和

⊖ 中国国家标准管理委员会. 学位论文编写规则 GB/T 7713.1—2006 [S]. 北京：中国标准出版社，2007.4.

国际交流的目的，现行的《学位论文编写规则》参考了国际标准 ISO7144－1986《文献论文和相关文献的编写规则》（英文版），使学位论文的组成要素及结构等方面尽可能与国际标准保持一致。这些编写规则对于论文的编写进行了规范，对于科研工作者，是终身受用的，只要写学位论文就要用到它，是应该掌握的知识内容。

9.1.1　相关论文的定义

1. 科技报告

科技报告也叫科学技术报告，是进行科研活动的组织或个人描述其从事的研究、设计、工程、试验和鉴定等活动的进展或结果，或描述一个科学或技术问题的现状和发展的文献。

科技报告包含丰富的信息，如正反两方面的结果和经验，用于解释、应用或重复科研活动的结果或方法。科技报告的主要目的在于积累、交流、传播科学技术研究与实验的结果，并提出有关的行动建议。

2. 学位论文

学位论文是学位申请人为取得博士或硕士学位，向学位授予单位提交的具有较高参考价值的学术性研究论文，是国家和社会的重要文献资料，分为学士论文、硕士论文、博士论文。

学士论文　表明作者较好地掌握了本学科的基础理论、专业知识和基础技能，并具有从事科学研究工作或承担专门技术工作的初步能力。

硕士论文　表明作者在本门学科上掌握了坚实的基础理论和系统的专业知识，对研究课题有新的见解，并具有从事科学研究工作或独立承担专门技术工作的能力。

博士论文　表明作者在本门学科上掌握了坚实宽广的基础理论和系统深入的专业知识，在科学和专门技术上做出了创造性的成果，并具有独立从事创新科学研究工作或独立承担专门技术开发工作的能力。

3. 学术论文

学术论文是指某一学术课题在实验性、理论性或观测性上具有新的科学研究成果或创新见解和知识的科学记录；或是某种已知原理应用于实际中取得新进展的科学总结，用来在学术会议上宣读、交流或讨论；或在学术刊物上发表；或作其他用途的书面文件。

学术论文应提供新的科技信息，其内容应有所发现、有所发明、有所创造、有所前进，而不是重复、模仿、抄袭前人的工作。

4. 毕业论文

毕业论文就是高等院校应届毕业生，在教师的指导下，运用所学的基础理论、专业知识和基本技能，对本专业的某一课题进行独立研究后，为表述研究过程和研究成果，而独立撰写的一篇总结性的科技论文。

9.1.2　论文的基本要求

完备的论文应该具有科学性、首创性、逻辑性和有效性，这就构成了论文的基本要求[㊀]。

㊀ 韦凤年. 怎样写科技论文［J］. 河南水利与南水北调，2008，(1)：5－8.

1. 科学性

科学性是科技论文在方法论上的特征，它描述的不仅是涉及科学和技术领域的命题，而且更重要的是论述的内容具有科学可信性，是可以复现的成熟理论、技巧或物件，或者是经过多次使用已成熟能够推广应用的技术。它必须根据足够的和可靠的实验数据或现象观察作为立论基础。所谓“可靠的”是指整个实验过程是可以复核验证的。

2. 首创性

首创性是科技论文的灵魂，是有别于其他文献的特征所在。它要求论文所揭示的事物现象、属性、特点及事物运动时所遵循的规律，或者这些规律的运用必须是前所未见的、首创的或部分首创的，必须有所发现，有所发明，有所创造，有所前进，而不是对前人工作的重复、模仿或解释。

3. 逻辑性

逻辑性是文章的结构特点。它要求论文脉络清晰，结构严谨，前提完备，演算正确，符号规范，文字通顺，图表精致，推断合理，前后呼应，自成系统。不论文章所涉及的选题范围大小如何，都应该有自己的前提或假说、论证素材和推断结论。通过推理、分析使文章达到学术理论的高度，避免出现无中生有的结论或一堆堆无序数据、一串串原始现象的罗列堆砌。

4. 有效性

有效性是指文章的发表方式。当今只有经过相关专业的同行专家的审阅，并在一定规格的学术评议会上通过答辩、存档归案的学位论文；或在正式的科技刊物上发表的科技论文，才被认为是完备和有效的。这时，不管科技论文采用何种文字发表，它表明科技论文所揭示的事实及其真谛已能方便地为他人所应用，成为人类知识宝库中的一个组成部分。这也是图书馆收藏文献的价值所在。

论文写作要达到这些基本要求，就必须大量检索相关文献。

9.1.3　论文选题原则

1. 选题要新颖

科技论文的选题一方面要选择本学科亟待解决的课题，另一方面要选择本学科的前沿位置的课题，不要选择他人已经讨论过的题目。最好检索一下，看目前有没有人研究过这个题目或发表过相关的文章，如果有人研究，研究到什么程度？

2. 选题不超出自己的专业领域

选题还应注意不要超出自己的专业领域，如果超出了自己的专业领域，很多基础知识你了解得不深入，你就是外行，需要补充很多基础知识才能成为内行。如果这些基本的知识不具备，写作是非常困难的。

3. 选题范围大小要适当

选题确定后，就要定题目了。题目有大有小，有难有易。题目太大了，由于学力不足，无法深入，文章很容易写成蜻蜓点水，虽然面面俱到，但问题没有论述深透，论文没有分量，华而不实。写作时要确定一个角度，把题目缩小。因此确定科技论文的具体题目和论证角度，应该量力而行，实事求是，不要好高骛远，不要勉强去做一个自己无力胜任的题目，以及自己毫无基础和毫无准备的题目。

9.2　论文写作需要检索大量文献

论文写得好坏，关键在于文献资料的准备。据美国科学基金会凯斯医学院研究会调查统计，一个社会科学人员的科研耗时比例为：选题 7.7%，信息搜索与加工 52.9%，科学思维和实验 32.1%，学术观点的形成（论文）7.3%。广泛搜集相关文献资料的目的，是要全面熟悉该领域的发展现状，站在相当的高度来写论文。

9.2.1　由课题性质确定检索方向

1. 查全性

撰写综述性文章或研究报告，讲求系统全面，必须以时间为轴作纵向、深度的考察。需要对某一课题作全面的调查研究，了解该课题的整个发展过程。全面、细致地了解与国内外有关的所有出版物的情况，不仅包括书籍、期刊、报纸、报告、政府出版物，还包括声像、多媒体等新兴的载体形式。年代范围不仅包括现期的资料，也要对过期的资料进行回溯，这是撰写综述性文章或研究报告的基本要求。

2. 查准性

撰写研究报告或学术论文，需要对具体、细微的专业问题作深入的专题研究，在充分掌握相关材料和该领域重要研究成果的基础上，提出创新性的具有一定学术水平的观点或论断，这是撰写研究报告或学术论文的基本要求。

3. 动态性

在作新技术、新理论的研究时，需要查阅某一专题的前沿和最新资料，了解研究动态、发展趋势。从主题的时效性讲，需要最原始、最新颖的第一手资料，需要参考最新的期刊、会议资料、未发表的预印本文献。

4. 查新性

在作同类研究项目比较时，必须保证取材的数量和学术水平达到一定的广度和深度。因此，创新性的课题项目、研究成果或要求较高的学位论文应着重参考各种学术品质较高的国家一级刊物、核心期刊、学位论文、会议论文、研究报告、重要专著等；而有的课题则可以参考一般的图书、教材、杂志、报纸甚至视听资料。

9.2.2　论文写作需要检索大量文献

1. 检索前人对该领域已发表的文章

确定科技论文的题目和论证角度后，就要做检索文献资源的工作，以时间为轴做纵向、深度的考察。需要对某一课题作全面的调查研究，了解该课题的整个发展过程，不仅尽可能了解前人对于这个课题已经发表过的意见，了解国内外有关的所有出版物的情况，包括书籍、期刊、报纸、学位论文、会议论文、科技报告、政府出版物等，而且对前人已经取得的成果可以继承；对犯过的错误可以避免，防止走弯路；吸取前人已有的经验，解决前人没有解决的问题。在博览检索有关资料的过程中，应该时刻以自己的论题为中心去思考这些资料，区别其正确与错误，找出其论证不足与需要增补之处，在此过程中逐渐形成自己论文的观点。搜集材料的过程，就是调查研究、思考钻研、形成论点的过程。

在检索相关文献、研究过程完成时，论文提纲也就自然而然地完成了。

2. 检索相关课题领域的文献

检索相关课题领域的文献要求尽可能查全，特别是不要漏掉核心期刊上重要的文章，因为本学科核心期刊上的文章，一般来说代表了本学科的最高水平。另外，对搜集的材料要进行分析、提炼，保留那些能说明论点的例证材料。小道理要服从大道理，局部要服从整体。单从某一局部看，有些论点和例子可能是精彩的，但从全局确定的基本发展线来看，它插不进去，用不上，只能割爱。科技论文应有说服力，有论点、有例证，理论和实际相结合，论证过程有严密的逻辑性和层次感。

3. 学位论文对参考文献检索量的要求

参考文献一般应是作者亲自考察过的对学位论文有参考价值的文献，不应间接引用。参考文献应有权威性，要注意引用最新的文献。著录的参考文献务必实事求是。论文中引用过的文献必须著录，未引用的文献不得出现。应遵循学术道德规范，避免抄袭、剽窃等学术不端行为。

西安交通大学硕士、博士学位论文规范〔2013〕85 号[㊀]对参考文献的数量要求是：“参考文献的数量：硕士学位论文，一般不少于 30 篇，其中，期刊文献不少于 20 篇，国外文献不少于 10 篇，均以近 5 年的文献为主；博士学位论文，一般不少于 80 篇，其中，期刊文献不少于 60 篇，国外文献不少于 30 篇，均以近 5 年的文献为主。”并且还规定了：“正文部分的篇幅（包括绪论、结论、图、表和公式），按本规范排版，硕士学位论文一般为 40 ~ 60 页，博士学位论文一般为 80 ~ 120 页。”浙江大学论文规范要求参考文献的数量：专科毕业论文不少于 10 篇，本科毕业论文不少于 15 篇，硕士毕业论文不少于 50 篇，博士毕业论文不少于 100 篇。达不到这个数量，说明检索或者阅读的参考文献不够[㊁]。

4. 百度学术论文助手

初写论文总是困难的，好在百度新推出了百度学术论文助手。作为参考咨询模式，百度学术论文助手可帮助读者对研究领域进行分析，并推荐很多相关文献。读者可从百度学术主页（http://xueshu.baidu.com）上的“开题分析”进入百度学术论文助手页面，输入标题和关键词，关键词用分号隔开，点击搜索按钮，百度学术利用它强大的系统分析和推送功能，帮你分析出与论文标题和关键词相关的“研究走势、关联研究、学科渗透、相关学者、相关机构、推荐论文”6 个方面的开题分析报告，并自动推送到读者的面前。论文助手页面，如图 9 - 1 所示。（详见 8.3.4 百度学术 APP）

㊀ 西安交通大学研究生院. 西安交通大学研究生学位论文规范〔2013〕85 号 [EB/OL]. (2013 - 10 - 26) [2019 - 08 - 08]. http://info.xjtu.edu.cn/info/1006/7246.htm.

㊁ 114 论文. 毕业论文写作指南 [EB/OL]. (2011 - 01 - 26) [2018 - 02 - 28]. http://www.lunwen114.com/lwzy/lwxzjq/13677_14.html.

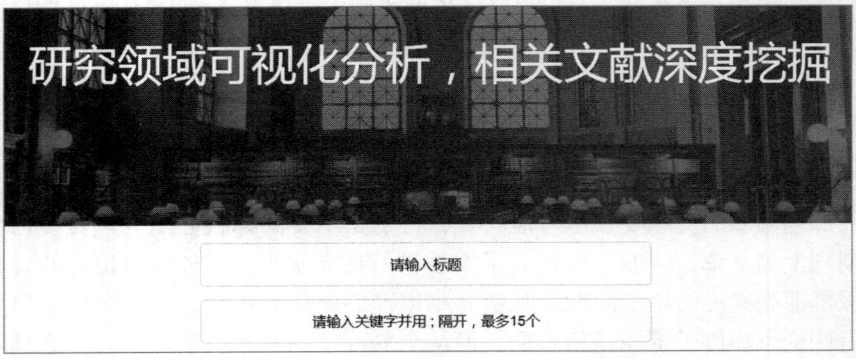

图9-1　百度学术论文助手页面

9.3　学位论文格式与参考文献著录规则

9.3.1　学位论文格式

学位论文要遵循 GB/T 7713.1—2006《学位论文编写规则》的相关要求和规定。

1. 学位论文的一般要求

1）学位论文的内容应完整、准确。

2）学位论文一般应采用国家正式公布实施的简化汉字。

3）学位论文一般以中文或英文为主撰写，特殊情况时，应有详细的中、英文摘要，正题名必须包括中、英文。

4）学位论文应采用国家法定的计量单位。

5）学位论文中采用的术语、符号、代号在全文中必须统一，并符合规范化的要求。论文中使用专业术语、缩略词应在首次出现时加以注释。外文专业术语、缩略词，应在首次出现的译文后用圆括号注明原词语全称。

6）学位论文的插图、照片应完整清晰。

7）学位论文应用 A4 标准纸（210mm×297mm），必须是打印件、印刷件或复印件。

2. 学位论文结构图

学位论文结构分为“前置部分、主体部分、参考文献表、附录、结尾部分”5部分，如图9-2所示。

3. 学位论文章节编号级别

学位论文的主体部分可根据需要划分为不同数量的章、节，章节的划分建议参照 CY/T35-2001《科技文献的章节编号方法》。学位论文的章、节编号和排列均应采用阿拉伯数字分级编写：

第一级标题的编号为1，2，3 … 6，7，8；

第二级标题的编号为2.1，2.2，2.3，…，2.6，2.7，2.8；

第三级标题的编号为2.7.1，2.7.2，…，2.7.6，2.7.7，2.7.8.

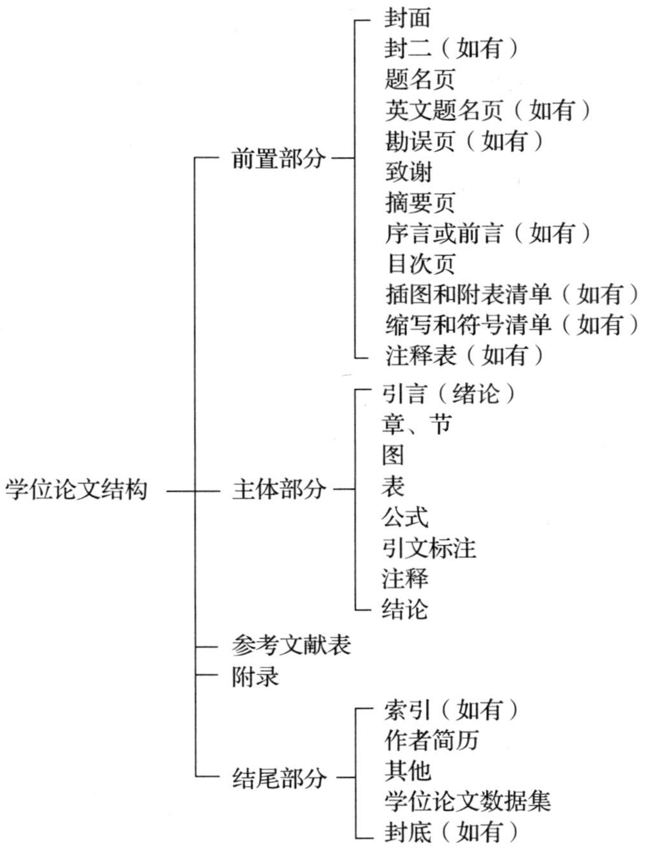

图 9－2　学位论文结构图

如此类推。国标规定的章、条编号方式书写简单，层次分明，对著者、编者和读者都具有显著的优越性。学位论文的章、节级别，如图 9－3 所示。

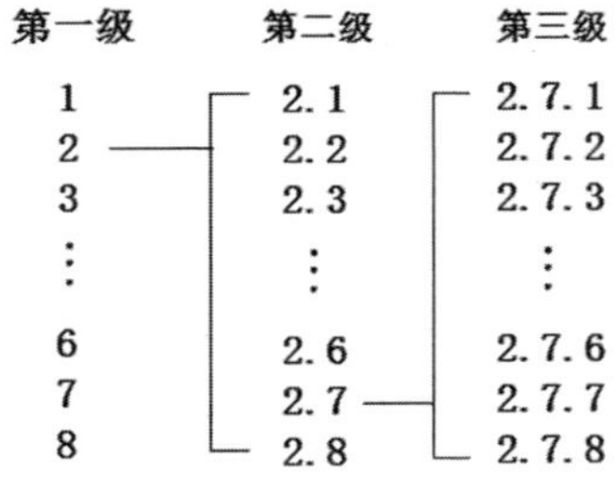

图 9－3　学位论文的章、节级别

学位论文的章、节编号全部顶格排，编号与标题之间空 1 个字的间隙。章的标题占 2 行。正文另起行，前空 2 个字起排，回行时顶格排。学位论文的页码，正文和后置部分用阿拉伯数字编连续码，前置部分用罗马数字单独编连续码（封面除外）。

4. 学位论文的前置部分

学位论文的前置部分包括：封面、封二（如有）、题名页、英文题名页（如有）、勘误表

（如有）、致谢、摘要页、关键词、序言或前言（如有）、目次页、插图和附表清单（如有）、缩写和符号清单（如有）、术语表（如有）等。各高校统一设计了本校学位论文的封面页和logo部分，并对论文要求和格式有严格的规定。

（1）封面　学位论文的外表面，对论文起美化和保护作用，并提供相关信息。

学位论文的封面应包括题名页的主要信息，如论文题名、论文作者等。其他信息可由学位授予机构自行规定。

（2）封二（可选）　学位论文封二包括学位论文使用声明和版权声明及作者和导师签名等，其内容应符合我国著作权相关法律法规对责任者的规定。责任者包括论文的作者、学位论文的导师、评阅人、答辩委员会主席以及学位授予单位等。必要时可注明个人责任者的职务、职称、学位、所在单位名称及地址；如责任者系单位、团体或小组，应写明全称和地址。

（3）题名页　包含论文全部书目信息，单独成页。题名页主要内容：中图分类号，采用《中国图书馆分类法》（第5版）示例，如中图分类号G250.7；学校代码：按照教育部批准的学校代码进行标注。

题名是以最恰当、最简明的词语反映论文中最重要的特定内容的逻辑组合。题名所用每一个词语必须考虑到有助于选定关键词和编制题录、索引等二次文献，可以利用该词语检索到特定使用信息。学位论文对题名和副题名的具体要求：题名以简明的词语恰当、准确地反映论文最重要的特定内容（一般不超过25字），应中英文对照。题名通常由名词性短语构成，应尽量避免使用不常用缩略词、首字母缩写、字符、代号和公式等。

如题名内容层次很多，难以简化时，可采用题名和副题名相结合的办法，其中副题名起补充、阐明题名的作用。题名和副题名在整篇学位论文中不同地方出现时，应保持一致。

（4）英文题名页　英文题名页是题名页的延伸，必要时可单独成页。

（5）致谢　致谢是对曾经给予论文的选题、构思或撰写以指导或建议；对考察或实验过程中做出某种贡献的人员；协助完成研究工作和提供便利条件的组织或个人；或给予过图书资料、图片、文献信息、物质或经费帮助的单位、团体或个人致以谢意。一般对例外的劳动可不必专门致谢。

（6）摘要　是论文内容的简要陈述，是一篇具有独立性和完整性的短文，一般以第三人称语气写成，是不加评议和补充的解释。摘要是一种可以被引用的完整短文。

摘要应具有独立性和自含性，即不阅读论文的全文，就能获得必要的信息。摘要的内容应包含与论文等同量的主要信息，供读者确定有无必要阅读全文，也可供二次文献采用。摘要一般应说明研究工作的目的、方法、结果和结论等，重点是结果和结论。为了方便国际交流，学位论文摘要一般有中文和英文摘要，中文摘要一般字数为300～600字，外文摘要实词在300个左右。如遇到特殊需要字数可以略多。摘要中应尽量避免采用图表、化学结构式、非公知用的符号和术语。

（7）关键词　是为了文献标引工作从论文中选取出来用以表示全文主题内容信息款目的单词或术语。它是为了便于读者从浩如烟海的书刊中寻找文献，特别是适应计算机自动检索的需要。每篇学位论文应选取3～8个关键词，用显著的字符另起一行，排在摘要的下方。关键词体现论文特色，具有语义性，在论文中有明确的出处，并应尽量采用《汉语主题词表》或专业主题词表提供的规范词。为了便于国际交流，应标注与中文对应的英文关键词。

关键词与题名的关系：题名中应含有几个关键词。关键词与层次标题的关系：小标题中可以含有关键词。关键词排列：第一关键词，论文所属学科名称；第二关键词，成果名称；第三关键词，所用方法名称；第四关键词，研究对象；第五、六关键词，便于检索和文献利用的名称。关键词作用：用于表达论文主题信息；关键词用于论文检索；关键词与题名组成独立的信息资源。

（8）序言或前言　学位论文的序言或前言，一般是作者对本篇论文基本特征的简介，如说明研究工作的缘起、背景、主旨、意义、编写体例以及资助、支持、协作经过等。这些内容也可以在正文的引言（绪论）中说明。

（9）目次　论文各章节的顺序列表，一般都附有相应的起始页码。目次页是论文中内容标题的集合，包括引言（绪论）、章节或大标题的序号和名称，小结（结论或讨论）、参考文献、注释、索引等。目次是目录的排序，目录是内容章节的具体名称，表示内容的篇目次序。学位论文的目次页排在序言或前言之后，另起页。

（10）图和附表清单　论文中如图表较多，可以分别列出清单置于目次页之后。图的清单应有序号、图题和页码。表的清单应有序号、表题和页码。

（11）符号、标志、缩略词、首字母缩写、计量单位、术语等的注释表　符号、标志、缩略词、首字母缩写、计量单位、术语等的注释说明，如需汇集，可集中置于图表清单之后。

5. 学位论文的主体部分

学位论文的主体部分包括：引言（绪论）、章、节、图、表、公式、引文标注、注释和结论。

一般要求：主体部分每一章应另起页。主体部分一般从引言（绪论）开始，以结论或讨论结束。引言（绪论）应包括论文的研究目的、流程和方法等。论文研究领域有历史回顾、文献回溯、理论分析等内容，应独立成章，用足够的文字叙述。主体部分由于涉及的学科、选题、研究方法、结果表达方式等有很大的差异，不能作统一的规定。但是，必须实事求是、客观真切、准备完备、合乎逻辑、层次分明、简练可读。

（1）引言（绪论）　一般说来，引言（绪论）经常作为科技论文的开端，主要回答“为什么”（Why）这个问题。引言中不应详述同行熟知的，一般教科书中有的知识，包括教科书上已有陈述的基本理论、实验方法和基本方程的推导。但是，对于学位论文，为了反映著者的学业等，允许有较详尽的文献综述段落。如果在正文中采用比较专业化的术语或缩写词时，最好先在引言中定义说明。论文的引言是论文的开场白；应回顾前人相关的工作；应概述研究工作的原因；应阐明研究工作的新意；要与文中其他章节内容相呼应。它的意义是交代研究问题的来龙去脉。

（2）正文　一般说来，正文是主要回答“怎么研究”（How）这个问题的。正文应充分阐明论文的观点、原理、方法及具体达到预期目标的整个过程，并且突出一个“新”字，以反映论文具有的首创性。论文的正文是核心部分，占主要篇幅。正文可以包括：调查对象、实验和观测方法、仪器设备、材料原料、实验和观测结果、计算方法和编程原理、数据资料、经过加工整理的图表、形成的论点和导出的结论等。根据需要，论文可以分层深入，逐层剖析，按层设分层标题。

（3）结论　结论（讨论）是整篇文章的最后总结。结论主要回答“研究出什么”（What）。论文的结论是最终的、总体的结论，不是正文中各段小结的简单重复。结论应包括论文的核心观点，交代研究工作的局限，提出未来工作的意见或建议。结论应该准确、完整、明确、精练。

毕业论文的结论表述要用充分的数据与事实，不可空泛；要突出论文工作的创新与贡献；

应当实事求是，客观真切。结论是全文的总结，应当准确、完整、明确、精炼。结论有很多的替代词，如讨论、提示、展望等。

6. 参考文献

参考文献是论文中引用具体文字来源的文献。

学位论文参考文献采用顺序编码是使用最多的形式，采用这种形式时，各篇文献应按正文部分标注的序号依次列出，形成参考文献表。它是论文中引用的具体文字来源的文献集合，其著录项目和著录格式遵照 GB/T 7144—2015 的规定执行。

参考文献表除了采用顺序编码制，也可以采用著者 - 出版年制，但全文必须统一。

参考文献表应置于正文后，并另起页。所有被引用文献都要列入参考文献表中。

正文中未被引用但被阅读或具有补充信息的文献可集中列入附录中，其标题为“书目”。

参考文献采用著者 - 出版年制标注时，参考文献表按著者字顺和出版年排序。

7. 附录

学位论文的附录是论文的附件或补充，不是必要组成部分。它在不增加文献正文部分的篇幅和不影响正文主体内容叙述连贯性的前提下，下列内容可以作为附录编于论文之后：

1）为了整篇论文材料的完整，但编入正文又有损于编排的条理性和逻辑性，这一材料包括比正文更为详尽的信息、研究方法和技术更深入的叙述，对了解正文内容有用的补充信息等。

2）由于篇幅过大或取材于复制品而不便于编入正文的材料。

3）不便于编入正文的罕见珍贵资料。

4）对一般读者并非必要阅读，但对本专业同行有参考价值的资料。

5）正文中未被引用但被阅读或具有补充信息的文献。

6）某些重要的原始数据、数学推导、结构图、统计表、计算机打印输出件等。

附录与正文一样，编入连续页码。

8. 结尾部分

学位论文的结尾部分包括分类索引、关键词索引（如有）、作者简历（包括教育经历、工作经历、攻读学位期间发表的论文和完成的工作等）、其他、学位论文数据集、封底（如有）等。

9.3.2 参考文献著录规则

参考文献是为撰写或编写论著而引用的有关文献信息资源。为了规范参考文献，在著录项目的设置、著录格式的确定等方面尽可能与国际标准保持一致，以达到共享文献信息资源的目的。为此，国家专门颁布了一项国家标准《文后参考文献著录规则》（GB/T 7714—2005），实施十年后，于2015年12月1日起被新标准《信息与文献参考文献著录规则》（GB/T 7714—2015）替代。

《信息与文献　参考文献著录规则》（GB/T 7714—2015）规定了各个学科、各种类型信息资源的参考文献的著录项目、著录顺序、著录用符号、著录文字、各个著录项目的著录方法以及参考文献在正文中的标注法。它适用于著者和编辑著录参考文献。

引文参考文献是作者为撰写或编辑论著而引用的信息资源，是必须准确著录的。

阅读型参考文献是作者为撰写或编辑论著而阅读过的信息资源，或供读者进一步阅读的信息资源。数字对象唯一标识符（Digital Object Identifier，DOI）针对数字资源的全球唯一永久性标识符，具有对资源进行永久命名标志、动态解析链接的特性。

《信息与文献　参考文献著录规则》（GB/T 7714—2015）分别规定了专著、专著中的析出文献、连续出版物、连续出版物中的析出文献、专利文献以及电子资源的著录项目和著录格式。

1. 引用参考文献的意义

一项科学研究取得的新成果通常是在前人成果的基础上的新进展，它体现着科学科技的继承和发展，如基于已有的理论、方法、思想、实验手段等，使本研究获得了新进展，有了新发现；或是将一个学科中的方法移植到另一学科中并取得成功；或是对已有方法作了改进。当在论文中叙述研究目的、设计思想、建立的模型，及与已有结果进行比较的时候，就要涉及已有的成果。如果在涉及前人成果的地方再把已有成果的具体内容抄到论文当中，不但占去论文的篇幅，冲淡论文的主题，而且抄写这些已发表过的、读者可以查找到的内容是毫无意义的。所以，在论文涉及已有成果的地方，不用重抄已有的成果，而是指出刊登这个成果文献的出处，这种做法叫作引用参考文献。引用了参考文献，就要在涉及前人成果的地方做一个标记，见到这个标记，读者就知道在这里引用了参考文献；按照这个标记在参考文献中就能找到刊登这个成果详细内容的文章。在正文中引用参考文献的地方加一个标记，称为参考文献的标注。标注的方法称为标注法。

2. 参考文献著录和作用

任何不重视参考文献，甚至于使用“参考文献从略”的编辑处理方法都是错误的。对于一篇完整的学术论文，参考文献的著录是不可缺少的。归纳起来，参考文献著录的作用主要体现在以下5个方面。

1）著录参考文献可以反映论文作者的科学态度和论文具有真实、广泛的科学依据，也反映出该论文的起点和深度。科学技术以及科学技术研究工作都有继承性，现时的研究都是在过去研究的基础上进行的，今人的研究成果或研究工作一般都是前人研究成果或研究工作的继续和发展。因此，在论文中涉及研究的背景、理由、目的等的阐述，必然要对过去的工作进行评价，著录参考文献即能表明论文言之有据，并明白地交代出该论文的起点和深度。这在一定程度上为论文审阅者、编者和读者评估论文的价值和水平提供了客观依据。

2）著录参考文献能方便地把论文作者的成果与前人的成果区别开来。论文的研究成果虽然是论文作者自己的，但在阐述和论证过程中免不了要引用前人的成果，包括观点、方法、数据和其他资料，若对引用部分加以标注，则他人的成果将表示得十分清楚。这不仅表明了论文作者对他人劳动的尊重，而且也免除了抄袭、剽窃他人成果的嫌疑。

3）著录参考文献能起索引作用。读者通过著录的参考文献，可方便地检索和查找有关文献资料，以对该论文中的引文有更详尽的了解。

4）著录参考文献有利于节省论文篇幅。论文中需要表述的某些内容，凡已有文献所载者不必详述，只在相应之处注明见何文献即可。这不仅精练了语言，节省了篇幅，而且避免了一般性表述和资料堆积，使论文容易达到篇幅短、内容精的要求。

5）著录参考文献有助于科技情报人员进行情报研究和文摘计量学研究。

3. 参考文献的著录原则

被列入的参考文献应该只限于那些著者亲自阅读过和论文中引用过，而且正式发表的出版物，或其他有关档案资料，包括专利等文献。私人通信、内部讲义及未发表的著作，一般不宜作为参考文献著录，但可用脚注或文内注的方式，以说明引用依据。

1）只著录最必要、最新的文献。著录的文献要精选，仅限于著录作者亲自阅读过并在论文中直接引用的文献，而且无特殊需要不必罗列众所周知的教科书或某些陈旧资料。

2）只著录公开发表的文献。公开发表是指在国内外公开发行的报刊或正式出版的图书上的文章内容。在供内部交流的刊物上发表的文章和内部使用的资料，尤其是不宜公开的资料，均不能作为参考文献引用。

3）引用论点必须准确无误，不能断章取义。

4）采用规范化的著录格式。关于参考文献的著录已有国际标准和国家标准，论文作者和期刊编者都应熟练掌握，严格执行。

5）参考文献的著录方法。根据《信息与文献　参考文献著录规则》（GB/T 7714—2015）中规定采用“顺序编码制”和“著者出版年制”两种。其中，顺序编码制为我国科技期刊所普遍采用，本书将重点介绍。

4. 著录参考文献目前存在的不规范行为

参考文献是论文中很重要、也是存在问题较多的部分。列出论文参考文献的目的是让读者了解论文研究命题的来龙去脉，便于查找，同时也是尊重前人劳动，对自己的工作有准确的定位。因此这里既有技术问题，也有科学道德问题。一篇论文中几乎自始至终都有需要引用参考文献之处。例如，论文引言中应引用对本题最重要、最直接的有关文献；在方法中应引用所采用或借鉴的方法；在结果中有时要引用与本题对比的资料；在讨论中更应引用与论文有关的各种支持的或有矛盾的结果或观点等。[㊀]

5. 写论文避免抄袭和剽窃嫌疑

文献检索或阅读时要记笔记，注明材料的来源，引用时必须注明；他人的专有成果必须注明。不要认为引用他人的文章不好，相反这正说明你检索了相关文章，了解了相关的研究成果。但是，公众常识不用注明，没有公开发表的文献资料不用注明。

自我剽窃和内部剽窃都是学术不端行为。所谓自我剽窃是指文章在这里发表了，又在另外地方发表相同内容文章的行为。这种情况是一稿多投造成的，按照剽窃的定义，后发表的那篇文章剽窃先发表的那篇文章；所谓内部剽窃是指几个人完成的课题，由一个人拿去发表的行为。要有他人授权或同意；另外，防止违反版权使用（特别是网络材料），引用要注明。抄袭文章与否的判断标准，并不是你引用与不引用他人的文章，而是你是否注明被引用文章的来源，在“参考文献”中注明了被引文章的来源是合法引用。否则，是非法引用，抄袭成立。

9.3.3　参考文献著录规则及示例

参考文献的著录信息源是被著录的信息源本身。著录时可以在专著、论文集、学位论文、报告、专利文献等可依据题名页、版权页、封面等主要信息源中查找需要著录的各个著录项目；专著、论文集中的析出篇章与报刊上文章，则依据参考文献本身著录析出文献的信息，并依据主要信息源著录析出文献的出处；电子资源依据特定网址中的信息进行著录。

《信息与文献　参考文献著录规则》（GB/T 7714—2015）规定了专著、专著中的析出文献、

㊀ 秦伯益. 如何写论文做报告，中国新药杂志. 2002，11（1）：12－14.

连续出版物、连续出版物中的析出文献、专利文献以及电子资源的著录项目和著录格式；规定采用“顺序编码制”和“著者出版年制”著录参考文献。

顺序编码制是指作者在论文中所引用的文献按它们在文中出现的先后顺序，用阿拉伯数字加方括号连续编码，视具体情况把序号作为上角或作为语句的组成部分进行标注，并列在文后参考文献表中，各条文献按在论文中出现的文献序号顺序依次排列。

《信息与文献　参考文献著录规则》（GB/T 7714—2015）规定了参考文献类型及对应标志代码为：普通图书/M，会议录/C，汇编/G，报纸/N，期刊/J，学位论文/D，报告/R，标准/S，专利/P，数据库/DB，计算机程序/CP，电子公告/EB，档案/A，舆图/CM，数据集/DS，其他/Z；电子资源载体类型和标识代码：磁带（magnetic tape）/MT，磁盘（disk）/DK，光盘（CD-ROM）/CD，联机网络（online）/OL。

参考文献著录的条目以小于正文的字号编排在文末。

1. 专著的著录格式

专著是以单行本或多卷册（在限定的期限内出齐）形式出版的印刷型或非印刷型出版物，包括普通图书、古籍、学位论文、会议文集、汇编、标准、报告、多卷书、丛书等。

著录格式：

［序号］主要责任者. 题名：其他题名信息［文献类型标志/文献载体标识］. 其他责任者. 版本项. 出版地：出版者，出版年：引文页码［引用日期］. 获取和访问路径. 数字对象唯一标识符.

示例：

1）普通图书　［1］陈沛. 搜商：人类的第三种能力［M］. 北京：清华大学出版社，2006.

2）翻译图书　［2］昂温 G，昂温 P S. 外国出版史［M］. 陈生铮，译. 北京：中国书籍出版社，1988：75 – 78.

3）学位论文　［3］解楠楠. 基于微信公众平台的高校图书馆移动服务研究［D］. 郑州：郑州大学信息管理学院，2019.

4）会议文集　［4］赵玮. 运筹学的理论与应用：中国运筹学会第五届大会论文集［C］. 西安：西安电子科技大学出版社，1996：468 – 471.

5）标准文献　［5］中国国家标准化管理委员会. 信息和文献 参考文献著录规则：GB/T 7714—2015［S］. 北京：中国标准出版社，2015：1 – 20.

6）科技报告　［6］World Health Organization. Factors regulating the immune response：report of a WHO Scientific Group［R］. Geneva：WHO，1970：8 – 10.

2. 专著中析出文献的著录格式

［序号］析出文献主要责任者. 析出文献题名［文献类型标识/文献载体标识］. 析出文献其他责任//专著主要责任者. 专著题名：其他题名信息. 版本项. 出版地：出版者，出版年：析出文献的页码［引用日期］. 获取和访问路径. 数字对象唯一标识符.

示例：

［7］周易外传：卷 5［M］//王夫之. 船山全书：第 6 册. 长沙：岳麓书社，2011：1109.

［8］程根伟 . 1998 年长江洪水的成因与减灾对策［M］//许厚泽，赵其国. 长江流域洪涝灾害与科技对策. 北京：科学技术出版社，1999：32 – 36.

3. 连续出版物的著录格式

[序号] 主要责任者. 题名：其他题名信息 [文献类型标志/文献载体标识]. 年，卷（期）-年，卷（期）. 出版地：出版者，出版年 [引用日期]. 获取和访问路径. 数字对象唯一标识符.

示例：

[9] 中华医学会湖北分会. 临床内科杂志 [J]. 1984，1（1）-. 武汉：中华医学会湖北分会，1984-.

[10] 中国图书馆学会. 图书馆通讯 [J]. 1957（1）-1990(4). 北京：北京图书馆，1957-1990.

[11] 中国机械工程学会. 中国机械工程 [J]. 1990，1（1）-. 湖北：湖北工业大学，1990-.

4. 连续出版物中析出文献的著录格式

[序号] 析出文献主要责任者. 析出文献题名 [文献类型标志/文献载体标识]. 连续出版物题名：其他题名信息，年，卷（期）：页码 [引用日期]. 获取和访问路径. 数字对象唯一标识符.

示例：

1）中文期刊 [12] 饶宗政. 高校图书馆集体视听室方案设计 [J]. 大学图书馆学报：2011（1）：87-89.

2）外文期刊 [13] N. Pandey，et al. Characterization of alpha-galactosidase from corynebacterium murisepticum and mechanism of its induction [J]. J Gen App Microbiol，1992，38（1）：23-25.

3）中文报纸 [14] 张田勤. 罪犯 DNA 库与生命伦理学计划 [N]. 大众科技报：2000-11-12（7）.

5. 专利文献的著录格式

[序号] 专利申请者或所有者. 专利题名：专利号 [文献类型标志/文献载体标识]. 公告日期或公开日期 [引用日期]. 获取和访问路径. 数字对象唯一标识符.

示例：

[15] 邓一刚. 全智能节电器：200610171314.3 [P]. 2006-12-13.

[16] 张凯军. 轨道火车及高速轨道火车紧急安全制动辅助装置：201220158825.2 [P]. 2012-04-05.

6. 电子资源的著录格式

凡属电子专著、电子专著中的析出文献、电子连续出版物、电子连续出版物中的析出文献以及电子专利的著录项目与著录格式分别按上述有关规定处理。除此以外的电子资源根据本规则著录。

著录格式：

[序号] 主要责任者. 题名：其他题名信息 [文献类型标志/文献载体标识]. 出版地：出版者，出版年：引文页码（更新或修改日期）[引用日期]. 获取和访问路径. 数字对象唯一标识符.

常见的网络电子资源及其 [文献类型标志/文献载体标志]：

网上电子图书（E-book Online）[M/OL]；

网上电子期刊（Electronic Journals Online）[J/OL]；

网上报告（report Online）［R/OL］

网上电子公告（electronic bulletin board online）［EB/OL］；

网上数据库（database online）［DB/OL］；

光盘图书（monograph on CD-ROM）［M/CD］；

光盘数据库（database on CD-ROM）［DB/CD］；

光盘计算机程序（computer program on CD-ROM）［CP/CD］等。

示例：

1）网上图书　［17］赵耀东．新时代的工程师［M/OL］．台北：天下文化出版社，1998：［1998－09－26］．http：//www. ie. nthu. edu. tw/info/ie. newie. htm（Big5）．

2）网上期刊　［18］饶宗政等．论政府招标采购图书的质量控制［J/OL］．大学图书馆学报，2012（1）：51－54．　［2012－4－21］．http：//www. cqvip. com/Read/Read. aspx？id＝40720947．

3）网上报告　［19］中国互联网信息中心．第 42 次《中国互联网络发展状况统计报告》［R/OL］．（2018－08－20）［2018－10－27］．http：//www. cnnic. cn/hlwfzyj/hlwxzbg/hlwtjbg/201808 /t20180820_ 70488．htm．

4）网上专利　［20］西安电子科技大学．光折变自适应光外差探测方法：01128777．2［P/OL］．（2002－03－06）［2002－05－28］．http：//211. 152. 9. 47/sipoasp/zljs/hyjs-yx-new. asp？recid＝01128777. 2&Ieixin＝0．

5）网上报纸　［21］傅刚，赵承，李佳路．大风沙过后的思考［N/OL］．北京青年报，2000－04－12（14）［2005－07－12］．http：//www. bjyouth. com. cn/Bgb/20000412/GB/4216%5ED0412B1401．htm．

6）网上电子公告　［22］萧钰．出版业信息化迈入快车道［EB/OL］．（2001－12－19）［2002－04－15］．http：//www. creader. com/news/ 200112190019. htm．

9.4　论文抄袭与论文检测

论文抄袭与论文检测是一对矛盾，本节想把这对矛盾的两个方面都讲清楚，因它是本科生、研究生、博士生写论文、做研究中经常遇到的，也是必须要处理好的问题；它也是学术规范最基础的行为规则和常识。

9.4.1　什么是抄袭以及怎样避免

大学生在校时期是个学习的过程，包括思想、知识、写作都要学习。在结合实际研究课题写论文做研究的过程中，要想站在巨人的肩上前进，就要先消化和吸收前人的思想、知识和成果，之后才有自己的想法和发现，再通过写作的方式把自己的想法和发现表达出来，这就形成了论文或研究成果。这是写论文的正道，在表达的时候对前人的成果是直接引用、间接引用还是用自己的话概述，由写作技巧决定，这是本节必须弄明白的问题。

现代汉语词典对抄袭的定义是“把别人的作品或语句抄来当作自己的。”这个定义是正确的，但显得太粗略了（不细），对实际问题的指导操作性意义不大。引用别人的作品时常有直接引用、间接引用或用自己的话概述等形式，必须清楚它们怎么用，应该注意什么。

在相关书籍中，由美国布斯、卡洛姆、威廉姆斯合著，陈美霞、徐毕卿、许甘霖合译的《研究是一门艺术》一书中的12.4节，把抄袭讲得很透彻，同时也指出了读者应该怎么做才能避免抄袭的嫌疑。

美国很多大学将这本书用作写作课教材和撰写各级毕业论文的指导用书，不同领域的资深研究者也将之视为撰写研究性报告、学术著作权威指南。从2000年开始，陈美霞教授就用这本书作为“研究方法学”的教材，后来她征得原著者同意后，带领团队经过几年的努力将这本书译为中文，北京新华出版社于2009年8月出版中文译本，这里引用的几页是书中教学生什么是抄袭的译文，为了不引起章节号混乱，只将原章节号12.4. 以A代替，其他都完整地呈现原始资料，并加以缩排区别。以下内容均属原作者所有，省略引号。

A 千万要避免的陷阱：抄袭（Plagiarism）

研究者在撰稿时，最糟的就是发生这种情形。你用许多佳句来填满自己的文章，却忘记这些句子是从他人那里搜罗来的。虽然研究者很少蓄意抄袭，但每个诚实的研究者都得正视这个问题，因为大部分的抄袭都是出于疏忽。当作者不清楚引用什么或何时引用时，就会发生抄袭（如果你不确定的话，去请教老师）。

大部分因疏忽而抄袭的作者，是因为他们作注释时粗心大意。著名的史学家古德温（Doris Kearns Goodwin）被发现其著作中复制了上百字、甚至上千字他人的文字而公然蒙羞。为了自我辩解，她声称在注释中忘了将这些文字注明为引文。有些人接受了她的辩解，但大部分的人则不相信她的说法。如果像古德温这样著名的学者都会不慎抄袭，那么每位作者都应该尽力避免这种情形的发生。

刻意的抄袭即剽窃（Stealing）

学生可能无法理解刻意抄袭所带来的严重伤害，但是当他们购买一篇论文或抄袭他人的文章，把它当作自己的作品发表时，似乎不可能不知道自己正在抄袭。然而，在这个信息沟通迅速的时代里，学生对所有权有着奇怪的想法。Colomb有一次遇见同一班上的两个学生提交了其中两个章节一模一样的报告。面对这样的证据，其中一个承认他的确抄袭了另一个学生交给他的一份报告。另一个学生听了这个说法，立刻被激怒，并抱怨这个学生没有权利抄袭“他的报告”。然而这篇报告是取自他所属“兄弟会”的档案。在他的观念中，只有“兄弟会”成员才有权将这些报告当作是自己的作品提交。

A1 界定抄袭

无论是否蓄意，当使用他人的文字或想法却没有注明原作者，从而导致读者认为这些文字是你自己的时候，这便构成抄袭。然而，因为不同领域对合理使用及抄袭的定义有所不同，所以情况相当复杂。在所有的领域中，使用某份资料的语句或想法却不注明出处即是抄袭。在大部分的领域，使用一样的语句，即使注明出处却不使用引号或缩排，一样算是抄袭。在法学中，如果引用法院的判决，使用相同的语句而没有加注引号是可被接受的。在其他领域，当你对某原始资料的改写过于接近，以至于任何人对照原文后都认为如果不参考原来文字你就写不出这些字句来时，就算抄袭。但在许多科学的领域，研究者通常会使用近似原文的语句来陈述其他研究者的研究结果。所以，如果不清楚所属领域中抄袭的标准为何，那么就谨慎一点，尽可能完整地呈现原始资料原来的形式。

A2 避免直接的文字抄袭

当你一字不漏地使用某数据的语句时，请立刻停笔。下一步该做的是：

- 在文字前后打上引号，或是将引文作缩排处理（block quotation）；

- 精确地誊录数据出处的文字（如果你想改变部分语句，需使用中括号和删节号，以注明变动之处）；
- 引述原始资料。

无论你是不是故意的，假如你省略第一个或最后一个步骤，那便是剽窃。

A3 避免想法上的抄袭

当你使用别人的想法却没有注明原创者时，也算是抄袭。举例来说，如果你讨论到研究议题，使用本书第四章中的概念，却没有提到我们这些作者的名字，即使改变部分用字，例如把情境（conditions）改成困境（predicaments），把损失（costs）改成损害（damages），你仍然是抄袭我们的作品。如果参考别人的作品长达数页，不要只是在文末的脚注中一笔带过（曾经有研究者就如此抄袭 Williams 和 Colomb 的作品），你应该在文中就提到并注明作者的作品。

然而，当你有个想法，却发现别人已先想到时，那么这时候的情况就比较难处理。在学术研究领域，优先次序虽不代表全部，但却有着举足轻重的地位。假如你不注明比你更早的提出想法的资料的出处，那么别人可能会认为你抄袭他人的作品，即使你并无这样的意图。

以下的情形更为棘手，那就是所使用的概念在你的领域中广为人知。（如同我们在本书中无可避免地需要面临的情形；在本书中，我们不断地诉求论文的结构需要分明、清晰，但我们要如何去注明与这个论点相关的其他数以千计的作品的出处?）有时，如果你引述的内容，人人都知道原作者、原出处为何，那么你还注明参考出处，就未免显得过于生嫩。例如，当你谈到 DNA 的双螺旋结构时，你可能会提到华生（James Watson）与克立克（Francis Crick），但并不需注明发表此项发现的文章的出处。在其他情形中，可能某个概念是你所属领域的必备常识，而你却不知道是谁首先发表的。无法清楚地注明文章出处是谨慎万分的学生都可能会犯的过错。我们的忠告就是：当你有所迟疑时，去请教老师，并尽量地注明出处！

A4 间接的文字抄袭

当你概述或改写原始资料时，要界定是否抄袭就更困难了。虽然概述或改写与抄袭有别，但两者是如此接近，以至于你可能不自觉地从概述逐渐陷入抄袭。不管意图为何，如果你的改写文字过于贴近原文，即使已注明出处，还是极有可能被视为抄袭他人的作品。

例如，下段内容即是抄袭我们刚刚谈论过的章节，原因是改写内容与原文过于相近。

虽然概述与改写是不同的，但两者之间的界限却过于模糊，所以如果牵扯到概述与改写时，要定义抄袭就变得相当困难。而作者很可能并不了解自己是进行概述、改写，还是在抄袭。不管如何，即使注明出处，过于近似的改写也是抄袭。

而下面的例子则近乎抄袭：

要分辨概述、改写或抄袭间的差异，并不容易。因此，即使你已注明出处，且从未有要抄袭的意图，假如所改写的内容过于贴近原文，那么你可能就有抄袭之嫌。

上文与我们的原文实在过于接近。因此，只要读者够细心，就会发现该作者只有在参阅原文改写的情况下，才有可能写出以上的文字。为了确保万无一失，以下的摘要会是较佳的选择。

Booth、Colomb 与 Williams 指出作者有时无法察觉自己是在抄袭他人的著作，因为他们常自以为自己在进行概述，然而实际上却是在改写他人的著作。即使作者已注明出处，也非刻意抄袭，但他们的行为仍被视为抄袭他人的著作。

像在历史及英文等使用很多直接引文的领域，过于相似的改写就很冒险。

以下是个可以避免不小心抄袭的简单方法：

只有以自己的理解重新过滤原始资料的文字后，才加以改写。当你开始写作时，别再去看原文，应该将注意力专注于电脑屏幕或稿纸上。

9.4.2　论文检测的产生背景

近年来学术不端行为频发，引起了学术界的广泛关注。论文抄袭、剽窃等学术造假行为屡见不鲜，对科研成果的真实性、原创性、新颖性学术界一片质疑之声。对此，国家职能主管部门接二连三发文加以规范，例如：①2009年3月29日，教育部《关于严肃处理高等学校学术不端行为的通知》（教社科［2009］3号）文件；②2010年2月29日，为规范学位授予工作，保证学位授予的质量，国务院学位委员会颁发了《关于在学位授予工作中加强学术道德和学术规范建设的意见》（学位［2010］9号）；③2013年1月1日中华人民共和国教育部第34号令《学位论文作假行为处理办法》；④2014年1月2日，国务院学位委员会、教育部制定了《学位授权点合格评估办法》（征求意见稿）和《博士硕士学位论文抽检办法》（征求意见稿），面向社会公开征求意见；⑤2019年2月26日，教育部办公厅发布了《关于进一步规范和加强研究生培养管理的通知》（教研厅［2019］1号）。教育行政部门出台了这一系列文件，采取了一系列举措，健全研究生培养管理体系，促进研究生培养单位规范管理，提高研究生培养质量。

端正学术精神、净化学术空气，除了学术界的自我约束外，需要第三方评估机构和检测工具，公正地为科研成果进行客观测评，论文检测系统就是在这种学术环境下应运而生。

论文抄袭促进论文检测系统的开发和应用。现在反过来，论文检测是制约论文抄袭的有效办法，也间接地助推高等教育质量的提高。

对于学位论文，当抄袭部分和规范引用部分之和超过一定比例时检测就不能通过，具体占比例多少？由各高校的学位委员会或教务处等机构掌控。最严格的学校规定不超过5%，多数学校规定在10%～30%之间。如上海某学院的本科生毕业论文（设计）检测及处理办法规定：将继续使用中国知网论文检测系统作为本校查重软件标准，检测后重复率低于（或等于）30%，方可申请参加答辩；重复率高于30%论文须延期答辩。有的学校可能放宽到40%左右。而对期刊投稿论文一般重复率超过30%就直接退稿。

9.4.3　论文检测原理

1. 论文检测比对原理

论文检测是通过检测平台将需要检测的论文，通常以规定的格式（如Word文档）提交上传到论文检测系统，由系统软件按照一定的规则和算法，将检测论文与大数据库[㊀]中存放的比对全文文献（包括现已经出版的图书全文、期刊论文全文、报纸全文、硕博士论文全文、专利文献全文、科技成果全文等）进行逐句或逐段比对，相同或相似部分通常用红色显示出来，有的

㊀ 大数据库（big data）是数据量巨大的数据库，从TB级别，跃升到PB级别（1PB＝1024 TB）。

系统还能提供相似文章的清单，并计算相似部分和规范引用部分各占百分比等参数。

据 CNKI 学术不端网的相关文章介绍，CNKI 检测规则中还有一条 13 字规则，就是论文的一句话中，如连续 13 字以上与比对文献一样就判为红色。因此，“可以避免不小心抄袭的简单方法：只有以自己的理解重新过滤原始资料的文字后，才加以改写。当你开始写作时，别再去看原文，应该将注意力专注于电脑屏幕或稿纸上。”

2. 提倡论文格式、引用文献、参考文献格式的规范性

论文格式与参考文献著录规则，是论文写作必须遵守的规定，也是论文检测的重点。论文格式规范，引用规范、参考文献格式规范是论文的基本要求，做到了检测就会通过，没有做到检测就不能通过。比如①引用规范的不会按红色部分统计的；②参考文献格式规范的不会按红色部分统计；③脚注、尾注规范的也不会按红色部分统计。如脚注、尾注按 Word 系统自动生成的，检测时系统会自动判断，不会按红色部分统计。如果这些不规范，检测系统就自动判为抄袭部分了。可见论文格式规范，引用规范、参考文献格式规范，有利于论文检测通过，因此在论文检测中论文作者要重视这些项目。

3. 影响论文检测效果的因素

从检测原理看，影响论文检测效果的因素：①与比对数据库中的文件文献类型有关，从理论上讲，比对文献应该包含当今世界出版的全部文献，但实际上没有哪个检测系统能做到；②与比对数据库全文文献的收全率有关，收全率 75% 与收全率 95% 的两个检测系统比较，显然检测效果是不一样的；③与比对文献的文本格式有关，图片类型的文献是无法进行比对的。

众所周知，研究生的学位论文检测是最严格的，各高校都要求采用中国知网的研究生论文检测版，因为它的比对文献最新（博硕士论文包含了上年度的，期刊包含了提前发行的）、最全（期刊、学位论文等）。但是，CNKI 数据库对图书的收录基本是空白，图书相似检测也基本是空白，如规定博硕士论文通过 CNKI 检测的同时，还要通过超星大雅相似度检测，就真的是连参考书都要规范著录了。

上述论文检测原理告诉我们：重点是论文写作过程，而非论文检测过程。论文写作过程中把本章所讲述的相关内容都认真做到了，论文就自然容易过关了。

目前，有条件开展论文检测的都是有自己建有大型数据库的几家公司。比对文献资源数据库基于期刊论文、博硕士论文、报纸、会议论文、专利文献、标准、科研成果等的系统有：中国知网学术不端检测系统、维普论文检测系统、万方论文检测系统；比对文献资源数据库主要基于图书资源数据库的，只有积累了很多图书原文数据库的超星“大雅相似度分析（论文查重）系统”；另外，百度学术 2016 年 3 月推出论文查重，集中了包括大雅和万方在内的 9 家论文查重或检测系统，为读者提供 24 小时自助在线论文查重服务。可见，论文检测已经成为应对论文抄袭、剽窃的重要工具了。

9.4.4　论文检测系统简介

1. 中国知网学术不端检测系统

（1）学术不端行为

1992 年，由美国国家科学院、国家工程院和国家医学研究院的 22 位科学家组成的小组给出了学术不端行为的定义：在申请课题、实施研究报告结果的过程中出现的伪造、篡改或抄袭行为。即学术不端行为主要被限定在“伪造、篡改、抄袭”三者中。

中国科协科技工作者道德与权益工作委员会提出了我国学术不端行为的七种表现形式“抄袭剽窃他人成果、伪造篡改实验数据、随意侵占他人科研成果、重复发表论文、学术论文质量降低和育人的不负责任、学术评审和项目申报中突出个人利益、过分追求名利和助长浮躁之风”。

（2）中国知网学术不端网简介

中国知网学术不端网（http://check. cnki. net/）页面如图9-4所示。

图9-4　中国知网学术不端网页面

中国知网学术不端文献检测系统，自2008年底正式推出以来，经过多年的发展和完善，已经成为业内最有权威的论文检测系统。CNKI的比对资源丰富，海量独家文献资源品种齐全，全文数据库收录了期刊论文、学位论文、会议论文、报纸、年鉴、工具书、专利、外文文献、学术文献引文等与科学研究、学习相关的主要资源，并且支持繁体检测和英文检测，支持表格等知识元检测，支持批量文献上传检测以及批量报告单导出。

衡量科技期刊学术不端行为监测系统的性能指标主要包括文献比对查准率、文献比对查全率两个指标：文献比对查准率指经过系统比对后输出的结果中正确结果所占的比例，目前CNKI系统的查准率≥80%；文献比对查全率指在经过系统比对后输出的结果中，正确结果在所有与该文献匹配的文献中所占的比例，目前CNKI系统的查全率≥80%。

目前，中国知网学术不端检测系统，比对文献资源多为文本格式的，所以检测准确度高。机构用户数量已突破8000家，全面覆盖国内期刊杂志社，人事职称评审及相关管理部门；该系统被211/985高校指定为学位论文检测系统，提供自助检测平台，学生可以对完成的初始学位论文自行操作检测。论文检测分为4种：研究生（博硕士）学位论文检测，大学生论文毕业检测，期刊职称论文检测，小论文分解检测系统。

（3）操作步骤

中国知网学术不端文献检测系统的检测步骤如图9-5所示。

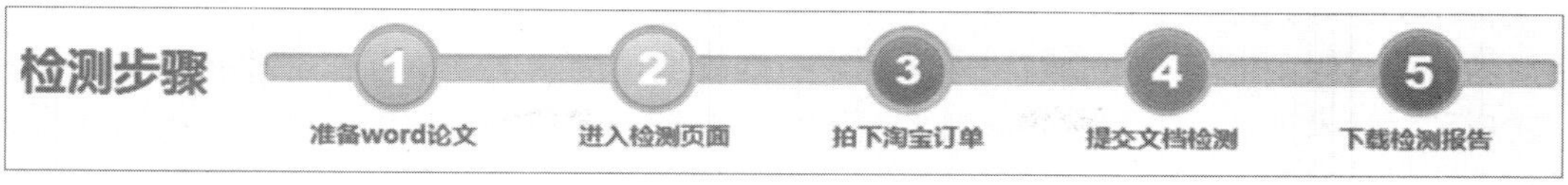

图 9-5　CNKI 学术不端文献检测系统的检测步骤

1）准备 Word 文档格式的论文；

2）选择适合自己论文类型的论文检测系统，选准后直接点击进入知网检测系统；

3）去淘宝购买订单编号，然后输入订单编号即可上传论文检测；

4）提交论文以后等待 1～2 小时，凭订单编号下载报告；

5）查看检测报告。检测报告为压缩包，解压后用浏览器即可打开查看。

（4）检测收费标准㊀

各种类型的学位论文检测，一般是按照论文字符明码标价。支付方式三种：微信、支付宝、淘宝订单。

1）研究生学位论文检测　高校研究生院内部专用 VIP5.1/TMLC2，跟官方同步更新，时刻都是最新版，与高校版本一致。文档大小请不要超过 30M，否则将无法上传；字符不能超过 26 万。单价为 350 元/篇。

2）大学生论文毕业检测　本科生论文查重专用 PMLC，独有“大学生论文联合比对库”，跟官方同步更新，与高校版本一致。文档大小请不要超过 30M，否则将无法上传（可将论文中的图片删除，因系统不检测图片）。单价为 208 元/篇。

3）期刊职称论文检测　期刊查重系统是杂志社检测发表论文专用，需要投稿发表的论文，职称评定的论文等选择此系统查重最准确、最权威。论文字数超过 1.4 万字符（计空格，包含脚注及尾注）将拒绝检测。单价为 38 元/篇。

4）小论文分解检测系统　分解论文系统适合本科初稿、硕士、博士分章节分段检测，单次最多可检测 1.4 万字，准确性、性价比最高。单价为 38 元/篇。

2. 维普论文检测系统

（1）维普论文检测系统简介

维普论文检测系统（http://www.cqvip.com/gocheck/）页面如图 9-6 所示。

图 9-6　维普论文检测系统页面

㊀ CNKI 科研诚信管理系统研究中心. 学术不端文献检测系统 5.1 [EB/OL]. (2018-01-08) [2018-10-27] http://www.cncnki.com/.

维普论文检测系统，采用国际领先的海量论文动态语义跨域识别加指纹比对技术，通过运用最新的云检测服务部署使其能够快捷、稳定、准确地检测到文章中存在的抄袭和不当引用现象，实现了对学术不端行为的检测服务。系统主要包括已发表文献检测、论文检测、自建比对库管理等功能，可快速准确地检测出论文中不当引用、过度引用甚至是抄袭、伪造、篡改等学术不端行为，可自动生成检测报告，并支持 PDF、网页等浏览格式。详细的检测报告通过不同颜色标注相似片段、引用片段、专业用语，形象直观地显示相似内容比对、相似文献汇总、引用片段出处、总相似比、引用率、复写率和自写率等重要指标，为教育机构、科研单位、各级论文评审单位和发表单位提供了论文原创性和新颖性评价的重要依据。经过不断发展和努力，该系统已经在众多行业和部门得到了广泛使用，受到了用户的高度评价。

比对资源全文数据库丰富：有中文科技期刊论文全文数据库、中文主要报纸全文数据库、中国专利特色数据库、博士/硕士学位论文全文数据库、中国主要会议论文特色数据库、港澳台文献资源、外文特色文献数据全库、维普优先出版论文全文数据库、互联网数据资源/互联网文档资源、高校自建资源库、图书资源、古籍文献资源、个人自建资源库、年鉴资源、IPUB 原创作品等。

（2）操作步骤

1）上传文档　根据自己的需要选择检测版本；填写题目、作者；上传或粘贴自己的文章。

2）确认文档信息　根据提示，确认送检文档信息；并根据需要选择是否建立“个人自建资源库”，如果需要的话，就要上传你参考写作的文献，传至个人自建资源库，检测范围勾选“个人自建资源库”。

3）选择支付方式　系统根据检测字数确认计费金额（使用个人自建资源库不影响检测费用的计算）；点击“提交订单”，选择支付方式，点击“立即支付”，支付成功后，系统开始检测。

4）查看检测报告　等待系统检测完成后，通过“报告下载”获取检测报告。

检测报告标注说明：①红色字体代表相似片段；②黄色字体代表引用片段；③黑色字体代表自写片段；④绿色表示参考文献引用规范。请注意黄色字体的引用标注和参考文献序号是否相同。

检测报告中总字数、总相似比、引用率、复写率和自写率的定义：

1）总字数，即送检论文中的总字符数，包括中文、阿拉伯数字、外文字符、标点符号等，制表符和图表不计入统计。

2）总相似比，为复写率与引用率之和。即红色字体和黄色字体占文章的总比率。

3）引用率，送检论文中引用别人句子并标注出处的黄色部分占整个送检论文的比重。

4）复写率，即送检测论文中与检测范围所有文献比对样本相似的红色部分（不包括参考引用部分）占整个送检论文的比重。

5）自写率，即送检论文中剔除相似片段和引用片段（红色和黄色）后占整个送检论文的比重。

（3）检测收费标准

1）研究生版：博士生/硕士生学位论文检测，价格 3 元/千字符。

2）大学生版：本科/专科毕业论文检测，价格 3 元/千字符。

3）编辑部版：期刊投稿、会议论文、报告等检测，价格 3 元/千字符。

4）职称认定版：职称评审论文、已发表论文检测，价格 3 元/千字符。

（4）注意事项

1）为确保检测的准确性，请您提交论文的全部内容。

2）支持文档格式：Word 文件（.doc.docx 推荐使用）、文本文件（.txt）和 PDF 文件（.pdf）。

3）上传文档最大限制为20MB。

4）检测字数按照字符数来计算。不计算图表、格式代码信息。

5）检测内容：对于大多数学校的毕业论文，学校要求的检测内容包括：①题目；②版权声明；③摘要；④关键词；⑤目录；⑥毕业论文正文（包括前言、本论、结论三个部分）。

（5）抄袭判断标准

①与他人作品文字内容、语序完全相同或仅作少量删减、修改。

②引用他人作品时已超过了“适当引用”的界限。

③文本不同，但使用同类词、近义词等相似表述方式描述同一概念、观点、语义。

④单个文字片段相似度不高，但从前后段落分析，行文方式，逻辑结构有相似之处。

⑤使用他人多篇作品的片段拼凑，而又非编辑作品（又称汇编作品）。

3. 万方文献相似性检测

万方文献相似检测服务网站（http：//check. wanfangdata. com. cn/）页面如图9-7所示。

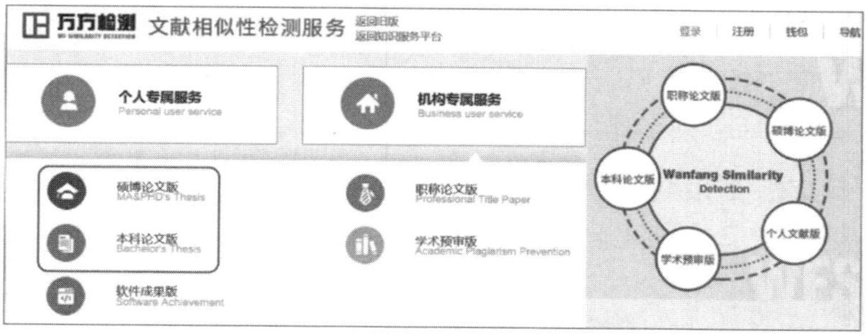

图9-7　万方论文相似性检测页面

万方检测（WFSD，Wanfang Similarity Detection）采用先进的检测技术，实现海量数据全文对比，秉持客观、公正、精准、全面的原则，提供多版本、多维度的检测报告，检测结果精准详实，为科研管理机构、教育领域、出版发行领域、学术个体等客户和用户提供各类学术科研成果的中文文献相似性检测服务。面向个人用户及机构用户提供论文检测：个人文献版、硕博论文版、本科论文版、职称论文版、学术预审版。

（1）海量文献比对资源　中国学术期刊数据库、中国学位论文全文数据库、中国学术会议论文数据库、中国学术网页数据库、中国专利全文数据库等收录的海量学术资源，实现全文比对。

（2）上传论文格式　支持.pdf、.doc、.docx、.txt 等格式文件。

（3）检测报告种类　有简明论文检测报告、详细论文检测报告、论文检测情况总体报告、论文检测结果统计报告等。

万方文献相似检测系统具有：检测算法高效精准，检测速度快；支持多种上传方式与文件格式，支持断点续传续检，检测过程放心安心；检测报告快速生成，针对不同产品提供不同检测报告，帮助用户便捷获取客观翔实的检测结果；在线版检测报告采用多种交互与可视化技术，通过相似比、检测时间、文件夹等多维度条件筛选检测结果，一键导出筛选结果至本地助力深度分析。

4. 大雅论文检测系统

大雅论文检测系统也叫大雅相似度分析（论文查重）系统。

上面介绍的3种论文检测系统，比对文献都强调与期刊、学位论文、会议论文、专利等文献为主。而超星公司的大雅相似度分析（论文查重）系统，更多的是强调以中文图书为主的文献比对系统。超星集团作为国内最大最全的数字图书服务提供商，经过多年的积累，目前已涵盖近315万种全文图书资源。越来越多的高校希望能有一款图书相似度的检测系统，以便能更好地发现学生论文中的图书抄袭剽窃行为。在此背景下，超星集团专门研制了适用于检测图书相似度的“大雅相似度分析（论文查重）系统”（简称大雅）。该检测系统不仅填补了检测系统在图书相似度上的空白，而且包括报纸、期刊以及海量精选网络文献等全面比对资源。既可以帮助读者在课题申报、研究和成果撰写等阶段，将研究的思路、成果主要内容在中文图书中做全面的比对，为避免重复研究提供参考依据，还可以将学术论文等文献与已出版的中文图书进行内容的相似性比对，检测分析，从而突出学术成果的创新特色，规范文献引用行为，预防和纠正学术不端。

大雅相似度分析（论文查重）系统进入途径较多，在百链平台有大雅相似度分析（论文查重）链接，或通过网址 http://dsa.dayainfo.com/进入，页面如图9-8所示。

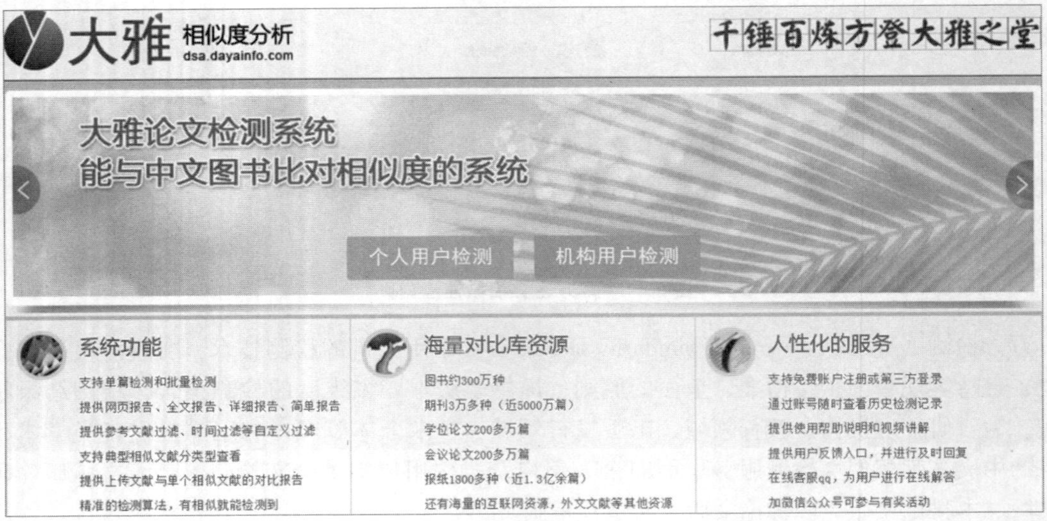

图9-8　超星论文检测系统——大雅相似度分析页面

关于大雅相似度分析系统有以下几点说明：

（1）比对库资源涵盖范围　图书400多万种、期刊6200多万篇、学位论文300多万篇、会议论文300多万篇，报纸文章1.65亿多篇，还有网页、文档、外文等其他海量资源。

（2）单位、个人单篇检测　免费个人账户注册，免费上传检测。单位前两次免费检测，第三次检测实行收费，通过后也出具论文检测报告。

（3）单篇论文检测步骤

1）单击首页“个人单篇论文检测”按钮，进入提交检测论文页面。

2）提交要检测的文献。选择上传文件的方式有：直接上传论文，或展开下面的输入框直接粘贴待检测内容两种方式。

上传论文格式可以是 TXT、DOC、PDF、DOCX、ZIP、RAR（附件大小 50M 以下）。

3）上传成功后，单击“开始检测”，即可看到检测记录，免费查看送检文章的相似度，使用个人账号进行登录可进一步查看报告。

如果没有个人账号，可以免费注册。注册过程按提示进行即可，邮箱验证完成后账号注册成功。

（4）检测报告　论文相似度分析检测报告提供简单报告和详细报告；支持参考文献过滤；支持典型相似文献分类型查看；可查看与单个典型相似文献的对比情况；上传文献可下载及删除。

5. 百度学术的论文查重

百度学术（http://xueshu. baidu. com）于 2014 年 6 月上线，是百度旗下的免费学术资源搜索平台。2016 年 3 月，百度学术推出 24 小时自助在线论文查重服务，页面如图 9－9 所示。

图 9－9　百度学术的“论文查重”页面

论文助手由百度学术推出，旨在辅助用户完成“定题—写作—查重—答辩”的一系列过程。论文助手简介及收费标准如下：

（1）PaperPass　PaperPass 检测系统是北京智齿数汇科技有限公司旗下产品，网站诞生于 2007 年，已经发展成为国内可信赖的中文原创性检查和预防剽窃的在线网站。系统采用自主研发的动态指纹越级扫描检测技术，该项技术检测速度快、精度高，市场反应良好。

（2）笔杆　笔杆论文查重系统，拥有海量的对比数据库，总收录超过 300 亿比对指纹，覆盖 13 个对比数据库，10 多种学术文献类型，比对精准。采用最新研发指纹比对技术，最快 1 分钟之内出报告，结果准确合理。每年帮助数百万学子顺利毕业，全国 500 家高校图书馆指定该系统查重。高效精准，安全无痕不泄露。

（3）PaperRight　PaperRight 是适用于现代学术创新的领先论文查重系统，于 2007 年开始研发，每年有超过 600 万用户、10 万家机构使用。利用 SimHash 文档指纹比对、动态语义分析、E－MapReduce 等技术为用户提供海量论文数据处理。通过与国内外大专院校、科研机构等资源单位的长期合作，系统已拥有丰富的全文数据资源，从而保证了比对源的专业性与广泛性。论文查重速度快、准确、稳定，评审准确率高达 99.9%。

（4）PaperFree　PaperFree 检测系统（http://www. paperfree. cn/）是湖南写邦科技有限公司研发的论文相似度比对系统，系统对学生提交论文全部指纹特征进行预处理，采用多级指纹对比技术结合深度语义发掘识别比对，利用指纹索引快速而精准地在云检测服务部署的论文数据资源库中找到所有相似的片段，从而实现高效优质的论文检测。

（5）WriteCheck WriteCheck 论文检测系统，简称 WC，是由 WriteCheck 研发团队独立研发而成，该系统采用领先的比对检测算法，拥有海量的比对数据资源，运营多年，是目前用户比较信赖的免费论文检测系统。WriteCheck 论文检测系统采用自主研发的核心算法技术——文本局部敏感算法，研发团队通过对算法的改进，使之拥有无与伦比的检测效率。WriteCheck 论文检测系统拥有丰富的数据资源，包括 5000 多万期刊数据、1000 多万学位论文数据、1000 万佳信诺论文库、数十亿互联网数据，这保证了比对源的专业性和广泛性。系统操作方便，上线以后已经在全国范围内众多行业和部门得到了广泛使用，获得了高度的好评，取得了良好的口碑。

（6）大雅 （略）。

（7）PaperYY PaperYY 检测是武汉亿次源信息技术有限公司旗下的一款专业的自助检测平台，致力于为本硕博以及评职称的人士提供论文检测服务，帮助数十万学子顺利通过学校检测。多年来一直努力，不断改善检测质量和用户体验，为用户提供全面的文章检测对比报告。PaperYY 拥有超过 1200 亿指纹数据库，覆盖各类文献资源，不论是参考互联网文库还是借鉴各类学术论文，都能够精准比对出来。

（8）万方 （略）。

（9）PaperBox “鼓励原创，杜绝学术不端行为”是 PaperBox 检测系统（www. paperbox. com）运营以来的初衷，PaperBox 品牌诞生于 2011 年，“大数据，精准查重”是公司服务于广大学者的使命。品牌自创建以来凭借优秀的检测算法和良好的用户体验，市场反应良好。PaperBox 自助检测平台拥有丰富的对比数据库，支持大学生、研究生、编辑部、职称认定等论文的重复率检测。在与高校及科研机构等资源单位的长期合作中，PaperBox 积累了超过 500 亿篇对比文献，不断增长完善的对比数据库，为用户提供了更好、更快速、更细微的检测服务。

习 题 9

1. 试述学位论文的定义。
2. 试述学位论文的基本要求。
3. 试述学位论文的格式。
4. 试述参考文献著录规则。
5. 参考文献著录的意义和作用是什么？
6. 写论文怎样避免抄袭和剽窃嫌疑？
7. 试列举 10 条不同类型文献的规范的著录格式。
8. 综合作业：在下列题目中自选一个，用本课程讲授的文献检索知识搜集、查询相关文献资料，写一篇格式规范的小论文（5000 字左右）。”

①谈××专业的知识结构与应具有的能力。

②谈××专业的学科领域与国内外先进水平之事例。

③谈大学生学习文献检索课的重要性。

参考文献

［1］杨威理. 西方图书馆史［M］. 北京：商务印书馆，1988.
［2］徐引篪，霍国庆. 现代图书馆学理论［M］. 北京：北京图书馆出版社，1999.
［3］中国大百科全书总编辑委员会. 中国大百科全书：图书馆学 情报学 档案学［M］. 北京：中国大百科全书出版社，1993.
［4］陈沛. 搜商：人类的第三种能力［M］. 北京：清华大学出版社，2006.
［5］黄军左. 文献检索与科技论文写作［M］. 北京：中国石化出版社，2010.
［6］李宝安，等. 中文信息处理技术——原理与应用［M］. 北京：清华大学出版社，2005.
［7］王大可. 数字图书馆［M］. 深圳：海天出版社，2002.
［8］王知津. 工程信息检索教程［M］. 北京：机械工业出版社，2008.
［9］花芳. 文献检索与利用［M］. 北京：清华大学出版社，2009.
［10］王立诚. 科技文献检索与利用［M］. 南京：东南大学出版社，2006.
［11］陈树年. 大学文献信息检索教程［M］. 上海：华东理工大学出版社，2006.
［12］赵静. 现代信息查询与利用［M］. 北京：科学出版社，2004.
［13］许征尼. 信息素养与信息检索［M］. 合肥：中国科学技术大学出版社，2010.
［14］孙丽芳. 信息资源检索与利用［M］. 北京：电子工业出版社，2009.
［15］朱俊波. 实用信息检索［M］. 西安：西安交通大学出版社，2007.
［16］柴雅凌. 网络文献检索［M］. 天津：天津大学出版社，2004.
［17］马晓光，等. 现代文献信息资源检索与利用［M］. 呼和浩特：内蒙古人民出版社，2008.
［18］黄如花. 数字图书馆原理与技术［M］. 武汉：武汉大学出版社，2005.
［19］刘阿多. 科技网络信息资源检索与利用［M］. 南京：东南大学出版社，2005.
［20］张海涛，等. 信息检索教程［M］. 北京：机械工业出版社，2006.
［21］陈誉，等. 西文工具书概论［M］. 北京：北京大学出版社，1987.
［22］刘荣乔. 文书与文献管理［M］. 北京：中国财政经济出版社，1998.
［23］牟书海，等. 扫描仪使用与维修［M］. 北京：新时代出版社，2000.
［24］汪平，等. 家庭电脑做照片［M］. 成都：电子科技大学出版社，2000.
［25］毛垣生. 数字图书馆建设与发展［M］. 北京：中国市场出版社，2006.
［26］刘炜. 数字图书馆的语义描述和服务升级［M］. 北京：北京图书馆出版社，2010.
［27］刘晓清. 怎样建设数字图书馆［M］. 北京：海洋出版社，2010.
［28］肖珑. 数字信息资源的检索与利用［M］. 北京：北京大学出版社，2004.
［29］李培. 数字图书馆原理及应用［M］. 北京：高等教育出版社，2004.
［30］赖茂生，等. 计算机情报检索［M］. 2 版. 北京：北京大学出版社，2006.
［31］朱静芳. 现代信息检索实用教程［M］. 北京：清华大学出版社，2008.
［32］张琪玉. 情报检索语言实用教程［M］. 武汉：武汉大学出版社，2004.
［33］王启云. 高校数字图书馆建设评估研究［M］. 北京：现代教育出版社，2009.
［34］朱强，等. 中文核心期刊要目总览［M］. 北京：北京大学出版社，2008.
［35］刘绿茵. 电子信息检索与利用［M］. 北京：机械工业出版社，2007.
［36］张振华. 工种信息检索与论文写作［M］. 北京：清华大学出版社，2009.
［37］赵秀珍，杨小玲. 科技论文写作教程［M］. 北京：北京理工大学出版社，2005.
［38］全国信息与文献标准化技术委员会. 信息与文献参考文献著录规则：GB/T 7714—2015［S］. 北京：中

国标准出版社，2015.
[39] 李志明. 谷歌、百度、读秀三大中文图书搜索引擎比较及启示［J］. 图书馆工作与研究，2009（8）.
[40] 饶宗政. 浅谈文书档案数字化［J］. 四川档案，2002（5）：33－34.
[41] 赵伟，冀小平. 基于内容的视频检索关键技术研究［J］. 科技情报开发与经济，2009（4）.
[42] 王桂凤. 关于检索策略的再认识［J］. 数字图书馆论坛，2007（7）：34－37，57.
[43] 张继东，陈都. 基于内容的视频检索技术［J］. 数字电视与数字视频，2002（8）：17－19.
[44] 胡燕菘. 图书馆数字资源使用评价研究［J］. 中国图书馆学报，2005（4）：61－63，77.
[45] 陈铭. 从核心期刊概念的演变看核心期刊功能的转变［J］. 图书与情报，2008（2）：83－85.
[46] 王凌峰. 中国核心期刊评选的一个本土化方案［J］. 石家庄经济学院学报，2008（8）：125.
[47] 李超. 科学评价体系中的引文分析方法［J］. 辽宁大学学报：自然科学版，2007（1）：85－87.
[48] 徐兴余. 关于核心期刊的评价效应问题［J］. 大学图书馆学报，2002（5）：9－13.
[49] 尹培丽，侯汉清. 核心期刊的异化及治理［J］. 图书情报工作网刊，2009（7）：1－4.
[50] 殷康. 云计算概念、模型和关键技术［J］. 中兴通讯技术，2010（8）：18－22.
[51] 王文清. 数字图书馆迎来云时代［J］. 中国教育网络，2010（11）：17.
[52] 韦凤年. 怎样写科技论文［J］. 河南水利与南水北调，2008（1）：5－8.
[53] 秦伯益. 如何写论文做报告［J］. 中国新药杂志，2002，11（1）：12－14.
[54] 高春玲. 解读美国移动图书馆发展的昨天、今天和明天［J］. 数字图书馆论坛，2010（11）：25－32.
[55] 林辉. 移动学习与移动图书馆［J］. 科技情报开发与经济，2010（20）18：21－22.
[56] 茆意宏，吴政，黄水清. 手机图书馆的兴起与发展［J］. 大学图书馆学报，2008（1）.
[57] 王桂凤. 关于检索策略的再认识［J］. 数字图书馆论坛，2007（7）：34－37，57.
[58] 中国数字图书馆有限责任公司. 数字图书馆解决方案［EB/OL］.（2017－01－13）［2018－10－15］. http://www.cdlc.cn/about/sztsg.aspx.
[59] 清华大学图书馆. JCR 常用词语解释及重要指数计算方法［EB/OL］（2010－04－08）［2019－10－01］. http：//lib.tsinghua.edu.cn/service/SCIcenter/sciimpac.html.
[60] 西安交通大学研究生学院. 西安交通大学硕士、博士学位论文规范〔2013〕85 号［EB/OL］.（2013－10－26）［2019－08－08］. http：//info.xjtu.edu.cn/info/1006/7246.html.
[61] 中国科学院文献情报中心. 中国科学引文数据［EB/OL］.（2018－08－08）［2018－09－12］. http：//sciencechina.cn/scichina2/index.jsp.
[62] 北京世纪读秀技术有限公司. 图书被引用情况报告（2018）［EB/OL］.（2018－07－27）［2019－10－01］. http：//ref.duxiu.com/RefReport.
[63] 杜攀锋. Android 智能手机平台调试方案的研究与实现［D］. 西安：电子科技大学，2014.
[64] 布斯，等. 研究是一门艺术［M］. 陈美霞，等译. 北京：新华出版社，2009.
[65] 中国国家标准管理委员会. 学位论文编写规则（GB/T 7713.1—2006）［S］. 北京：中国标准出版社，2007.
[66] 中国国家标准管理委员会. 中国标准书号（GB/T 5795—2006）［S］. 北京：中国标准出版社，2006.
[67] 解楠楠. 基于微信公众平台的高校图书馆移动服务研究［D］. 郑州：郑州大学，2019.